쉽게 풀어 쓴
교육학 4판

PEDAGOGY FOR CLEAR UNDERSTANDING

| 이병승 · 우영효 · 배제현 공저 |

학지사

4판 서문
◇◇◇◇◇◇◇◇◇◇

이 책은 교육학을 처음 접하는 학생들이 교육현상 및 교육학 이론을 쉽게 이해할 수 있도록 하기 위해 집필되었다. 초판을 낸 것이 2002년이니 벌써 17년이란 세월이 흘렀다. 2008년에는 제2판을, 2013년에는 제3판을 출간하였으며, 이제 제4판을 내게 되었다. 그동안 이 책이 교육학을 가르치는 분들이나 교육학을 배우는 학생들에게 비교적 좋은 평을 받아 왔다는 생각이 든다. 교육학의 입문서로서 나름대로 기여를 해 온 것이 아닌가 하는 생각을 조심스럽게 해 본다.

해가 거듭되면서 교육학의 영역이 넓어지고 새로운 교육이론들이 출현하고 있다. 따라서 교육학의 내용을 부분적으로 수정하거나 보완해야 할 부분들이 생겨나고 있다. 이러한 이유로 필자들은 교육학을 배우는 학생들에게 새로 출현한 교육이론에 대한 이해의 지평을 넓혀 주어야 한다는 생각으로 제3판에 이어 제4판을 출간하기로 결정하였다. 필자들은 초판과 제2, 제3판의 원고들을 다시 꼼꼼히 검토하면서 수정·보완 작업을 하였다. 초판과 제2, 제3판에서 발견되는 오자와 탈자를 바로잡았으며, 부정확한 내용에 대해서도 과감히 수정하였다. 하지만 가능한 한 초판을 낼 때 필자들이 가지고 있었던 기본적인 생각, 즉 "내용을 쉽게 풀어써야 한다."는 원칙은 무너뜨리지 않으려고 노력하였다. 수정·보완한 곳들은 다음과 같다.

제2장과 제3장 교육의 역사적, 철학적 기초를 서술하는 과정에서 부정확한 표현들을 바로잡았다. 교육사는 역사적 사실을 중시하고, 교육철학은 정

확한 개념의 사용을 중시한다는 점에서 잘못 기술되거나 애매모호한 표현들을 바로잡았다.

제7장 수업과 교육공학을 서술하는 과정에서 끊임없이 진보해 가는 교육공학의 방법들을 소개하고, 이 분야의 최근 동향들을 덧붙였다. 제8장에서는 교육평가의 유형을 소개한 후 이것들을 한눈에 알아보도록 하기 위해 도표를 추가하였다. 제9장 생활지도와 상담을 소개하는 가운데 진로지도에 대한 내용을 보강하였다. 이는 최근 사회에서 진로 및 직업에 대한 관심이 날로 커지면서 학생들에게 진로탐색, 진로선택, 그리고 진로결정이 가지는 중요성을 인식시켜야 할 필요성이 있다는 판단을 하였기 때문이다.

제10장 평생교육에 관한 소개를 하는 가운데 평생학습도시에 대한 설명은 삭제하고, 4차 산업혁명시대의 평생교육 정책 개발에 대한 내용을 추가하였다. 제11장에서는 인성교육에 대한 설명을 하는 동안 인성교육의 필요성을 보다 강조하기 위해 보충 설명을 덧붙였다. 또한 제12장 교사론을 설명하는 가운데 케빈 윌리엄 허프(Kevin William Huff)의 시와 마바 콜린스(Marva Collins)의 시를 소개함으로써 교사의 역할을 마음을 다해 음미해 보도록 하였다.

아무쪼록 이 수정본이 교육학을 가르치는 분들과 배우는 학생들에게 확장되어 가고 있는 다양한 교육이론들을 이해하는 데 도움이 되기를 바라며 아울러 교육문제와 교육현상들을 보다 폭넓게 이해하려는 사람들에게 지남이 되기를 바란다. 제4판이 출판되어 나오기까지 비판적 조언과 함께 발전적 격려를 아끼지 않은 분들에게 고마움을 표하며, 이 책의 출간을 위해 힘든 일을 마다하지 않고 작업해 준 학지사 직원 여러분과 사장님에게 감사의 말씀을 드린다.

2019년 1월
저자 일동

차례

제 1 장

교육과 교육학

탐구주제

▶ 교육이란 말은 어떤 의미로 쓰이는가?

▶ 교육을 통해 성취하고자 하는 것은 무엇인가?

▶ 교육을 해야 하는 이유는 무엇인가?

▶ 오늘날 교양교육은 왜 필요한가?

▶ 교육학의 성립과정과 학문적 성격은 무엇인가?

📖 제1절 교육의 개념

1. 교육의 어원

교육이란 무엇인가를 이해하는 가장 손쉬운 방법은 우선 교육이란 말의 어원(語源)을 살펴보는 일일 것이다. 물론 어원을 추적해 보는 일이 교육의 개념을 이해하는 데 충분한 것은 아닐 것이다. 하지만 우리는 교육의 어원을 추적해 봄으로써 교육의 본질을 이해하는 데 한 걸음 더 나아갈 수 있을 것이다.

동양에서 교육이라는 용어가 처음으로 사용된 것은 『맹자(孟子)』의 진심편(盡心篇) 상편(上篇) 가운데 君子有三樂章 속에 나오는 "得天下英材而教育之三樂也"에서다. 여기서 한자의 '教育'이라는 말의 어의(語意)를 분석해 보면, '教'란 전통문화, 풍습, 언어를 전수한다는 의미를 담고 있으며, '育'이란 타고난 소질, 품성을 바르게 자랄 수 있도록 보호, 육성한다는 의미를 담고 있다.

'教'라는 글자를 좀 더 자세히 들여다보면, 노인(老: 연장자)+자녀(子: 연소자)+글(文: 학문)의 합성어임을 알 수 있다. 이 教라는 말의 의미에 비추어 볼 때, 교육이란 어떤 사회(공동체) 안에서 살아가는 방식에 정통한 연장자(부모, 교사)가 미숙한 아이(학생)에게 살아가는 데 필요한 삶의 방식을 전수하는 활동이라고 볼 수 있다.

서양의 경우 교육이란 말에 해당하는 여러 가지 용어들이 있으나 여기서는 pedagogy, education, Erziehung만을 간단히 살펴보자. pedagogy는 어원상 그리스어의 'Paidagogos'에서 유래하는데, 이 말은 Paidos(어린이) + agogos(이끌다, 인도하다)의 합성어로서 어린이를 이끈다는 뜻을 담고 있다. 영어의 education은 접두사 e(=out: 밖으로)와 라틴어의 ducare, ducere, ducatio(이끌어 내다)가 합쳐진 말로서 주로 무엇인가를 밖으로 이끌어 낸다는 뜻을 함축하고 있다. 독일어의 'Erziehung'도 Er(밖으로) + zeichen(이끌어 내다)의 합성어로서 타고나는 잠재가능성을 밖으로 이끌어 낸다는 뜻을 담고 있다.

결국 교육이라는 말은 어원적으로 볼 때 동서양을 막론하고 가치 있는 무엇인가를 미성숙한 아동에게 전수하거나 전달한다는 의미와 더불어 아동이 내재적으로 가지고 있는 잠재능력을 계발하여 그것을 다듬고, 완성해 나가는 활동이라는 의미를 담고 있다.

2. 교육에 대한 정의

교육에 대한 어원을 살펴보는 것만 가지고는 교육의 본질을 이해했다고 말하기 어렵다. 전문용어로서 교육이란 말을 이해하기 위해서는 불가피하게 이 말에 대한 정의(定義: definition) 내리기를 시도해야 한다. 흔히 정의란 어떤 사물이나 대상에 언어를 매개시키는 일을 말하는 것으로, 이는 교육의 본질을 밝히는 전제조건이라고 할 수 있다. 지금까지 교육학자들에 의해 수많은 정의들이 내려지기는 했지만 비교적 설득력 있는 정의들, 즉 기능적 정의, 규범적 정의, 조작적 정의, 준거적 정의를 소개하면 다음과 같다.

1) 기능적 정의

교육의 기능적 정의(functional definition)는 한마디로 교육을 무엇을 이루기 위한 수단이나 도구로 규정하는 입장을 취하는 것으로, 주로 사회과학자나 경제학자들에 의해 내려진 정의가 이에 속한다. 이들은 가치판단을 유보한 채 기능적 관점에서만 교육을 객관적으로 기술하고 서술하는 데 관심을 가진다. 이 정의는 교육현장에서 이루어지고 있는 교육활동이나 현상들을 있는 그대로 정확하게 기술하려고 한다는 점에서 기술적 정의(descriptive definition)라고도 부른다.

예컨대, "교육이란 국가·사회 발전을 위한 수단이다.", "교육은 경제발전에 필수적인 수단이다.", "교육은 신의 뜻을 실현하는 수단이다."라고 서술하는 것은 교육을 철저하게 기능적 관점에서 정의한 것이다. 실제로 이 같은 정의가 우리의 교육현실을 지배해 왔음을 부인할 수 없다. 그러나 교육을 순전히 기능적인 관점에서만 정의할 경우 교육은 철저하게 도구화·수단화되며, 결국 교육 본래의 독자성과 자율성을 상실하고 말 것이다.

2) 규범적 정의

규범적 정의(normative definition)는 교육을 궁극적 목적이나 가치에 결부시켜 규정하려고 한다. 예컨대, "교육은 인격 완성 및 자아실현의 과정이다."라는 정의는 교육이 외재적 가치를 실현하기 위한 수단이 아니라 내재적 가치를 실현하는 과정임을 강조하고 있는 것이다. 즉, 교육은 그 자체로서 가치 있는 무엇인가를 실현해 가는 과정이라는 것이다.

기능적 정의와는 달리 규범적 정의는 정의를 내리는 사람의 가치판단이 개입되기 때문에 항상 논쟁의 대상이 된다. 자신이 내린 정의가 설득력을 가지기 위해서는 그 정의에 대한 정당화를 시도해야 한다. 여기서 정당화(正當化)란 어떤 주장이나 명제에 대한 정당한 이유를 제시하는 것을 의미한다. 대체로 규범적 정의를 시도하려는 학자들은 그 정당한 이유를 외재적인 것에서 찾기보다는 내재적인 것, 예컨대 가치 있고 바람직한 품성, 기질, 성향, 능력과 같은 것에서 찾으려고 한다.

3) 조작적 정의

조작적 정의(operational definition)는 교육이라는 활동이 가져다줄 결과에 비추어서 교육을 이해하려고 하거나 설명하려는 입장을 말한다. 즉, 어떤 활동 또는 계획을 실시한 후 그 결과 인간행동의 변화가 이루어졌으면, 그 활동을 교육이라고 볼 수 있으며 그렇지 않으면 교육이라고 볼 수 없다는 입장이다. 주로 정범모가 『교육과 교육학』이라는 책에서 시도한 정의가 이에 속한다. 그는 "교육이란 인간행동의 계획적 변화이다."(1968: 18)라고 정의한 바 있는데, 이 정의는 인간행동의 변화에 초점을 맞추어 교육을 설명했다는 점에서 행동과학적 정의 또는 공학적 정의라고도 할 수 있다(이홍우, 1992: 2장).

물론 여기서 말하는 행동이란 외현적으로 드러난 행동만을 말하는 것이 아니라 지식, 태도, 사고력, 자아개념 등과 같이 밖으로 드러나지 않는 내면적 행동도 포함한다. 교사는 외현적인 행동을 변화시키는 일에 관심을 가져야 하지만 오히려 인간의 내면적인 행동 특성을 관찰하고 계획적으로 변화시키는 일에 더 많은 관심을 가져야 한다. 이 조작적 정의에 의하면, 인간의 행동이 무계획적, 무의도적으로 이루어졌을 경우 그러한 활동은 교육이라고 부를 수 없다. 이런 점에서 교육은 단순한 성장, 성숙, 발달, 학습과는 구별되는 활동이다. 또 행동을 변화시키기 위한 계획적 · 의도적 · 체계적 노력이 있었음에도 불구하고 행동이 의도하는 방향으로 변화가 일어나지 않았다면 그것 또한 교육이라고 부를 수 없다.

4) 준거적 정의

준거적 정의(criteria definition)에 의하면 어떤 활동이나 행동이 모종의 기준에 합치되었을 때 교육이라고 부를 수 있다. 이 같은 정의는 앞에 소개한 규범적 정의의 하나로서 영국의 교육철학자 피터스(R. S. Peters)에 의해 시도된 것이다. 그는 자신의 주저 『윤리학과 교육(Ethics and Education)』에서 어떤 활동을 교육이라고 부르기 위해 적용해야 할 세 가지의 엄격한 준거를 제시했다(Peters, 1966: 1장).

(1) 규범적 준거

'교육'은 가치 있는 것을 그것에 헌신할 사람들에게 전달하는 것을 포함한다(가치 기준). 이 준거에 의하면, 우리가 학교에서 많은 지식을 전달하고 가르쳤지만 그러한 활동이 학생들의 삶을 가치 있는 방향으로 변화시키지 않았다면 교육이라고 부를 수 없다. 따라서 '나쁜' 교육(bad education)이라는 말은 논리적으로 모순되는 표현이다.

(2) 인지적 준거

'교육'은 무기력하지 않은 지식, 이해, 어떤 종류의 인지적 안목을 포함해야 한다(인지적 안목 기준). 이 준거에 의하면, 우리가 배우고 익힌 지식이나 정보들이 우리들의 삶을 변화시키는 데 도움을 주지 않거나 현실과 괴리된 것이라면 그것은 교육이라고 부를 수 없다. 또 전문적인 훈련을 받아서 자기 분야의 일에 대해서는 해박하고 능숙하지만 세계를 폭넓게 이해하고 바라보는 안목이 결여되어 있다면 교육받았다고 할 수 없다. 이러한 의미에서 전문적으로 훈련받은 과학자나 의사를 반드시 교육받은 사람이라고는 할 수 없다.

(3) 과정적 준거

'교육'은 적어도 학습자의 의도성과 자발성을 결여하고 있다는 근거로 몇 가지 전달의 절차들을 제외한다(도덕적 온당성의 기준). 이 준거에 의하면 학교에서 전달하고 있는 지식이 아무리 가치가 있다고 하더라도 그것을 전달하는 방법이 비인간적이고 비도덕적이라면 그러한 활동을 교육이라고 부를 수 없다. 이런 점에서 우리 한국 사회의 학교현장에서 자주 사용되어 온 훈련, 세뇌, 조건화, 교화 등의 방법은 교육적인 방법으로부터 제외된다.

앞에서 소개한 교육에 대한 정의들은 교육의 개념이나 본질을 완벽하게 설명했다고 볼 수 없다. 이것들은 저마다 강점도 지니고 있지만 약점도 지니고 있다. 그러므로 어느 하나의 교육개념에만 집착하게 되면 교육의 본질을 전체적으로 바라보지 못하게 되는 우(愚)를 범하게 된다. 이것은 마치 맹인이 코끼리의 한 부분만을 만지고 그것을 코끼리 전체인 것처럼 판단하는 경우와 마찬가지로 위험한 것이다. 따라서 이러한 위험에 빠지지 않기 위해서는 교육을 바라보는 다양한 관점과 정의들이 존재한다는 점을 고려해야 한다.

📖 제2절　교육의 목적

　교육의 개념을 어떻게 정의하고 규정하든 교육이라는 활동은 분명히 그것이 성취하고자 하는 목적을 가지고 있다. 이런 점에서 목적 없는 교육활동은 논리적으로 성립될 수 없을 것이다. 교육목적은 교육활동이 전개되고 실현되는 구체적인 방향을 제시하며, 무엇을 가르쳐야 할 것인가의 교육내용 선정의 기준을 제공해 준다는 점에서 중요한 논의의 대상이 된다. 또 학습결과를 평가하는 데 있어서 무엇을 평가할 것인가의 기준을 제공한다는 점에서도 중요한 논의의 대상이 된다.

　교육의 목적을 이해하기 위해서는 먼저 목적이라는 말을 이해해야 한다. 일상적으로 목적이라는 말은 목표(purpose)라는 말과 혼용되고 있긴 하지만 전자가 후자보다는 상위 개념으로서 좀 더 포괄적인 의미를 담고 있다.

　목적에 해당하는 영어의 'aim'은 과녁(target)이라는 말에 어원을 두고 있다. 과녁을 맞추기 위해서는 주의를 집중해야 하며 이를 게을리하면 실패할 가능성이 있다는 뜻을 함축하고 있다. 만약 우리가 사수에게 과녁이 어디에 있느냐고 묻는다면 그것은 그가 주의집중을 하지 못해 계속 실패하고 있다는 것을 의미한다. 마찬가지로 교육의 목적이 무엇이냐고 묻는 경우는 교육이 지향하는 본래의 목적을 수행하지 않거나, 방향감을 상실했거나, 교육을 악용하고 있을 때다.

대체로 교육의 목적들은 내재적 목적(內在的 目的: intrinsic aim)과 외재적 목적(外在的 目的: extrinsic aim)으로 나누어진다. 내재적 목적은 교육적인 활동 안에서 인생의 의미, 가치, 이상을 발견하려는 것이며, 외재적 목적은 교육활동을 수단으로 하여 어떤 가치를 실현하려는 것이다. 우리가 이 두 가지 목적들 중 어느 것을 추구하느냐 하는 것은 인생관, 가치관, 세계관의 문제라고 볼 수 있다.

1. 내재적 목적

내재적 목적은 교육적인 활동 안에서 의미, 가치, 이상을 발견하려는 것을 말한다. 듀이(J. Dewey)와 피터스는 교육의 내재적 목적을 강조했던 대표적인 교육이론가들이다. 듀이는 교육의 과정은 그 자체를 초월한 어떤 목적도 가지지 않으며, 교육목적은 교육활동 밖에서 부여되는 것이 아니라 교육활동 그 자체가 목적이라고 주장한 바 있다(Dewey, 1944: 104). 피터스 역시 교육은 어떤 것의 수단이 아닌 그 자체의 기준(基準) 혹은 준거(準據: criteria)를 목적으로 삼는다고 주장한 바 있다(Peters, 1966: 27-30). 이들은 교육 자체가 목적이며 다른 어떤 것의 수단이 될 수 없음을 분명히 하고자 했다. 이들은 교육이 정치, 경제의 도구 내지 수단으로 악용되는 것을 우려했으며, 교육활동의 독자성이 훼손되는 것을 안타깝게 생각했다. 많은 이들이 학교교육을 출세와 치부의 수단으로 몰고 가는 세태를 바라보면서 삐뚤어진 교육 목적관을 교정하고자 했다.

그렇다면 교육의 내재적 목적으로서 추천할 만한 것들에는 어떤 것이 있는가? 우선 지적(知的) 덕목을 들 수 있다. 예컨대, 이해관계를 초월한 호기심, 지적 정직성, 정확성, 근면, 지적 우아, 논증에 따르는 기질, 진리와 정의에 대한 사랑 등을 들 수 있다. 이러한 덕목들은 하루아침에 갑자기 체득되는 것이 아니라 오랜 교육을 통해 학습되고 내면화되는 것들이다. 또 도덕적 덕목도 교육이 추구하는 내재적 목적이다. 예컨대, 선, 절제, 관용, 정의, 동정 등은 교육을 통해 획득할 수 있는 내재적 도덕 가치들로서 이를 추구하는 동안에 인간의 품격은 자연스레 고양될 수 있다.

합리성(rationality)과 자율성(autonomy)도 교육이 추구하는 내재적 목적이다. 합리성이란 사물을 이치(理致)에 맞게 생각하는 능력 또는 성향이라고 할 수 있다. 그런데 이러한 능력은 하루아침에 획득되거나 직관을 통해얻을 수 있는 것이 아니다. 아리스토텔레스는 인간이 습관의 마당을 지나이성의 궁전으로 들어갈 수 있다고 주장한 바 있다. 이는 합리성이 저절로얻어지는 것이 아니라 자라나는 아동이 사회의 각종 규칙, 법, 원칙들을 학습하고 내면화할 때 얻을 수 있는 고등한 정신작용임을 말해 주는 것이다.

자율성은 학교교육과 대학교육이 관심을 가지는 내재적 목적들 중의 하나다. 자율성이란 자기를 스스로 규제할 수 있는 능력을 말한다. 자율적인사람은 자기가 만든 규칙(norm)과 원칙들(principles)에 따라 행동할 뿐 아니라, 행동의 결과에 대해서도 책임을 지는 사람이다. 교육의 목적은 타인의도움 없이도 살아갈 수 있는 인간을 기르는 일이다. 그러나 합리성과 마찬가지로 자기 스스로를 규율할 수 있는 능력은 저절로 길러지는 것이 아니며타인의 도움, 즉 타율(他律)의 긴 과정이 필요하다. 타율성에는 간섭과 질책과 체벌이 수반되므로 당장에는 싫어하겠지만 이러한 과정을 통해 학생은자율성을 획득하게 될 것이다.

2. 외재적 목적

교육의 외재적 목적이란 교육활동을 수단으로 하여 교육활동 밖에 있는가치들을 성취하려는 것을 말한다. 교육의 내재적 목적과는 달리 외재적 목적은 인기가 아주 높다. 왜냐하면 그것은 당장 눈에 드러날 뿐 아니라 실제적 이익을 가져다주기 때문이다. 이런 점에서 외재적 목적을 즉시적(即時的) 목적 내지 실제적(實際的) 목적이라고 부를 수도 있을 것이다.

　교육의 외재적 목적들 중 가장 중요시되고 있는 것은 '생계를 꾸리는 일'이다. 현실적으로 교육을 많이 받으면 받을수록 더 좋은 직업과 직장이 보장되며 많은 보수도 받게 된다. 또 교육을 많이 받으면 받을수록 사회경제적으로 높은 지위와 명예를 누릴 가능성이 크다. 이러한 매력 때문에 우리 사회의 많은 학생들이 밤잠을 설치며 공부하고 있는 것이 아닌가? 자식을 일류대학에 입학시키기 위해서 어마어마한 사교육비를 지출하고 있고, 심지어는 부정까지 저지르는 것이 아닌가?

　교육의 외재적 목적이 지배하는 사회는 어느 수준의 교육이든 교육이 바로 설 수 없으며, 가르치는 교사들이 자율성과 자기 정체성을 지켜 나가기가 어렵다. 이것은 개인적으로나 국가적으로 모두 불행한 일이다.

3. 내재적 목적과 외재적 목적의 관계

　교육활동에서 내재적 목적과 외재적 목적 중 어느 것이 더 우선적으로 고려되어야 하는가? 이 두 가지 목적들 중 어느 하나가 더 우월하다고 단정 지을 수는 없을 것이다. 그러나 교육학자들은 대체로 내재적 목적이 먼저 실현되기를 기대한다. 이렇게 주장하는 데에는 여러 가지 이유가 있겠지만, 가장 큰 이유는 내재적 목적이 학습자를 평생토록 교육받도록 해 준다는 데 있다. 외재적 목적은 커다란 매력이 있지만 일단 달성되면 그것에 대한 열정이 식어 버린다는 한계점이 있다. 우리는 이러한 경우를 우리 주변에서 얼마든지 찾아볼 수 있다. 대학을 졸업한 많은 주부, 직장인들이 탐구욕을 상실하고 잡기와 놀이에 많은 시간을 보내고 있는 것은 대학교육을 순전히 외재적 목적을 달성하기 위한 수단 내지 도구로 여겼기 때문이다(윤정일, 신득렬, 이성호, 이용남, 허형, 1997: 28).

교육의 내재적 목적을 추구하는 사람에게 외재적 목적이 부수적으로 실현되는 것이 바람직하다. 젊은이에게 한 인간으로서의 품격과 덕성이 먼저 갖추어졌을 때 비로소 좋은 직업, 부, 명예가 따라오는 것이 바람직하다는 것이다. 우리 주변에서는 품성과 덕성이 결여된 재산가, 사업가, 정치인, 전문가, 기능인들을 어디에서나 쉽게 만날 수 있다. 수단화된 그들의 지식과 부와 권력은 그들의 정신세계를 황폐하게 만들 뿐 아니라 공동체의 질서를 혼란스럽게 만들기도 한다.

📖 제3절 교육의 정당화

교육자는 교육하는 실제적인 사태에서 자신의 행위에 대한 합리적인 근거를 제시해야 할 때가 있다. 이 행위에 대한 합리적인 근거를 제시하고 논증하는 것을 흔히 정당화(正當化: justification)라고 부른다. 자신의 교육적 행위가 정당화되지 않을 때 그의 주장이나 판단은 설득력을 가지기 어렵다. 교육이론가나 교육실천가에게 이 정당화 작업은 하나의 숙명이라고 보아야 한다. '왜 교육을 해야 하고 받아야 하는가?', '인간에게 왜 교사와 교육기관이 필요한가?', '체벌은 과연 교육적인 것인가?' 등의 질문들은 모두 정당화를 요구하는 것들이다. 교육을 정당화하는 데는 다음 두 가지 방법이 있다.

1. 수단적 정당화

수단적 정당화란 도구적 정당화(instrumental justification)라고도 한다. 대체로 정책입안자, 경제학자, 사회학자들은 교육을 수단적 관점에서 정당화하려고 한다. 왜 교육을 해야 하는가에 대한 질문에 대해 그들은 교육이 개인과 공동체에 큰 이익을 가져다주기 때문이라고 주장한다.

우리 사회는 이 같은 수단적 정당화가 절대 우세하다. 그렇다면 그 이유가 무엇인가? 그 근본적인 이유는 우리 사회가 지나치게 소비 지향적이고 금전적 가치를 중요시하는 사회이기 때문이다. 이런 사회에서는 모든 행위들이 금전적 가치로 환산되는 경향이 강하다(윤정일 외, 1997: 30).

그러나 수단적 정당화가 내세우는 가치들, 예컨대 생계 유지, 인적 자원 육성, 사회적 평판 및 지위 상승 등은 결코 교육의 궁극적 목적이 아니다. 이것들은 교육을 통하지 않고도 획득할 수 있는 가치들로서, 교육을 하면 자연히 따라오는 부산물로 보아야 한다. 이것에 지나치게 집착하게 되면 정말 우리들 삶에 있어 중요한 가치들을 잃고 말 것이다. 시간이 지나면 교육을 통해서도 얻기 힘든 가치들이 있기 때문이다.

2. 비수단적 정당화

비수단적 정당화는 교육을 받아야 할 이유를 지적 활동 안에서 찾으려고 한다. 이러한 정당화를 시도했던 대표적인 학자는 피터스다. 그는 다음 두 가지 측면에서 교육을 비도구적 측면에서 정당화하고자 했다(Peters, 1973: 248-252).

첫째, 지적 활동은 우리를 권태(倦怠)로부터 벗어나게 해 준다. 현대인들은 단조로운 사회생활이나 활동으로 인해 권태를 느끼며 살아간다. 권태가 가져오는 사회적 해악은 대단히 크고 심각하다. 자살하는 사람이 있는가 하면 쾌락에 몰두하여 폐인이 되는 경우도 있다. 이러한 권태로부터 벗어나기 위해서 사람들은 각종 스포츠, 장기, 바둑 등을 즐긴다. 하지만 이것들은 일시적인 즐거움을 가져다줄 뿐 시간이 지나면 사라져 버린다. 식사, 성생활, 싸움 같은 활동들은 명백하고 유쾌한 특징 때문에 사람을 몰입하게 만든다. 하지만 이 활동들은 성격상 순환적이고, 신체적 조건에 의해 제약을 받는다. 그러나 지적·이론적 활동들은 이러한 제약이 없다. 대상의 부족과 같은 문제도 생겨나지 않으며 신체적 조건에 의해 제약받는 일도 일어나지 않는다. 신체적으로 불구이거나 은퇴했으면서도 놀랄 만한 지적 성취를 이룬 사람들이 얼마든지 있다.

둘째, 지적 활동은 이성적인 삶을 향유하도록 해 준다. 이성(理性)이란, 말 그대로 이치에 맞게 생각하는 능력 내지 어떤 문제를 해결하려는 지적 능력이라고 할 수 있다. 교육은 분명히 이러한 지적 능력의 발달에 관심을 가지며, 이것의 발달을 통해 의미 있는 삶을 살아가도록 돕는다.

피터스는 이성적인 삶을 향유해 가려는 사람이 가져야 할 덕목으로 진실 말하기, 성실, 사상의 자유, 적합성, 일관성, 증거의 존중, 인간 존중 등을 들었다(전게서: 252). 이것들은 획득하기가 매우 힘든 덕목들로서 오랜 교육과 지적 훈련에 의해 습득될 수 있는 것들이다.

📖 제4절 교양교육

생계에 필요한 지식을 습득하고 직업세계에서 열심히 일하고 있는 사람에게 교양교육이 요구되는 이유는 무엇인가? 대학 졸업 때까지 배워서 익힌 지식이나 정보를 가지고도 생활을 해 가는 데 큰 어려움이 없는데 구태여 교양교육을 또다시 받아야 할 필요가 있는가? 이 절에서는 이런 의문들에 대한 답을 찾아보고자 한다.

1. 교양교육의 다양한 의미

교양교육(教養教育)이란 다양한 의미를 담고 있는 말이다. 이 말은 강조하는 바에 따라 직업교육에 대비되는 개념으로서 교양교육이라는 용어로 쓰이기도 하고, 인간의 정신적 가치를 고양시키는 데 초점을 맞춘다는 점에서 '자유교육(liberal education)'이란 용어로도 쓰이며, 제한된 특수한 기술이나 기교의 연마를 목적으로 하기보다는 인간으로서의 기본적인 소양을 육성하는 데 초점을 맞추고 있다는 점에서 '일반교육(general education)'이라는 용어로도 쓰인다.

2. 교양교육의 역사

교양교육이란 말은 고대 그리스에서 처음으로 사용되었다. 고대 그리스에서는 시민권을 가진 자유인들이 자유인과 노예를 구별하고, 그것에 걸맞은 교육을 시켜 왔다. 즉, 그들은 자유인은 계속해서 자유인이 되게 하는 교육을 창안해 실시했고, 노예는 계속 노예로 남도록 직업훈련을 시켰다. 자유인들에게는 인간의 정신을 무지, 편견, 선입견, 고집, 독단, 단견으로부터 해방시킴으로써 자유스러워질 수 있다고 가르쳤으며, 노예에게는 노예근성을 가지고 있어야 하며 자신의 처지를 거역할 수 없는 운명으로 받아들이도록 가르쳤다. 노예에게는 복종이 미덕이며, 불복종은 부도덕한 것으로 가르쳤다. 이러한 이유로 교양교육은 귀족적, 엘리트주의적 그리고 통치자를 위한 교육으로 비난받아 왔다(윤정일 외, 1997: 34).

중세에 와서도 교양교육은 특권 계급의 전유물이었다. 소수의 사제들만이 성스러워지기 위하여 신학을 연구하였으며, 일반 대중은 사제의 권위에 억눌려 무지한 채 남겨져 있었다. 그러나 12세기경 대학의 설립으로 신학 이외에도 의학, 법학이 발달하면서 지식의 폭이 확대되었다.

15세기 르네상스 운동은 인간의 자유로운 정신을 부활시키고자 한 운동으로서 고전(古典)이 중시되었다. 그리스와 로마의 고전에 담긴 사상이 강조되었기 때문에 르네상스 이후 교양교육의 핵심은 고전이었다. 그리스 교육사에서 형성된 이 개념은 현대까지 명맥이 이어져 오면서 개념의 변천이 있어 왔지만 한 가지 분명한 사실은 교양교육의 목적이 자유인(free man)을 길러내는 데 있다는 것이다. 전문적인 직업교육이나 과학기술교육이 지나치게 강조될 때 교양교육의 선구자들은 선두에 서서 그 중요성을 역설해 왔다.

3. 교양교육의 이론들

1) 허친스의 교양교육이론

미국의 교육철학자 허친스(R. M. Hutchins)가 제시하는 교양교육의 목적은 지혜(wisdom)의 탐구였다. 만인은 이 지혜를 추구할 의무를 가지고 있으며, 이러한 기회를 향유해야 한다. 허친스에 의하면 교양교육은 인문학에 대한 훈련과 인류에게 활력을 불어넣은 중요한 사상을 이해하는 것으로 되어 있다. 교양교육은 인간이 스스로 사고할 수 있고, 자기 자신의 능력을 계발하도록 가르치는 데 도움을 주고자 한다.

교양교육의 내용은 물론 고전들이다. 그의 표현을 빌리면, 고전이란 '가장 위대한 사람들이 가졌던 가장 위대한 사상'이다. 그는 그의 이론이 귀족적이라는 이유로 비판을 받았지만 그것을 시인하지 않았다. 그는 성인(成人)에게 가장 즐거운 일은 바로 고전을 읽는 일이라고 생각했으며, 브리태니커(Britannica) 회사의 도움을 얻어 1952년 『서양의 위대한 저서(*Great Books of the Western World*)』 54권을 출간했다.

2) 「하버드 보고서」에 담긴 교양교육이론

교양교육에 관한 보고서로서 「하버드 보고서」만큼 공헌을 한 것은 없다. 이 보고서는 1945년 하버드 대학교 총장 코넌트(J. B. Conant)의 위촉에 의해 구성된 하버드위원회에서 만들어진 것이다. 하버드위원회는 교양교육이 목표로 하는 정신의 능력으로서 ① 효과적으로 사고하는 능력, ② 사고를 전달하는 능력, ③ 적절한 판단을 하는 능력, ④ 가치를 분별하는 능력으로 나누어 설명했다.

하버드위원회는 이러한 능력을 소유한 사람을 길러 내는 것이 바로 교양교육의 목표이며, 중등학교와 대학이 이를 구현하기 위한 구체적인 방안을 마련해야 한다고 제안했다. 이 보고서의 가치는 새로운 시사를 던져 주었다기보다는 교양교육에 관한 지식들을 통합하고 이론적으로 정립했다는 데의의가 있다.

3) 허스트의 교양교육이론

허스트(P. H. Hirst)는 하버드위원회가 낸 보고서의 내용을 비판했다. 우선, 그는 보고서의 전편에 나오는 개념들이 애매하고 모호하다고 지적했다. 특히, 「하버드 보고서」는 교양교육의 개념을 지나치게 확대 해석함으로써 지식의 추구라는 교양교육 본래의 개념을 모호하게 만들었다고 비판했다(Archambault, 1965: 116-119). 허스트에 있어서 교양교육은 지식의 형식(forms of knowledge)을 배우는 일과 관련이 깊다. 그가 말하는 지식의 형식이란 수학, 물질과학, 인간과학, 역사, 종교, 문학과 예술, 철학 등 일곱 가지다. 지식을 얻는다는 것은 합리적 정신을 믿는 것으로 이해하고 있다. 왜냐하면 그에게 있어 어떤 개념적 구조의 형식하에서 구조화된 경험을 얻는 것이 곧 지식이요, 합리적 정신이기 때문이다. 결국 교양교육의 목적은 학생들로 하여금 다양한 지식의 형식들을 익히도록 하는 데 있다. 이러한 다양한 지식의 형식을 소유함으로써 우리는 비교적 복잡한 성격을 띠고 있는 문제를 다양한 각도에서 바라볼 수 있게 된다.

📖 제5절 교육학의 학문적 성격

1. 교육학의 성립과 발달

교육학이란 '교육과 그것에 관한 사실과 현상을 연구의 대상으로 하고, 그것의 원리와 방법을 과학적으로 연구하여 그 결과를 체계화한 학문'이다. 우리는 교육학을 영어로 pedagogics 또는 pedagogy of education이라고 쓰는데, 이 용어는 고대 그리스에서 아동을 학교에 데리고 다니면서 예절, 몸가짐, 말씨, 행동 등을 지도하던 'paidagogos(敎僕)'에서 유래한다. 이 어원에 의하면 교육학이란 "아동을 지도하기 위한 학문"이라고 정의할 수 있다. 하지만 오늘날 우리가 사용하고 있는 교육학은 훨씬 넓고 깊은 의미로 사용되고 있다. 예컨대, 한기언(1978) 교수는 교육학을 "인간 형성을 대상으로 삼는 자율적인 종합과학"이라고 규정한 바 있다. 한 교수에 의하면, 교육학은 아동이나 청소년에서부터 노인에 이르기까지 모든 인간의 형성을 그 학문적 대상으로 삼고 있다는 점에서 연구의 대상과 폭이 넓다고 하겠다. 또 교육학을 자율적인 종합과학이라고 표현한 것은 교육학이 다른 분야와는 확연히 구별되는 나름대로의 독자적인 연구의 목적, 내용, 방법을 가지고 있다는 것을 말해 준다.

하지만 역사적으로 교육학이 처음 문헌으로 선을 보인 것은 17세기 초의 라트케(W. Ratke)의 『교수의 방법』과 코메니우스(J. A. Comenius)의 『대교수학』에서였다. 이들은 교육의 본질, 목적, 학교제도, 내용, 방법 등의 영역을 다루고 있으나 어디까지나 교수방법론에 가장 큰 관심을 보였다. 교육학이 하나의 독립적인 학문으로 성립된 것은 18세기에 이르러서다. 1779년 헬레 대학교의 트랩(E. C. Trapp)은 교육학 강좌를 처음으로 개설했는데 이것은 교육학이 학문의 세계에서 공식적으로 인정받은 최초의 일로서 중요한 의미를 가진다. 그러나 교육학을 하나의 학문으로서 체계화시킨 사상가는 독일의 헤르바르트(J. F. Herbart)였다. 그는 『일반교육학(*Allgemine Pädagogik aus dem Zweck der Erziehung abgeleitet*)』이란 저서에서 교육목적을 철학으로부터, 교육방법을 심리학으로부터 끌어들여 교육학의 체계를 구축하려고 하였다. 그러나 그의 교육현상에 대한 접근은 여전히 사변적이었다.

2. 교육학의 학문적 성격 및 지위

헤르바르트가 교육학을 하나의 독립적인 학문영역으로 구축하려는 시도를 한 이후로 오늘날까지 교육학의 학문적 성격에 대한 논쟁이 끊임없이 이어져 왔다. 교육학은 과연 응용과학인가 아니면 독립과학인가? 여기서 이것에 관련된 논쟁들을 살펴보자.

1) 응용과학으로서의 교육학

교육학을 응용과학의 입장에서 바라보는 학자들은 헤르바르트의 교육학이 엄격히 말해서 독립과학적 성격을 띠기보다는 응용과학적 성격을 띤다고 주장한다. 그들은 헤르바르트가 교육학을 하나의 학(學)으로 성립시킨 공적을 인정하면서도 그가 교육의 목적을 윤리학의 연구대상인 '도덕적 품성의 도야'에 두었고, 이 도야의 방법을 심리학에서 찾았기 때문에 그의 교육학은 심리학과 윤리학의 응용과학에 지나지 않는다고 주장한다.

나토르프(P. Natorp)는 교육의 목적을 순전히 윤리학적인 측면에 둔 헤르바르트의 이원론(二元論)에 반대하여 교육목적을 도덕, 과학, 예술의 조화로운 발전에 두고 이를 실현하기 위해 윤리학, 논리학, 미술이 그 기초과학이 되어야 한다고 주장했다. 그러나 그 역시 교육학을 응용과학으로서 이해했다는 점에서 헤르바르트의 입장과 크게 다를 바가 없다. 이들 이외에도 슐라이어마허(D. E. Schleiermacher)는 교육학이 정치학과 마찬가지로 논리학의 응용 분야에 지나지 않는다고 주장하였으며, 베버(E. Weber)는 교육학이 미학의 응용과학에 지나지 않는다고 하여 교육학의 학문적 자율성과 독립성을 인정하려고 하지 않았다.

2) 독립과학으로서의 교육학

교육학이 응용과학이 아니라 독자적이고 독립적인 학문 분야임을 강조했던 학자는 모이만(E. Meumann)이다. 그는 『실험교육입문강의』라는 저술에서 교육학이 여러 가지 기초과학과 보조과학을 가지고 성립하긴 했으나, 이 때문에 학문의 독립성(독자성)이 손상되는 것은 아니라고 주장하였다.

크리크(E. Krieck)는 교육의 본질이 명백하고, 교육이라는 사실을 성립케 하는 법칙과 교육과정이 뚜렷하여 독자적인 연구대상과 목적, 방법이 있기 때문에 교육학을 독립과학으로서 '교육과학'이라고 주장하였다. 이런 관점에서 그는 종전의 헤르바르트의 교육학은 독립과학이라기보다는 응용과학에 지나지 않는다고 비판했다.

오늘날 교육학의 독립성과 자율성을 의심하는 사람은 거의 없다. 하나의 학문이 독립된 과학으로 인정받기 위해서는 ① 독립된 연구 분야(연구영역)가 있어야 하고, ② 독자적인 연구목적이 있어야 하며, ③ 독자적인 연구방법이 있어야 하며, ④ 고유한 평가방법 등을 구비해야 한다. 이제 교육학은 이상과 같은 조건을 구비하고 있다는 점에서 독립과학으로서 자격을 갖추고 있다. 즉, 미성숙한 존재를 이상적인 방향으로 발달시키려는 교육학의 독자적인 관점은 다른 어떤 학문 분야에서도 찾아볼 수 없는 것이며, 교육과정 안에서 나타나는 여러 가지 교육현상 및 사실들을 독특한 방법으로 관찰, 실험, 평가하려고 한다는 점에서 연구방법의 독자성을 확보하고 있다.

교육학은 크게 교육과학과 교육철학으로 양분된다. 교육과학은 교육활동이나 과정 안에서 나타난 교육현상을 관찰, 실험하여 그 결과를 정확하게 기술(記述)하는 데 목적을 두고 있는 데 비하여 교육철학은 이루어져야 할 당위적인 판단을 문제 삼는다. 즉, 존재하는 인간과 사회에 대한 연구가 아니라 존재해야 할 인간과 사회에 대해 규범적인 탐색을 해 간다. 교육과학과 교육철학은 동전의 양면과 같은 것이어서 어느 한쪽만이 지나치게 강조될 경우 교육학의 균형 있는 발전을 이루기가 어려워진다. 교육의 궁극적 목적이 전인(全人)의 양성에 있다고 할 때 이 두 분야의 균형 있는 발전이 있어야 한다.

3. 교육학의 학문적 특성에 대한 논쟁

오늘날 교육학이 과연 응용과학인가 아니면 독립과학인가를 문제 삼는 사람은 거의 없다. 하지만 학문 분야가 점점 분화, 발달하면서 교육학이 과연 행동과학이냐 아니면 규범과학이냐 하는 문제는 학문적으로 대단히 중요한 논쟁거리가 되고 있다. 이와 관련된 학자들의 주장을 소개하면 다음과 같다.

1) 국내에서의 교육학 논쟁

국내에서 교육학의 성격에 대한 논쟁은 정범모(鄭範謨)와 이규호(李奎浩) 두 학자에 의해서 이루어졌다. 행동과학자로서 정범모는 학문마다 독특한 영역과 탐구방법이 있는데도 교육학만이 과학도 아니고, 철학도 아니고, 문학도 아닌 어중간한 상태로 머물러야 할 이유가 없다고 전제한 후, 교육학이 다루는 현상이 경험과학에 의하여 설명될 수 있고, 통제될 수 있는 현상인 한 교육학은 경험과학으로서의 지위를 가질 수 있다고 주장했다(정범모, 1968).

이러한 주장에 대해 이규호를 비롯한 몇몇 교육학자들은 교육학을 경험과학 내지 행동과학으로 규정하려는 것은 위험하다고 주장했다(이규호,

1979; 오인탁, 1990). 이들은 교육과학과 교육철학이 서로 대립하여 한쪽이 다른 한쪽을 배척하는 것은 이념과 방법 사이의 갈등을 내면화시키는 결과를 초래한다고 지적했다. 따라서 교육학은 철학과 과학이 가지고 있는 성격과 장점을 통합적 관점에서 활용해야 한다고 주장했다.

위의 두 교육학자의 주장 중 어느 것이 더 바람직하다고 평가하기는 곤란하다. 왜냐하면 그들의 주장은 한국 교육학 발전에 나름대로 기여를 했기 때문이다. 일천한 역사를 지닌 한국 교육계 안에서 미국의 교육학을 도입·적용함으로써 교육을 과학화하려고 했던 정범모의 노력은 높이 평가해야 한다. 하지만 교육학을 순전히 행동과학적으로만 규명하고자 한 점은 재고 (再考)의 여지가 있다. 이런 점에서 이규호가 규범교육학의 필요성과 당위성을 역설하고 나온 것은 시의적절한 일이라고 보아야 할 것이다.

2) 외국에서의 교육학 논쟁

외국에서의 교육학 논쟁은 실제적 활동으로서의 교육과 학문으로서의 교육학의 관계에 대한 논쟁이 주를 이룬다. 우리가 교육학을 어떻게 규정하든, 교육학은 교육이라는 실제적 활동을 하는 데 응용되는 이론을 말한다. 이 관점에서 보면, 교육은 '실제(practice)'를 가리키는 반면에 교육학은 '이론(theory)'을 가리킨다고 할 수 있다. 이 입장에 대해 오코너(D. J. O'Connor) 와 허스트는 서로 다른 견해를 피력한다.

교육학이 하나의 학문으로서의 자격을 가지기 위해서는 이론적 정합성과 체계를 지녀야 한다. 하지만 오코너는 교육학이 이론적 체계를 가지고 있다는 종전의 주장에 대해 회의적이었다. 그는 지금까지 쓰였던 교육이론서나 교육사상사들의 내용을 분석하고 검토한 후, 그 저서들 안에 나타난 진술들 대부분이 형이상학적이고 가치판단적인 것들로 이루어져 있다고 판단했다. 분석교육학자로서 그는 형이상학적이고 가치판단적인 진술들은 과학적으로 도저히 증명할 수 없는 것이기 때문에 이론으로서 자격을 갖지 못한다고 주장했다. 그에 의하면 참된 이론의 최소한의 기준은 설명력이 있고 논박될 수 있어야 하는데 교육이론은 이러한 기준을 만족시키지 못하고 있다는 것이다(Langford & O'Connor, 1973: 47-65). 따라서 엄밀한 의미에서 교육학은 하나의 학문으로서의 자격을 갖추지 못했다는 것이다.

　이러한 오코너의 주장에 대해 영국의 교육철학자 허스트는 즉각 비판을 가했다. 그는 오코너가 형이상학적 신념이나 도덕적 가치를 지나치게 과소평가했다고 비판하고, 과학이론과 교육이론 사이에는 근본적인 차이가 있음에도 불구하고 오코너가 과학이론의 기준에 비추어서 교육이론을 평가함으로써 교육이론의 본질을 제대로 파악하지 못했다고 지적했다. 말하자면 과학적 기준은 과학적 진술에만 국한시켜야지 실천적 성격이 강한 교육이론에 적용해서는 안 된다는 것이다. 나아가 허스트는 실제적 활동을 다루는 교육이론은 과학적 지식 이상의 것에 관심을 가져야 한다고 주장한다(전게서: 66-75). 이러한 허스트의 주장에 비추어 볼 때, 교육학은 경험과학적 기준만으로 평가할 수 없는 나름대로의 독특한 영역과 개념과 구조를 지닌 이론적 체계가 있다는 점에서 하나의 독립적인 학문으로서의 자격을 갖는다고 할 수 있다.

요약 및 정리

▣ 교육이란 말은 어원상 동양의 경우 敎(글을 가르치다) + 育(기르다)이라는 말에서 유래한다. 서양의 경우 영어 education은 라틴어의 educare, educere에서 유래하며, 독일어 Erziehung은 Er + zeichen에서 유래하는 것으로, 교육이란 타고난 능력, 소실을 밖으로 끌어낸다는 의미를 가지고 있다.

▣ 교육에 대한 정의로는 ① 기능적 정의, ② 규범적 정의, ③ 조작적 정의(행동과학적 정의), ④ 준거적 정의 등이 있다.

▣ 교육의 목적은 내재적 목적과 외재적 목적으로 분류할 수 있다. 내재적 목적은 교육적인 활동 안에서 의미, 가치, 이상을 발견하려는 것을 말하며, 외재적 목적이란 교육활동을 수단으로 하여 교육활동 밖에 있는 가치들을 성취하려는 것을 말한다.

▣ 교육을 정당화하는 방식에는 두 가지가 있다. 하나는 수단적 정당화로서 이것은 교육을 정치, 경제 발전, 체계 유지를 위한 도구 내지 수단으로 바라보는 관점이다. 대체로 정책입안자, 경제학자, 사회학자들은 교육을 수단적 관점에서 정당화하려고 한다. 다른 하나는 비수단적 정당화로서 이것은 교육을 받아야 할 이유를 지적 활동 안에서 찾으려고 한다. 이러한 정당화를 시도했던 대표적인 학자는 피터스.

▣ 교양교육이론에서는 허친스의 교양교육이론, 「하버드 보고서」에 담긴 교양교육이론, 허스트의 교양교육이론 등이 있다.

▣ 교육학은 독일을 헤르바르트에 의해 체계화되기는 했지만 오늘날 교육학을 바라보는 관점은 서로 충돌하고 있다. 그중 하나는 응용과학적 관점과 독립과학적 관점이고 다른 하나는 행동과학적 관점과 규범과학적 관점이다.

우리들 모두가 미(美)나 선(善)에 대해 아무것도 모르기는 하지만 내가 그 사람들보다는 더 낫습니다. 왜냐하면 그 사람들은 아무것도 모르면서 아는 것 같이 생각하고 있고 나는 아무것도 모르지만 모른다는 것을 알고 있기 때문입니다. 바로 이 점에서 나는 그들보다는 지혜가 있다는 것입니다.

소크라테스, 「변명」

제 2 장

교육의 역사적 기초

탐구주제

▶ 교육사란 어떤 학문이며 왜 연구하는가?

▶ 교육사는 어떻게 연구하며 어떤 영역이 있는가?

▶ 한국교육은 역사적으로 어떻게 전개되어 왔는가?

▶ 서양교육은 역사적으로 어떻게 전개되어 왔는가?

📖 제1절 교육사 연구의 필요성

1. 교육사의 의미

교육사(敎育史)란 어떤 학문인가? 일반적으로 교육사란 과거에 이루어지고 행해진 교육적 행위 및 현상들을 역사적 관점에서 연구하는 분야라고 말할 수 있다. 그러나 과거에 이루어졌던 모든 교육적 행위와 사실들이 역사적 연구의 대상이 될 수 있는가?

과거에 이루어진 모든 교육적 행위들이 연구의 대상이 될 수도 없거니와 그렇게 되어서도 안 된다. 과거에 이루어졌던 교육적 행위들을 선택, 서술, 평가하는 것은 결국 교육사가의 몫이다. 과거의 사건들에 특별한 의미를 부여, 분석, 해석, 평가하는 것은 교육사가의 사관(史觀)에 따른 것이다. 예컨대, 고대 그리스 시대 많은 도시국가들 안에서 교육이 이루어졌음에도 불구하고 우리가 아테네(Athene)와 스파르타(Sparta)의 교육에 관심을 갖게 되는 이유는 교육사가들이 그들의 교육에 특별한 의미, 즉 대체 불가능한 의미를 부여했기 때문이다. 또 역사상 교육에 종사한 수많은 교사들이 있었음에도 불구하고 우리가 소크라테스의 교육방법에 특별한 관심을 가지게 된 것도 교육사가들이 그의 행위에 특별한 의미를 부여했기 때문이다. 역사시간에 우리가 배우고 익힌 역사적 지식이라는 것도 따지고 보면 역사가들이 과거의 사건을 자신의 주관에 따라 해석하고 정리해 놓은 지식일 뿐이다. 그러므로 교육사가의 사관은 교육역사 연구의 생명이라고 볼 수 있다.

요컨대, 교육사란 과거의 교육적 행위 및 현상들을 교육사가가 자신의 주관적 관점(史觀)에 따라서 정리, 분석, 평가하고 특별한 의미를 부여한 학문분야(체계)라고 할 수 있다.

2. 교육사 연구의 목적

그렇다면 우리는 왜 과거에 이루어졌던 교육에 관심을 가지고 이를 연구하려고 하는가? 과학기술이 고도로 발달한 현재나 미래에 과거에 대한 연구가 어떤 중요성을 지니는가?

우리가 과거를 연구하는 목적은 과거에 대한 지적 호기심과 더불어 현재를 개선하려는 과업과 관련이 깊다. 과거에 대한 지적 호기심은 과거를 원형대로 복원하여 그 시대에 실제로 일어났던 사건을 이해하는 데 목적을 둔다. 이에 반해 개선의 목적을 지닌 역사 연구는 선인들의 성공과 실패를 탐구함으로써 오늘의 문제를 해결하기 위한 시사점을 얻기 위한 것이다. 말하자면 교육사를 연구하는 목적은 과거의 교육을 연구함으로써 현재의 교육문제를 해결할 수 있는 혜안(慧眼)을 얻고자 하는 데 있다. 철학자 산타야나(G. Santayana)가 "과거를 기억할 줄 모르는 사람은 과거를 되풀이한다."고 한 말이나 마키아벨리(N. Machiavelli)가 "역사란 인간 계도(啓導)의 산 교육이다."라고 한 말은 역사 연구의 가치를 등한시하는 사람들에게 주는 고귀한 경고다.

우리는 교육사 연구를 통해 많은 것을 얻을 수 있다. 우선, 교육문제를 해결하는 데 필요한 넓은 시야를 갖게 된다. 넓은 시야와 안목을 가짐으로써 지혜로운 교육적 판단을 해 갈 수 있으며 시행착오를 줄여 갈 수 있다. 또 교육사 연구를 통해 우리는 현실에 대한 개혁 의지와 역사적 상상력을 얻을 수 있다. 선인들의 좌절과 실패를 보면서 원인을 탐구하게 되고 실패를 반복하지 않으려는 강한 의지를 갖게 된다. 나아가 역사 연구는 역사란 인간의 의지와 노력에 의해 만들어진다는 역사의식을 갖게 하여 사회 속에 만연한 운명론, 패배주의, 조야한 결정론, 역사주의로부터 벗어나게 해 준다(신득렬, 2000: 22). 결국 교육사에 대한 깊은 관심과 통찰은 교육사관(教育史觀) 및 교육적 정체성(教育的 正體性: educational identity)의 확립에 도움을 준다.

3. 교육사 연구의 태도와 방법

교육사가는 여러 가지 관점과 태도를 가지고 교육사를 연구해 갈 수 있다. 역사에 대한 효과적인 연구를 해 가기 위해서는 어떤 태도들이 요구되는가?

첫째, 교육사가는 그가 수집한 증거에 따라 특수한 종류의 추론, 판단 그리고 예언을 한다. 이러한 활동을 수행해 내기 위해서는 진리를 추구하는 일에 헌신하려는 태도가 요구된다. 따라서 교육사가는 진리로 받아들여진 것들에 대해 의심하고, 인습적인 사고에 대해 비판할 준비가 되어 있어야 한다. 그러나 이러한 헌신은 지속적인 활동을 가능하게 하지만, 때로는 이것이 지나치면 독단이나 편견에 치우치기 쉬우므로 주의해야 한다.

둘째, 교육사가는 현재의 교육문제를 해결하기 위하여 과거의 교육적 사료를 자의적(恣意的)으로 해석해서는 안 된다. 과거에 대한 연구는 그 시대로 돌아가서 사고하고 평가해야 한다. 예컨대, 고대 그리스의 스파르타에서 행해졌던 영아 살해를 현대적 관점에서가 아니라 그 당시의 상황 속으로 들어가 이해하려고 해야 한다. 말하자면 역사가의 판단과 해석은 맥락의 인식 속에서 이루어져야 한다는 것이다. 이런 이유로 교육사가에게는 역사적 사건을 초연한 자세로 바라보는 태도가 요구된다. 이외에도 교육사가에게는 잘못된 자신의 역사적 서술을 철회할 수 있는 용기와 타인의 비판을 받아들이는 개방정신이 요구된다.

4. 교육사의 연구영역

교육사 연구의 영역은 크게 교육사상사와 교육제도사를 양대 축으로 하여, 교육내용·방법사, 교육사회경제사, 교육문제사 등으로 구분할 수 있다(정재철, 1982).

교육의 사상사적 연구는 한 시대의 교육의 의의나 가치를 그 시대의 교육 사상의 흐름이나 시대정신 속에서, 그리고 교육자나 교육사상가의 교육사 업과 교육정신 속에서 찾으려는 연구다. 예컨대, 소크라테스, 코메니우스, 루소 등 사상가의 시대정신 속에서 교육의 의의와 가치를 발견하려는 것 등 이 이 연구방법에 속한다. 이러한 접근법은 다시 '교육의 사조사 연구'와 '교 육자에 대한 열전적 연구'로 구분된다.

교육의 제도사적 연구는 교육조직·교육기구·교육제도 등의 역사적 발 전과정을 추적하여 교육의 의의와 가치를 탐구하는 분야다. 이런 연구를 심 도 있게 하다 보면 현재 운영되고 있는 교육제도의 문제점과 모순을 극복할 수 있는 방법을 찾을 수 있다. 교육의 제도사적 연구의 하위 연구로는 '학교 발달사 연구', '교육재정사 연구', '교육정책사 연구' 등이 있다.

교육내용 및 방법에 관한 역사적 연구는 어떠한 교육내용이 피교육자에 게 어떻게 전달되고 수용되었는가에 대하여 역사적으로 고찰하는 연구다. 하위 연구로는 '교육과정사 연구', ' 교과서사 연구' 등이 있다.

교육의 사회경제사적 연구는 교육을 그 어떤 사회 구성체의 전체 구조 속 에서 발전하는 하나의 객관적인 현상으로 간주하고, 사회구조와 그 발전에 따라 교육현상도 상호작용하면서 변화, 발전한다는 입장에 따른 연구다.

교육의 문제사적 연구는 현재 우리가 직면하고 있는 개개의 교육문제 내 지 교육의 제 영역을 역사적 연구를 통해서 밝히고, 또 그 해결의 실마리를 찾으려는 연구다. 우리는 이러한 연구를 통해 환경문제, 인터넷 오용, 청소 년비행, 노인문제 등의 현안 문제를 해결할 수 있는 혜안을 얻을 수 있다.

🏛 제2절 한국교육의 흐름

1. 원시시대의 교육

원시시대에 '학교'라고 부를 만한 교육기관이 있었을 리는 만무하지만 어떤 형식으로든지 교육은 이루어졌을 것이다. 이 시대의 교육은 주로 의식주 해결이라는 절박한 상황 속에서 필요에 의해서 이루어졌을 것이다. 예컨대, 남성들에게는 수렵술이라든가 농경술이 전수되었을 것이고, 여성들에게는 길쌈이라든가 집안일이 전수되었을 것이다. 학교라는 기관은 없었으나 가정이나 특정한 모임 장소에서 살아가는 데 필요한 기술과 지식을 전달했을 것이다. 특히, 부족을 방어하기 위한 기술 이외에도 집단구성원의 협동과 단결을 위하여 의식을 통일하기 위한 의식교육이 집단적으로 이루어졌을 것이다. 원시시대에는 하늘에 제사를 지내는 의식(祭天儀式)이 일반화되어 있었는데 이러한 의식은 종교의식이었을 뿐만 아니라 교육활동이기도 했다.

이러한 원시교육이 가지는 교육적 의의를 살펴보면, 첫째, 원시시대의 교육은 생존을 위한 것이었던 만큼 교육의 목적의식이 뚜렷했다는 점이다. 가르치고 배운다는 것은 곧 생존의 문제였기 때문에 교육적 필요와 교육내용 간의 일치도가 높았다. 뚜렷한 목적도 없이 불필요한 내용을 전수하고 있는 오늘날의 교육현실과 비교해 보면 원시인들의 교육은 대단히 현실적이라고 볼 수 있다. 둘째, 학습의 동기 또한 높았다고 볼 수 있다. 원시인들에게는 특정의 지식이나 기술을 배워야 할 이유가 아주 분명했다. 그것을 배우는 문제는 곧 생존의 문제였기 때문에 학습동기가 높을 수밖에 없었다. 셋째, 원시인들의 교육에서는 낭비와 학습의 결손을 찾을 수 없다. 왜냐하면 언제나 필요에 의해서 학습이 시작되고, 흥미에 따라서 학습시간이 자유자재로 길어지거나 짧아질 수도 있었기 때문이다. 이러한 원시교육에서 발견할 수 있는 교육원리들은 형식적인 학교기관이 등장한 이래 규격화되고 거대화되면서 점점 사라지게 되었다.

2. 삼국시대의 교육

삼국시대 교육의 성립과 발전에 결정적인 영향을 준 것은 유교와 불교였다. 유교는 학문적 성격의 특성 때문에 형식적인 교육의 발전에 영향을 주었으며, 불교는 비형식적인 교육(informal education)의 발전에 기여했는데, 특히 일반 대중의 종교적 신념과 가치관의 형성에 크게 기여하였다. 특히, 불교는 우리 문화의 원천으로서 무지한 백성들의 의식을 일깨우는 대중교화의 길을 열어 주었다는 데 역사적 의의가 크다고 하겠다.

유교와 불교는 순수한 종교적인 기능의 수행을 넘어서 정치, 경제, 교육 등 문화 전반에 걸쳐 영향을 주었으며, 윤리의식의 발달과 아울러 정치제도의 발달을 촉진시켰다. 특히, 유교의 수용과 더불어 한자의 도입은 이를 배우고 가르치는 형식적인 학교교육의 성립과 발달에 결정적인 영향을 주었다.

1) 고구려의 교육

고구려는 형식적인 교육기관으로 두 종류의 교육기관을 가지고 있었다. 하나는 최초의 관학이라고 할 수 있는 태학(太學)이며, 다른 하나는 사학(私學)의 시초라고 할 수 있는 경당(扃堂)이다.

『삼국사기』에 의하면 태학은 소수림왕 2년(372년)에 중국의 학제를 본받아 국가 관리를 양성하기 위해 주로 상류계층의 자제를 교육시켰던 관학이다. 태학의 주요 교육과정은 오경(시전, 서전, 주역, 예기, 춘추)과 삼사(사기, 한서, 후한서) 등 유학을 중심으로 한 중국의 전통적인 고전들로 이루어졌다.

우리의 교육역사상 최초의 사학이라고 할 수 있는 경당은 정확한 설립연

대를 알 수는 없으나 서민 자제를 대상으로 주로 독서와 활쏘기 등 문무교
육(文武教育)을 겸한 교육기관이었다. 이 경당은 수도뿐 아니라 지방의 마을
마다 설립된 것으로 보아 그 시대를 대변하는 가장 일반적인 서민교육기관
이었을 것으로 생각된다. 또한 습사(習射)를 겸한 것으로 보아 신라의 화랑
도(花郎道) 교육과 흡사한 교육이었을 것으로 추측된다.

2) 백제의 교육

사료(史料)를 통해 볼 때, 백제에 학교가 있었다는 기록은 없다. 하지만
『삼국사기』에 의하면 백제는 284년 백제 사람인 아직기가 일본으로 건너가
태자를 가르쳤고, 285년에는 왕인 박사가 일본에 『논어』와 『천자문』을 전했
으며, 고구려가 태학을 세운 지 3년 만인 375년에 박사 고흥에 의해 『서기
(書記)』를 가지게 되었다는 기록으로 보아 이미 백제는 고구려보다도 학교
교육이 먼저 시작되었다고 볼 수 있다. 특히, 백제에는 박사제도라는 것이
있어서 상당한 수준의 고등교육이 이루어졌으며, 이들 박사들은 일본으로
건너가 일본의 교육 및 문화에도 결정적인 영향을 주었다. 이 당시 박사란
교학지임(教學之任)을 맡은 자로서 유교경전에 대한 해박한 지식을 소유한
전문가들이었다. 왕인과 아직기가 그 대표적인 인물이다.

3) 신라의 교육

신라의 교육은 문무왕이 삼국통일의 위업을 달성했던 676년을 중심으로
통일 이전의 교육과 통일 이후의 교육으로 양분된다. 통일 이전에 유학이
성행한 것은 사실이나 형식적인 학교교육에 대한 기록은 없다. 다만 이 시
기에는 화랑도를 통한 청소년교육과 불교에 의한 대중교화가 이루어졌을
뿐이다.

화랑도는 고구려의 경당과 마찬가지로 문무를 겸비한 교육을 했다. 화랑
도교육은 본래 국가에서 쓸 인재를 선발하려는 필요에 의해 시작된 청소년

운동이었으나, 진흥왕 때 와서야 국가적인 공인단체로 인정을 받게 되면서 체계화되고 조직화되었다. 화랑도의 교육목적은 보국충사(報國忠死)할 수 있는 인재를 양성하는 일이었다. 평상시에 화랑들은 명산대천을 찾아다니면서 심신을 단련하고 무술을 연마하였으나 유사시에는 전사(戰士)로서 활동하였다. 화랑도의 교육과정은 주로 전사로서 갖추어야 할 무술이 주된 내용이었으나 정신도야를 위한 덕목들, 정서함양을 위한 시·춤·음악 등도 중시되었다. 그 당시 화랑들이 중시했던 덕목들은 최치원이 쓴《난랑비서문》에 잘 나타나 있다.

화랑도교육과 더불어 불교교육은 민중의 삶 속에 깊이 파고들어서 그들의 의식을 일깨우고 개혁하는 데 결정적인 역할을 했다.

우선, 불교는 대중교육의 길을 열어 주었다는 점에서 중요한 의의를 가진다. 삼국시대에 독서를 할 수 있는 계층은 왕족이나 귀족과 같은 특정 계층이었다. 따라서 불교경전을 이해하고 해득할 수 있는 계급도 왕족이나 귀족이었다. 이에 원효와 같은 고승은 민중 속에 들어가 문자와 불교를 가르치면서 우매한 민중을 교화하는 데 평생을 바쳤다. 다음으로 불교는 유교와 더불어 국민윤리의 바탕을 이루는 종교적 덕목을 정립하고 이를 세속화하는 데 기여했다. 일찍이 원광법사(圓光法師)는 세속오계(世俗五戒)를 지어 불교의 덕목을 민중의 삶 속에서 내면화시키고 체질화시키려고 노력하였으며 이를 청소년들의 생활규범으로 삼게 하였다.

삼국통일 이후에는 당나라의 국자감(國子監) 제도를 모방하여 국학(國學)을 세웠다. 국학의 교육목적은 유학의 이념을 연구하고 널리 보급하며 그 이념에 입각하여 국가 관리를 양성하는 것이었다. 교육내용은 주로 유교경전들이었고, 『논어(論語)』와 『효경(孝經)』을 필수과목으로 하였으며, 『예기(禮記)』, 『주역(周易)』, 『좌전(左傳)』, 『모시(毛詩)』, 『춘추(春秋)』, 『상서(尙書)』, 『문선(文選)』 등은 선택과목이었다. 입학자격은 15~30세의 6두품 출신 귀족자제였고, 수학 연한은 9년이었다. 국학의 명칭은 경덕왕 6년(747년)

에 태학감(太學監)으로 바뀌었다가 혜공왕 때 다시 국학으로 불리었다.

신라에서 국학이 점차 완비되고 성행함에 따라 유교교육 자체가 관료화되어 가기 시작했다. 원성왕 4년(788년)에는 일종의 과거제라고 할 수 있는 독서삼품 출신과(讀書三品 出身科)를 정하여 문관을 등용하였는데, 독서삼품과는 국학의 성적이 상품, 중품, 하품으로 구분되었다. 이는 통일신라 이전에 화랑도교육을 통해 인재를 선발한 것과는 확연하게 구별되는 것으로서 과거제의 효시가 되었다고 볼 수 있다.

3. 고려시대의 교육

고려는 숭불(崇佛) 정책을 내세우면서도 유교교육을 국가 차원에서 널리 장려하였다. 유교교육을 장려한 것은 봉건제도를 강화하고, 신진 지배층을 적극 등용하는 데 목적이 있었다. 고려의 교육기관은 크게 관학(官學)과 사학(私學)으로 구별되는데, 거듭되는 내란과 외적의 침입으로 중앙 정부가 교육에 소홀할 수밖에 없었으므로 관학보다는 지방의 유학자들에 의해 세워진 사학이 발달하였다.

l) 관학

성종조(982~997년)에 이르러 교육제도가 새롭게 정비되면서 여러 종류의 관학(官學)들이 설립되었다. 관학으로는 국자감, 향교, 학당이 있었다.

(1) 국자감

국자감(國子監)은 성종 11년(992년) 개경(개성)에 설립된 최고 교육기관으로서 국가의 고급관리를 양성하는 데 목적이 있었다. 이 국자감에는 태학전(太學田)을 주고 조세를 면제해 주었을 뿐 아니라 예종 14년(1119년)에는 양현고(養賢庫)를 두어 재정을 돕도록 하였다. 또 국자감 안에는 많은 경학박사(經學博士)를 두어 경전을 적극적으로 연구하고 경론(經論)을 펼치도록 했다. 그러나 국자감의 학제가 완비된 것은 인종(1122년)에 이르러서다. 인종은 국자감 안에 육학(六學), 즉 국자학(國子學), 태학(太學), 사문학(四門學), 율학(律學), 서학(書學), 산학(算學)을 두었으며, 입학자격도 다르게 규정하였다. 교육내용은 주로 『주역』, 『상서』, 『주례』, 『예기』, 『모시』, 『춘추』, 『좌씨전』 등이었으며, 수업 연한은 경사(經史)를 가르치는 국자학, 태학, 사문학의 경우 9년으로 정하였다. 국자감은 충렬왕 원년(1275년)에 그 명칭을 국학(國學)이라 개칭하였으며, 충렬왕 34년(1308년)에는 성균관(成均館)이란 명칭으로 재개칭하였다.

(2) 향교

향교(鄕校)는 지방에 설립된 관학으로서 지금도 여러 곳에 남아 있다. 향교의 정확한 설립연대를 알 수는 없으나 성종 6년(987년) 이후 전국 각 지방의 군현(郡縣)에 설립된 관립학교로 운영되었을 것으로 추측된다. 향교는 주로 지방의 선비를 교육하였던 기관으로서, 공자 등 성현을 모시는 문묘(文廟)를 두고, 이것을 중심으로 학문을 강론하던 명륜당(明倫堂)을 두고 있었다. 이렇게 볼 때 향교는 유교의 사당(祠堂)인 동시에 중요한 교육기관이었음을 알 수 있다. 향교의 주요 교육내용은 제술(製述)과 명경(明經: 효경, 논어, 9경) 등이었으며, 의학(醫學), 율학(律學), 서학(書學), 산학(算學) 등의 교과도 개설하여 가르쳤다.

(3) 동서학당과 5부학당

학당은 원종 2년(1261년) 개경에 설립한 관립학교로서 국자감에서 교육을 받지 못한 개경의 학도들을 위한 교육기관이었다. 학당에는 동서학당(東西學堂)과 5부학당(五部學堂)이 있었는데, 동서학당은 원종 2년에 개경의 동과 서에 설치하였으며, 5부학당은 공양왕 2년(1390년)에 정몽주의 건의로 개경의 중앙과 동, 서, 남, 북에 세우기로 한 학교였으나 북부학당만은 끝내 설치되지 못하고, 4부학당만이 설치되어 운영되었다. 이 학당들은 대체로 향교와 비슷한 유교 교육과정들을 운영했다.

2) 사학

11세기경 고려의 조정은 내란과 외적의 침입으로 관학의 진흥에 그다지 힘을 쏟지 못하고 있었다. 이때 관직에서 은퇴한 학자와 지방에서 은거생활을 하던 선비들이 사립교육기관인 사학(私學)을 설립하여 후학을 기르는 데 힘을 썼다. 그 대표적인 것이 최충의 문헌공도(文憲公徒)를 포함한 12도(十二徒)와 서당(書堂)이다.

(1) 12도

문종 때 대학자였던 문헌공(文憲公) 최충(崔沖, 984~1068)은 평생을 관직에 헌신하다가 72세(1055년)에 은퇴한 후 자신의 재산을 털어 9재(九齊)[1]를 설립하였다. 이때 그의 학덕을 배우고자 하는 유생들이 전국에서 몰려들었는데 이들을 가리켜 문헌공도라고 한다. 문헌공도의 교육성과가 널리 알려지자 지방의 선비들이 앞다투어 유사한 사학을 설립하였는데, 그중에서 특히 영향력이 컸던 11개의 사학을 더하여 12도(十二徒)라고 부른다.

12도의 교육목적은 주로 유교적인 덕목, 즉 인의(仁義)와 인륜도덕을 함양하는 것이었다. 교육내용은 9경(九經)과 3사(三史)[2]로 구성되었다. 이 12도는 공양왕 3년(1391년)에 폐지되기는 했으나 교육적으로 큰 역사적 의미를 지

---

1) 여기서 9재(九齊)란 낙성재(樂聖齊), 대중재(大中齊), 성명재(誠明齊), 경업재(敬業齊), 조도재(造道齊), 솔성재(率性齊), 진덕재(進德齊), 대화재(大和齊), 대빙재(待聘齊)를 말한다.
2) 여기서 9경(九經)이란 시경(詩經), 서경(書經), 예기(禮記), 춘추(春秋), 효경(孝經), 논어(論語), 맹자(孟子), 주례(周禮), 역경(易經)을 가리키며, 3사(三史)란 사기(史記), 한서(漢書), 후한서(後漢書)를 가리킨다.

니고 있다. 왜냐하면 12도는 그 당시 국자감이나 향교가 제 역할을 해 내지 못하고 있었을 때 고등교육기관으로서 제 몫을 충실히 해 냈기 때문이다.

(2) 서당

서당(書堂)이 고려시대의 일반 서민자제들을 교육시킨 초등교육기관이었다는 점은 분명하나 서당이 언제 어떻게 설립되었는지에 대한 기록은 없다. 다만 중국 송나라 때 사람인 서긍(徐兢)이 쓴 『고려도경(高麗圖經)』에 나타난 기록에 의하면 서당이 마을마다 있었을 것으로 추측된다. 서당은 지방의 일반 서민 자제들을 수용하여 교육했던 사설교육기관으로 서민의 문해능력을 향상시키는 데 큰 공헌을 하였다. 이러한 교육을 담당했던 사람은 훈장(訓長)과 접장(接長)이었다. 이 서당의 활동이 가장 활발했던 시기는 조선시대였지만 그것은 대부분 고려시대의 서당제도를 답습한 것이었다.

4. 조선시대의 교육

조선은 건국 초기부터 성리학(性理學)을 정치이념으로 삼고 불교를 배척하는 숭유억불(崇儒抑佛)의 정책을 채택하였다. 따라서 교육의 목적은 자신의 몸과 마음을 닦고 다른 사람을 다스린다는 '수기치인(修己治人)'을 하는 데 있었다. 그러나 성리학을 지나치게 숭상한 나머지 성리학 이외의 학문은 잡학(雜學)이라고 하여 이단시하였다. 따라서 현실생활과 직접 관련된 과학기술이나 생산기술은 더 이상 발달할 수 없었다.

갑오경장에 이르기까지 조선의 교육제도는 성균관(成均館), 사학(四學), 향교(鄕校), 서원(書院), 서당(書堂)으로 구성되어 있었다. 고등교육기관으로는 한양에 성균관이 있었으며, 중등교육기관으로 한양에는 사학이, 지방에는 향교와 서원이 있었다. 그리고 초등교육기관으로는 각 지방의 마을마다 서당이 있었다. 그러나 조선시대의 교육은 관학이나 사학을 막론하고 유교

경전을 배우고 익히는 교육이 이루어졌으며, 모든 교육제도와 교육과정은 과거시험을 위한 내용으로만 이루어지는 폐단을 낳기도 하였다.

1) 관학

조선시대 정부에서 주도하는 관학(官學)으로서는 성균관, 사학, 향교 등이 있었다. 이 중 성균관은 최고학부로서 고등교육을 담당하였으며, 서울의 사학과 지방의 향교는 중등교육을 담당했다.

(1) 성균관

성균관(成均館)이란 이름은 원래 고구려, 신라 때는 태학 혹은 국학, 고려 때는 국자감, 성균감(成均監)으로 부르다가 다시 성균관으로 개칭하였는데, 이를 조선왕조가 계승한 것이다. 성균관은 태조 7년(1398년)에 한양의 동북방 숭교방(崇敎坊: 지금의 성균관대학교 자리)에 설치되었다. 성균관 안에는 유학을 강의하는 명륜당(明倫堂), 공자를 비롯한 선현들의 위패를 모신 문묘(文廟), 유생이 거처하는 기숙사(齊) 등을 두었다.

성균관의 입학자격은 양반에 한하여 주어졌고, 양반 자제라고 하더라도 원칙적으로 생원, 진사시험에 합격한 자라야 했다. 하지만 일부는 사학(四學)에서 성적이 우수한 학생들이 진학하는 경우도 있었다.

교육과정은 크게 강독(講讀), 제술(製述), 서법(書法)의 과정[3]으로 나뉘어 있었는데, 그 내용은 주로 4서(四書) 5경(五經)을 비롯한 유교의 여러 경전들이었다. 학습기간은 경전의 난이도에 따라 다양했다.[4]

---

3) 강독: 4서(『논어』, 『맹자』, 『중용』, 『대학』), 5경(『시전』, 『서전』, 『주역』, 『예기』, 『춘추』), 제사(諸史), 제술: 의(疑), 논(論), 부(賦), 표(表), 송(頌), 명(銘), 잠(箴), 기(記), 서법: 해서(楷書), 행서(行書), 초서(草書)

4) 『대학』의 학습기간은 1개월, 『논어』, 『맹자』는 각각 4개월, 『시전』, 『서전』, 『춘추』는 각각 6개월, 주역, 예기는 각각 7개월이었다.

학업성적은 대통(大通), 통(通), 약통(略通), 조통(粗通), 조(粗)의 5단계로 평가하였는데 이것은 오늘날 대학에서 성적을 A, B, C, D, F등급으로 평가하는 것과 흡사하다고 하겠다. 성균관의 재원은 태조 때부터 학전(學田)을 급여해 충당해 왔으며, 학생들의 식료 공급을 위해 양현고(養賢庫)를 마련하였다.

성균관 학생들은 상당한 정도의 자유를 보장받았다. 예컨대, 국가정책의 실정이 드러나거나 유교적 풍속에 해가 될 만한 일이 생기면 가차 없이 유소(儒疏)로써 탄핵을 하였다. 또는 자신들의 뜻이 관철되지 않으면 식당에 들어오지 않거나, 기숙사에서 모두 나가거나 성균관을 나오는 등의 동맹휴업을 감행하기도 하였다.

그러다가 성균관은 일제 때 경학원(經學院)이라고 불렸고, 명륜당과 부속건물에 명륜전문학교가 세워졌다. 해방 후 성균관은 성균관대학교로 발전하게 되었다.

(2) 사학

사학(四學)은 고려 말의 5부학당을 계승한 국립교육기관으로서 4부학당(四部學堂)의 준말이다. 처음에 서울을 5부로 나누고 여기에 학교를 하나씩 설치하여 5부학당이라 하였는데, 북부학당만은 완성을 보지 못해 4부학당만이 존재하게 되었다. 이를 흔히 사학(四學)이라 부르게 된 것이다.

사학은 성균관의 부속기관으로서 향교와 비슷한 정도의 중등교육기관이라고 할 수 있다. 학제와 교육방침은 비슷하였으나, 사학은 문묘(文廟)를 두지 않았다. 또 교육방침과 교육내용은 성균관과 비슷했고, 기숙사를 두고 있었으며, 학비는 국가에서 제공하였다. 구한말 외국인들에 의해서 세워진 학교들 중에는 이 학당의 명칭을 딴 것들이 많다. 예를 들어, 배재학당(培材學堂), 이화학당(梨花學堂) 등이 바로 그것이다.

(3) 향교

조선시대 향교(鄕校)는 고려의 향교를 그대로 계승한 교육기관이다. 하지만 그 규모나 짜임새는 고려의 향교보다 훨씬 체계적이었다. 향교의 설립목적은 성현에 대해 제사를 올리고 지방 유생들에게 유학을 교수하며, 지방문화를 향상시키고 사풍(士風)을 진작시키는 것이었다.

향교의 감독책임은 감사(監司)에게 있었으며, 중앙정부는 향교를 보호육성하기 위하여 8도(道)에 제독관(提督官)을 두었다. 향교의 직원으로는 교수(敎授), 훈도(訓導), 학장(學長)이 있었으며, 유생들이 공부했던 교과목으로서는 『소학(小學)』, 『사서(四書)』, 『오경(五經)』, 『근사록(近思錄)』, 『제사(諸史)』 등이 있었다.

2) 사학

사학(私學)으로서는 서원(書院)과 서당(書堂)이 있었는데, 서원은 유교의 성현에게 제사를 지내는 동시에 지방의 유생들을 교육하였던 기관이며, 서당은 일반 서민 자제들에게 한문에 대한 독해력을 증진시키고, 사학(四學)과 향교에 입학할 수 있는 능력을 길러 주기 위한 기관이었다.

(1) 서원

우리나라 최초의 서원(書院)은 중종 38년(1543년) 풍기군수 주세붕(周世鵬)이 안향을 추모하기 위해 세운 백운동(白雲洞) 서원이다. 이 서원은 후에 소수서원(紹修書院)이라는 이름으로 불렸는데, 1549년 명종이 친필로 쓴 사액(賜額)을 내린 국가 최초의 사액서원이기도 하다.

소수서원의 구조를 살펴보면, 우선 안향을 제사하기 위해 문성공묘(文成公廟)를 두었고, 명륜당(明倫堂), 지락제(至樂齊), 학구제(學求齊), 일신제(日新齊), 서고(書庫), 전사청(典祀廳)을 두었다. 이 서원은 백운동서원규(白雲洞書院規)를 정해 놓고 있었는데 이것은 요즈음의 학교가 학사일정 전반을 규정해 놓은 것과 같은 것이다. 여기에는 다섯 가지 가르침의 요목, 배우는 차례, 수신(修身), 업무처리, 사물을 대하는 요목 등을 상세히 제시하고 있다. 소수서원의 운영은 아무나 할 수 있었던 것이 아니라 군(郡) 내의 생원과 선비들이 담당하였는데, 이들은 원장 1인, 부원장 1인, 진신(搢紳)과 유림(儒林)으로 구성되어 있었다. 또 강장(講長), 훈장(訓長), 제장(齊長), 집강(執綱), 도일부유사(都一副有司), 직월(直月), 직일(直日), 장의(掌議), 색장(色掌) 등이 가르치는 일을 직간접으로 담당하였다.

소수서원을 비롯한 대부분 서원의 교육목표는 성현을 양성하는 것(法聖賢)이었다. 여기서 말하는 성현이란 유교가 목표로 하는 이상적인 인간상, 즉 군자(君子)를 의미한다. 이러한 교육목표를 달성하기 위하여 경학(經學)과 사장(詞章)을 강론하고 가르쳤다. 부분적인 차이는 있었으나 서원에서 가르쳤던 교과목에는 『소학』, 『대학』, 『논어』, 『맹자』, 『중용』, 『시경』, 『주역』, 『예기』, 『춘추』, 『가례』, 『심경』, 『근사록』 등이 있었다.

조선시대 서원은 교육을 통해 국가의 인재를 육성하고 학풍을 진작시켜 나갔던 중요한 역할을 담당했음에도 불구하고, 서원의 숫자가 폭발적으로 늘어남에 따라 그 본래의 기능을 잃어 가게 되었다. 명종 이전에 불과 29개였던 서원의 숫자가 선조 때에는 124개로 늘어났다. 숙종 때에는 각 도에 80~90개의 서원이 세워졌고, 급기야 정조 때에는 전국에 650개 이상의 서원이 난립하게 되었다. 서원들이 급증하면서 본래의 기능을 상실하고 그 폐해가 심각해지자 대원군은 집권 이후 47개의 서원만을 남겨 놓고 모든 서원을 철폐하였다.

(2) 서당

조선시대 서당(書堂)은 일반 서민 자제들을 위한 사설교육기관으로서 주로 초등교육을 담당하였다. 서당의 주된 설립목적은 사학(四學)과 향교에 입학할 수 있는 능력을 길러 주는 데 있었다. 말하자면 중등교육기관에 입학할 수 있도록 지방의 아동 및 청소년들에게 한문의 독해력을 증진시키고 유교에 대한 초보적인 지식을 전하는 데 그 목적이 있었다.

서당은 설립 주체가 누구냐에 따라 그 성격이 달랐다. 예컨대, 훈장이 직접 운영하는 훈장 자영서당을 비롯하여, 마을이나 고을의 돈 많은 유지(有志)가 단독으로 운영하는 유지 독영서당, 지방 유지들이 하나의 조합을 만들어 운영했던 유지 조합서당, 마을 단위의 촌 조합서당들이 있었다.

서당에서는 주로 훈장과 접장이 학동들을 가르쳤는데, 훈장의 학식 수준은 일정치가 않아 경사백가(經詞百家)에 능통한 사람에서부터 경서의 문의(文意)만을 체득한 훈장도 있었다. 접장(接長)은 주로 서당 내에서 연령이 많고 학력이 뛰어난 학생을 선발하여 임명하였으며, 접장은 지적 수준이 낮거나 초보 단계에 있는 학생을 가르치고 지도하였다.

서당의 교육내용은 『천자문』으로부터 『당률(唐律)』에 이르기까지 다양했다. 수업은 주로 강독(講讀), 제술(製述), 습자(習字)로 이루어졌다. 강독은 유교경전들에 대해 읽고 그 뜻을 풀이하는 것으로 천자문, 『동몽선습(童蒙先習)』, 『통감(通鑑)』, 『소학(小學)』, 『사서삼경(四書三經)』, 『사기(史記)』, 『당송문(唐宋文)』, 『당률(唐律)』 등의 순으로 읽어 나갔다. 제술은 글을 짓는 방법을 가르친 것으로, 오언절구(五言絕句), 칠언절구(七言絕句), 사율(四律), 십팔구시(十八九詩) 등을 가르쳤다. 습자는 글씨 쓰기에 해당하는 것으로서 해서(楷書), 행서(行書), 초서(草書) 등을 가르쳤다.

서당의 교육방법은 상당히 과학적이고 체계적이었다. 우선, 유교 경전들을 읽게 하되 학습자의 능력에 맞게 범위를 정하여 숙독하도록 하였다. 또 교과목을 지도할 때 계절을 고려했다는 점은 아주 재미있고 과학적인 발상이었다. 예컨대, 여름에는 흥취를 돋우는 시(詩), 율(律)을 짓도록 하고, 봄과 가을에는 『사기(史記)』 및 고문(古文)을 읽도록 하였으며, 겨울에는 내용이 어려운 경서(經書)를 읽도록 하였다. 또 특이한 점은 놀이를 이용하여 학습의 효과를 극대화하려고 했다는 점이다. 예컨대, 초중종장 놀이, 고을 모듬

놀이, 조조잡기, 글 대구 맞추기, 추석 때의 가마놀이 등을 이용해 가르쳤다.

조선시대 서당은 비록 서민자제들에게 초보적인 교육을 담당했던 사설기관이었으나 국민 대중의 문자교육과 국민문화 창달에 기여했다는 점에서 교육사적 의의가 크다고 하겠다. 효종 10년(1659년)에 서당학규(書堂學規)인 향학지규(鄕學之規)를 제정했다는 것은 서당이 조선시대 교육에서 차지하는 비중이 얼마나 컸는가를 말해 준다.

3) 특수교육기관

조선은 특수한 목적과 기능을 담당했던 특수한 교육기관 및 제도들을 두고 있었다. 예컨대, 경연(經筵)은 왕에게 경서를 강독하고 연구하는 일을 맡았던 교육기관이었다. 경연은 주로 홍문관, 사헌부, 사간원의 학식이 높은 학자들이 왕에게 유교 경전을 강론하였다는 점에서 교육적 기능을 담당하기도 했지만, 국정(國政)을 논하고 비판함으로써 왕권을 간접적으로 견제했던 정치적 기능도 가지고 있던 제도였다.

장악원(掌樂院)은 주로 음악교육과 교열(校閱)을 관장하였던 교육기관이었으며, 관상감(觀象監)은 오늘날의 기상청에 속하는 기관으로 천문(天文), 지리(地理), 역수(曆數), 점산(占算), 측후(測候) 등을 관장하였으며, 이곳에서 관상에 관한 전문적인 지식과 기술을 가르쳤다.

이들 기관 이외에도 통역을 관장했던 사역원(司譯院), 왕세자에게 경서(經書)와 사적(史籍)을 강의했던 세자시강원(世子侍講院), 왕실의 의료를 담당했던 전의감(典醫監), 종실(宗室)의 교육 임무를 관장했던 종학(宗學), 군사훈련을 전담했던 훈련원(訓練院) 등이 있었다.

조선시대는 아주 걸출한 교육사상가들을 많이 배출하였다. 이들은 주로 성리학을 토대로 자신의 교육이념과 교육목표를 제시하였으며, 실제적으로 조선 사회를 이끌어 갈 인재를 양성해 내는 데 크게 기여하였다. 조선 초기의 교육사상가로서 권근(權近, 1352~1409), 서경덕(徐敬德, 1489~1546)을 들 수 있으며, 중기의 교육사상가로서는 이황(李滉, 1501~1570), 조식(曺植, 1501~1572), 이이(李珥, 1536~1584) 등을 들 수 있다.

4) 실학파의 학풍과 교육

조선 건국 초기부터 16세기까지 조선의 교육은 성리학의 이념과 목표를 실현하기 위한 것이었다. 그러나 17, 18세기에 이르러 성리학의 공리공론을 비판하고 그릇된 사회제도를 혁파하려는 사회개혁사상, 즉 실학(實學)이 등장하면서 교육의 이념, 내용, 방법에 커다란 변화가 일어났다.

(1) 실학의 등장배경

임진왜란과 정유재란 이후 조선 사회는 피폐해질 대로 피폐해졌다. 양란(兩亂)은 조선 사회가 정치적으로 얼마나 무능한지, 군사적으로 얼마나 위약한지를 보여 준 역사적 사건이었다. 조선의 식자들은 나라가 위약해진 까닭이 어디에 있는가를 자각하고 반성하게 되었다. 그들은 조선이 위약해진 근본 원인이 공리공론(空理空論)을 일삼아 온 성리학에 있다고 진단하였으며, 이를 혁파하는 일이 곧 조선을 새롭게 일으키는 길이라고 생각했다. 이러한 조선의 현실에 대한 철저한 자각과 각성에서 비롯된 사상이 바로 실학이라고 할 수 있다. 그 당시 실학자들은 청나라의 고증학(考證學)과 서학(西學)의 영향을 받았으며, 추상적·관념적·현실 괴리적인 성리학을 비판하고 경험적이고 실제적이며 실증적인 학문을 추구하였다.

실학은 조선 성리학의 허학(虛學)적 경향을 비판하고 사회의 개혁을 꾀하였다는 점에서 학파마다 큰 차이는 없지만 사회를 어떻게 개혁할 것이냐 하는 방법론의 차이에 따라 세 가지의 학파로 나뉜다.

첫째, 경세치용(經世致用) 학파는 조선의 현실을 개혁하기 위한 방법으로 토지개혁을 강조했다. 예컨대, 이익(李瀷, 1682~1764), 유형원(柳馨遠, 1662~1673) 등은 잘못된 토지제도를 개혁함으로써 농촌경제를 부활시킬

수 있고 나아가 국가 경제를 부흥하게 할 수 있다고 생각했다. 이러한 주장
은 주로 성호(星湖) 이익을 따랐던 제자들에 의해 제기되었기 때문에 이 학
파를 흔히 성호학파라고 부른다.

둘째, 이용후생(利用厚生) 학파는 발달된 청나라의 문물 및 기술을 수입하
여 활용할 것을 강조했다. 예컨대, 박지원(朴趾源, 1737~1805), 박제가(朴齊
家, 1750~1815), 홍대용(洪大容, 1731~1783) 등은 상업 및 공업을 장려함으
로써 부국강병을 이룰 수 있다고 강조했다. 이들은 주로 청나라의 학문을
받아들일 것을 강조했기 때문에 흔히 북학파(北學派)라고도 불린다.

셋째, 실사구시(實事求是) 학파는 사실적인 것에서 진리를 탐구하려는 경
향이 강했다. 추사(秋史) 김정희(金正喜, 1786~1856)는 관념적인 것에서 진
리를 구하려고 했던 조선 성리학의 학풍을 신랄하게 비판하였으며, 사실적
인 것, 구체적인 것, 실증적인 것에서 진리를 구하려고 하였다. 특히, 그는
중국의 세계관과 역사관에서 벗어나 우리 스스로의 주체적인 사물관, 역사
관, 지리관을 정립하고자 했으며 또한 고증적이고 실증적인 방법으로 우리
의 인문, 지리, 역사, 풍물을 연구함으로써 주체적인 학문을 수립하고자 노
력하였다. 중국 어느 서체와도 비교할 수 없는 독창적인 서체, 즉 추사체를
창안한 것도 바로 이러한 주체적인 의식에서 비롯된 것이다.

(2) 실학파의 교육사상

실학은 성리학의 공리공론을 비판한 사상운동이며, 위약한 조선의 사회
구조를 바꾸려 했던 사회개혁운동이며, 동시에 민중의 의식을 일깨우려고
했던 교육운동이다. 교육운동으로서 실학은 어떠한 이념을 중시했는가?

첫째, 학파마다 다소간의 차이는 있으나 실학자들은 합리주의(合理主義)
정신을 중시했다. 합리주의란 이치에 맞도록 생각하는 능력을 가장 중시하
는 사상이며 이념이다. 그들은 합리성에 입각하여 조선 민중들의 몽매성,
무지, 편견, 미신 등을 혁파하려고 하였다. 이것은 마치 서양의 계몽주의 사

상가들이 보여 준 노력과 흡사하다고 할 수 있다.

둘째, 실학자들은 민본주의(民本主義) 정신을 중시했다. 민본주의란 말 그대로 백성이 나라의 근본이라는 이념을 말한다. 물론 성리학도 백성이 근본임을 강조했다. 그러나 조선의 성리학자들과 통치자들은 이를 실현하기 위한 제도적 장치를 마련하기 위해 노력하지 않았다. 많은 실학자들은 이러한 현실을 안타까워했으며 민본정치를 위한 제도들이 마련되어야 한다고 주장했다.

셋째, 실학자들은 실심향학(實心向學)의 정신을 강조했다. 실심향학이란 허구적이고 관념적인 것을 배격하고, 실제적이고 쓸모 있는 지식을 습득하려는 마음으로 나아가야 한다는 이념을 담고 있는 말이다. 조선시대 많은 이들이 성리학이라는 울타리 안에서 엄청나게 많은 공부를 했다고는 하나 그 공부가 자신과 사회를 바꾸는 데 아무런 쓸모가 없었다는 점에서 실학자들이 성리학을 헛된 학문, 즉 허학(虛學)이라고 부른 것은 너무나도 당연한 일이었다. 쓸모 있는 지식, 유용한 학문에 대한 그들의 주장은 과학교육과 기술교육이 중요하다는 점을 강조하였다는 점에서 교육사적으로 큰 의미를 지닌다고 하겠다.

17, 18세기를 대표하는 실학적 교육론자들로서 유형원, 이익, 홍대용(洪大容, 1731~1783), 박지원, 박제가, 정약용(丁若鏞, 1762~1836), 이덕무(李德懋, 1741~1793) 등을 들 수 있다.

5) 동학운동과 교육

(1) 동학운동의 사상적 특징

동학(東學)이란 수운(水雲) 최제우(崔濟愚, 1824~1864)가 창도하고 최시형(崔時亨), 손병희(孫秉熙)가 계승 발전시킨 민족종교다. 최제우는 민중의 현실적인 요구에 호응하는 제병(濟病)과 장생(長生)을 이념으로 내세우면서 전래적인 유·불·도의 사상을 융합하고, '사람이 곧 하늘(人乃天)'이라는 사상을 집약하여, 인간의 존귀함을 일깨우고 지상천국의 이상을 표방하였다. 동학은 농민층, 특히 삼남지방의 농민들에게 급속히 전파되어 후일 동학농민운동의 토대가 되었다. 동학사상에서 나타나는 두드러진 특징들은 무엇인가?

동학은 한울님사상을 강조한다. 여기서 한울님은 한자로 표현하면 '天主'다. 그런데 천주는 기독교에서 말하는 하나님이 아니라 인간의 마음속에 살아 계신 절대적 존재다. 남자이건 여자이건, 주인이건 종이건, 적자이건 서자이건 모든 인간의 마음 안에는 한울님이 계시기 때문에 모든 인간은 존귀한 존재라는 것이다. 동학은 이 세상의 모든 인간이 존귀한 존재를 모시고 있다는 점에서 평등하다고 보았다. 이러한 점에서 남녀를 차별하고, 적서를 차별하고, 반상을 차별하고, 사농공상에 따른 신분에 따라 차별하는 것은 그릇된 것이라고 주장했다.

이러한 동학사상은 민중 속에서 싹터서 수평적인 경로를 밟아 전파되고 확산되어 나갔다는 점에서 불교사상이나 유교사상의 전개과정과는 확연하게 구별된다. 삼국시대 불교는 왕실과 귀족에게 전해졌다가 서서히 대중화되었으며, 유교 역시 통치자를 위한 이념으로 전해졌다가 서서히 대중화되었다. 이와는 달리 도탄에 빠진 민중 속에서 자연발생적으로 생겨나 확산된 것이 동학이었다. 이러한 점에서 동학은 일반 서민의 삶에 기초한 민중에 의한, 민중을 위한 종교요 사상이었다.

(2) 교육적 시사점

동학은 단순히 천주교에 반대하여 창시된 민족 종교의 성격만을 띠고 있는 것은 아니었다. 그것은 인간의 존엄성에 대해 자각하게 하여 근대적인 인간의 해방 및 각성을 문제 삼았던 의식개혁운동이며 사회개혁운동이었다. 또 민중의 의식개혁을 목표로 했다는 점에서 하나의 민중운동이자 교육

운동이었다. 교육운동으로서의 동학이 지니는 교육사적 의의는 무엇인가?

첫째, 동학의 아동교육관은 현대 아동교육에 주는 시사가 크다. 최제우는 '아이를 때리는 것은 곧 한울님을 때리는 것'이라고 할 정도로 아동을 인격적인 존재로 대해야 한다고 강조했는데, 이것은 우리 교육 역사상 아동교육의 중요성을 강조한 선구적인 발언이라는 점에서 의의가 크다고 하겠다.

둘째, 동학의 여성교육관은 시대를 앞선 것이다. 예컨대, 최제우는 《안심가(安心歌)》에서 여성들이 남녀의 차별을 극복하고 구속에서 벗어나 인간다운 삶을 살아갈 것을 권고했다. 즉, 그는 여성들이 종래의 수동적·종속적 존재로서가 아니라 능동적이고 주체적인 존재로 살아갈 것을 강조했다.

6) 구한말의 근대교육

(1) 근대교육의 의미

여기서 근대교육이란 곧 개화교육(開化敎育)을 의미한다. 즉, 전통적 유교교육을 종식하고 서구의 신문화를 섭취하려는 교육을 총칭하여 근대교육이라고 말한다. 그러나 근대교육은 우리 민족의 주체적인 결단에 의해 이루어지기보다는 외세의 강압에 의해 이루어졌다. 예컨대, 구한말 외국 열강들의 개방 및 통상압력이 거세짐에 따라 1876년 일제와의 우호조약이 맺어졌으며, 1882년 한미 우호통상조약이 맺어졌다. 또 1886년 한불 수교조약이 체결되고, 한이 수호조약이 불평등하게 체결되었다. 이러한 문호개방의 외압 속에서 외국 문물을 배우고자 하는 운동이 일어났고 이러한 요구에 부응하기 위한 학교들이 설립되었다.

(2) 근대학교의 성립과정

근대적인 학교는 신교계 선교사들의 활약으로 세워진 미션스쿨들이었다. 예컨대, 1885년 미국 북장로교 의료선교사 앨런(H. N. Allen)의 건의로

광혜원(연대 의대 전신)이 세워졌으며, 1886년 미국 북감리교 선교사 아펜젤러(H. G. Appenzeller)의 요구에 따라 배재학당이 세워졌다. 또 같은 해 미국 북장로교 선교사 언더우드(H. G. Underwood)의 요구에 따라 구세학당이 세워졌는데 이것은 오늘날 경신중학교와 경신고등학교의 전신이 되었다. 또 같은 해 감리교 여선교사 스크랜턴(M. F. Scranton) 부인에 의해 이화학당이 세워졌는데 오늘날 이화여자대학교의 전신이 되었다. 이외에도 1894년 평양에 감리교파의 광성학교, 숭실학교, 정의여학교가 세워져 지방의 미션스쿨의 효시가 되었으며, 1906년 숭실학교에 대학부가, 1910년 이화학당에 대학부가 설립되어 고등교육을 담당하게 되었다.

지방에도 선교사들에 의해 많은 미션스쿨들이 세워졌다. 예컨대, 군산의 영명학교, 순천의 성은학교, 개성의 송도학교, 목포의 영흥학교, 광주의 숭일학교, 평양의 숭인학교, 강계의 영실학교, 성진의 보신학교 · 보신여학교 등이 세워졌으며, 대구에는 1906년 계성학교가, 1907년에는 신명여학교가 건립되었다.

(3) 신학제의 제정과 관립학교의 건립

1894년 갑오경장(甲午更張) 이후 신학제를 실시하게 되었는데, 우선 교육업무를 관장해 왔던 예조(禮曹)를 폐지하고, 과거제 역시 폐지하였으며 학무아문(學務衙門)을 두어 교육행정 업무를 관리하였다. 1895년 1월 고종이 「홍범 14조」를 발표하는 가운데 "외국의 학술과 기예를 전습시킨다."라고 하여 근대교육을 받아들일 것을 공포하였다. 같은 해 2월 교육입국의 조서(詔書)를 내렸으며, 4월에는 교사 양성을 목적으로 한 '한성사범학교 관제'를 공포하였다.

1905년 11월 치욕적인 을사조약이 체결되면서 조선반도에 통감부가 설치되었는데 이때부터 일제는 식민지교육정책을 위해 여러 가지 교육법령을 제정, 공포하게 되었다. 우선, 소학교를 보통학교로 개칭하였으며, 수업 연한을 6년에서 4년으로 단축하고, 초급학년에 일어를 부과하였다. 또 1906년 동화정책의 일환으로 관·공립 보통학교를 확장하여 1909년까지 약 60여 개의 보통학교가 신설되었다. 뿐만 아니라 일제는 종래의 중학교를 고등보 통학교로 개칭하여 이 학교를 한인의 최종 학교로 삼으려고 하였다.

이러한 파행적인 학교 운영에 반대하여 민족의식을 고취시키려는 민간 인 사립학교들이 우후죽순처럼 세워졌다. 예컨대, 1883년 덕원읍민(德源邑 民)들이 세운 원산학교(元山學校)를 비롯하여 1895년 민영환이 세운 홍화학 교, 1896년에 세워진 중교의숙(中橋義塾), 1899년 안창호가 세운 점진학교 (漸進學校), 1902년에 세워진 우산학교(牛山學校), 1905년 엄주익(嚴柱益)이 세운 양정의숙(養正義塾), 1905년 이용익(李容翊)이 세운 보성학교(普成學校: 현, 고려대학교 전신) 등이 있었다. 이외에도 각종 학회에 의해 많은 학교들 이 세워졌다. 예컨대, 1906년 여자교육회는 양규의숙(養閨義塾)을 세웠고, 1907년 서우학회는 서우사범학교를 건립했으며, 서북학회는 서북협성학교 를 건립했다. 1908년에는 기호흥학회에서 기호학교를 건립했고, 1908년에 는 대동학회가 대동전수학교를 세웠으며, 대한 동인회가 동인학교를 건립 하였고, 보인학회는 보인학교를 세웠다.

을사조약이 체결된 직후에도 수많은 사립학교들이 세워져 민족의식을 고취시키고자 하였다. 1906년 민영휘가 휘문의숙(徽文義塾)을 건립했으 며, 남궁억이 현산학교를, 이용익이 보성중학교(普成中學校)를 건립하였 다. 1907년 안창호는 평양에 대성학교(大成學校)를 건립했으며, 같은 해 이 승훈은 강명의숙(講明義塾)과 오산학교(五山學校)를 건립하였다. 그 외에도 1907년 이봉래의 봉명학교(鳳鳴學校), 유일선의 정리사(精理舍), 이종호의 경성중학교(鏡城中學校), 김구가 책임자로 있었던 양산소학교(楊山小學校)가 세워졌다.

구한말에는 여자사립학교도 다수 세워졌는데, 1897년 정선여학교가, 1905년 서울에 태평동여학교가, 1906년 진명여학교와 숙명여학교, 양규의숙(養閨義塾)이 세워졌다. 1907년에는 명진여학교, 여자보통학원이 세워졌으며, 1908년에는 동원여자의숙, 보명여학교, 승동여학교, 양정여학교, 양원여학교가 세워졌다.

7) 일제침략기의 식민지교육

(1) 식민지교육의 특징

일제는 제국주의 식민정책을 수행하기 위해 이 나라를 무단정치(武斷政治)로 다스리는 한편, 우리의 문화를 말살하고 한국인을 일본인화하려는 강력한 정책을 세웠다. 이러한 식민지정책은 교육 부문에도 그대로 반영되었다. 1905년 을사조약으로부터 해방에 이르는 동안 일제가 행한 식민지 교육의 특징을 다음 몇 가지로 요약할 수 있다.

첫째, 일제의 식민지교육은 일선동조론(日鮮同祖論) 혹은 내선일체론(內鮮一體論)이라는 터무니없는 이론을 내세운 동화교육이었다. 말하자면 그들은 일본인과 조선인은 본래 한 조상을 가진 민족이며, 한 몸(一體)이라는 것을 강조하면서 동화교육을 추진해 나갔다.

둘째, 일제의 식민지교육은 신도(神道)사상을 내세운 국가주의, 제국주의적 성격을 띠었다. 그들에 의하면, 일본 천조대신(天照大神)은 우주창조의 신이며, 일본 민족은 이 신의 적자(嫡子)이고, 그 나머지 다른 민족은 이 신의 서자(庶子)라는 것이다. 그리고 일본 천황은 그의 신계(神係)로 살아 있는 신, 즉 현인신(現人神)이라는 것이다. 그리하여 일제는 우리나라 전역에 신사(神祠)를 건립하여 참배하도록 강요하였다.

셋째, 일제의 식민지교육은 한국인을 완전히 바보스러운 사람으로 만들려는 우민화(愚民化)교육이었다. 조선 통치기에 일제의 한국인에 대한 교육은 하급관리, 사무원, 근로자 양성을 목적으로 하고 있을 뿐이다. 이러한 사실은 그들이 세운 보통학교와 고등보통학교의 교육목적에 잘 나타나 있다.

이러한 정책에 따라 일제는 한국인들에게 과학기술교육과 대학교육의 기회를 부여하지 않았으며, 민립대학이나 고등교육기관의 건립을 인정하지 않았다. 여기에는 우리 민족의 자유의식과 비판정신, 나아가 독립심의 발달을 사전에 차단하려는 사악한 음모가 담겨 있었다.

넷째, 일제 식민지교육은 우리의 글, 우리의 말을 말살하고 역사를 왜곡시켰으며, 조상을 잊게 하려는 데 초점이 맞춰져 있었다. 박은식(朴殷植)이 적었듯이, 일제는 이 땅을 식민화하기 위하여 우리의 역사를 없애고 민족성을 단절시키려고 하였다. 나아가 언어, 서적, 예의, 문물, 윤리, 풍속 등을 말살하려고 하였다. 1910년 병합 후 일제는 우리의 역사를 기록한 책을 몰수하여 태워 버렸고, 역사서를 가지고 있거나 읽은 사실이 밝혀지면 범죄자로 몰아 처벌하였다.

다섯째, 일본 강점하에서의 교육제도는 복선형(複線型)이었다. 여기서 복선형이란 일본인이 다니는 학교와 한국인이 다니는 학교를 분리하여 규정한 학교제도를 말한다. 일본인이 다니는 학교는 소학교, 중학교, 고등여학교라고 하면서 우리에게는 '보통'이라는 말을 붙여 보통학교, 고등보통학교, 여자고등보통학교라고 명명하였다. 수업 연한도 국민학교의 경우 한국인 학교는 3~4년인 데 비해 일본인 학교는 6년이었다. 이렇게 일제가 복선형 교육제도를 운영한 것은 차별화교육을 통해 일본인의 우위성을 강조하고 한국인을 우민화하려는 데 목적이 있었다.

여섯째, 일제의 식민지 교육행정은 엄격한 중앙집권적인 제도에 의해 이루어졌다. 당시 조선총독은 일본 천황을 대신하여 한반도를 통치하였는데, 그는 교육에 관한 법령을 비롯하여 교과서 편찬에 이르기까지 교육행정 전반을 지휘, 감독하였다. 그들에게 교육은 정치적이고 군사적인 목적을 실현하기 위한 도구요, 수단이었기 때문에 교육행정은 자연히 군국주의화되고 관료주의화될 수밖에 없었다.

일곱째, 일제의 교육정책은 사립학교보다는 관립 또는 공립학교를 우위에 둠으로써 한국인의 자주의식과 독립심 육성을 사전에 차단하였다. 당시 자생적으로 생겨난 사립학교들은 일제의 통제에도 불구하고 암암리에 자주 독립의식을 일깨워 줬기 때문에 일제는 비교적 통제가 쉬운 관립 및 공립학교를 통해 그들의 지배 이데올로기를 가르쳤다. 그들은 식민지정책에 거슬리거나 방해가 되는 사립학교에 대해서는 사립학교 규칙을 적용하여 가차 없이 폐교 또는 잡종학교로 격하시켜 상급학교로의 진학을 어렵게 하였다 (손인수, 정건영, 1989: 290-297).

(2) 식민지교육의 구분

일본 제국주의자들은 조선을 식민화하기 위한 수단으로 교육을 이용했으며, 우리 민족의 말과 얼을 빼앗기 위해 철저히 교육을 악용했다. 그들은 한 일병합이 이루어지기 훨씬 전부터 아주 조직적이고 체계적이며 은밀하게 식민지교육을 계획해 왔으며, 병합 후에는 노골적으로 민족말살 및 우민화 교육정책을 펼쳤다. 그렇다면 그들이 어떻게 식민지교육을 단행했는지를 다음 몇 단계로 나누어 살펴보자.

① 식민지교육 준비기(1910년 이전)

이 시기는 1904년 '한일외국인고문용빙에 관한 협정'에 따라 국가권력이 한국인의 교육에 행정적으로 직접 관여할 때부터 1910년 '한일병합조약' 체결로 한국이 일제에 강점될 때까지의 기간을 말한다. 이 시기에 그들은 '문명적 교육론'을 내세웠는데, 그 주된 목적은 민족의 독립의식을 뿌리째 뽑아내고 일본어의 습득이 최선이자 최적이라는 관점에 따라 자주성을 말살하려는 것이었다.

② 식민지교육 추진기(1910~1919년)

이 시기는 한일병합이 체결된 1910년 이후 3·1운동이 일어난 1919년까지의 교육기를 말한다. 이 기간 동안 일제는 식민지라는 고정화된 모순과 불평등한 사회질서를 유지하기 위해서 식민지적 제 요인을 당연한 것으로 체념하고 승인하는 식민지적 인간상을 길러 내기 위한 교육정책을 전개하였다. 이를 위해 '조선교육령'과 '사립학교규칙' 등을 제정하여 공포하였다 (1911년 8월). 조선교육령은 한국인을 충량한 황국신민으로 만들고, 한국 문화를 말살하며, 식민지 경영을 위한 초보적인 실업교육을 강화할 것 등을 내용으로 하고 있다. 또 사립학교 규칙을 제정하여 교사, 교과서, 교과과정을 규제하였고, 일제에 반항하는 학교는 폐쇄시켰다.

③ 식민지교육 본격화기(1919~1938년)

3·1운동이 발발한 1919년 이후 '제3차 조선교육령'이 발표된 1938년까지로 일제의 통치방식이 무단적인 것에서 문화주의적인 것으로 바뀌었던 약 20년간을 말한다. 이 시기에 일제는 문화정치를 표방하면서 한민족을 회유하거나 융화시키려고 하였다. 식민지교육정책이 다소 달라지기는 했으나, 종래의 황민화(皇民化) 정책이 수정된 것은 아니었다. 오히려 일시동인(一視同仁), 내선공학(內鮮共學), 내선일체(內鮮一體), 일선융화(日鮮融和), 내지준거주의(內地準據主義), 내지연장주의(內地延長主義)라는 교묘한 논리를 내세우면서 식민지교육정책을 펼쳐 나갔다.

④ 황민화교육 정책기(1938~1945년)

이 시기는 1938년 '제3차 조선교육령'의 개정 이후, 1945년 일본 제국주의가 망할 때까지의 기간을 말한다. 이 시기에 일제는 만주사변 이후 한국을 대륙 침략의 병점기지로 재편성하고 '황국신민화(皇國臣民化)'라는 이름하에 한국인을 노예화하고, 더 나아가서는 일본어 상용을 강요하였으며, 일상생활의 일본화, 창씨개명(創氏改名)을 단행하여 한민족을 말살하려고 발악하였다. 이 시기에 교육의 궁극적 목적은 천황제사상을 주입하여 한국 청소년을 황국민화하는 데 있었다. 저들은 천황제사상을 주입하기 위하여 수신 (修身), 역사, 지리 등의 교과서를 최대한 활용하였다. 수신교과서는 한국인 의 윤리, 도덕, 민족정신을 말살하기 위한 교과로 가르쳐졌으며, 국사교과 서는 한일병합의 필연성, 내선일체의 역사적 필연성, 동근동족론(同根同族 論)을 합리화하는 데 이용되었다. 또 지리교과서에서는 대동아공영권(大東 亞共榮圈)을 선전하고, 한국의 지리를 지리결정론적 입장에서 해석하여 한 반도의 부수성, 주변성, 다양성 등의 결점과 약점을 가르쳤다(한국교육사연 구회 편, 1980: 259-354).

📖 제3절 서양교육의 흐름

1. 고대 그리스 · 로마의 교육

1) 그리스의 교육

그리스 전역에는 100여 개가 넘는 도시국가들이 난립하고 있었다. 아 테네(Athene), 스파르타(Sparta), 코린트(Corinth), 테베(Thebes), 밀레투스 (Miletus) 등이 영향력 있던 도시국가였다. 이들 도시국가 중에서 가장 영향 력이 있던 국가는 스파르타와 아테네로서, 이들 두 국가는 서로 상반되는 국가이념을 실현하기 위해 젊은이들을 교육했다.

(1) 스파르타의 교육

스파르타는 북방에서 이주해 온 도리아(Doria)족이 세운 도시국가다. 도 리아 족의 민족성은 본래 호전적이었기 때문에 전쟁을 좋아하고 틈만 나면 타민족을 무력으로 정복하고자 하였다. 그들이 강력한 힘을 바탕으로 국방 국가를 건설한 데는 다음 두 가지의 이유가 있다. 그 이유 중 하나는 스파르타의 토양이 척박하여 자급자족을 할 수 없었다는 데 있다. 따라서 그들은 다른 민족을 정복하여 생필품을 조달할 수밖에 없었다. 다른 하나는 스파르타인들이 다른 민족을 정복하는 과정에서 노예의 수가 자국민의 수보다 20배나 많았다는 데 있다. 신변의 위협을 느낀 스파르타인들은 자연히 강력한 군사력을 바탕으로 하는 국방국가를 건설할 수밖에 없었다.

이러한 국가를 건설하기 위해서 그들은 「리쿠르고스(Lycurgus)법」을 바탕으로 강인한 신체를 지닌 군인을 양성해 내는 것을 교육의 목적으로 삼았다. 이러한 목적을 달성하기 위하여 교육은 자연히 전쟁에서 요구되는 군사훈련과 인내심, 용기, 복종심, 애국심과 같은 덕목들의 함양을 중시했다(Wild, 1942: 82). 또한 이러한 목적을 실현하기 위하여 아이가 태어나면 신체검사를 하여 불구아는 타이게투스(Taygetus)산의 아포세타(Apotheta) 동굴 속에 던져 죽게 하거나, 그렇지 않으면 인정 많은 사람이 데려다 키우게 내버려두었다. 다만 신체적으로 건강한 아이만을 그의 어머니가 7세까지 양육하였다.

스파르타의 교육 단계는 크게 가정교육기와 국가교육기로 나눌 수 있다. 가정교육기는 출생으로부터 7세까지의 교육기로서 이 기간에는 가정의 부모 보호하에 엄격한 교육을 받았다.

국가교육기는 8세부터 20세까지의 교육기로서, 8세가 되면 스파르타의 소년은 그의 부모와 떨어져 엄격하고 혹독한 신체훈련을 받았다. 즉, 8세부터 18세까지의 아동 및 청소년은 병영에 수용되어 엄격한 신체훈련을 받았다. 그리고 18세부터 20세까지는 전문적인 군사훈련을 받고, 다시 30세까지는 전방이나 최일선에서 복무하였다. 30세가 되어서야 비로소 군사교육을 모두 마치고 결혼을 할 수 있었다. 그러나 스파르타인들이 아무나와 결혼할 수 있었던 것은 아니었다. 국가는 우생학적 측면에서 그들의 배우자 선택 및 결혼생활까지도 철저하게 통제하고 관리하였다. 이 모두가 강력한 군국주의 국가를 유지하기 위한 염원에서 비롯된 것이다. 나이 50세가 되어서야 비로소 은퇴하여 자기 생활을 즐길 수 있었다.

이와 같이 스파르타에서는 한 개인의 출생과 양육, 결혼까지도 국가가 간섭하고 통제하였으며, 훌륭한 시민이란 강인한 신체를 가진 군인이었다. 따라서 그들의 교육방법은 학습자의 수준을 고려한 교육이라기보다는 일종의 훈련이었다. 그리하여 강한 무사를 기르기 위한 목적으로 무자비한 체벌과 군대식 훈련방법, 전투방법을 동원하였다.

현대교육의 관점에서 본다면 스파르타의 교육은 인간다운 인간을 길러 낸다는 교육 본래의 이념과는 거리가 멀다는 점에서 교육이라고 부르기보다는 '훈련(training)'이라고 부르는 것이 적절할 것이다. 교육이 가지는 내재적인 가치들이 철저하게 묵살되었다는 점에서 후세의 교육에 기여한 바가거의 없다. 다만 그들의 군국주의 교육은 20세기에 와서 독일의 나치즘 교육이나 이탈리아의 파시즘 교육에서 부활했을 뿐이다.

(2) 아테네의 교육

아테네는 이오니아(Ionia)족이 세운 가장 대표적인 도시국가다. 이오니아인은 스파르타인들과는 달리 본래 이지적(理智的)이고 사변적(思辨的)이었으며 우호적이었다. 또 창작능력이 뛰어나고 늘 예술을 사랑하였으며, 담론(談論)을 즐기는 민족이었다. 아테네에서 철학이 발달하고 민주정치가 꽃피게 된 것은 결코 우연이 아니다. 그것은 그들의 민족성과 밀접한 관계가 있다.

기원전 6세기까지만 해도 아테네의 정치는 귀족들에 의해 이루어졌으나, 페르시아와의 전쟁에서 대승을 거둔 직후 정권을 잡은 페리클레스(Pericles)에 의해서 완전한 형태의 민주주의 정치제도가 확립되었다. 이에 따라 아테네 시민은 누구나 자신의 생각을 자유롭게 말하고 발표할 수 있는 기회를 가지게 되었으며, 의심되는 것을 탐구할 수 있는 지적 분위기가 조성되었다. 이로 인해 아테네는 수많은 도시국가들 중 가장 자유스러운 곳이 되었으며, 하나의 학원(學園)이 되었다.

아테네 교육의 궁극적 이념은 지혜로운 사람을 육성하는 일이었다. 그들이 말하는 지혜(wisdom)란 주어진 상황 안에서 무엇이 최선의 행동인가에 관한 지식이었다. 즉, 그들은 많은 양의 지식을 획득하기보다는 올바른 판단을 해 가는 데 필요한 적절한 지식을 가지기를 원했다. 이러한 지혜는 저절로 얻어지는 것이 아니라 자유로운 분위기 속에서 다양한 능력을 조화롭게 계발할 때 얻어질 수 있는 것이다. 아테네인들은 통제받는 강압적인 분위기 속에서는 스스로 지혜로운 판단과 행동을 해 가기 어렵다는 점을 잘 알고 있었다. 결국 아테네 교육의 궁극적 목적은 주어진 상황 가운데서 가장 현명한 판단과 행동을 해 갈 수 있는 지혜로운 시민을 양성해 내는 데 있었다고 할 수 있다. 이러한 점에서 아테네인들이 추구한 이상적 인간상은 지혜인이요, 자유인이요, 교양인이라고 할 수 있다. 이러한 교육목적은 입법가였던 솔론(Solon, B.C. 640~558)이 만든 법전(法典)에 기록되어 있다.

우선, 0세부터 7세까지의 아이는 주로 가정에서 교육을 받았다. 이 시기는 발달 단계로 말하자면 유아기(幼兒期)라고 할 수 있는 시기로서 주로 가정에서 어머니를 통해 일화(逸話)나 신화(神話)를 들으면서 성장했다.

8세에서 16세까지는 두 종류의 학교에서 교육을 받았는데, 하나는 음악학교이며 다른 하나는 체육학교였다. 소년들은 언제나 노예인 교복(敎僕: paidagogos)을 따라 학교에 갔다. 오전에는 체육학교에서 5종 경기에 속하는 넓이 뛰기, 경주, 씨름, 원반던지기, 투창 등을 통해 신체를 단련하였으며, 오후에는 음악학교에서 독(讀), 서(書), 산(算), 시(詩), 음악을 통해 정신적 아름다움을 배웠다.

16세에서 18세까지는 지식교육과 신체교육이 동시에 이루어졌는데, 지식교육은 주로 소피스트들과 접촉함으로써, 신체교육은 공립 체육관에 나가 전문적인 체육교육을 받음으로써 이루어졌다.

18세가 되면 시민으로 등록하고 군(軍)에서 훈련을 받은 후, 만 20세가 되면 완전한 시민으로서의 특권을 얻어 정치활동에 참여하고 자유로운 생활을 누릴 수 있었다.

(3) 그리스의 교육사상가

고대 그리스시대에 출현하여 활약했던 대표적인 교육사상가로서 소피스트, 소크라테스, 플라톤, 아리스토텔레스 등이 있다.

① 소피스트

소피스트들(Sophists)은 페르시아전쟁(B.C. 500~497) 직후 등장한 아테네의 전문적인 지식인 집단을 말한다. 그렇다면 그들은 어떤 시대적 배경에서 출현했는가? 그들의 출현은 다음 두 가지 사건과 관련이 깊다. 하나는 페르시아와의 전쟁이고, 다른 하나는 민주주의 정치의 확립이다. 페르시아와의 전쟁에서 대승을 거둔 아테네인들의 사고방식과 생활방식은 예전과는 판이하게 달라졌다. 페르시아전쟁에서 대승을 거둔 아테네인들의 사고방식은 공동체 중심적이기보다는 개인주의적이고 이기주의적이었다. 이러한 시류(時流) 속에서 젊은이들은 입신양명(立身揚名), 즉 사회적·정치적으로 출세하기 위해 아테네로 몰려들었다. 그 당시 출세의 척도는 남을 설득하기 위한 화술, 특히 능수능란한 웅변이었다. 다방면에 걸친 해박한 지식을 갖지 않고는 남을 설득할 수도, 대중을 움직일 수도 없었기에 젊은이들은 앞을 다투어 백과전서적인 지식을 배우고 익히는 데 혈안이 되어 있었다.

이러한 현실적 배경 속에서 등장한 이들이 바로 소피스트로서 그들은 기원전 5세기 후반에 웅변, 수사학 등 백과전서적인 지식을 가르친 직업적인 교육자요, 전문적인 지식인 집단이었으며, 철학자 집단이었다. 그들은 각기 다른 분야의 지식을 전수하기는 했지만, 공통된 슬로건은 역시 개인 지상주의(個人 至上主義)였다. 이 시대의 대표할 만한 소피스트들로는 "인간은 만물의 척도다."라고 외친 프로타고라스(Protagoras), 고르기아스(Gorgias), 이

소크라테스(Isocrates), 안티폰네(Antipone), 히피아스(Hippias), 프로디코스
(Prodicos) 등이 있다.

② 소크라테스

소크라테스(Socrates, B.C. 469~399)는 소피스트들 중의 한 사람이었다.
그러나 그는 소피스트들이 내세운 협소한 개인주의, 감각주의, 극단적인 상
대주의가 초래한 사회적 혼란을 안타까워하면서 이를 극복하기 위한 방법
을 찾기 위해 노력했다는 점에서 다른 소피스트들과는 달랐다.

소크라테스는 프로타고라스의 "인간은 만물의 척도"란 말을 부인하지는
않았으나 "인간이 만물의 척도"라고 한다면 인간을 탐구하는 것이 무엇보
다 중요하다고 생각했다. 그는 개개인이 각각 생김새, 피부, 성, 신분이 모
두 다르지만 인간은 이치(理致)에 맞도록 생각할 줄 아는 능력, 즉 '보편적
이성'을 가진 존재이기 때문에 보편적이고 절대적인 진리가 무엇인가를 묻
고 이를 끊임없이 탐구해 갈 수 있다고 확신하였다. 말하자면 진리란 개인
의 감각을 통해 얻어질 수 있는 것이 아니라, 보편적 이성을 통해 얻어질 수
있다는 이성 중심의 사상을 확립하게 된 것이다.

소크라테스는 감각주의, 개인주의, 상대주의의 입장에 서 있던 소피스트
들의 태도도 못마땅하게 생각했을 뿐 아니라, 단지 돈벌이를 위해서 지식을
팔았던 소피스트의 행위를 못마땅하게 생각했다. 지식이 사고 팔 수 있는
것이라면 그것은 더 이상 참된 지식일 수 없다고 생각했기 때문이다. 그는
이러한 신념을 행동으로 보여 주었다.

소크라테스는 지식과 행동이 하나가 되어야 한다는 지행일치(知行一致)
를 중시했다. 내가 배우고 읽혀 아는 것이 행동으로 옮겨지지 않는다면 그
것은 제대로 배우지도 못한 것이며 제대로 알고 있지도 못한 것이다. 예컨
대, 추운 겨울 거리를 지나가다가 추위에 떨고 있는 사람을 보고도 도움을
주지 않고 지나쳤다면 그는 선(착함)이 무엇인지를 모르는 사람이다. 알면

서도 행동으로 옮겨지지 않는 지식이란 쓸모없는 지식일 뿐이다.

소크라테스의 사명은 아테네 시민들을 무지의 세계에서 애지(愛知)의 세계, 더 나아가 진리의 세계로 이끄는 것이었다. 사람들의 편견과 선입견을 깨뜨리고 보편적 진리의 세계로 이끄는 일은 결코 쉬운 일이 아니었을 것이다. 소크라테스는 대화야말로 편견과 선입견을 깨뜨리고 진리의 세계로 이끌 수 있는 가장 효과적인 교육방법이라고 생각했다. 우리는 대화해 가는 동안 고통도 느끼지만 점차 자신의 무지를 깨닫게 되고 개방정신을 가지게 된다. 대화가 필연적으로 고통을 수반한다는 점에서 그가 이것을 '산파술(産婆術)'에 비유한 것은 아주 재미있는 비유라고 하겠다. 산모가 아이를 낳을 때 엄청난 산통이 수반되듯이, 학생을 진리의 세계로 안내하는 일 또한 엄청난 고통과 인내를 요한다. 오늘날의 교사들이 과연 산파의 역할을 제대로 하고 있는지 의심스럽다.

③ 플라톤

플라톤(Plato, B.C. 427~347)은 소크라테스의 제자들 중 가장 영특하고 글재주가 탁월했던 제자였다. 그는 스승인 소크라테스가 독배를 마시고 죽는 광경을 바라보면서 충격을 받고 철학자의 길을 걷게 되었다. 그는 죽을 때까지 상당히 많은 대화편들을 써냈는데, 대부분 스승인 소크라테스의 철학적 삶과 죽음을 묘사해 낸 것들이다. 그의 사상을 다음 몇 가지로 요약할 수 있다.

첫째, 플라톤은 『파이드로스(*Phaedrus*)』에서 세계를 이데아의 세계와 현상의 세계로 구별하고, 이데아의 세계는 초감각적, 초경험의 세계로서 불변하는 반면에, 현상의 세계는 감각적, 경험적 세계로서 늘 변화하는 세계라고 보았다. 보편적이고 절대적이며 영원한 진리란 이데아의 세계에 존재하며, 이것은 이성을 통해 파악할 수 있다고 보았다. 이러한 점에서 플라톤은 교육의 사명이란 감각을 훈련하는 것이 아니라 이성적 능력을 계발하는 것이라고 보았다.

둘째, 플라톤은 『국가(Republic)』에서 그 당시의 민주정치가 낳은 폐해들을 비판하면서 모든 사람들의 정의(正義)가 실현될 수 있는 이상국가의 모습을 그렸다. 그가 그린 이상국가 안에는 세 계급이 존재한다. 제1계급은 통치자 계급으로서 지혜를 가지고 정치하는 일에 전념해야 하며, 제2계급은 수호자 계급으로서 용기를 가지고 국방을 수호하는 일에 전념해야 한다. 또 제3계급은 생산자 계급으로서 절제심을 가지고 생업에만 전념해야 한다. 이럴 때 비로소 국가의 정의가 실현될 수 있다는 것이다. 오늘날 민주주의의 관점에서 보면 그가 그린 이상사회는 폐쇄적인 사회이며, 귀족제 사회이긴 하지만 최적자(最適者)가 자신의 직분과 역할에 충실할 때 비로소 국가의 정의가 실현될 수 있다고 통찰한 점은 시사하는 바가 크다.

플라톤은 교육을 통해 이상사회를 실현할 수 있다고 확신했다. 특히, 그는 서민교육 및 대중교육에 관심을 가지기보다는 귀족교육과 철인교육에 관심을 가지고 있었다. 왜냐하면 나라를 이끌어 가는 것은 대중이 아니라 소수의 귀족과 철인이라고 생각했기 때문이다.

④ 아리스토텔레스

아리스토텔레스(Aristotle, B.C. 384~322)는 플라톤의 수제자였다. 그럼에도 불구하고 그는 스승과는 다른 방법으로 사색하고 연구함으로써 새로운 철학의 체계를 수립했다.

그는 『형이상학(Metaphysics)』 제14권에서 모든 사물은 형상과 질료로 구성되어 있으며, 이 사물은 아무렇게나 존재하는 것이 아니라 어떤 목적을 실현하기 위해 끊임없이 움직여 나간다는 목적론적 세계관을 주장했다.

이러한 생각은 윤리학적 관점에도 그대로 반영되었다. 그는 『니코마코스 윤리학(Nicomachean Ethics)』에서 인간은 이 세상에 왔다가 아무렇게나 살다가 죽는 존재가 아니라 어떤 목적을 실현하기 위해 살아가는 목적적 존재라고 보았다. 인생의 궁극적인 목적은 '행복(eudaimonia)'에 이르는 것이며, 자아를 실현하는 것이라고 생각했다. 이 행복에 이르기 위해서는 지적 탁월성과 도덕적 탁월성을 통해 중용(中庸)의 덕을 길러야 한다고 생각했다. 그는 중용의 덕으로서 용기와 절제심 등을 들었다.

아리스토텔레스가 제시한 교육목적은 지적 탁월성과 도덕적 탁월성의 연마를 통해 행복에 이르도록 하는 것이었다. 지적 탁월성에 속하는 지혜, 이해, 사려성은 체계적인 교수에 의해 길러질 수 있으며, 도덕적 탁월성에 속하는 관후, 절제심 등은 습관을 통해 길러질 수 있다고 보았다.

아리스토텔레스는 플라톤과 마찬가지로 고등교육기관인 리세움(Lyceum)을 건립하여 후학을 길러 냈으며, 그의 문하에서 공부한 제자들은 헬레니즘 시대를 비롯해 중세시대의 교육에 커다란 영향을 끼쳤다.

2) 로마의 교육

로마는 이탈리아 반도의 티베르(Tiber) 강의 언덕 위에 세워진 조그마한 도시국가였으나 B.C. 275년 이탈리아 반도를 통일하고 대제국을 건설하였다. 로마인은 그리스인들과는 달리 모방능력이 뛰어나고 실제적이고 공리적인 성향이 강하였다. 자연히 로마인은 군대의 조직, 토목 및 건축, 법을 만들고 다루는 데 뛰어난 능력을 가지고 있었다.

로마는 원래 군주제 도시국가였으나 공화정을 거쳐 제정시대로 발전하였다. 공화정까지의 교육은 순수한 로마적인 교육이 이루어졌으나 그리스를 정복하고 난 이후로는 그리스교육과 로마교육이 혼합된 교육이 성행하였다.

초기 로마의 교육은 타문화의 영향을 받지 않았기 때문에 고유한 성격을 띠고 있었다. 이 시대의 교육은 주로 「12동판법」에 따라 가정과 병영에서 이루어졌다. 실제적인 직업훈련과 군사훈련이 교육활동의 중심이 되었으며, 유능한 시민과 용감한 전사(戰士)를 육성하는 것이 교육의 주된 목적이었다. 교육방법도 역시 암기와 암송에 의존하였다. 교육내용은 주로 「12동판법」의 내용, 3R'S(Reading, Writing, Arithmetic), 축제의 노래, 종교의식에 필요한 지식 등이었다. 이런 것들을 제대로 암기하지 못하면 가혹한 체벌이 가해졌다.

이러한 초기 및 공화정시대의 로마교육은 그리스를 정복한 후 크게 달라졌다. 그리스인들에 대한 로마인의 태도는 호의적이었기 때문에 그리스의 교사들은 로마에 학교를 세우게 되었다. 결국 그리스문화의 영향으로 제정시대 로마교육은 지적인 성격을 띠게 되었다.

제정 로마시대에 들어서 많은 교육기관이 건립되었다. 초보적인 독(讀)·서(書)·산(算) 교육을 위해 문자학교가 세워졌는데 이 학교는 주로 초등교육을 담당하였다. 언어나 문자 연구를 위한 문법학교도 세워졌는데 이것은 중등교육을 담당하였다. 그리고 유능한 웅변가를 양성하고 전문적인 지식인을 양성하기 위한 수사학교가 세워졌는데 이 학교는 주로 고등교육을 담당하였다.

이들 학교에서 문자, 문법, 수사, 웅변을 가르쳤다고는 하지만 실제로는 일상생활에 필요한 실제적인 지식, 실용적인 기술, 법규 등을 더 많이 가르쳤다. 이것은 로마인의 주된 관심사가 지적인 것에 있었다기보다는 실제적인 이익에 있었다는 것을 말해 준다.

제정시대에 연구와 교육을 탄압했던 제왕도 있었지만 연구와 교육을 재정적으로 지원했던 제왕들도 많았다. 예컨대, 안토니우스는 공금을 지불하여 연구를 독려하였으며, 베스파니우스와 아우렐리우스는 교사에게 봉급을 지급하였다. 또 하디아누스는 아테나움 학원을 설립하여 연구를 독려하였으며, 콘스탄티누스는 교사, 수사학자, 문법학자의 가족에게까지도 특전을 베풀었다.

로마시대의 교육사상가로는 키케로(M. T. Cicero, B.C. 106~43), 세네카(L. A. Seneca, B. C. 4~A. D. 65), 그리고 쿠인틸리아누스(M. F. Quintilianus, A.

D. 35~100)를 들 수 있다. 키케로나 세네카보다는 쿠인틸리아누스가 교육사적으로 더 중요한 인물이다. 그는 일방적인 교수보다는 학생의 요구나 흥미를 고려하여 가르치는 것이 더 효과적이라고 주장하였으며, 체벌보다는 관대한 태도가 학습을 더욱 향상시킨다고 주장하였다. 이러한 그의 주장은 그 당시로서는 파격적이고 혁명적인 것이었다. 그의 교육사상은 중세시대의 에라스무스에게 큰 영향을 주었다.

2. 중세의 교육

중세란 로마제국이 서로마제국과 동로마제국으로 분열된 후, 서로마제국이 고트족에게 멸망당한 A.D. 476년부터 동로마제국의 수도인 콘스탄티노플이 오스만 튀르크 족에게 멸망당한 15세기 직전까지의 기간인 1,000년을 말한다. 이 1,000년을 지배한 것은 종교적으로는 기독교(christianity)요, 경제적으로는 봉건제(feudalism)였으며, 사상적으로는 스콜라철학(scholaticism)이었다.

중세 전기 교육은 기독교사상의 영향으로 종교적인 성격이 강하였다. 교부철학과 스콜라철학의 발달로 수도원교육이 성행하였으며, 기독교사상이 교육내용과 방법을 지배했다. 이러한 경향은 서로마제국이 멸망(476년)한 뒤 로마의 정치가 로마 사교(司敎)의 손에 넘어가면서 심화되었다. 교회는 점점 확장되고 신자의 수가 팽창하게 되었으며, 조직적인 교회제도가 발달하게 되었다.

교세의 확장, 교회제도의 체계적인 운영, 신자의 효율적인 관리 등을 위해 각급 교회들은 각종 학교들을 설립하게 되었다. 예컨대, 교구학교, 초신자학교, 문답학교, 본산학교, 수도원학교들이 세워졌다. 이들 학교들은 신앙활동과 더불어 교육활동을 병행해 나갔다.

교구학교(parish school)는 주로 가난한 아이들을 위한 학교로 초등교육을 담당하였으며, 초신자학교(catechumenal school)는 세례받지 못한 사람들에게 기독교의 기본 교리를 전수하기 위한 학교였다. 또 문답학교(catechetical school)는 초신자 및 교구학교의 교사를 양성하는 곳으로 신학 이외에 철학, 수사학, 천문학, 문학, 그리스어 및 로마서적을 연구하였다. 본산학교(cathedral school)는 교회의 성직자들을 양성하기 위한 고등교육기관으로 문답학교보다 더 전문적인 지식을 가르쳤다.

수도원학교(monastery)는 수도원의 부속학교였지만, 중세의 전문적인 학문 연구기관으로 스콜라철학자들의 연구 본산지였다. 수도원학교가 내세운 교육목적은 금욕생활을 통한 내세의 준비였다. 따라서 수도원교육은 육체적이고 현세적인 욕구와 욕망을 멀리해야 한다고 가르쳤으며, 가정적이고 정치적인 문제에 대해서도 초연해야 한다고 가르쳤다. 교육과정은 정원과정(正員課程)과 외원과정(外員課程)이 있었는데, 전자는 수도승을 기르기 위한 과정이었으며, 후자는 일반인들에게 기독교 지식을 가르치기 위한 과정이었다. 수도원학교에서는 주로 7자유과(自由科)를 가르쳤는데, 7자유과는 문법, 수사학, 변증법의 3학(學)과 산수, 기하학, 천문학, 음악의 4과(科)로 이루어져 있다.

11세기경 중세의 교육은 종교적인 성격은 쇠퇴하고 세속적인 성격이 강하게 나타나기 시작했다. 이것은 중앙집권적인 체제의 붕괴에 따른 봉건제의 출현, 신흥계급의 출현, 그리고 사라센 문화의 유입과 관계가 깊다.

우선, 서로마제국이 붕괴된 이후 중앙집권적인 체제가 해체되면서 봉건국가가 출현하게 되었고, 봉건영주들은 자신의 안위와 자신의 토지를 지키기 위한 한 방법으로 전문적인 기사를 양성하게 되었다. 여기서 기사(騎士: chivalry)란 기독교적인 무인(무사)를 의미한다. 기사는 다음과 같은 절차를 거쳐 길러졌다. 우선, 7~14세에 해당하는 남자아이들을 선별하여 길렀는데 이들을 시동(侍童)이라고 불렀다. 이들은 귀부인 곁에서 상류사회에 필요한 예법과 초보적인 독·서·산 교육을 받았다. 14~21세가 되면 준기사로서 필요한 7예(藝) 또는 7능(能)에 속하는 승마, 수영, 궁술, 검술, 수렵, 장기, 시 등을 배웠는데 이 단계에 속한 청소년들을 시생(侍生)이라고 불렀다. 21세가 되면 기사 입문식(入門式)을 거쳐 원숙한 기사가 되었다.

십자군 원정의 결과 사라센 문화의 영향으로 도시가 발달하고 상공업이 융성함에 따라 승려와 귀족계급에 맞서는 신흥계급이 발생했다. 이들 신흥계급에게 적합한 직업교육이 요청됨에 따라 시민학교와 도시학교들이 우후죽순처럼 생겨났다.

도시 발달 초창기에는 주로 일반 시민계급에게 필요한 생산교육 및 직업교육이 주류를 이루었다. 실제 직업의 세계에서는 비형식적인 형태의 교육인 도제제도가 일반화되어 있었다. 그러나 후에 입시를 위한 교육기관들, 예컨대 영국에는 라틴학교(Latin School), 문법학교(Grammar School)가 설립되었으며, 웨스트민스터(Westminster), 이턴(Eton), 윈체스터(Winchester), 해로(Harrow), 럭비(Lugby), 차터하우스(Charterhouse) 등과 같은 명문사립학교들도 세워졌다.

중세 중·후반에 이르러 사라센 학자들의 연구와 학교에 영향을 받은 서구인들은 고등교육을 기존의 본산학교나 수도원학교에 의존할 수 없음을 인식하게 되었다. 이러한 시대적 흐름 속에서 출현한 것이 중세의 대학들이다. 본래 대학은 11세기경 학생과 교수들이 모여 하나의 길드(조합)를 이룸으로써 시작되었는데 이것이 오늘날 종합대학교(university)로 발전했으며, 교수와 학생의 합숙소(collegium)가 발달하여 오늘날 단과대학(college)이 되었다.

중세 최초의 대학은 1158년 북이탈리아에 세워진 볼로냐(Bologna) 대학교로, 법학이 유명했다. 1231년에는 남이탈리아에 살레르노(Salerno) 대학교가 세워졌는데 의과대학으로 유명했다. 프랑스에는 1180년 파리 대학교가 세워졌으며, 영국에는 1167년 옥스퍼드 대학교가, 1214년에는 케임브리지 대학교가 세워졌다. 독일에는 1348년 프라하(Prage) 대학교가, 1368년에는 빈(Wien) 대학교가, 1368년에는 하이델베르크(Heidelberg) 대학교가 세워졌다.

중세의 대학생들에게는 상당히 많은 특권이 주어졌다. 일체의 공역과 세금이 면제되었으며, 대학 안에서 일어나는 범죄는 대학 내부에서 재판하였다. 신분보장도 잘되었으며, 학생들이 학장이나 총장을 선출할 수 있는 선거권도 가지고 있었다. 그러나 오늘날까지 계승되고 있는 제도는 학위수여제로서 오늘날처럼 학사, 석사, 박사 학위를 수여하였다.

중세 대학의 출현과 발달은 교육사적으로 대단히 중요한 의미를 지닌다. 중세 대학은 자유로운 지적 연구기관으로서 고전문화를 계승, 발전시키는 데 결정적인 역할을 했으며, 르네상스운동의 선구적인 역할을 했다. 실제로 대학이 출현하지 않았다면 문예학상의 혁명운동이나 종교학상의 혁명운동은 불가능했을 것이다.

3. 근대의 교육

1) 르네상스와 종교개혁기의 교육

르네상스는 15세기 유럽 전역에서 일어난 반중세적인 정신적 자각운동이요 문화운동이었다. Renaissance의 어원은 이탈리아어의 'Renascita'에서 유래하는데 이 말은 영어의 '재생', '부활(re-birth)'을 뜻한다. 즉, 르네상스는 고대 그리스의 학예와 미술, 그리고 철학에서 추구했던 인간중심주의(humanism)를 부활시키고 재생하자는 문예학상의 운동이었다. 이러한 운동을 주도했던 선구적인 인물들로 단테(A. Dante), 페트라르카(F. Petrarch), 보카치오(G. Boccaccio) 등이 있다.

르네상스운동이 인간중심주의 사상을 회복하자는 문예학상의 운동이었음에도 불구하고 15세기 중엽 남부이탈리아에서는 이 운동이 점차 귀족적·심미적·향락적 방향으로 흐르게 되었다. 그러나 16세기에 접어들어

북유럽에서는 인간중심주의 사상이 사회적 · 종교적 운동으로 전개되면서 사회개혁적인 성향이 강하게 나타났는데 이것은 후에 종교개혁에 결정적인 영향을 끼쳤다.

이러한 르네상스운동은 그 자체로서 하나의 교육운동이었으며 인문주의 교육(humanistic education) 사상을 낳게 했다. 신인문주의 교육사상은 중세 교회의 권위, 강압에의 맹목적인 복종에서 인간의 모든 선천적인 능력을 계발하려는 인간 중심, 인간 본위의 교육이다. 인문주의 교육은 강조하는 바가 무엇이냐에 따라 개인적 인문주의 교육과 사회적 인문주의 교육으로 구분된다.

개인적 인문주의 교육은 이탈리아의 남부 지방을 중심으로 전개되었는데, 주로 사고의 자유, 자기 표현 및 창조적 활동의 자유 실현을 교육의 목적으로 삼았다. 이를 위해 신학 대신에 인문학을 중시했으며, 억압과 체벌 대신 개성과 흥미를 중시했다. 반면에 사회적 인문주의 교육은 북유럽을 중심으로 전개되었는데, 주로 개인의 행복보다는 사회 전체의 개혁과 인간관계 개선을 주된 교육목적으로 내세웠다. 따라서 심미적인 교육내용보다는 도덕적 품성과 종교적 실천을 중시하였다.

르네상스시대의 인문주의 교육사상을 대표할 만한 인물로 비토리노(Vittorino de Veltre, 1378~1446), 에라스무스(D. Erasmus, 1466~1536), 비베스(J. L. Vives, 1492~1540), 애스컴(R. Ascham, 1515~1568) 등이 있다.

16세기에 이르러 종교개혁운동이 북유럽을 중심으로 일어났다. 이 운동의 전개에 결정적인 영향을 끼친 인물은 루터(M. Luther)와 칼뱅(J. Calvin)이었다.

당시 교황 레오 10세는 성베드로 성당을 개축하는 데 필요한 자금을 조달하기 위하여 면죄부(indulgence)를 신도들에게 강매하였다. 이에 비텐베르크(Wittenberg) 대학교 교수였던 루터는 1517년 10월 31일 95개 조의 항의문을 발표하였다. 루터는 이 항의문에서 면죄부의 불합리성을 비판하고 인간은 오직 성서와 신앙에 의해서만 구원받을 수 있다는 혁신적인 주장을 하였다. 뿐만 아니라 루터는 그 당시 라틴어로 쓰였던 성서를 독일어로 번역하여 종교의 대중화에도 힘썼다. 이러한 루터의 종교사상은 츠빙글리(U. Zwingli, 1484~1531)와 칼뱅(1509~1564)에 의해 계승되었으며, 신교(protestantism) 성립의 토대가 되었다.

종교개혁운동은 교육사적으로 주요한 의의를 지닌다.

우선, 개인의 신앙과 구원을 위한 성서의 번역과 연구는 교육을 널리 보급할 수 있는 중요한 계기가 되었다. 이로 인해 교육기회가 전보다 훨씬 넓어져 교육을 대중화하고 보편화하는 데 기여했다. 또 종교개혁가들이 내세운 성서상의 남녀평등사상은 교육 분야에서 빈부격차가 없는 평등교육의 이념 실현에 기여하였다. 이로 인해 특권계급의 자제를 위한 개인 교수제(tutorism)보다는 공립학교 교육이 요구되었다.

루터와 칼뱅이 내세운 직업소명설 등은 직업의 신성함과 소중함을 일깨우고 노동의 가치를 인식시키는 중요한 계기가 되었으며 직업교육의 중요성을 일깨워 주었다.

2) 17세기 실학주의의 교육

16세기 중엽 코페르니쿠스(N. Copernicus), 케플러(J. Kepler), 갈릴레이(G. Galilei), 뉴턴(I. Newton)과 같은 과학자들의 발견과 발명으로 종교학상의 진리가 붕괴되기 시작하고, 마르코 폴로(M. Polo), 콜럼버스(C. Columbus)와 같은 탐험가들의 신대륙 발견으로 사람들의 세계관과 인생관이 바뀌게 되었다. 또 인식론 분야에서 새로운 진리탐구 방법의 등장으로 신학상의 진리가 무너지게 되었다. 이제 사람들은 관념적이고 추상적인 것에서 진리를 구하기보다는 경험적이고 구체적인 것에서 진리를 구하려고 하였다. 이러한 배경 속에서 교육상의 실학주의(realism)가 출현하게 되었다.

실학주의란 교육의 이론과 실제에 있어서 형식보다는 실질(실제)을 중시하고, 관념보다는 구체적인 사물을 중시하며, 고전문학보다는 자연과학적인 교과들을 중시하고, 언어보다는 실천과 행동을 중시하는 교육운동이다. 실학주의 교육론은 강조하는 내용이 무엇이냐에 따라 세 가지 유형으로 구분된다.

첫째, 인문적 실학주의(humanistic realism)는 고전을 중시하되 그것을 실생활에 활용하고 응용해야 할 것을 강조했던 교육이론이다. 이러한 관점에서 교육론을 전개했던 사상가로는 비베스(J. L. Vives), 라블레(F. Rabelais), 밀턴(J. Milton) 등이 있다.

둘째, 사회적 실학주의(social realism)는 사회생활을 통한 실제 경험을 중시하였다. 참된 교육이란 서적을 통해서가 아니라 실제 생활을 통해 이루어져야 한다고 생각했으며, 실제 생활을 통해 폭넓은 지식과 교양을 겸비한 사람, 즉 신사(紳士: gentleman)를 길러 내는 일을 교육의 중요한 목표로 삼았다. 이러한 관점에서 교육이론을 전개한 사상가는 몽테뉴(M. de Montaigne, 1533~1592)였다. 그는 『수상록』에서 신사를 기르기 위한 교육론을 제시하였다.

셋째, 감각적 실학주의(sense realism)는 감각(感覺)을 통해 받아들이는 경험이 모든 교육의 기초가 된다고 주장했다. 그리하여 감각적 실학주의자들은 자연과학의 지식과 연구방법을 교육에 도입하여 자연법칙을 발견하고 인간생활을 향상시키는 것을 교육의 목적으로 하였다. 따라서 그들은 감각을 통해 사물을 인식하는 능력을 신장시키기 위하여 표본을 통한 관찰학습 및 시청각교육을 중요시하였다. 감각적 실학주의를 대표하는 교육사상가로는 코메니우스(J. A. Comenius, 1592~1670)와 로크(J. Locke, 1632~1704) 등이 있다.

코메니우스는 1658년 감각의 발달을 가져오고, 라틴어를 효과적으로 가르치기 위하여 삽화가 들어간 최초의 교과서인 『세계도회(世界圖繪)』를 저술하였으며, 이것이 바로 시청각교육의 효시라고 할 수 있다. 또한 그는 가장 근대적인 학제의 모체가 될 수 있는 교육의 단계를 제시했다. 즉, 그는 학생의 지적, 도덕적 발달 단계를 고려하여 학제를 무릎학교, 모국어학교, 라틴어학교, 대학으로 구분하였다.

로크는 베이컨의 경험론을 계승한 철학자로서 아동의 감각 발달을 중요시했다. 1693년 『교육에 관한 성찰(Some Thoughts Concerning Education)』을 저술했는데, 이 책에서 그는 신사를 길러 내기 위한 방법론을 제시하였다. 신사를 길러 내기 위해서는 지육 · 덕육 · 체육 모두가 필요한데 그중에서도 체육이 중요하다고 보았다. 그는 라틴어의 속담을 인용해 "건강한 신체에 건전한 정신이 깃든다."(Locke, 1968: 114)라고 주장했는데, 이것은 신체건강이 마음이나 정신건강의 기초가 된다는 점을 재천명한 것이다.

3) 18세기 계몽기의 교육

18세기에는 유럽에서 계몽사상이 출현하였다. 여기서 계몽(啓蒙: enlightenment)이란 글자 그대로 꿈에서 깨어난다는 것을 의미한다. 즉, 계몽이란 몽매함, 구습, 무지, 편견, 권위에서 벗어난다는 것을 의미한다. 이렇게 볼 때 계몽사상은 모든 전통의 구속이나 속박에서 벗어나 자유롭게 사고하고 연구하고 나아가 기존의 구습, 학문, 종교, 도덕 등을 비판하고 개선할 수 있는 지적인 수준(이성, 지성의 힘)을 고양시키려 했던 사상이라고 할 수 있다. 계몽사상은 다음 두 가지 특징을 가진다.

하나는 합리주의(rationalism)다. 18세기 유럽인들이 정치적 절대주의에 반대하여 자신이 인권을 가진 존재로서 그 누구에 의해서도 부당하게 처우받아서는 안 됨을 인식하고 자각하게 된 것은 바로 이성 또는 지성의 힘 때문이었다. 따라서 이 시대의 사람들은 이성의 힘에 비추어서 모든 제도, 사상, 관습, 몽매한 요소들을 철저하게 비판하는 정신을 높이 평가하였다. 뿐만 아니라 지식을 책에서가 아니라 자연에서, 전통에서가 아니라 경험에서, 고전에서가 아니라 관찰과 실험을 통해서 얻어야 함을 역설하게 되었다.

다른 하나는 자연주의(naturalism)다. 계몽사상가들은 자연법사상에 기초하여 자연의 빛에 비추어 보면 인간은 본래 자유롭고 평등한 존재라고 주장하였다. 즉, 인권을 가진 존재로서 타인에 의해서 부당하게 처우받거나 그의 인권이 양도될 수 없는 것임을 천명하였다. 이러한 주장은 그 당시 왕권신수설이나 정치적 절대주의에 반대하는 정치상의 자연주의를 표명한 것이었다. 이러한 관점에서 로크는 『시민정부론(Two Treatises of Government)』에서 시민의 자연권을 옹호하였으며, 몽테스키외(C. Montesquieu)는 『법의 정신(Esprit des Lois)』에서 삼권분립의 법적 근거를 마련하려고 하였다. 루소(J. J. Rousseau, 1712~1778)는 『사회계약론(The Social Contract)』에서 국민이 최고의 주권자로서 그의 주권은 양도될 수 없음을 천명하였다.

이러한 정치적 자연주의 및 자유주의 사상의 영향으로 교육상의 자연주의사상이 등장하였다. 루소는 교육상의 자연주의 또는 자연주의 교육론을 주창한 선구적인 인물이었다. 루소의 정치사상의 정수를 담고 있는 책이 『사회계약론』이라면, 교육사상의 정수를 담고 있는 책은 『에밀(Emile)』이다.

루소는 『에밀』에서 교육개혁을 통한 사회개혁 의지를 표명하였다. 사회악으로부터 인간을 해방시키기 위해서는 아동을 타락한 사회 안에서가 아니라 자연 가운데서 교육시켜야 한다고 생각했다. 자연주의자로서 루소는 자연의 법칙에 따라 아동을 교육함으로써 이상적인 인간을 길러 내고 이를 토대로 이상적인 사회를 건설할 수 있다고 믿었다.

『에밀』은 총 5부로 구성되어 있는 교육소설로서 소설상의 주인공 에밀의 성장과정과 교육과정을 다루고 있다. 1부에서는 0~5세까지의 유아기를 다루었으며, 2부는 5~12세까지의 아동기를 다루었다. 3부는 12~15세까지의 전청소년기를 다루었으며, 4부는 15~20세까지의 청소년기를 다루었다. 5부는 소피(Sophy)라는 여자아이의 성장과정과 교육과정을 다루었다.

루소의 교육사상은 많은 단점과 문제점을 가지고 있음에도 불구하고 후대의 위대한 교육사상가들에게 커다란 영향을 미쳤다. 칸트, 페스탈로치,

프뢰벨의 교육사상은 모두 루소에게서 직접적인 영향을 받은 것이다. 아동 중심주의 교육을 내세운 진보주의 사상이나 낭만주의 교육론도 루소의 영향을 받은 것이다.

4) 19세기의 교육

19세기는 단일한 개념으로 규정하기 힘든 복잡한 시대다. 정치적으로는 제국주의가 등장하여 영토확장과 식민지 확보에 혈안이 되어 있었고, 경제적으로 가내 수공업에서 기계화가 이루어짐에 따라 자본주의 경제체제가 성립되었다. 자본주의의 경제체제는 물질적 풍요를 가져다주기도 했지만 빈익빈 부익부 현상을 초래하여 계급의 양극화를 가속화시켰다. 사상적으로는 국가주의사상이 출현하였으며, 사회주의 및 공리주의라는 사회개혁 사상도 출현하였다. 또 18세기의 계몽사상이 내세운 주지주의와 19세기 헤겔이 주장한 이성주의를 비판하는 반주지주의 및 반이성주의 사상이 등장하였다.

이러한 시대적 배경 속에서 국가주의 교육사상 또는 계발주의(啓發主義)라고도 불리는 신인문주의 교육사상이 출현하였다.

이 시대에 국가주의 교육사상이 등장하게 된 것은 우선 민족국가의 출현과 관계가 깊다. 근대 초엽 민족 단위의 국가가 형성되면서 이들 국가들은 17, 18세기에 이르러 확연한 영토와 경제적 부를 축적하고, 막강한 군사력을 가지면서 완전하고 힘 있는 국가로 성장 및 발달하게 되었다. 이로 인해 유럽 지역에서는 국가가 필요로 하는 인재를 양성할 것을 목적으로 하는 국가주의 교육사상이 등장하게 되었다.

국가주의 교육이 등장하게 된 또 다른 배경은 나폴레옹 전쟁과 관련이 깊다. 19세기에 이르러 나폴레옹의 침략주의에 부딪치게 되자 각국에서는 국가적·국민적 사상이 대두하게 되어 국민교육의 필요성이 더욱 고조되었다. 그리하여 유럽의 국가주의 국가들에서는 교육을 국가가 관리하고, 교육제도를 재조직하고, 의무교육제도를 실행하는 등 교육계에 커다란 변화가 일어났다. 공교육(公敎育)이 강화되기 시작한 것도 이때부터다.

국가주의 교육사상은 국민의 의지를 결속시키고 애국심을 고취시키기 위해 지리학, 언어학, 역사학 등의 교과학습을 중요시하였다. 무엇보다 이 사상은 교육의 목적, 내용, 방법, 제도 등을 국가의 이익과 발전을 위해 재조직하고 통제하였다. 여기에 개인의 자유, 인권, 창의성, 자율성은 개입될 여지가 없었다.

이 당시 국가주의적 관점에서 교육사상을 전개한 사상가로서는 콩도르세(M. J. A. N. C. Condorcet, 1743~1794), 피히테(J. G. Fichte, 1762~1814), 그룬트비(N. Grundtvig), 오웬(R. Owen, 1771~1858), 제퍼슨(T. Jefferson, 1743~1826) 등을 들 수 있다.

한편, 이들이 국가주의 교육사상을 전개하고 있을 즈음, 다른 한편에서는 신인문주의(neo-humanism) 교육사상가들이 활약하였다. 신인문주의자들은 18세기의 합리주의와 주지주의 교육론이 이성과 지성의 계발 및 도야를 지나치게 강조함으로써 절름발이 인간을 길러 냈다고 비판하고, 지(知), 정(情), 의(意)를 고루 겸비한 전인(全人)을 길러 내야 한다고 주장했다. 또 이들은 18~19세기 초 국가주의자들이 국가적 이상을 실현하기 위해 교육제도를 조직하고 교육환경의 개선에 관심을 가진 것에 비하여, 인간발달의 법칙에 합치하도록 교육과정 자체를 개혁하려고 하였다. 이들은 교육이란 외부에서 성인의 표준을 강제하는 대신에 내부에서 아동의 내면세계를 계발해 내는 것이라고 보았다.

이러한 관점에서 교육사상을 전개한 대표적인 사상가들로 페스탈로치(J. H. Pestalozzi, 1746~1827), 헤르바르트(J. F. Herbart, 1776~1841), 프뢰벨(F. W. A. Freobel, 1782~1852) 등이 있다.

페스탈로치는 교육이론가라고 하기보다는 교육실천가이며, 특권계층 자제들의 교사가 아니라 고아들의 아버지였다. 그를 흔히 교성(敎聖)이라고 부르는데, 이것은 그의 교육적 사랑이 성자의 경지에 도달했다는 것을 의미한다(윤정일, 신득렬, 이성호, 이용남, 허형, 1997: 61). 그는 교육에서 가장 중요한 것은 사랑이라고 생각했다. 사랑이 없이는 제아무리 체계적인 교수(敎授)를 한다고 하더라도 인간다운 인간을 길러 내기 어렵다고 보았다. 그는 이런 사랑을 실천할 수 있는 가장 중요한 장소가 가정이라고 생각했다. 그는 학교교육의 중요성을 경시한 것은 아니나, 가정교육이 모든 교육의 기초가 되어야 한다고 생각했다. 그는 학교를 세워 자신의 교육적 신념을 몸소 실천하였으며, 특히 버려진 고아들을 모아 그들을 교육시키는 데 평생을 바쳤다. 그의 아동에 대한 무한한 사랑과 교육에 대한 열정은 오늘날 많은 교사들에게 귀감이 되고 있다.

헤르바르트는 독일의 저명한 철학자이며 교육학자로서 피히테의 제자였다. 그가 교육 분야에 끼친 가장 큰 공헌은 타 학문의 주변학으로 푸대접을 받아 온 교육학을 하나의 독립과학으로 체계화한 점이다. 그는 윤리학과 심리학을 토대로 교육학의 체계를 수립했다. 교육의 목적은 인격을 완성하는데 있으며, 이러한 목적은 체계적인 교수를 통해 이루어질 수 있다고 보았다. 그리하여 그는 4단계 교수 절차를 제시하였다. 즉, 명료, 연합, 체계, 방법의 단계를 제시하였으며, 이것은 다시 그의 제자들에 의해 준비 → 제시 → 연합 → 일반화 → 응용 등 다섯 가지 단계로 체계화되었다. 이렇게 교수와 수업을 심리학적 원리에 따라 실시해야 한다는 그의 주장은 교육방법을 과학화하려는 학자들에게 큰 영향을 주었다.

프뢰벨은 유치원교육의 선구자다. 그는 헤르바르트와는 달리 유아교육에 관심이 많았다. 왜냐하면 인간의 선천적인 능력을 계발하는 것은 중등교육을 통해서가 아니라 유아교육을 통해서 더 잘 실현될 수 있다고 생각했기 때문이다. 그는 유아기에 무엇을 보고 듣고 경험하느냐가 인간 삶의 질을 결정한다고 믿었다. 이러한 교육적 믿음을 실천하기 위해 그는 1837년 블랑켄베르크에 유아를 위한 기관을 세우고 1840년 '어린이의 정원'을 의미하는 '유치원(Kindergarten)'이란 이름을 붙였다. 이것이 바로 오늘날 유치원의 효시가 되었다.

프뢰벨은 교육은 유아들이 자기활동을 통해 자신의 선천적인 능력을 밖으로 이끌어 내도록 도와주는 일이라고 생각했다. 그런데 선천적인 능력은 최대한의 자유가 주어질 때 발휘될 수 있다고 생각했다. 그는 유아에게 자유로운 자기 활동을 위한 최선의 방법은 놀이(유희)라고 생각했다. 그래서 그는 유아들의 자기 활동을 도울 수 있는 교구(敎具), 즉 장난감들을 제작하게 되었는데 그는 이러한 장난감들을 하나님이 주신 선물이라는 뜻에서 '은물(恩物: Gaben)'이라고 불렀다. 아이들이 이러한 장난감들을 가지고 노는 동안 협동심과 사회성이 자연스럽게 발달할 수 있다고 보았다.

이러한 프뢰벨의 유아교육사상은 지금까지 교육활동에서 소홀하게 다루어졌던 놀이와 게임의 교육적 가치를 부각시키고, 유아의 세계를 재발견하고 재조명할 수 있는 계기를 마련해 주었다는 점에서 교육사적 의의가 크다고 할 수 있다. 그의 교육사상은 20세기 듀이 및 진보주의 교육론자들의 교육사상에 큰 영향을 주었다.

4. 현대의 교육

정치 · 경제 분야에서 상이한 이데올로기를 신봉하는 다양한 체제가 출현하여 극한 대립을 보였던 20세기 초 교육계 안에서도 놀랄 만한 변화가 일어났다. 유럽 전역에서는 전통적인 학교 및 교육내용을 개선하려는 신교육운동(New Education Movement)이 전개되었으며, 미국에서는 교육방법을 개선함으로써 학교를 민주화하려는 아동해방 운동이 전개되었다.

우선, 유럽에서는 교육내용을 개선하려는 신교육 운동이 전개되었는데, 이러한 운동을 전개한 선구적인 인물로서는 영국의 레디(C. Reddie), 프랑스의 도모랑(J. E. Domolin), 독일의 리츠(H. Lietz), 비네켄(G. Wyneken), 게헤프(P. Geheeb), 케르셴슈타이너(G. Kerschensteiner) 등이 있다. 특히, 독일의 교육개혁가들은 기존의 학교체제가 지닌 문제점을 부분적으로 개선하기보 다는 오히려 새로운 교육이념과 목적을 가진 학교를 건립하여 운영했다는 점에서 그 역사적 의의가 크다고 할 수 있다. 독일의 교육개혁 운동은 크게 세 가지 방향으로 전개되었다. 즉, 이 운동은 전원 기숙학교 운동, 노작학교 운동, 그리고 예술교육 운동으로 전개되었다. 전원 기숙학교는 말 그대로 도심지에 있는 학교가 아니라 전원에 세워진 학교다. 이 기숙학교 운동은 주로 리츠, 비네켄, 게헤프 등과 같은 교육개혁가들에 의해 확산되어 나갔 다. 이들에 의해 세워진 학교들은 전통적인 학교와는 달리 학생들의 자발적 인 활동을 발달시키는 것을 목표로 하였다. 노작학교 운동은 말 그대로 '노 작', 즉 노동을 중시하는 교육운동을 말한다. 독일에서 이 노작학교의 개념 은 19세기 말 서적만을 중시하는 '학습학교(Lernschule)'에 대한 비판으로 등 장했으며, 제1차 세계 대전 이후에는 이것이 하나의 학교교육 운동으로 전 개되었다. 이 노작학교 운동은 케르셴슈타이너와 가우디(H. Gaudig)와 같 은 교육개혁가들에 의해 본격적으로 전개되었다. 예술교육 분야에서는 예 술작품에 대한 감상이나 이해의 수준을 벗어나, 아동이 작품활동에 직접 참 여하게 함으로써 아동 스스로 자기를 표현해 내도록 이끄는 새로운 예술교 육 운동이 일어났다. 그 결과 아동의 예술작품들이 아동의 정신능력을 계발 하는 데 큰 영향을 준다는 인식이 널리 확산되었다(정영근, 1999: 329).

한편, 미국에서는 교육방법을 개선하려는 교육개혁 운동이 전개되었다. 이러한 운동을 전개한 선구적인 교육사상가로는 파커(F. W. Parker)와 듀이 등이 있다. 파커는 일리노이주 쿡 카운티 사범학교의 교장으로 프뢰벨주의 에 입각하여 교육운동을 본격적으로 전개하면서 '파커학교(Parker School)' 를 개교하여 아동중심의 교육, 생활중심의 교육을 전개하였다. 이러한 파커 의 교육개혁 운동은 듀이에게 영향을 주었고 진보주의(progressivism) 교육 운동의 기초가 되었다. 듀이는 1896년 시카고 대학교 안에 부설 초등학교인 '듀이학교(Dewey School)'를 설립하고 운영했는데, 이 학교는 전통적인 학교들과는 완전히 다른 새로운 철학에 기초해 운영되었다. 즉, 듀이는 아동중심, 생활중심, 흥미중심의 교육을 통해 기존의 교육개념, 학교관, 교수관, 학습관을 바꾸어 보려고 하였다.

이러한 그의 교육철학은 차일즈(J. L. Childs), 보드(B. H. Bode), 킬패트릭 (W. H. Kilpatrick), 카운츠(G. Counts), 테일러(H. Taylor), 라웁(R. B. Raup) 등과 같은 진보주의 교육이론가들에 의해 계승되었다. 이들은 1919년 '진보주의 교육협회'를 결성하여 자신들의 교육 신념을 학교교육에 적용시키기 시작하였다. 진보주의자들은 흥미와 욕구가 모든 학습의 기초가 되어야 한다고 주장했으며, 아동의 생활경험이 지식의 토대가 되어야 한다고 주장했다. 또 그들은 교육이 제대로 이루어지기 위해서는 무엇보다 학교가 민주화되어야 한다고 주장했다.

이러한 진보주의자들의 주장은 사회적 지지와 공감을 얻어 미국 전역으로 확산되어 나갔다. 학교 안에 권위주의적인 교사 대신에 민주적인 교사가 들어왔으며, 주입식 수업 대신에 탐구 중심의 수업이 진행되었다. 훈육과 체벌 대신에 사랑과 합리적 설득이 학교에 들어옴으로써 학교는 아주 행복하고 매력적인 장소로 변모해 나갔다. 그러나 1920년대 말엽 진보주의 교육은 배글리(W. C. Bagley)를 중심으로 한 본질주의 교육이론가들과 허친스 (R. M. Hutchins)를 중심으로 한 항존주의 교육이론가들의 비판을 받았으며, 결국 1955년 진보주의 교육협회가 해체되면서 그 영향력은 급속히 퇴조하였다.

1945년 제2차 세계 대전이 끝난 후 세계의 정세는 미국과 소련을 중심으로 재개편되었다. 전 세계의 국가들은 자유민주주의의 이념을 신봉하는 국가군과 사회주의 이념을 신봉하는 국가군으로 양분되면서 군사적, 이념적 대립을 벌이는 냉전 체제에 돌입하였다. 이러한 이데올로기의 대립 구도 속에서 민주주의 국가들과 공산주의 국가들은 각기 다른 교육이념과 교육목적을 설정하고 이를 실현하기 위한 방안을 모색하였다.

자유민주주의의 이념을 중시하는 서방 국가들은 교육을 민주화하고 과학화하는 데 심혈을 기울였다. 그 당시 자유민주주의 국가들이 추진한 몇 가지 교육정책을 정리해 보면 다음과 같다(신득렬, 2007: 105-106).

첫째, 자유민주주의 국가들은 팽창하는 교육의 수요를 해소하기 위한 방안으로서 초등교육과 중등교육을 연계시키려고 하였다. 이러한 교육정책으로 말미암아 교육의 기회가 한층 넓어졌으며 교육의 양적 민주화가 이루어졌다. 아울러 서구 여러 나라들은 중등학교제도를 민주화하는 데도 심혈을 기울였다. 이러한 노력의 결과 학생의 선택권과 재량권이 확대되었으며 학습내용과 학습방법이 대폭 개선되었다. 말하자면 교육의 질적 민주화가 이루어졌다고 할 수 있다.

둘째, 제2차 세계 대전 이후 서구 민주주의 국가들은 대학의 입학 자격을 완화함으로써 고등교육의 기회를 확대하는 데 힘을 기울였다. 이것은 어디까지나 사회의 요청에 의한 것이었다. 이들 국가들은 적은 수의 대학 졸업자들로서는 고도의 과학기술을 필요로 하는 산업계의 요구에 부응할 수 없다고 판단하였다. 이러한 상황 속에서 서구의 여러 나라들은 고등교육을 통한 인재 양성에 관심을 기울였고 이것은 결국 대학 입학 기회를 확대하는 결과를 가져왔다.

셋째, 제2차 세계 대전 이후 서구 민주주의 국가들은 중등교육제도의 정비와 더불어 새로운 교육과정의 편성에 관심을 기울였다. 특히, 1957년 소련의 인공위성인 스푸트니크 1호가 발사되면서 미국은 중등학교의 교육과정을 전면적으로 개편하기에 이르렀다. 그들은 전후 경제를 부흥시키고 우주 항공 분야에서 우위를 점하기 위해서는 중등 교육과정 자체를 전면적으로 개편해야 한다고 생각했다. 특히, 브루너(J. S. Bruner)와 같은 학자는 지식을 구조화함으로써 학습을 극대화할 수 있다는 학문중심 교육과정을 제안하였다. 이러한 노력의 결과 그동안 학교 교육과정의 주변부로 밀려나 있던 기초과학 분야들이 제자리를 찾게 되었으며 경쟁력을 가지게 되었다.

이와는 달리 동부 유럽을 비롯한 공산주의 국가들의 종주국으로서 막강한 힘을 행사해 왔던 소련이 추구한 교육의 일차적인 목표는 사회구성원을 공산주의적인 인간으로 개조하는 일이었으며, 궁극적으로는 계급 없는 사회를 건설하는 것이었다. 하지만 사회주의 혁명 전까지만 해도 소련은 유럽에서 가장 낙후된 교육 후진국이었다. 1917년 사회주의 혁명이 일어나기 전까지만 해도 학령 아동 전체의 5분의 4가 취학하지 못했으며, 취학한 아동들조차도 초등학교로서 학력을 끝마쳤다.

사회주의 혁명 이후 소련의 교육 형편은 한결 나아졌다. 혁명정부는 교육이 사회주의 건설을 위해 중요한 수단이라는 사실을 인식하고 국민교육제도를 전면적으로 재편성하게 되었다. 소련의 국민교육제도의 틀이 마련된 것은 1918년에 공포된 '노동학교령'에서다. 1930년에는 「초등 의무교육법」이 통과되어 8세에 해당하는 모든 아동들이 4년제 초등학교에 의무적으로 취학하게 되었다. 1930년대 후반에는 7년제의 의무적인 무상교육이 부분적으로 시행되다가 1949년에는 이것이 전국적으로 확대 실시되었다(이규환, 1980: 248-250). 1950년대에 들어서 소련은 공산주의 건설에 참여할 공산주의적 인간상을 실현하기 위해 의무교육 연한을 끊임없이 늘려 나갔다. 예컨대, 1959년에는 기존의 7년제 학교를 '불완전 중등 보통교육 종합기술학교'라는 8년제 의무학교로 연장했으며, 1970년대 초에는 의무교육의 연한을 다시 8년에서 10년으로 연장하였다(정영근, 1999: 334).

일반적으로 소련을 비롯한 공산주의 국가들은 노동을 중시해 왔다. 그 한 예로 소련은 노동과 교수를 결합하기 위한 한 가지 방안으로 종합기술교육을 채택하였다. 종합기술교육이란 일찍이 마르크스에 의해 제창된 것으로서 노동과 교수(教授)를 종합한 형태의 교육을 말한다. 이 교육은 단지 산업체에서 필요한 기술이나 원리를 가르치는 데 목적이 있는 것이 아니라, 궁극적으로 육체노동과 정신노동의 대립을 극복하여 한 차원 높은 단계의 정치의식과 다면적인 능력을 겸비한 인간을 길러 내는 데 목적이 있었다. 종합기술교육에서 강조하는 교육원리들은 소련을 비롯한 사회주의 국가들의 교육제도 운영의 중요한 원리가 되었다(김귀성, 노상우, 2001: 178).

요약 및 정리

- 교육사란 과거의 교육적 행위 및 현상들을 교육사가 자신의 사관에 따라서 정리, 분석, 평가하고 특별한 의미를 부여한 학문 분야(체계)다.
- 교육사에 대한 깊은 관심과 통찰은 교육사관 및 교육적 정체성의 확립에 도움을 준다.
- 교육사 연구의 영역은 크게 교육사상사와 교육제도사를 양대 축으로 하여, 교육내용·방법사, 교육사회경제사, 교육문제사 등으로 구분된다.
- 우리나라의 경우 삼국시대로부터 조선시대에 이르기까지 다양한 모습의 교육이 전개되기는 하였으나 우리 교육의 주류를 이루어 온 것은 역시 유학이었다. 불교와 도교가 민중의 삶 속에 깊이 파고들어 간 것은 사실이나 국가의 인재를 양성하기 위한 교육은 시대를 막론하고 유교교육기관에서 이루어졌다. 삼국시대에는 고구려의 태학, 경당, 신라의 국학이 유교교육기관이었으며, 고려의 국자감, 향교, 학당, 서당도 모두 유교교육기관이었으며 조선시대의 성균관, 4학, 서원, 향교, 서당 역시 유교의 이념을 실현하기 위한 교육기관이었다.
- 서양교육은 고대 그리스와 로마의 교육에 뿌리를 두고 있다. 고대 아테네에서는 소피스트를 비롯해 소크라테스, 플라톤, 아리스토텔레스와 같은 위대한 교육사상가들이 출현하여 활약하였다. 중세시대에는 흔히 암흑기라고 부르지만 대학이 출현하였다는 점에서 교육사적으로 중요한 시기다. 근대 과학의 발달은 교육 분야에도 커다란 변화를 불러일으켰다. 감각적 실학주의는 교육을 좀 더 과학화하려는 노력의 소산이라고 보아야 한다. 18세기에는 루소가 출현하여 인위적인 교육을 비판하였으며, 19세기에는 교육이 제국주의자들에 의해 악용되기도 하였지만 교성인 페스탈로치, 교육학의 체계를 수립한 헤르바르트, 유치원의 창시자인 프뢰벨 등이 활동하였다.

20세기에는 유럽과 미국에서 새교육 운동이 전개되었는데, 유럽에서는 교육내용을 개혁하려는 방향으로, 미국에서는 교육방법을 민주화하고 과학화하려는 방향으로 전개되었다. 1945년 이후의 교육은 냉전체제에 따른 이데올로기의 대립 구도 안에서 이루어졌기 때문에 교육목적, 교육방법이 이념적으로 규정될 수밖에 없었다.

정의(正義)란 올바른 사람이 자신의 선택에 따라서 올바른 것을 행함이라고 말할 수 있으며, 자기와 타인, 타인과 타인 사이에 자기에게 좋은 것은 많이, 이웃에게는 적게 배분하는 일이 없이 비례에 따라 분배함을 의미한다.

아리스토텔레스, 『니코마스 윤리학』

제 3 장

교육의 철학적 기초

탐구주제

▶ 철학과 교육은 어떠한 관계를 가지는가?

▶ 교육철학의 학문적 성격은 무엇인가?

▶ 교육철학 연구의 의의 및 방법은 무엇인가?

▶ 교육철학의 유형에는 어떤 것들이 있는가?

📖 제1절 철학과 교육

교육철학은 교육활동이나 교육현상을 '철학적'으로 탐구하는 학문 분야다. 여기서 '철학적'으로 탐구한다는 것은 '과학적인' 방법과는 다른 방법으로 탐구하는 것을 말한다. 즉, 교육철학은 교육심리학이나 교육사회학, 교육공학과는 다른 방법으로 교육의 문제나 현상을 다룬다. 그렇다면 교육현상을 철학적으로 탐구하기 위해서는 무엇을 어떻게 해야 하는가? 이러한 물음에 답하기 위해서는 우선 철학이란 무엇인지, 철학자들은 무엇을 어떻게 다루는지에 대한 이해가 선행되어야 한다.

1. 철학의 정의

1) 전통적인 정의

철학(哲學)이란 어떤 학문인가? 우리가 영어로 'philosophy'라고 쓰는 철학이란 말은 본래 어원적으로 그리스어의 'philos(사랑하다: love)'와 'Sophia(지혜: wisdom)'란 말의 합성어다. 어원적으로 볼 때, 철학이란 '지혜를 사랑하는 학문'이라는 뜻을 가지고 있다. 그렇다면 철학자는 당연히 지혜를 사랑하는 사람, 즉 지혜를 탐구하고 연구하는 사람이라는 뜻이 될 것이다.

그렇다면 지혜란 구체적으로 무엇을 의미하는가? 흔히 지혜란 다양한 의미로 사용되고 있지만 주어진 상황 안에서 최선의 행동이 무엇인지에 대한 지식이라고 할 수 있다. 이러한 관점에서 뒤카스(C. J. Ducasse)는 지혜롭다는 것은 ① 구체적 · 객관적 상황에 대한 지식, ② 인과관계나 목적과 수단에 대한 지식, ③ 가치 있는 것이 무엇인가에 대한 지식을 가지고 있다는 것을 의미한다고 말했다(Lucas, 1969: 174). 그런데 실제로 우리는 이 세 가지 지식 중 어느 하나만을 가지고 있거나 이들 모두를 가지지 못하는 경우가 많다. 예컨대, 화재 시 소화기를 사용할 수 있음에도 불구하고 물을 얻기 위해 허둥대는 것은 상황에 대한 무지에서 비롯되는 행동이다. 이런 행동을 했을 때 우리는 주변 사람들로부터 경솔하다거나 우둔하다는 소리를 듣게 된다.

전통적으로 철학자들은 이러한 무지와 편견과 우매함으로부터 벗어나기 위해서 지혜를 얻어야 한다고 생각했으며, 인간, 우주, 자연, 사회, 지식에 대한 끊임없는 탐구를 통해 이러한 지혜를 얻을 수 있다고 생각했다. 또한 그들은 이러한 지혜의 획득을 통해 삶을 풍요롭고 가치 있게 만들어 갈 수 있다고 믿었다. 이처럼 철학을 지혜의 탐구로 이해하려는 경향은 소크라테스로부터 시작하여 실존주의 철학에 이르는 전통 철학자들에게서 일관되게 나타나고 있다.

2) 분석적인 정의

20세기 분석철학자들은 '철학이란 지혜의 탐구'라는 전통적인 정의를 거부했다. 그들은 철학을 전혀 새로운 관점과 방법으로 정의하고자 하였다. 예컨대, 무어(G. E. Moore), 러셀(B. Russell), 카르나프(R. Carnap), 비트겐슈타인(L. Wittgenstein), 에이어(A. J. Ayer)와 같은 분석철학자들은 플라톤 이래 수많은 철학자들이 기정사실화해 온 철학에 대한 정의를 거부하고 철학을 다음과 같이 정의하고자 했다.

첫째, 분석철학자들은 "철학을 한다는 것은 언어를 분석하는 것(to philosophize is to analyze languages)"이라고 정의했다. 즉, 그들은 전통 철학자들이 사용해 온 여러 가지 개념, 용어들의 의미를 명료화하는 것이 철학자가 해야 할 일이라고 주장했다. 예컨대, 관념, 진리, 지식, 이성, 합리성 또는 신이란 말의 의미를 분명하게 밝혀내는 일이 중요하다고 생각했다. 이처럼 이들이 언어의 명료화에 관심을 가지는 것은 이것이 이루어지지 않고는 그 어떤 학문적 논쟁이나 담론도 무의미하다고 생각했기 때문이다.

둘째, 분석철학자들은 철학은 하나의 사상적 '체계(system)'라기보다는 특정한 문제를 다루는 하나의 '방법론(methodology)'에 지나지 않는다고 정의했다. 과학이 사실이나 현상을 다루는 하나의 방법론이듯이, 철학도 어떤 문제들을 다루고자 하는 하나의 방법론에 지나지 않는다는 것이다. 그들은 과학이 사실을 탐구하는 1차 질서 학문(first-order discipline)이라면, 철학은 과학자들이 사실을 탐구할 때 사용했던 언어들을 분석하고 명료화한다는 점에서 2차 질서 학문(second-order discipline)이라고 규정했다. 예컨대, 과학자가 실험실에서 관찰하고 실험한 결과를 보고서에 옮겨 적을 때 그는 이런저런 용어를 쓰게 되는데, 이러한 과학자의 활동은 1차적인 것이다. 그러나 과학자가 보고서에 적은 용어와 개념들의 의미가 바르게 쓰였는지, 적절한 표현인지를 밝혀내는 것은 분명히 2차적인 것이다. 이러한 2차적인 활동을 하는 이들이 바로 철학자라는 것이다. 이러한 점에서 분석철학자들은 지금까지 모든 학문의 어머니로서 대우받아 온 철학의 지위를 천상에서 지상으로 끌어내렸으며, 그것을 세속화하고 전문화했다고 보아야 한다.

셋째, 분석철학자들은 논증할 수 없는 일체의 형이상학적 질문은 무의미하다고 주장함으로써 전통적인 철학자들의 주장을 거부했다. 예컨대, 플라톤이 말하는 '이데아', 헤겔이 말하는 '절대정신', 중세 신학자들의 최대 관심사였던 '신의 존재' 등은 그 어떤 방식으로도 논증이 불가능하기 때문에 철학의 탐구대상이 될 수 없다는 것이다. 말하자면 그러한 것들은 참도 거짓도 아닌 난센스이기 때문에 탐구대상에서 제외되어야 한다는 것이다. 그렇다면 어떠한 대상이 철학의 탐구대상이 될 수 있다는 것인가?

카르나프와 같은 논리실증주의자들의 주장을 소개해 보자. '이 책은 불에 탄다.'와 같은 명제가 있다고 하자. 이 명제가 참인지 아니면 거짓인지를 논증하려면 책을 직접 불에 태워 보면 된다는 것이다. 만약 책이 불에 탄다면 그 명제는 참이고, 타지 않는다면 그 명제는 거짓이라는 것이다. 따라서 분석철학자들은 철학자의 탐구대상을 논증 가능한 것만으로 좁힘으로써 철학자의 역할과 기능을 제한하고자 했다.

그러나 분석철학자들의 이러한 입장은 부분적으로 설득력을 가지기는 하지만 전적으로 옳다고는 할 수 없을 것이다. 일찍이 에델(A. Edel)은 '기로에 선 분석교육철학'이란 글에서 분석적 방법의 한계를 지적하고 그 대안을 제시하고자 했다. 즉, 분석철학은 언어의 분석에만 몰두함으로써 '분석주의'로 전락해 버렸다고 비판하면서 분석적 방법과 더불어 경험적·규범적·사회 문화적인 방법의 조화가 필요하다고 역설하였다(Doyle, 1973: 232-257).

2. 철학의 영역

전통적으로 철학자들은 무엇을 탐구해 왔는가? 그들은 크게 존재론, 인식론, 가치론이라는 분야를 다루어 왔다.

1) 존재론

존재론(存在論: ontology)은 흔히 본체론 또는 형이상학(metaphysics)이라고도 부르는데, 주로 이 세상에 존재하는 것들이 궁극적으로 무엇으로 되어 있는가를 탐구하는 분야를 말한다. 예컨대, 돌도 존재이며, 개미도 존재며 사람도 존재인데, 돌, 개미, 사람은 궁극적으로 무엇으로 구성되어 있느냐 하는, 이른바 본질(本質: essence)을 따지고 파헤쳐 보려는 것이 존재론이다. 그런데 여기서 어떤 철학자가 어떤 사물을 쪼개고 분석해 보니 그 사물이 오직 하나의 실체로만 구성되어 있다고 주장했다면 그는 일원론자(一元論者)가 될 것이다. 그러나 그 궁극적 실체가 두 개로 이루어져 있다고 주장했다면 그는 이원론자(二元論者)이며, 세 개 이상으로 구성되어 있다고 주장했다면 그는 다원론자(多元論者)가 될 것이다. 또 여기서 어떤 철학자가 그 궁극적 본질이란 결코 변하지 않는 영원한 것이라고 주장했다면 그는 절대론자(絕對論者)일 것이며, 상황의 변화에 따라 그것이 수시로 변한다고 주장했다면 그는 상대론자(相對論者)가 될 것이다. 또 어떤 철학자가 마음이 있고 나서야 비로소 사물이 의미를 가지는 것이라고 주장했다면 그는 유심론자(唯心論者)가 될 것이며, 마음이란 물질작용의 부산물에 지나지 않는다고 주장했다면 그는 유물론자(唯物論者)가 될 것이다. 교육철학자도 존재론에 대한 연구와 이해가 필요한데, 그것은 교육학자들이 교육이념과 교육목적을 설정하는 데 중요한 시사를 던져 주기 때문이다.

2) 인식론

인식론(認識論: epistemology)이란 지식의 원천은 무엇이며, 우리는 어떻게 인식하는가 등을 탐구하는 분야로서 흔히 지식론(知識論)이라고도 부른다. 전통적으로 철학자들은 지식이란 무엇이며, 그 지식이란 어떻게 얻어지는 것인가 하는 문제를 다루어 왔다. 어떤 철학자는 이성적 추리를 통해서 무엇인가를 알게 된다고 본 반면에 어떤 철학자는 경험과 관찰을 통해서 지식을 얻게 된다고 주장하였다.

16세기 베이컨(F. Bacon)과 데카르트(R. Descartes)는 인식론 분야에서 혁명을 일으킨 철학자들이다. 베이컨은 경험론의 선구자로서 귀납법(inductive method)을 통해 유용한 지식을 얻어 낼 수 있다고 보았다. 귀납법이란 개개의 사물이나 현상에 대한 관찰과 실험을 통해 보편적인 지식이나 진리를 얻어 내는 방법으로 지식의 영역을 넓혀 나가는 데 유용하다. 베이컨의 진리탐구방법론을 계승·발전시킨 인물은 로크, 홉스(T. Hobbes), 흄(D. Hume) 등이다. 반면에 합리론의 창시자였던 데카르트는 연역법(deductive method)을 통해 그 누구도 의심할 수 없는 확실한 지식을 얻어 낼 수 있다고 보았다. 이러한 방법은 주어진 사실이나 명제를 논증하는 데 큰 도움을 주었다. 데카르트의 합리론을 계승한 철학자들은 스피노자(B.

Spinoza), 라이프니츠(G. W. Leibniz) 등이다. 교육철학자도 인식론에 깊은 이해를 가질 필요가 있는데, 그것은 교육과정의 본질을 밝히고 정당화하는 데 도움을 주기 때문이다.

3) 가치론

가치론(價値論: axiology)은 탐구대상이 무엇이냐에 따라 윤리학과 미학으로 구분된다. 윤리학은 인간 행위의 선과 악, 옳음과 그름 등의 판단기준을 제시하려는 분야로서 교육철학자들도 많은 관심을 갖는 분야다.

윤리학설은 크게 결과론적 윤리설과 의무론적 윤리설로 양분된다. 결과론적 윤리설은 인간 행위의 결과를 중시하는 데 비하여 의무론적 윤리설은 행위의 동기를 중시한다. 역사적으로 쾌락주의, 공리주의, 실용주의 철학은 행위의 결과를 중시해 왔다. 즉, 행위의 좋고 나쁨은 오직 그 행위가 가져온 결과에 비추어서 평가할 수 있다는 것이다. 어떤 행위의 동기가 비록 불순하더라도 그 행위가 '최대 다수의 최대 행복'을 가져왔다면 그것은 정당화될 수 있다는 것이다. 그러나 칸트와 기독교 윤리설은 행위의 동기와 의무를 중시한다. 이들 윤리설은 어떤 행위의 결과가 개인이나 사회 전체에 이익을 가져다주었다고 하더라도 동기가 불순했다면 그런 행위는 도덕적으로 정당화될 수 없다고 주장한다. 교육철학자는 이러한 윤리학설에 대해서도 깊은 관심을 가지고 탐구할 필요가 있다. 왜냐하면 윤리학설은 도덕교육의 목적을 설정하거나 도덕교육의 내용 및 방법을 조직하는 데 중요한 지침을 제공해 주기 때문이다.

3. 철학의 기능

철학의 기능이나 역할은 철학에 접근하는 방법에 따라서 다음 몇 가지로 나누어진다.

첫째, 철학은 사변적 기능(speculative function)을 가진다. 철학은 기본적으로 사색과 사고를 중시한다. 고대로부터 철학자들은 우주, 자연, 인간, 사회에 대한 합리적인 사고와 추리를 통해 새로운 사실을 찾아내고 그릇된 편견과 선입견을 타파하는 데 기여하였다. 철학적으로 생각한다는 것은 어떤 사물이나 현상에 대해 합리적으로 추리한다는 것을 의미한다. 철학자들은 귀납적인 추리와 연역적인 추리를 통해 지식의 영역을 넓히는 데 크게 기여하였다.

둘째, 철학은 분석적 기능(analytic function)을 가진다. 여기서 '분석적'이라는 말은 쪼갠다는 말이 아니라 어떤 말이나 용어의 의미를 분명하게 한다는 뜻이다. 합리적이고 조직적인 추리활동을 해 가기 위해서는 선명하고 분명한 언어들을 구사해야 한다. 전통 철학자들은 애매하거나 모호한 언어를 사용함으로써 철학자들 간의 의사소통을 어렵게 한 것이 사실이다. 20세기 분석철학자들은 언어 분석을 통해 그 의미를 명료하게 하는 일이 철학의 중요한 기능임을 강조했다.

셋째, 철학은 규범적 기능(normative function)을 갖는다. 어느 사회나 집단이든지 사람들이 마땅히 지켜야 하는 규범(norm)을 갖게 마련이다. 여기서 규범은 단순히 존재하는 사실들의 집합이 아니라 반드시 실현되어야 할 일종의 가치체계다. 반드시 이루어져야 할 규범, 즉 가치로 사람들을 이끌어 가려는 자가 곧 철학자다. 따라서 그는 근본적으로 사실판단을 문제 삼기보다는 가치판단을 문제 삼는다. 어떤 사실이나 현상을 관찰하고 실험한 결과를 객관적으로 판단하고 그것을 정확하게 기술하는 것은 과학자의 임무다. 그러나 이루어진 결과들이 옳은 것인지, 그른 것인지를 비판적으로 검토하고 처방하는 것은 철학자의 임무다. 이러한 점에서 철학자의 역할은 근본적으로 비판적이고 처방적일 수밖에 없다.

📖 제2절 교육철학의 성격

1. 교육철학의 정의

교육철학이란 어떤 학문인가를 밝히는 방법 중의 하나는 교육철학을 정의해 보는 일이다. 철학을 정의하는 관점이 다양하듯이, 교육철학을 정의하는 관점도 다양하다. 우리는 교육철학을 다음 두 가지 관점에서 정의할 수 있을 것이다.

1) 전통적인 정의

전통적으로 교육철학은 다음 세 가지 관점에서 정의되거나 이해되어 왔다.

첫째, 교육철학은 하나의 상식(common sense)이라는 견해가 있다. 말하자면 교육철학은 교육철학을 전공한 사람만이 가질 수 있는 전문적인 학문 분야라기보다는 누구나 다 가질 수 있는 하나의 상식이라는 것이다. 예컨대, 부모도 교육철학을 가질 수 있고, 교사도 교육철학을 가질 수 있으며, 교장도 교육철학을 가질 수 있다는 것이다. 이러한 교육철학에 대한 정의는 교육철학을 전문적인 분야로 인정하지 않는 것으로서 교육철학의 학문적 독자성과 정체성 자체를 흔들어 놓는다. 교육철학은 교육관(敎育觀)과는 엄격히 구별되어야 한다. 누구나 교육을 바라보는 관점을 가질 수 있지만 모두 교육철학을 가지거나 할 수 있는 것은 아니다. 교육철학은 오랜 기간의 교육과 수련을 통해 획득될 수 있는 고도의 지적 능력과 관련이 깊기 때문이다.

둘째, 교육철학을 응용철학으로서 이해하려는 견해가 있다. 즉, 교육철학이란 일반철학자들이 체계화시켜 놓은 존재론 또는 형이상학, 인식론, 가치론 등을 교육에 적용시켜 이론화한 지식의 체계라는 것이다. 전통적으로 이러한 주장이 지배적이었으며, 지금까지도 많은 이들이 교육철학을 응용철학의 한 분야로 간주하고 있다. 그러나 이러한 이해방식도 교육철학을 독자적인 학문영역으로 인정하지 않으려는 태도에서 비롯된 것이다. 만약 교육철학이 일반철학의 응용철학에 지나지 않는다면 응당 교육철학은 철학자들이 다루어야 할 분야가 되어야 할 것이며, 대학에서도 철학과 교수들이 다루어야 할 것이다. 교육철학이 일반철학과 공유하는 바가 많다고는 하나 일반철학자들이 다룰 수 없는 대상과 방법을 구사한다는 점에서 그 독자성과 고유성이 인정되어야 한다.

셋째, 교육철학을 교육의 일반이론으로 이해하는 견해가 있다. 이러한 견해를 가장 극명하게 보여 준 철학자는 듀이였다. 그는 "교육은 철학적 특성이 구체화되고 철학 자체를 음미할 수 있는 실험실이다."라고 정의한 바 있다. 듀이에 의하면 철학적 탐구는 그 자체로서 의미를 가지지 못한다는 것이다. 왜냐하면 철학적 사유, 사상, 이론, 가정들이 교육이라는 실제적인 활동을 통해 검증될 때 비로소 철학의 본질이 실현될 수 있기 때문이다.

2) 분석적인 정의

1960년대 분석철학의 영향을 받은 일단의 교육철학자들은 교육철학을 상식이나 지식의 체계로 규정한 전통적인 이해방식을 거부하고 새로운 관점에서 교육철학을 정의하고자 했다. 이들의 주장을 요약하면 다음과 같다.

첫째, 교육철학을 한다는 것은 교육언어들(educational languages)을 분석, 명료화하는 것이다. 말하자면 지금까지 교육학자들이 사용해 온 교육언어들, 예컨대 교육, 교수, 훈련, 학습, 경험, 흥미 등의 개념을 분석하여 그 의미를 명료화함으로써 의사소통을 돕는 것이 교육철학이 해야 할 중요한 역할이라는 것이다.

둘째, 교육철학은 1차 질서 학문이 아니라 2차 질서 학문이다. 기존의 교육이론가나 사상가들이 독자적인 교육사상을 전개하기 위해 글을 써 내는 행위는 1차적인 것이다. 그러나 이미 쓰인 글의 내용을 분석하거나 비판하거나 평가하는 일은 2차적인 것이다. 교육철학을 이렇게 이해하는 사람들은 이미 쓰인 개념, 용어, 명제, 슬로건 혹은 텍스트 자체를 분석하고 비판하는 것을 교육철학의 중요한 기능으로 이해한다.

셋째, 교육철학은 하나의 지식체계나 주의(ism)가 아니라 하나의 방법론(methodology)에 지나지 않는다. 즉, 교육철학은 특정한 교육사상의 체계를 수립하려는 활동이 아니라 교육문제, 교육적 쟁점들을 독특하게 다루어 나가는 방법론이라는 것이다. 예컨대, 과외열풍, 대입문제, 조기교육, 체벌, 교육권과 같은 교육적인 문제를 철학적으로 다루어 가는 독특한 방식이라는 것이다. 교육철학을 이렇게 이해할 때 교육철학은 일반철학과 확연하게 구별되며, 동시에 교육과학들과도 선명하게 구별되는 독자적이고 독립적인 분야로 인정받을 수 있다.

2. 철학과 교육철학

교육철학이 철학자가 아닌 교육학자들이 다루는 분야로서 그 독자성과 자율성을 확보했다고 하더라도 교육철학이 일반철학과 불가분의 관계를 맺고 있다는 것은 부인할 수 없는 일이다. 따라서 교육철학의 학문적 특성을 이해하기 위해서는 일반철학과의 관계를 따져 보아야 한다.

역사적으로 교육철학은 일반철학과 밀접한 관계를 맺어 왔고, 상호 보완적인 관계에 있다. 교육학자들은 교육의 목적 및 방향을 설정하고 교육내용을 설정하는 데 있어 철학적 원리들을 다수 원용하거나 인용해 왔다. 플라톤 이래로 위대한 철학자는 대부분 위대한 교육철학자이기도 했다. 이러한 관점에서 보면 교육철학은 일반철학과 여러 가지 측면에서 차이도 있지만, 오히려 공통점이 더 많다.

첫째, 일반철학이 실재를 가장 일반적이고 체계적인 방법으로 설명함으

로써 그것을 이해하려고 하듯이(예: 개념, 의미, 진리, 범주, 가설 등), 교육철학
은 교육을 일반적인 개념들, 즉 목적, 방법, 내용, 교육받은 사람 등과 같은
개념으로 교육현상을 설명하려고 한다는 점에서 공통점이 있다.

둘째, 일반철학과 교육철학은 개별 과학들의 연구들을 통합함으로써 인
간을 부분적, 단면적으로 이해하려고 하기보다는 그것을 전면적 · 총체
적 · 통합적으로 이해하려고 한다는 점에서 공통되는 바가 크다.

셋째, 일반철학과 교육철학은 단순히 '존재하는 것'을 연구하는 것이 아니
라 '존재해야 할 것'(당위적인 것)을 탐구한다는 점에서도 공유하는 바가 크
다. 두 분야의 철학자들은 존재하는 인간과 사회를 비판함으로써 존재해야
할 이상적 인간의 실현 및 이상적인 사회 건설을 목표로 한다는 점에서 다
를 바가 없다.

넷째, 교육철학과 일반철학은 예외 없이 학문 연구의 가장 중요한 기능으
로서 사변적(思辨的)이고, 규범적(規範的)이며, 분석적(分析的)인 기능을 중
시한다는 점에서 공유하는 바가 크다고 하겠다.

하지만 여타의 많은 개별 학문들이 철학으로부터 독립해서 독자적인 학
문 분야로 발전했듯이, 이제 교육철학 역시 독자적인 연구 분야로서 그 지
위를 확립했다고 할 수 있다. 교육철학은 그 나름대로의 독자적인 연구대상
과 연구방법을 통해 교육문제와 현상들을 분석하고, 비판함으로써 합리적
인 해결방안들을 제시하려고 한다는 점에서 일반철학과 구별된다고 할 수
있다.

요컨대, 교육철학은 교육학의 한 분야로서 교육의 제 현상 및 행위를 철
학적 방법을 통해 분석하고 이해함으로써 교육이 나아가야 할 방향과 목적
을 설정하는 학문이라고 할 수 있다.

3. 교육과학과 교육철학

교육철학의 학문적 성격을 이해하기 위해서는 교육학의 중요한 부분을 자리 잡고 있는 교육과학과의 관계를 좀 더 설명해야 한다.

교육학은 흔히 '교육과학(educational science)'과 '교육철학(educational philosophy)'으로 나뉜다. 전자가 교육적 사실(facts)을 문제 삼는 분야라면, 후자는 교육적 가치(values)를 문제 삼는 분야다. 다시 말해서 교육과학이 교육에서 이루어지는 모든 활동들을 정확하게 기술(記述)하고 판단하는 데 목적이 있다면, 후자는 그 활동들이 과연 바람직하고 가치가 있는가를 따져 보고 처방하는 데 목적이 있다. 예컨대, 어떤 교육학자가 청소년들의 국가관을 알아보기 위해 설문조사를 해서 통계처리를 한 후 그 결과를 정확하게 해석하고 기술했다면 그는 교육과학자로서의 역할을 했다고 할 수 있다. 하지만 그가 그 과학적 자료를 토대로 '우리나라 청소년들의 국가관이 투철하지 못하다.'든가 아니면 '강화해야 한다.'든가의 판단을 내렸다면 그는 교육철학자의 역할을 했다고 볼 수 있다. 이러한 예에서 알 수 있듯이, 교육철학자는 사실판단(fact judgment)을 내리는 데 관심을 가지기보다는 그것을 토대로 규범적인 판단(normative judgment), 즉 당위적인 판단을 내리는 데 관심을 갖는다. 이러한 맥락에서 교육철학은 철학적 방법을 통해 교육적 행위 및 현상을 당위적으로 판단해 가는 학문 분야라고 할 수 있다.

4. 교육철학 연구의 의의

왜 우리는 교육철학을 연구하고 공부해야 하는가? 이 학문 분야에 대한 연구를 통해 우리가 얻을 수 있는 것은 무엇인가? 특히, 교육현장에 종사하고 있는 교사들에게 교육철학이 요구되는 까닭은 무엇인가?

1) 교육문제 해결을 위한 깊고 넓은 사고의 개발

오늘의 교육문제를 상식적 방법과 과학적 방법에 의해서만 해결해 가는 데는 한계가 있다. 개별적인 교육과학이 오늘의 교육문제를 정확히 진단하고 합리적인 해결방안을 제시하고 있긴 하지만 모든 교육문제를 해결해 갈 수 있는 것은 아니다. 예컨대, 왜 교육을 받아야 하는가, 과연 지금의 교육이 인간다운 인간을 길러 내는 교육인가, 과연 정의로운 사회는 교육을 통해 실현될 수 있는가 하는 질문들에 대해서 교육과학은 답하지 못한다. 즉, 교육과학은 인간 존재, 사회의 본질, 지식의 본질 등에 대한 부분적이고 단면적인 접근을 하고 있을 뿐이다. 교육철학은 단지 존재하는 것들에 대한 연구가 아니라 존재해야 할 것, 즉 교육받은 인간, 이상적 사회상 등에 대한 끊임없는 사색과 탐색을 통해 현재를 초극하려고 한다.

2) 교육언어들의 명료화

교육실천가들은 교실 현장에서 교육적인 언어의 구사를 통해 교수-학습을 전개해 간다. 하지만 그들이 사용하는 많은 언어들은 애매하거나 모호한 경우가 허다하다. 이 경우 지적인 혼란이 야기되거나 오해가 생길 수 있다. 따라서 교육활동이 원만하게 이루어지기 위해서는 교육언어들이 명료화되어야 하고 그 용법에 대한 합의가 이루어져야 할 것이다. 교육정책을 입안하든 교육이론을 정립하든 간에 교육이론가와 실천가들 간의 의사소통을 위해 이미 사용하고 있는 교육언어들이 정리되고 체계화되어야 한다. 우리는 교육철학을 통해 교육언어들을 분석함으로써 그 의미를 분명히 하고 선명하게 할 수 있을 것이며 이렇게 했을 때 지적인 혼란에 빠지지 않을 것이다.

3) 교육활동의 방향 제시

교육과학이 존재지향적 학문이라면 교육철학은 가치지향적인 학문이다.

즉, 교육과학이 존재하는 것들에 대한 정확한 탐색을 통해 원인을 규명하고 해결책을 모색한다면 교육철학은 '존재해야 할 것'에 대한 탐색을 통해 미래를 예견하고 방향을 제시하고 비전을 밝히려 한다. 근본적으로 교육철학은 현재에 대한 불만과 비판적 자각에 토대를 두고 있다. 현재 진행되고 있는 교육행위들이 만족스럽지도 바람직하지도 않기 때문에 그것에 대한 비판을 통해 가치 있는 것, 바람직한 것을 추구하게 된다. 우리는 교육철학을 통해 현재를 초극하려는 비판정신과 미래를 예견할 수 있는 예견력을 기를 수 있어야 한다.

4) 교육활동 비판의 근거 제시

교육현상이나 교육활동에 대해 어떤 설득력 있는 비판을 하기 위해서는 합리적인 근거를 제시해야 한다. 근거를 제시한다는 것은 '왜 이렇게 하지 않고 저렇게 해야 하느냐?'에 대한 적절하고 적합한 '이유(reason)'를 들어 설명한다는 것을 의미한다. 예컨대, 현행의 과외가 비교육적이라고 비판하기 위해서는 왜 비교육적인가에 대한 경제적ㆍ도덕적 근거를 제시할 수 있어야 한다. 또 '체벌은 때로 교육적일 수 있다.'는 주장을 비판하기 위해서는 체벌 반대에 대한 지적ㆍ심리적ㆍ도덕적ㆍ역사적 근거를 제시할 수 있어야 한다. 우리는 교육철학을 통해 '왜 X가 아니고 Y이어야 하는가?' 또는 '왜 X가 Y보다 더 교육적인가?'에 대한 이유들을 제시하고 탐색해 갈 수 있어야 한다.

5. 교육철학의 연구방법

교육철학은 일반철학과 확연하게 구별되는 독자적인 연구대상과 연구방법을 가지고 있다. 일반철학자나 교육과학자와는 달리 교육철학자들은 교육활동과 교육현상을 어떤 방법으로 연구하고 있는가? 교육철학자들이 사용하고 있는 연구방법론을 소개하면 다음과 같다.

1) 열전적(列傳的) 방법

과거의 위대한 교육사상가나 실천가들의 생애, 업적, 사상, 교육사적 의의를 시대별로 연구해 가는 방법으로서 대표할 만한 연구로는 울리히(R. Ulich)의 『교육사상사(*History of Educational Thought*)』(1968)를 들 수 있다.

2) 사상사적 방법

교육사상의 흐름을 고대로부터 현대에 이르기까지 시대적 특징을 들면서 서술하는 방법으로서 고대 그리스 및 로마의 교육, 중세 교육, 근대 교육, 현대 교육을 시대적 배경과 연결지어 설명하고자 하는 방법이다. 이러한 접근을 시도한 저자로는 최정웅(1987), 신용국(1993), 이돈희(1997), 이원호(1998), 강기수(1998), 신득렬(2000) 등을 들 수 있다.

3) 비교론적 방법

철학 학파나 사상 학파의 교육목적과 이념을 비교하면서 그 장점을 추출하여 그것을 토대로 새로운 교육이념을 제시하려는 방법으로서 대표적인 연구로는 브라멜드(T. Brameld)의 『문화적 관점에서 바라본 교육철학(*Philosophy of Education in Cultural Perspective*)』(1955) 등을 들 수 있다.

4) 주제 접근법

특별한 주제를 정하여 그것을 시대별, 사상가별로 접근해 가는 방법으로서 교양교육, 아동교육, 성인교육, 여성교육, 유아교육, 평화교육, 환경교육, 자유교육, 학교교육, 부모교육 등의 주제를 시대별, 사상가별로 탐색해 가는 방법이다.

5) 분석적 방법

1960년대 이후 분석교육철학이 등장하면서부터 시도된 방법으로서 주로 교육언어들에 대한 의미분석을 시도한다. 즉, 교육이론가들이나 교육실천가들(교사들)이 사용하는 교육언어들, 예컨대 교육, 교수, 학습, 체벌, 학교, 수업, 학생지도 등에 대한 개념들을 분석함으로써 그 의미를 명료화하려는 방법을 말한다. 이러한 방법을 구사함으로써 교육철학을 전개한 대표 학자로는 피터스, 허스트, 솔티스(J. F. Soltis), 셰플러(I. Scheffler) 등을 들 수 있다.

📖 제3절 전통 교육철학

교육이론과 교육실제에 직접 또는 간접으로 영향을 끼친 전통적인 교육철학으로는 관념론적 교육철학, 실재론적 교육철학, 실용주의적 교육철학, 실존주의적 교육철학 등이 있다.

1. 관념론적 교육철학

관념론(觀念論: idealism)이란 관념, 정신, 마음의 가치를 물질이나 육체의 가치보다 우위에 두는 이론을 말한다. 따라서 궁극적으로 실재하는 것은 마음 또는 정신이며, 물질적 사물이란 정신이나 관념이 밖으로 드러난 표상(表象)에 불과하다는 것이다. 말하자면 관념론은 정신과 마음에 최우선권을 부여하는 이론이라고 할 수 있다.

관념론을 대표하는 사상가로서는 플라톤, 버클리(G. Berkeley), 칸트(I. Kant), 헤겔(W. F. Hegel) 등을 들 수 있다. 플라톤은 불변하는 관념의 세계, 즉 이데아의 세계를 시시각각으로 변하는 현실세계보다 우위에 두었으며,

이 이데아의 세계 안에서만이 보편적이고 절대적이며 영원한 진리를 발견할 수 있다고 보았다. 버클리는 사물이란, 그것을 바라보는 사람의 마음에 지각되고 표상된 것에 지나지 않는다고 보았다. 칸트도 경험의 세계와 초경험의 세계를 구분한 후 참된 세계의 실재란 정신적인 것에 존재한다고 보았다. 헤겔 또한 정신을 절대시하여 이것이 인간의 역사를 움직여 나간다고 믿었다.

이러한 관념론은 교육이론과 실제에도 큰 영향을 끼쳤다. 이러한 관념론의 입장에 서 있던 교육이론가들은 당연히 정신을 계발하고 도야해 가는 일이 무엇보다 중요하다고 믿었기 때문에 지적인 교과들을 중요시한 반면에 실물교과, 신체교과, 예능교과를 비교적 소홀하게 취급하였다.

2. 실재론적 교육철학

실재론(實在論: realism)에 의하면 이 세계는 인간의 마음으로부터 독립해서 그 자체의 법칙에 의해 존재하며 변화 및 발전한다. 따라서 이 세계를 바르게 파악하기 위해서는 추상적인 관념에 의해서가 아니라 물질을 관찰하여 거기에 내재해 있는 법칙을 발견해야 한다고 주장한다. 이러한 이론을 처음으로 내세운 철학자는 고대 그리스의 아리스토텔레스였다. 그런데 발견하고자 하는 궁극적 본질이 무엇이며 그것을 어떻게 인식할 수 있는가에 따라 실재론은 고전적 실재론, 종교적 실재론, 과학적 실재론으로 구별된다. 고전적 실재론은 인간의 이성에 의해서 파악할 수 있는 보편적인 법칙들이 존재하며, 이 법칙을 통해서 인류는 선한 삶을 추구할 수 있다고 보았다. 따라서 이러한 실재론은 이성의 힘을 강조해 왔다.

종교적 실재론은 인간의 이성에 의해 이해될 수 있는 보편적인 법칙들은 신(神)이 만든 것이기 때문에 종교로 귀의하는 것이 필요하다고 주장했다. 따라서 이러한 실재론은 무엇보다 종교의 힘과 하나님의 계시를 중시해 왔다. 이러한 점에서 중세시대 교부철학자나 스콜라철학자들은 대부분 종교적 실재론자들이다.

과학적 실재론은 초자연적인 힘을 부인하고, 오히려 면밀한 관찰, 실험 그리고 검증을 통해 보편적 실재를 파악할 수 있다고 주장했다. 따라서 이러한 실재론은 이성적 추리를 도외시하진 않지만 무엇보다 과학의 힘을 강조해 왔다.

이러한 실재론은 교육이론 및 실제에도 영향을 끼쳐 왔다. 실재론적 교육론자들은 교육이란 이성을 계발하기보다는 오히려 감각적 경험을 풍부히 하고 인간의 지력(知力)을 계발하는 일이므로 인문교과와 더불어 과학교과들을 가르쳐야 한다고 주장했다.

3. 프래그머티즘의 교육철학

프래그머티즘(pragmatism)을 대표하는 철학자들은 퍼스(C. S. Peirce), 제임스(W. James), 듀이다. 프래그머티즘의 창시자는 퍼어스이고, 이를 계승, 발전시킨 인물은 제임스이며, 완성한 인물은 듀이다. 프래그머티즘은 글자 그대로 실용성, 유용성, 실제성을 가장 중요시하는 철학적 입장을 말한다. 프래그머티스트들은 우리가 탐구하는 지식과 진리가 우리의 생활을 바람직한 방향으로 변화시켰을 때 비로소 쓸모 있고 유용한 지식이라고 주장했다. 이러한 관점에서 듀이는 지식, 이론, 종교 등은 도구로서의 가치를 가진다는 도구주의(道具主義: Instrumentalism) 철학을 내세웠다.

또 프래그머티스트들은 세계는 끊임없이 변화, 발전, 소멸한다고 주장했다. 즉, 물질계뿐 아니라 정신계, 심지어 가치까지도 시간, 장소, 환경에 따라 변한다는 상대론적 입장을 내세웠다. 그러나 그들의 상대론적 입장은 도덕적 기준이 수시로 변화해야 한다는 것을 말하는 것이 아니라 그 원리나 규범이 적용되는 상황을 고려할 때 최대 다수에게 이익을 가져다줄 수 있다는 것을 의미한다.

이러한 프래그머티즘의 철학은 교육 분야에 상당한 영향을 끼쳤다. 프래그머티즘 교육론자들은 교육이란 단지 기존의 지식을 습득하는 수단이 아니라 실제적인 문제 사태에 직면하여 그 문제를 해결해 가는 데 도움을 줄 새로운 지식을 습득하고 그 지식을 활용하여 환경에 적응하고 환경을 개선해 갈 수 있는 능력을 기르는 과정이라고 주장했다. 그들은 교사 역시 주어진 지식과 기술만을 가르칠 것이 아니라 학생들이 자신의 경험을 재구성하고 문제를 스스로 해결해 갈 수 있도록 도와주어야 한다고 주장했다.

4. 실존주의적 교육철학

실존주의(實存主義: existentialism)는 본래 키르케고르(S. Kierkegaard), 니체(F. W. Nietzsche)로부터 시작된 철학적 입장을 말한다. 여기서 '실존(實存)'이란 인간이 본래 가지고 태어나는 순수하고 주체적인 모습을 의미한다. 그러나 세계 대전과 산업화의 급속한 발달은 이러한 인간의 실존의 모습을 일그러지게 하고 왜곡해 버렸다. 말하자면 전쟁과 산업화 속에서 인간은 자기를 상실한 채 점점 비인간화되고 정형화되고 화석화되어 가기 시작했다. 이러한 비인간화와 인간 소외로부터 벗어나 참다운 자기 모습을 회복하고, 주체성을 회복할 것을 외친 철학 사조가 실존주의라고 할 수 있다.

'실존을 어떻게 회복할 것이냐.'의 방법론의 차이에 따라 실존주의는 유신론(有神論)적 실존주의와 무신론(無神論)적 실존주의로 양분된다. 전자는 신을 통해서 실존을 회복할 수 있다고 주장하는 반면에 후자는 인간적인 노력과 결단을 통해 실존을 회복할 수 있다고 주장했다. 실존주의자들은 다음과 같은 실존적 원리를 내세웠다.

첫째, 인간의 실존이 사물의 본질(本質)에 선행한다. 즉, 인간 존재가 사물의 본질보다 우선한다.

둘째, 인간은 자신의 선택과 결단에 의해서 만들어지는 자유로운 존재다. 즉, 인간은 운명 또는 숙명적 존재가 아니라 스스로 자신을 만들어 가는 존재다.

셋째, 만남이 교육에 선행한다. 인간과 인간의 만남이 있고 나서야 비로소 교육이 이루어질 수 있다.

이러한 실존주의 철학은 교육 분야에도 만만치 않은 영향을 끼쳤다.

실존주의 철학의 영향을 받은 교육론자들은 형식적인 교육의 한계를 비판하고 비형식적인 교육의 가능성을 제시했다. 즉, 전통적인 교육관은 연속성의 원리에 기초하여 아동을 도야하고 성장시킬 수 있다고 전제하고 있으나, 인간은 의도적이고 형식적이고 연속적인 교육을 통해서만 길러지는 존재가 아니라고 주장했다. 형식적인 학교교육기관에서 10년 이상 공부했으면서도 자기를 발견하거나 성찰하지 못한 사람들이 주변에 얼마든지 있다는 것을 볼 때 실존주의 교육론자들의 주장은 어느 정도 설득력이 있어 보인다. 그렇다고 해서 실존주의 교육론자들이 학교에서 이루어지는 형식교육의 가치를 전적으로 배척하는 것은 아니다. 그들은 인간이 근본적으로 자기초월을 통해 비약하는 존재라고 믿기 때문에 교사는 학생들이 위기와 좌절의 상황에서 스스로 깨닫고 각성하도록 안내해야 한다고 주장했다.

제4절 현대 교육철학

20세기에 접어들어 유럽의 다양한 교육사상이 미국으로 유입되면서 교육이론 및 교육사상은 좀 더 체계화되고 구조화되었다. 20세기 초·중반부를 대표하는 교육철학으로는 우선 실용주의 철학을 바탕으로 성립된 진보주의 교육철학과 이것이 가져온 문제점과 폐해를 비판하고 그 대안을 제시하려던 항존주의 교육철학, 본질주의 교육철학, 재건주의 교육철학 등이 있다.

1. 진보주의 교육철학

진보주의(Progressivism) 교육철학은 일찍이 코메니우스, 루소, 페스탈로치, 프뢰벨 등의 사상에 기원을 두고 있지만, 이 철학의 성장과 발달에 결정적인 영향을 준 것은 역시 듀이였으며, 이를 계승, 발전시킨 것은 차일즈, 킬패트릭, 카운츠 등과 같은 교육이론가들이었다. 이들은 1919년 '진보주의 교육협회(Progressive Education Association)'를 결성하여 자신들의 교육 신념을 학교교육에 적용시키기 시작하였다. 30여 년간 이 운동은 미국의 교육을 크게 바꾸어 놓았으며 다른 나라에도 영향을 주었다.

진보주의자들의 주장을 요약하면 다음과 같다.

첫째, 진보주의자들은 아동의 흥미와 욕구를 중요시했다. 즉, 아동의 흥미와 욕구를 이해하지 못한다면 학습의 효과를 극대화할 수 없다는 것이다. 말하자면 흥미와 욕구가 모든 학습의 기초가 되어야 한다는 것이다.

둘째, 진보주의자들은 학습이란 교재의 지식을 일방적으로 전수하고 전수받는 과정이 아니라 아동 스스로가 자신의 문제를 해결해 갈 수 있는 생활경험으로 구성되어야 한다고 주장했다. 그래서 그들은 책보다는 학습자의 직접적인 경험을 중시하였다. 아동들이 직면한 문제를 스스로 해결해 가는 동안에 경험을 쌓게 되고, 이 경험은 참된 지식의 토대가 될 수 있다는 것이다.

셋째, 진보주의자들은 교사는 교재의 내용을 일방적으로 전수하는 사람이 아니라 아동의 활동을 돕고 안내하는 안내자여야 한다고 생각했다. 그들은 권위주의적인 교사를 배격하였으며, 학교는 자유스럽고 민주적이어야 한다고 생각했다. 그들은 민주주의에 대한 확고부동한 신념을 가지고 있었는데, 학교뿐 아니라 사회 전체가 민주화되어야 한다고 생각했다.

이러한 교육철학은 공감을 얻어 미국 전역으로 확산되어 나갔다. 권위주의적인 교사 대신에 민주적인 교사가 들어왔고, 주입식 수업 대신에 탐구중심의 수업이 진행되었으며 훈육과 체벌 대신에 사랑과 합리적 설득이 학교에 들어옴으로써 학교는 아주 행복하고 매력적인 장소로 변모해 나갔다.

진보주의 교육철학은 교육실제에 커다란 공헌을 하였지만 상당한 부작용도 남겼다. 우선, 학습자의 흥미와 요구를 지나치게 강조하다 보니 기초학력의 저하를 가져왔고, 교육의 주도권을 학생에게 넘기다 보니 교육이 나아가야 할 방향감을 상실해 버리는 결과를 낳고 말았다. 또 당면한 현실의 문제해결을 위한 지식과 방법을 지나치게 강조한 나머지 사회적 가치 및 문화적 전통을 소홀히 하는 결과를 낳고 말았다.

2. 본질주의 교육철학

본질주의(essentialism)는 1930년대 초 배글리(W. C. Bagley), 브리그스(T. H. Briggs), 브리드(F. S. Breed), 캔들(I. L. Kandel) 등이 중심이 되어 진보주의 교육철학을 비판하였던 교육사조다.

본질주의자들은 교육의 목적이 인간 문화, 즉 사회 전통 가운데서도 가장 핵심이 되는 가치와 지식을 다음 세대에게 전달하는 것이라고 생각했다. 그리하여 그들은 이러한 목적을 실현하기 위한 방법으로 엄격한 훈육과 힘든 노력을 요구하였다. 학습자의 현재 욕구와 흥미를 무시하지는 않았지만, 장래의 더 큰 목적을 실현하기 위해 그것들은 잠시 보류되어야 한다고 생각했다.

본질주의 교육철학자들은 교사는 가르쳐야 할 본질적인 지식에 정통해야 할 뿐만 아니라 그것을 전수하는 주체로서 책임을 다해야 한다고 주장했다. 뿐만 아니라 교사는 도덕적 판단을 내리는 데 있어서도 권위를 가지고 있어야 한다고 보았다. 그들은 훌륭한 교사란 지적 권위와 더불어 도덕적 권위를 같이 가지고 있어야 한다고 생각했다.

본질주의 교육운동은 1946년 배글리의 타개와 더불어 침체하기 시작했으며 많은 비판도 받았다. 즉, 그들의 교육철학이 지나치게 복고적이고 보수주의적이어서 새로운 사회의 변화를 수용하는 데 어려움을 가져다줄 수 있다는 비판을 받았다. 또 지나친 교과중심의 교육은 아동의 창조성 및 비판적 사고 능력 발휘를 저해할 가능성이 있다는 비판도 받았다. 그러나 1957년 10월 무인 인공위성 스푸트니크 1호 발사 후 충격을 받은 미국인들은 본질주의 교육철학에 기초하여 초·중등학교의 교육과정을 대대적으로 개편하였다. 1970년대에는 '기초로 돌아가자.'는 운동이 전개되었는데 이것 역시 본질주의 교육운동에 기초한 것이었다.

3. 항존주의 교육철학

항존주의(perennialism)는 본질주의와 더불어 진보주의 교육철학의 폐해와 문제점을 지적하고 비판했던 교육철학이다. 항존주의 교육철학자들은 이 세상에는 영원불변하는 항존(恒存)적 진리가 있다고 믿고 이러한 진리를 탐구하는 것이 바로 교육의 중요한 사명이라고 주장했다. 이러한 생각은 일찍이 플라톤, 아리스토텔레스, 아퀴나스의 철학에 기초한 것으로 진리란 언제 어디서나 보편적이고 항구적이며 영원하다고 주장하였다.

항존주의 교육철학을 체계적으로 전개한 대표적 인물은 허친스였다. 그는 30세의 젊은 나이에 시카고 대학교 총장을 지냈던 학자로 듀이와 진보주의 교육철학이 미국 교육계를 황폐하게 만들었다고 비판하였다. 즉, 진보주의 교육철학은 미국 사회에 물질만능주의, 과학숭배주의, 흥미중심주의를, 듀이의 교육사상은 상대주의, 과학주의, 회의주의, 반지성주의를 낳게 했다고 신랄하게 비판하였다. 그는 아들러(M. J. Adler)와 함께 '위대한 저서 읽기 프로그램'을 개발하여 고전 읽기 운동을 전개하였다. 허친스와 아들러의 교육철학을 지지했던 교육이론가들로는 마리탱(J. Maritain), 바(S. Barr), 부캐넌(S. Buchanan), 도렌(M. V. Doren), 네프(J. U. Nef) 등이 있다.

항존주의 교육철학자들은 진리는 어디에서나 불변하기 때문에 이러한 진리에 도달할 수 있도록 이성과 합리성을 계발해야 한다고 주장했다. 그들은 서양의 지혜를 담고 있는 위대한 저서들(great books)을 탐독함으로써 이성과 합리성을 계발할 수 있다고 생각했다. 그래서 허친스와 아들러는 지난 3천 년 동안 쓰인 책들 중 74명의 저자들이 쓴 443편의 글을 선정하였으며, 이를 기초로 '위대한 저서 읽기 프로그램'을 만들어 학부학생들에게 실시하였다.

항존주의자들이 권장하는 교육방법은 교육내용에 따라 다르다. 예컨대, 체계적인 지식을 전달하기 위해서는 강의법이 좋으며, 지적 능력을 습득시키기 위해서는 코칭(coaching)의 방법이 좋다고 생각하였다. 또 관념과 가치들을 이해시키기 위해서는 소크라테스식 교수법이 좋으며, 마음의 계발을 위해서는 세미나식 방법이 좋다고 하였다(윤정일 외, 1997: 81-82).

항존주의 교육철학은 학교와 대학에 큰 영향을 주지는 못했다. 교사들은 이 이론이 지나치게 주지주의적이고, 귀족주의적이며, 엘리트주의적이라고 생각했다. 많은 이들은 이들의 교육철학이 민주주의의 정신에 위배될 뿐 아니라 생산적이고 활동적인 인간을 육성하는 데 실패하였다고 생각했다. 1977년 허친스가 타계한 후 동료인 아들러는 초·중등교육을 개혁함으로써 대학교육과 성인교육을 가능하게 할 수 있다고 생각했다. 이러한 목적을 달성하기 위해 만든 것이 '파이데이아 그룹(Paideia Group)'이다.

4. 재건주의 교육철학

1930년대 카운츠와 러그(H. O. Rugg) 같은 학자는 학교가 사회개조의 원동력이 되어야 한다고 주장하였다. 1950년대에 들어와 브라멜드(T. Brameld)는 사회개조를 위한 교육철학을 체계화시켜 나갔다. 그는 두 권의 교육철학서를 썼는데 하나는 『문화적 관점에서 바라본 교육철학

(*Philosophies of Education in Cultural Perspective*)』이고, 다른 하나는 『재건주의 교육철학(*Toward a Reconstructed Philosophy of Education*)』이다. 브라멜드는 이들 책에서 현대인들은 문화사적 측면에서 중대한 위기를 맞고 있는 바 이를 극복하고 사회의 지속적인 발전을 위해서는 무엇보다 강력한 교육이 필요하다고 역설하였다. 그는 교육이 사회개혁의 선봉이요, 주체가 되어야 함에도 불구하고 기존의 교육철학들은 이러한 힘이 부족했다고 진단하였다.

브라멜드는 기존의 교육철학들이 지닌 강점과 약점을 검토한 후 진보주의로부터 실험정신을, 본질주의로부터 인류학적 가치를, 그리고 항존주의로부터 합리적 분석의 방법을 수용하여 그 나름의 새로운 재건주의(Reconstructionism) 교육철학의 체계를 수립하였다.

브라멜드가 제시한 교육의 궁극적 목표는 '사회적 자아실현(social self-realization)'이었다. 그가 말하는 사회적 자아실현이란 의식주, 성적 표현, 건강, 노동, 소속감, 인정감, 창의성, 문해, 참여, 질서를 향유하는 삶을 의미한다(Brameld, 1956: 119). 그는 이러한 것들이 실현되면 경제적·정치적·교육적·과학적·미적·종교적 목표도 자연히 실현될 것이라고 믿었다.

브라멜드는 사회적 자아실현을 위해서는 교육과정과 학제를 바꾸어야 한다고 생각했다. 그가 제안한 학제는 4-6-5-4제였다. 그는 중등교육에 큰 비중을 두었는데, 그것은 중등학교 교육기간이 이전의 학교교육을 점검하고 뒤에 올 대학과 성인교육에 영향을 끼친다고 생각했기 때문이다.

브라멜드는 앞선 교육철학들을 차용함으로써 정교한 교육이론을 수립했으면서도 교육실제에는 큰 영향을 끼치지 못했다. 그것은 여러 가지 이유가 있겠지만 그의 주장이 너무 과격하고 급진적이라는 데 근본적인 이유가 있다. 미국의 많은 사람들이 급진적인 사회개혁보다는 점진적인 사회개혁을 원했기 때문에 그의 철학은 설득력을 가지기 어려웠다. 특히, 보수적인 성향이 강한 교육계는 그의 급진적이고 대규모적인 교육개혁을 지지하지 않았다.

📖 제5절 최근의 교육철학

20세기 중반으로부터 최근에 이르기까지 교육이론 및 교육실제에 영향을 끼쳐 온 교육철학으로서 분석교육철학, 현상학적 교육철학, 비판적 교육철학, 낭만주의 교육철학, 포스트모더니즘의 교육철학, 페미니즘의 교육철학 등이 있다. 이들 철학들의 등장 배경 및 기본적인 입장을 살펴보자.

1. 분석교육철학

분석교육철학은 사상적으로 영국의 무어와 러셀을 중심으로 한 논리적 분석학파, 카르나프, 에이어, 슐리크(M. Schlick)를 주축으로 하는 논리실증주의 학파, 라일(G. Ryle), 오스틴(J. L. Austin), 비트겐슈타인을 중심으로 하는 일상언어학파의 영향을 받아 성립된 교육철학 운동이다. 이러한 운동을 주도했던 학자들로는 하디(C. D. Hardie), 피터스(R. S. Peters), 허스트(P. H. Hirst), 오코너(D. J. O'Connor), 솔티스(J. F. Soltis), 셰플러(I. Scheffler) 등이 있다.

우선, 피터스는 분석철학자들이 사용했던 방법론에 기초하여 교육의 개념을 분석하고 명료화하고자 하였다. 그는 1966년에 펴낸 『윤리학과 교육』에서 우리가 어떤 활동이나 과정을 교육이라고 부르기 위해서는 다음 세 가지 기준을 만족시켜야 한다고 보았다. 그 첫째는 가치기준으로서, 교육이란 말 속에는 이미 가치 있는 것을 전달하고 전달받았다는 의미가 담겨 있다고 보았다. 둘째는 인지적 안목기준으로서, 누군가가 교육받았다는 것은 인지적 안목이 넓어지거나 깊어졌다는 것을 의미한다고 보았다. 셋째는 방법적 기준으로서, 누군가가 교육받았다는 것은 도덕적으로 온당한 방법으로 교육받았다는 것을 의미한다고 보았다. 이러한 피터스의 주장은 교육과 비교육적인 것을 구별하는 중요한 잣대를 제공해 주었다는 점에서 의의가 크다고 하겠다.

피터스가 교육의 개념을 명료화하는 데 관심을 기울였다면 허스트는 교육의 내용, 즉 지식교육에 대한 새로운 관점을 제시했다. 그의 지식이론을 흔히 지식의 형식(forms of knowledge) 이론이라고 부른다. 그에 의하면, 교과과정을 구성하고 있는 지식은 '그 자체로서' 가치 있는 것으로서 외적으로 규정되는 것이 아니라 그 지식이 가지고 있는 고유한 형식(形式)에 의해서 정당화된다는 것이다. 허스트는 이 지식의 형식을 배우는 것은 다양한 사고방식을 배우기 위한 것이라고 보았다. 그는 발달된 지식이란, 첫째, 독특한 개념을 가지고 있으며, 둘째, 논리적 구조를 가지고 있으며, 셋째, 독특한 검증절차를 가지고 있다고 보았다.

허스트의 지식의 형식이론은 난점도 있지만 학교에서 왜 수학이나 과학과 같은 특정 교과를 가르쳐야 하는지에 대한 학문적 근거를 제시하고 그 근거를 정당화했다는 점에서 의의가 크다. 즉, 그는 학생과 사회의 요구, 정치가의 압력이나 변덕에 굴복하지 않고 지식의 본질과 그 중요성으로부터 지식의 가치를 정당화했다는 점에서 그 의의가 크다고 하겠다.

2. 현상학적 교육철학

현상학적 교육철학은 현상학적 방법으로 교육현상을 탐색하고 설명하려는 교육이론이다. 이러한 교육철학을 이해하기 위해서는 먼저 현상학에 대한 이해가 선행되어야 한다. 본래 현상학은 후설(E. Husserl, 1859~1938)에 의해 창시된 철학적 방법론이다. 그는 의식과 대상과의 관계를 어떻게 인식하느냐를 중요시했다. 특히, 그는 과학적으로 탐구할 수 없는 순수한 현상을 선입견이나 편견 없이 인식하는 것을 철학의 본령으로 삼았다. 후설 현상학의 영향을 받은 철학자들로는 존재의 현상학자인 하이데거(M. Heidegger),

자유의 현상학자인 사르트르(J. P. Sartre), 지각의 현상학자인 메를로-퐁티(M. Merleau-Ponty), 대화의 현상학자인 부버(M. Buber) 등이 있다.

현상학자들은 현상에 대한 과학적 연구의 결과를 지나치게 맹신하는 태도는 바람직하지 않다고 생각했다. 과학적 연구란 대체로 사물에 대한 관찰과 실험을 통해 이루어지는 탐구과정이라고 할 수 있는데, 이러한 연구는 대체로 우리들의 감각기관에 의존하기 때문에 불완전하다는 것이다. 그들에 의하면 과학적 지식을 기정사실화해서 믿고 있는 것 자체가 하나의 편견이요, 선입견이라는 것이다.

따라서 현상학자들은 사물이나 현상을 바르게 파악하기 위해서는 지금까지 우리가 기정사실화해 온 과학적 지식, 믿음, 판단, 방법들을 철저하게 반성해 보아야 한다고 생각했다(박이문, 1983: 12-16). 후설은 사물의 본질을 바르게 파악하기 위해서는 그 사물에 대한 우리들의 판단을 잠시 중지해야 한다고 생각했다. 그는 이것을 '에포케(epoche)'라고 불렀다. 그동안 내가 경험했던 방식, 즉 일상적으로 보고, 듣고, 느끼고, 배웠던 방식을 중지하고 새로운 의식과 새로운 사고방식을 가지고 사물을 바라보게 되면 지금까지 잘못 인식해 온 사물의 모습이 다르게 보이기 시작한다는 것이다. 현상학적 의식과 사고를 가지고 세상일을 바라보게 되면 틀에 박힌 듯이 이루어졌던 우리들의 일상생활도 다른 차원의 의미를 가지게 된다는 것이다.

현상학적 교육철학자들은 현상학적 방법으로 교육현상을 바라보게 되면 지금까지 우리가 알고 있던 교육의 의미와 차원이 달라질 수 있다고 생각했다. 즉, 현상학적 사고와 성찰을 해 가는 동안 우리는 '오늘날 학교는 교육다운 교육을 제대로 해내고 있는가?', '교사는 주어진 교과서의 내용만을 가르쳐야만 하는가?', '교과서에 담긴 지식은 정말 가치 있는 것인가?', '과연 교사는 체벌을 할 수 있는 자격이 있는 것인가?'와 같은 새로운 차원의 의문을 던지게 될 것이라고 주장했다.

현상학적 교육철학자들은 교사들이 현상학적 방법으로 교육현상을 다루어 가는 동안 기존의 교수법, 학생관, 교재관에 대해 비판적 성찰을 해 갈 수 있으며, 교육다운 교육을 어렵게 하는 요인이 무엇인지를 드러내고 이를 해결하기 위한 합리적 방안을 마련할 수 있을 것이라고 생각했다.

3. 비판적 교육철학

비판적 교육철학은 철학적으로 현상학의 영향을 받았으며, 경제학적으로는 마르크스주의의 영향을 받은 교육이론이다. 특히, 이 교육철학은 미국에 경제적·문화적으로 종속되어 있던 남미 국가와 미국 내의 소수민족에 대한 교육정책의 반발로부터 출현한 특수한 교육이론이다. 비판적 교육철학자들은 마르크스의 정치경제이론에 기초하여 자본주의 학교제도와 정책에 모순이 있음을 비판하였다. 즉, 그들은 자본주의체제 내의 학교교육이란 가진 자가 그렇지 못한 자를 지배하기 위한 도구에 지나지 않는다고 주장하였다. 이러한 주장을 대변했던 교육이론가로는 라이머(E. Reimer), 일리치 (I. Illich), 프레이리(P. Freire) 등이 있다.

라이머는 『학교는 죽었다(*School is Dead*)』에서 미국 사회 내에서 교육이 제도적으로 강자에게 유리하게, 약자에겐 불리하게 만들어졌기 때문에 교육을 받으면 받을수록 불리한 계층은 사회경제적 지위의 향상이 어려워진다는 점을 지적하였다.

아울러 그는 오늘날의 학교는 국가에 의해서 지배를 받기 때문에 국가의 지배이데올로기를 가르침으로써 국가와 사회의 특정 이념을 유지하는 수단적 도구에 불과하다고 비판하였다. 따라서 오늘날의 학교는 전인을 기른다는 사명을 상실하고 있기 때문에 "학교는 죽었다."라고 선언하였다.

일리치는 『탈학교사회(*De-schooling Society*)』에서 현대 산업사회의 병리적인 현상들, 예컨대 비인간화, 물질지배현상, 빈부격차, 인간소외현상 등은 학교제도의 모순으로부터 기인된 것이라고 비판하였다. 따라서 이 같은 현상을 극복하기 위해서는 사회의 '탈학교화(de-schooling)'를 시도해야 한다고 주장했다. 이는 학교 자체를 폐지하자는 것이 아니라 학교제도로 인하여 생겨난 사회적인 문제들을 비판하고, 나아가 인간 사회가 친화주의로 진보하여 공생할 수 있도록 하자는 것이었다.

프레이리는 『피압박자를 위한 교육(*Pedagogy of the Oppressed*)』에서 현대 학교교육은 교사가 일방적으로 학생에게 지식을 전달하고, 학생은 그 지식을 단지 수동적으로 받아들임으로써 학생이 대상화, 사물화된다고 보았다. 따라서 학생은 피압박자로서 '길들여진다'고 지적했다. 프레이리는 이러한 교육을 '은행저금식 교육(banking concept of education)'이라 하고 '문제제기식 교육(problem-posing concept of education)'과 구별하였다.

프레이리에 의하면, 현대교육은 전적으로 국가와 사회에 충실하도록 운영되고 계획되고 있는 억압교육으로서 계급주의와 차별주의를 파생시키고 있으며, 민중은 단지 현실에 안주하도록 강요받고 있다고 비판하였다. 따라서 그는 억압과 차별을 깨뜨리는 방법으로 '의식화교육'을 제안했다.

4. 낭만주의 교육철학

낭만주의(romanticism)는 인간의 이성적이고 지적인 측면보다 감성적이고 정서적인 측면을 강조하는 철학 사조다. 그러므로 낭만주의는 18세기 계몽주의 철학에 나타난 주지주의, 합리주의, 형식주의의 이념을 신랄하게 비판한다. 교육상의 낭만주의도 추상화된 교육, 권위주의적인 교육, 형식화된 교육, 주입식 교육에 반발하고 인간의 내면 속에 내재하는 자연성, 자유, 창조력, 상상력, 감정, 직관 등의 계발을 중시한다.

역사적으로 보면, 이러한 입장은 루소, 칸트, 피히테, 셸링(F. W. J. Schelling), 페스탈로치, 훔볼트(K. W. Humbolt), 프뢰벨과 같은 19세기의 사상가들로부터 시작되었지만, 오늘날에 와서는 닐(A. S. Neill), 굿맨

(P. Goodman), 콜(H. Kohl), 코졸(J. Kozol), 홀트(J. Holt), 프리덴버그(E. Friedenberg), 데니슨(G. Dennison), 헨던(J. Herndon), 키츠(J. Keats)와 같은 많은 학자들에 의해 본격적으로 전개되고 있다. 이들에 의해 전개된 낭만주의 교육이론을 한마디로 규정하는 일은 쉬운 일이 아니다. 왜냐하면 낭만주의는 하나의 일관된 철학적 체계를 가진 사상이나 이념이라고 하기보다는 인간, 사회, 우주, 자연에 대한 하나의 독특한 태도라고 할 수 있기 때문이다. 낭만주의 교육철학자라고 불리는 학자들이 내세우는 주장의 공통점을 정리해 보면 다음과 같다.

첫째, 낭만주의 교육철학자들은 전통적인 교육관에 대해 하나같이 비판적이며 부정적이다. 그들은 교육에 있어서 무엇보다 개인의 자아발견, 학습자의 자율성, 자연적 성장과 발달을 중시한다. 또한 개인의 자아발견을 중시한다는 점에서 획일적으로 전개되는 전체주의 교육 및 집단주의 교육을 배격하며, 학습자의 자율성을 중시한다는 점에서 권위주의적인 교육을 배격한다. 또 그들은 자연적인 성장과 발달을 중시한다는 점에서 기계적이고 형식적인 학교교육을 배격한다. 그들은 교육이 제대로 이루어지기 위해서는 학생들에게 최대한의 자유를 주어야 한다고 제안한다. 교사의 간섭은 최소화되어야 하며, 학습할 주제나 내용도 학생들 스스로 선택하게 하고 해결하게 해야 한다고 주장한다.

둘째, 낭만주의 교육철학자들은 현행의 제도화된 학교교육의 성과에 대해 부정적이다. 많은 이들이 현행 학교교육이 교육의 본질을 훼손시키고 왜곡시켰다고 주장한다. 이러한 주장은 이미 깊은 역사적 뿌리를 가지고 있기는 하지만 이들은 학교교육의 부분적인 궤도 수정이 아닌 학교교육의 폐지 내지 해체 혹은 탈학교화를 부르짖고 있다. 기존의 학교제도가 교육의 본래 목적을 훼손했다면 과감하게 그것을 폐지해야 한다고 주장한다. 이러한 점에서 이들의 주장은 과히 '혁명적'이라고 할 수 있다.

이들은 흔히 자유의 실현을 전면에 내세우기 때문에 자유학교 운동가라

고도 불린다. 이러한 자유학교 운동가들에 의해 전개된 교육은 최근 열린
교육(open education)이란 이름으로 계승되었다. 이런 교육을 지지하는 사
람들 대부분은 교육은 개인적이어야 하고, 학생들의 선택이 최대화되어야
하며, 평가가 개별화되어야 하고, 무학년 교육과정이어야 하며, 정적 강화
가 이루어져야 하고, 학습환경을 유연하게 해야 한다고 주장한다.

5. 포스트모더니즘의 교육철학

　　포스트모더니즘(post-modernism)의 교육철학은 전통적인 교육관을 비판
하고 이를 해체하려는 논리를 전개한다는 점에서 위에서 논한 낭만주의 교
육철학과 맥을 같이한다. 포스트모더니즘의 교육철학자들이 내세우는 주
장들을 요약해 보면 다음과 같다.

　　첫째, 포스트모더니즘의 교육철학자들은 학교에서 가르치고 있는 지식
에 대한 전통적인 관점을 근본적으로 전환할 것을 요구한다. 여기서 전통적
인 관점이란 학교에서의 가장 중요한 일은 지식을 가르치는 일이며, 이 지
식은 보편타당한 실재를 반영한 것으로서 교과서에 담겨 있다는 것이다. 하
지만 포스트모던 사상가들은 교과서화된 지식은 완전하며 보편 타당한 것
이 아니라 특정한 사회적 · 역사적 상황 속에서 형성되고 재구성된 것에 지
나지 않는다고 주장한다.

　　따라서 특정한 지식이나 신념을 학생들에게 수동적으로 내면화하려는 것
은 바람직하지 않다고 본다. 오히려 그것은 우리 사회의 특수한 전통과 문
화 속에서 형성된 역사적 · 사회적 산물임을 가르쳐야 한다는 것이다. 나아
가 우리가 가르치는 지식이 어떠한 동기와 관심, 가정과 전제, 그리고 어떤
방식의 협동적 노력의 과정을 거쳐 형성된 것인가를 이해하도록 가르쳐야
하며, 동시에 그것이 어떤 한계를 가지는가를 비판적으로 생각할 수 있도록
가르쳐야 한다는 것이다. 또 학생들에게 자신들이 배운 지식이 절대적이거

나 유일한 것이 아니라 또 다른 대안적인 지식이나 신념의 체계가 있을 수 있으며, 때에 따라서는 그것을 수용할 수 있는 개방성과 유연성을 가지도록 가르쳐야 한다는 것이다.

둘째, 포스트모더니즘의 교육철학자들은 전통적인 교육방법의 전환을 요구한다. 전통적인 교육방법은 주로 전달과 주입이었다. 이러한 전달방법은 결과적으로 학생들의 사고와 행동을 무비판적이고 수동적으로, 그리고 경직된 것으로 만들어 버렸다. 포스트모던 사상가들은 교육이란 교사가 일방적으로 지시하고 학생은 수동적으로만 따르는 주종의 관계 속에서 이루어지는 것이 아니라, 교사와 학생 모두가 대화와 토론에 공동으로 참여하여 새로운 가치를 추구해 가는 동반자적 관계 속에서 이루어져야 한다고 주장한다. 이러한 동반자적 관계 속에서 학생의 경험, 느낌, 관심, 그리고 판단 등은 존중되어야 하며, 교사가 가지고 있는 지식이나 경험과 동등한 가치와 의미를 가지는 것이 되어야 한다고 주장한다.

포스트모더니즘의 교육철학자들은 학생들 간의 공동학습 혹은 협동학습을 중시한다. 여기서 협동학습이란 학생들이 소집단 활동에 주체적으로 참여하여 일정한 역할과 책임을 맡아 공동의 과제를 해결해 가는 학습방법이다. 이러한 협동학습의 장점은 개개인의 흥미를 유발시키는 데 도움을 주며, 대화와 토론을 통해 다양한 경험들을 공유할 수 있는 기회를 부여해 준다는 점이다.

셋째, 포스트모더니즘의 교육철학자들은 포스트모던 사회에 적합한 새로운 교육체제를 요구한다. 18세기 프랑스의 콩도르세(M. J. A. N. C. Condorcet, 1749~1794)가 공교육 사상을 주창한 이래 교육은 국가에 의해 천편일률적으로 기획, 운영, 그리고 통제되어 왔다. 그러다 보니 공교육은 필연적으로 획일성과 경직성을 띠게 되었다. 포스트모던 교육사상가들은 이러한 경직된 공교육제도는 포스트모던 사회에서 요구되는 인간을 길러 내는 데 한계가 있다고 지적한다. 동일한 목적을 실현하기 위해 동일한 내용과 방법으로 학생을 가르치려고 하는 것은 시대착오적인 것이라고 비판한다.

하지만 그들이 공교육체제 자체를 거부하는 것은 아니다. 그들에 의하면 공교육체제가 안고 있는 경직성을 극복할 수 있는 다양한 학교 운영방식이 도입되어야 하며, 동시에 기존의 학교에서 배울 수 없는 가치를 가르치는 대안적 교육 모델을 개발해야 한다는 것이다. 최근 논의되고 있는 열린 교육, 대안교육, 홈 스쿨 등은 결국 포스트모던 사회에 적합한 새로운 형태의 교육체제 및 모델이라고 봐야 할 것이다(신득렬, 2007: 324-328).

6. 페미니즘의 교육철학

페미니즘(feminism)은 여성들의 권리 회복을 위한 운동을 가리키는 말로 1890년대부터 쓰이기 시작했다. 이것은 사회현상을 바라보는 하나의 시각이나 관점, 세계관이나 이념이기도 하다. 여성 억압의 원인과 그 결과를 설명하고, 여성 해방을 위한 전략을 모색하는 데 있어서 페미니즘은 자유주의, 급진주의, 마르크스주의 및 사회주의, 정신분석학, 실존주의, 포스트모더니즘 등 여러 사상이나 이론과 결합하면서 다양한 모습으로 전개되었다(이소영 역, 2000: 1-16).

첫째, 자유주의적 페미니즘은 가장 널리 알려진 관점으로 18세기에 일어난 자유주의에 그 뿌리를 두고 있다. 이것은 개인은 누구나 자유로운 존재요, 존중받을 권리를 가지고 있는 존재라는 점을 부각시키면서 법의 개정이나 사회개혁을 통해 자유, 평등, 정의라는 자유주의적 가치를 여성에게 확대할 것을 강조하였다.

둘째, 급진적 페미니즘은 가부장제 또는 남성 지배를 여성 억압의 뿌리로 보고, 여성은 정복당한 계급으로서의 자신들의 동질성을 인식하고 압제자인 남성과 싸우기 위해 여성들이 힘을 규합해야 한다고 주장하였다.

셋째, 마르크스주의 및 사회주의적 페미니즘은 역사적으로 가부장제란 남성이 여성을 경제적으로 착취하기 위한 제도로 악용되어 왔기 때문에 여성이 자신의 본래성을 회복하기 위해서는 이러한 가부장제를 해체하기 위해 부단히 투쟁을 벌여야 한다고 주장하였다.

넷째, 정신분석학적 페미니즘은 여성 억압의 요인을 구조적인 것에서 찾기보다는 개인의 심리상태의 분석에서 찾고자 하였다. 이러한 관점을 지지하는 사람들은 여성성이 어떠한 심리 기제에 의해서 형성되어 왔으며, 어떤 과정을 거쳐 내면화되었는지를 추적하고자 하였다.

다섯째, 포스트모더니즘의 페미니즘은 가장 최근에 등장한 관점으로, 여성 억압의 요인을 단일한 요소로 설명하거나 구조화된 것으로 설명하는 접근을 지양하고 여성과 남성을 이분법적으로 바라보는 기존의 입장을 해체해야 한다고 주장하였다. 즉, 여성의 보편적 특성이란 존재하지 않으며, 따라서 여성성이란 사회적 지위, 경제 조건, 정치 상황, 문화, 이데올로기 등의 맥락에서 변화될 수밖에 없는 가변적 속성이라고 주장하였다.

이러한 페미니즘의 관점들은 정치, 경제, 문학, 예술, 철학 등 문화 전반에 걸쳐 영향을 주고 있으며, 교육 분야에도 적지 않은 영향을 주고 있다. 이러한 관점에서 교육현상을 바라보는 교육이론가들 혹은 교육철학자들의 입장을 간단히 소개하면 다음과 같다(유현옥, 2004: 143-145).

첫째, 이들은 여성 억압의 현상과 원인을 밝히기 위해 사회구조적 불평등과 그 바탕에 깔려 있는 이데올로기에 대한 분석을 바탕으로 교육에 있어서 여성에 대한 차별구조를 지적하고, 이러한 차별구조가 여성의 종속적 현실을 초래한 가부장적 문화와 결합하여 여성 억압을 당연한 것으로 받아들이도록 하였음을 분석하는 데 관심을 가지고 있다.

둘째, 이들은 무엇보다도 여성의 구체적인 억압과 소외 경험에서 논의를 시작한다. 페미니즘의 교육철학에서 중시하는 방법론은 여성이 소외되고, 억압받고, 낮게 평가되는 실제적인 문제에서 출발하고 그러한 실제적 문제를 해결하기 위한 대안을 찾는 데 초점을 맞추고 있다.

셋째, 이들의 주요 관심사는 모든 인간이 존중받는, 양성평등 사회를 건설하는 데 있다. 특정의 성에 대한 편파성의 문제를 지적하고, 성 차별을 극복하기 위한 방안을 모색하고자 한다. 나아가서 교육이란 모든 인간이 평등하게 공존하고, 모든 개인의 존엄성이 존중되는 이상사회 건설을 그 이상으로 삼는다.

넷째, 이들이 추구하는 인간상은 남성성과 여성성, 즉 양성 모두의 특성을 포용하는 새로운 인간상이라고 할 수 있다.

이상과 같은 페미니즘의 교육이론가 혹은 철학자들의 주장에 비추어 볼 때 장차 교육은 다음과 같은 방향으로 전개되어야 할 것으로 보인다(유현옥, 2004: 149-150).

첫째, 교육이 성 차별적인 사회적·문화적 관행들을 극복하는 데 기여해야 한다는 페미니즘의 주장에 비추어 볼 때, 이제 교육자들은 학생들이 모든 인간이 존중받는 문화, 즉 사회구성원 중 그 어떤 집단도 '타자화(他者化)'되거나 소외되지 않은 문화를 형성하는 데 기여하도록 지도해야 할 것이다.

둘째, 남성 중심의 가치관 및 태도, 그리고 인간관계의 저변에 놓여 있는 지배-종속의 힘의 논리에 대한 변화가 요구된다는 페미니즘의 주장에 비추어 볼 때, 이제 교육자들은 학생들이 자신의 현실에 대한 비판적 반성을 바탕으로 문화 내의 권력관계를 바꿀 수 있는 능력을 가지도록 지도해야 할 것이다.

셋째, 모든 인간이 존중받는 문화를 바탕으로 하는 시민사회를 건설하는 것을 궁극적인 관심으로 삼는 페미니즘의 주장에 비추어 볼 때, 이제 교육자들은 모든 인간이 평등하게 공존하고, 모든 개인의 존엄성이 존중되는 시민사회를 건설하는 데 기여하도록 지도해야 할 것이다.

요약 및 정리

- 전통철학자들은 철학을 지혜의 탐구로 정의하는 반면, 현대 분석철학자들은 언어의 의미를 밝혀내는 것을 철학의 사명으로 바라보고 있다.

- 철학자들이 탐구하는 연구 분야에는 존재론, 인식론, 가치론 등이 있으며 철학의 주된 기능으로서는 사변적 기능, 분석적 기능, 규범적 기능 등이 있다.

- 전통적인 교육철학자들은 교육철학을 상식으로서, 응용철학으로서, 그리고 교육의 일반이론으로서 규정해 왔지만 오늘날 분석교육철학자들은 교육철학에 대해 교육 개념을 분석하고 명료화하는 하나의 방법론으로 이해하고 있다.

- 교육철학은 일반철학과 공유하는 바도 많지만 독특한 방법으로 독특한 내용을 다룬다는 점에서 일반철학과 구별되며, 당위적인 판단을 중시한다는 점에서 교육과학과 구별된다.

- 교육이론과 교육실제에 영향을 끼친 전통 교육철학으로서 관념론적 교육철학, 실재론적 교육철학, 프래그머티즘의 교육철학, 실존주의적 교육철학 등이 있다. 어떤 철학을 지지하느냐에 따라 교육의 이념과 목적, 그리고 방법이 달라질 수 있을 것이다.

- 20세기 초·중반 교육계에 큰 영향을 끼친 교육철학으로는 진보주의, 항존주의, 본질주의, 재건주의 교육철학 등이 있으며, 20세기 중·후반에 큰 영향을 끼친 교육철학으로는 분석교육철학, 현상학적 교육철학, 비판적 교육철학, 낭만주의 교육철학, 포스트모더니즘의 교육철학, 페미니즘의 교육철학 등이 있다.

교육의 원천은 자연과 인간과 사물 세 가지다. 우리의 능력과 기관의 내부로부터의 발육은 자연의 교육이다. 이 발육을 어떻게 이용하면 좋을지를 우리에게 가르쳐 주는 것은 인간교육이다. 그리고 우리에게 영향을 주는 갖가지 사물들에 대하여 우리가 자신의 경험에 따라 얻은 것은 사물의 교육이다.

J. J. 루소, 『에밀(Emile)』

제 **4** 장

교육의 심리학적 기초

탐구주제

▶ 심리학과 교육은 어떠한 관계가 있는가?

▶ 교육의 심리학적 접근방법에는 어떤 것들이 있는가?

▶ 인간발달과 교육은 어떠한 관계를 갖는가?

▶ 학습자의 개인차 변인에는 어떤 것들이 있는가?

📖 제1절 교육심리학의 성격

1. 교육심리학의 정의

교육을 학생이 더욱 건강하게 성장하도록 도와주는 활동으로 볼 때, 교육심리학은 인간인 학생의 성장과정을 이해하고 조력하는 과정에서 필수적으로 섭렵해야 할 중요한 영역이다.

심리학과 교육은 불가분의 관계를 맺고 있다. 그것은 교육과 심리학 모두 인간을 대상으로 하고 있으며, 교육 장면에는 여러 가지 심리학적인 현상이 포함되어 있기 때문이다. 그러므로 심리학에서 규명한 원리나 방법을 교육에 응용하는 것은 지극히 당연하며, 교육심리학이 심리학에서 규명한 원리나 방법을 많이 포함하고 있는 것 또한 엄연한 사실이다. 하지만 심리학은 교육 장면에 특유한 심리적 현상을 체계적으로 탐구하지 않을 뿐만 아니라, 가치지향적이고 처방적인 교육과는 달리 가치중립적이고 기술적인 특성을 갖고 있으며, 보편적 법칙을 확립하고자 하는 심리학의 경우 방법론적으로 정밀성과 경제성을 지향하고 있으나 교육은 주로 의미가 있는 행동의 변화를 일으키는 요인과 방법에 관심을 갖고 있기 때문에 심리학적 지식을 교육에 적용하는 데는 상당한 무리가 따른다는 지적을 받고 있다.

따라서 교육심리학은 심리학의 원리를 교육현장에 적용하는 데서 출발한 심리학의 단순한 응용분야가 아니라, 독자적인 탐구영역에 대한 고유한 이론과 방법을 가진 독립적인 학문으로 간주해야 한다는 주장이 점차 높아지고 있다. 한국교육심리학회(1999)에서 간행한 『교육심리학 용어사전』에서는 "교육에 내재되어 있는 심리적인 현상을 과학적으로 연구하여 교육방법의 이론적 근거를 제공하고, 이를 토대로 교육실천의 과정을 지원하려는 학문"이라고 정의하고 있다.

2. 교육심리학의 연구영역

교육심리학의 역할은 교육을 개선하는 데 필요한 실천적인 정보를 제공함으로써 교사들이 교육현장에서 당면하는 문제들에 대한 이해를 돕고 의사결정과정을 촉진하는 것이다. 교육심리학의 실천적인 역할을 위한 고유의 연구영역은 다음과 같다.

① 학습자 특성의 이해

교육심리학은 학습자의 다양한 특성을 객관적으로 이해하는 데 기여한다.

② 학습에 대한 이해

교육심리학은 학습에 대한 체계적인 연구를 통하여 학습을 촉진하기 위해 활용할 수 있는 실천적인 지식을 제공한다.

③ 수업과정에 대한 이해

교육심리학은 수업에 대한 연구를 통해 수업의 효과를 높이는 데 도움을 줄 수 있는 지식을 제공한다.

④ 생활지도와 적응에 대한 이해

교육심리학은 학생들의 적응을 조력하고 부적응을 예방할 수 있는 방안을 개발하는 데 도움을 준다.

⑤ 교육측정 및 평가에 대한 이해

교육심리학은 교육의 과정에 작용하는 제 요인과 교육의 성과를 객관적으로 측정하고 평가하는 데 도움을 준다.

📖 제2절 교육의 심리학적 접근방법

교육의 심리학적 접근방법에서는 현대 심리학을 대표할 수 있는 주요 접근방법에 대하여 소개하고자 한다. 김세곤(2000)은 이를 정신분석적 접근방법, 행동주의적 접근방법, 인지주의적 접근방법, 신경생물학적 접근방법, 현상학적·인본주의적 접근방법 등 다섯 가지로 나누었다.

1. 정신분석적 접근방법

정신분석적 접근방법은 프로이트(S. Freud, 1856~1939)에 의해 시작되었는데 심리학보다는 정신의학 분야에 그 뿌리를 두고 있다. 이 관점의 주요 특징은 다음의 세 가지로 요약해 볼 수 있다.

1) 무의식의 강조

우선, 이 접근방법의 기본적인 생각은 인간의 대부분의 행동이 무의식적인 과정에 의해 지배된다는 것에서 출발한다. 여기서 무의식의 과정이란 본인 스스로는 의식하지 못하지만 자신의 행동에 영향을 미치는 욕망, 불안, 동기, 사고 등을 의미한다. 프로이트는 인간의 정신구조가 바다 가운데 떠 있는 빙산과 같다고 보았다. 즉, 인간의 정신을 크게 나누면 수면 위에 뜬 부분인 10%의 의식 세계와 물속에 잠긴 부분에 해당하는 90%의 무의식 세계로 구성되어 있다. 빗금친 부분인 전의식은 현재 의식되고 있지 않지만 주의를 집중하고 노력하면 의식으로 회상될 수 있다. 이렇게 볼 때, 인간의 행동은 대부분 무의식 세계의 지배를 받는다고 할 수 있다.

[그림 4-1] 인간의 마음(빙산)

2) 리비도에 의한 역동이론의 전개

두 번째는 보통 정신적·성적 에너지로 간주되는 '리비도(libido)'에 의한 역동이론의 전개를 들 수 있다. 여기서도 무의식의 힘, 특히 성적인 본능의 힘이 강조되는데, 무의식적 과정은 평소 사람들이 잘 인식하지 못하는 정신의 심층에 속해 있다는 사실에 주목할 필요가 있다. 왜냐하면 의식이 표층에 있어 '현실 원리'를 따르는 데 반해, 무의식은 '쾌락 원리'의 지배를 받기 때문이다. 쾌락 원리에 따르는 것을 보통 '본능' 또는 '충동'이라고 하는데 이것을 '원초아'(id: 원초적인 본능의 지배하에 있는 나)라고 부른다. 원초아로부터 방출된 리비도는 충동적이므로 표층에 속하는 자아(ego: 현실적인 나) 또는 초자아(super-ego: 도덕적인 나)의 검열작용을 받아 가면서 외계에 적응

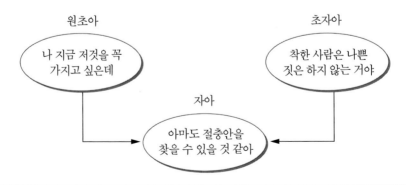

[그림 4-2] 원초아, 자아, 초자아의 상호 관계

해 가는데 결국 이러한 작용들에 의해 행동의 원동력이 만들어진다고 간주
한다([그림 4-2] 참조).

3) 심리·성적 발달 단계이론

세 번째는 유아기 시절의 체험에 의해 인간의 성격이 결정된다고 하는 심
리·성적 발달 단계이론을 꼽을 수 있다(〈표 4-1〉 참조). 프로이트는 정신
적·성적 에너지인 리비도가 신체의 어느 부위, 즉 어떤 성감대에 집중되느
냐에 따라 인간의 성격이 결정된다고 보았다. 심리·성적 발달 단계이론은
리비도가 연령에 따라 신체의 일정한 부위에 집중되는 시기를 5단계—1단
계: 구강기(oral stage, 0~2세), 2단계: 항문기(anal stage, 2~3세), 3단계: 남근
기(phallic stage, 3~5세), 4단계: 잠복기(latent stage, 6~12세), 5단계: 성기기
(genital stage, 12세 이후)—로 구분하였다.

현재 이 접근방법은 크게 두 가지 흐름으로 발전해 가고 있다. 하나는 프
로이트의 생물학적인 경향을 계승하는 정통 정신분석학파의 흐름이고, 또
하나는 퍼스낼리티(인격: personality)의 형성에 사회와 환경의 영향을 강조
하는 신 프로이트 학파의 흐름이다.

정신분석적 접근방법은 어렸을 때의 초기 관계와 경험을 중시하기 때문
에, 프로이트의 이론이 알려진 이후부터 조기교육의 중요성이 강조되고 그
방법에 많은 변화가 일어났다. 이 접근방법에 따르면 효과적인 학습은 아동
의 에너지와 욕구가 적절하게 수용되었을 때에만 일어난다고 하였으므로
아동의 욕구를 충족시켜 주는 것이 교육에 있어서 중요한 관심사가 되었다.
정신분석가와 환자 사이에 전이가 일어나듯이 교사와 학생 사이에도 전이
가 일어나기 때문에 교사와 학생 사이의 인간관계는 대단히 중요하다고 볼
수 있다. 그리고 교사는 부모의 대리인과 같은 역할을 하므로 그 자신이 가
능한 한 충분히 성숙한 인격의 소유자가 되어 사랑으로써 아동을 다루는 것
이 올바른 교육방법이라고 본다.

⟨표 4-1⟩ 프로이트의 심리성적 발달 단계와 주요 내용

단계	연령	주요 내용
구강기	0~2세	입, 입술, 혀를 통해 만족을 추구(수유와 이유)
항문기	2~3세	배설물을 보유하거나 배설 행위를 통해서 쾌락을 경험(배변훈련)
남근기	3~5세	이성의 부모를 사랑함, 성기와 아이의 출생 등에 관심 표명 (성역할과 도덕 발달)
잠복기	6~12세	동성의 친구나 외부 세계에 관심이 집중 일시적으로 성적인 관심 소멸 (에너지는 신체적·지적 활동으로 향함)
성기기	12세 이후	리비도가 성기에 집중되는 시기로 성행위 추구에 대한 본격적인 욕구가 분출되기 시작(성숙한 성적 관계로 발전)

2. 행동주의적 접근방법

이 접근법의 기본적인 생각은 인간의 일상적인 행동의 대부분이 학습에 의해 형성된다는 관점에서 출발한다. 미국의 왓슨(J. B. Watson, 1878~1958)은 의식이나 무의식처럼 육안으로는 관찰이 불가능한 정신현상을 심리학의 대상으로 삼는 것은 과학이 아니라고 생각했다. 그리하여 1914년 심리학은 관찰이 가능하고 측정할 수 있는 외현적 행동만을 연구대상으로 삼아야 한다고 주장하고 행동주의 심리학을 제창하기에 이른다. 또한 왓슨은 심리학의 이론적인 목표를 행동의 예측과 통제에 두고 그동안 주류를 이루었던 내성법(內省法: introspection) 대신에 동물의 학습행동을 연구하고 있던 심리학자들의 실험절차에 관심을 두었다.

왓슨의 주장이 있은 후 심리학계의 일반적인 추세는 점차 의식 속에서의 사고와 같은 내적인 심리 영역의 분야보다는 관찰 가능한 행동에 있어서의 학습 분야가 심리학 연구의 주요한 관심대상으로 자리 잡게 되었다. 즉, 자극과 반응과의 관계에 근거한 인간행동의 예측과 통제가 연구의 중심적

인 과제를 이루게 되었다. 왓슨의 심리학은 러시아의 생리학자 파블로프(I. Pavlov, 1849~1936)의 고전적 조건형성(classical conditioning) 이론과도 관련이 깊은데 파블로프는 개를 대상으로 타액 분비를 실험하였다. 그는 개가 종소리만 들어도 침을 흘리는 것을 보고하면서, 이때의 종소리라는 자극을 조건자극이라 하고 타액 분비라는 반응을 조건반응이라 하면서, 자극과 반응이 연결되는 것을 조건화 또는 조건형성이라고 하였다.

왓슨의 이러한 급진적인 행동주의는 점차 비판을 받아 신행동주의가 다시 등장하게 되는데, 톨먼(E. C. Tolman)과 헐(C. L. Hull) 등이 대표적인 학자다. 오늘날의 행동주의 심리학에 지대한 영향을 끼친 학자로는 스키너(B. F. Skinner, 1904~1990)를 들 수 있다. 스키너는 그가 고안한 스키너 상자와 쥐와 비둘기를 이용한 많은 실험연구에서 강화의 법칙이 학습에 있어서 절대적으로 중요하다는 사실을 확인시켰다. 이 연구결과를 토대로 그 유명한 조작적 조건형성(operant conditioning)이론을 확립시켰다.

행동주의에서는 모든 행동은 학습된 것으로 본다. 따라서 바람직한 적응행동뿐만 아니라 바람직하지 않은 부적응행동 또한 학습의 결과라는 것이다. 그러므로 조건형성의 원리를 이용하면 바람직한 행동은 형성시키고 부적응행동은 수정시킬 수 있다.

최근까지 행동주의는 전 세계의 교육계에서 가장 강력한 영향력을 발휘하였다. 행동주의를 이용한 대표적인 것에는 아주 간단하고 쉬운 내용부터 점진적으로 학습해 나가 결국에는 목표에 도달하도록 되어 있는 프로그램 학습자료와 이를 기계장치 속에 넣어 두고 학생 스스로 작동해 가면서 공부하도록 되어 있는 교수기계(teaching machine), 그리고 문제행동을 없애고 바람직한 행동으로 대치하는 행동수정기법 등이 있다. 이외에도 많은 교육 방법이나 수업모형이 행동주의의 영향을 받았다.

3. 인지주의적 접근방법

인지(cognition)란 지각, 이해, 판단, 추론 등과 같이 우리 머릿속에서 일어나는 일련의 지적인 정신과정을 총칭하는 개념으로 널리 사용되고 있다. 따라서 인지주의적 접근방법은 환경으로부터의 자극을 본인 스스로가 유효한 정보로 바꾸어 스스로의 경험을 구조화하고 그것을 의미 있는 체계로 만들어 가는 외부 감각적 자극의 변형, 부호화(encoding), 파지(retention), 재생 또는 인출(recall)이라는 일련의 과정을 연구한다.

우리는 지금 이 순간에도 일일이 대응할 수 없을 정도의 수없이 많은 자극의 홍수에 늘 직면하면서, 그러한 입력된 정보를 우선 여과하고 선택하여 언어나 이미지로 전환시키고 가설을 세우는 등의 조작을 늘 행사하며 생활하게 되는데, 이런 과정을 총칭하여 일반적으로 인지과정이라고 한다.

인지주의적 접근의 기본적인 생각은 인지과정에 초점을 맞추는 관계로 인간의 학습과정을 행동주의적 접근방법에서 주장하는 것처럼 자극-반응의 연합과 같은 수동적인 단순 과정으로만 생각하지는 않는다. 오히려 학습자는 기존에 이미 알고 있는 지식의 범주 내에서 자신의 경험을 여과하여 취사선택을 하고 의식적으로 또는 적극적으로 주어진 상황을 해석해 간다고 주장한다. 그러므로 인지주의적 접근은 능동적인 과정을 보다 중시하고 강조하고 있는 것으로 볼 수 있다.

현대의 인지주의적 접근방법은 크게 인지발달론과 정보처리론으로 나누어진다. 그중 인지발달론은 인간의 지적 발달이 어떠한 단계를 거쳐 이루어지는가를 연구하는 것으로서 스위스의 생물학자이며 심리학자인 피아제(J. Piaget, 1896~1980)가 대표적인 학자다. 피아제는 인간의 인지를 생물학적 적응의 한 형태로 보는데, 인간은 태어날 때는 유전에 의해 아주 기본적인 것만을 가지고 태어나지만 환경과 상호작용하는 가운데 연령이 증가함에 따라 발달한다고 보았다. 정보처리론은 인간의 인지, 즉 지각, 기억, 상상, 문제해결, 사고 등을 정보처리과정(information-processing)으로 보고 이를 특히 컴퓨터에 비유하여 객관적·과학적으로 연구하는 것으로서 지식의 획득과정에 관심이 많다.

인지주의적 접근방법은 특히 인간의 학습이나 기억현상을 연구하는 데 많은 시사점을 주어 교육심리학자들의 관심을 끌어 왔다. 더욱이 최근에는 컴퓨터의 발달과 사고력 교육에 대한 관심으로 인해 이러한 접근방법을 택하는 학자들이 늘어 가고 있다. 피아제의 인지발달론은 유아교육 프로그램에 많은 영향을 끼쳤는데, 특히 유아들의 지적 발달을 도모하는 프로그램이 이 이론에 따라 매우 많이 개발되었다. 정보처리이론은 지식의 획득에 관심이 많으므로 사고력 교육에 큰 영향을 끼치고 있다.

4. 신경생물학적 접근방법

인간 이해를 위한 신경생물학적인 관점은 인간행동을 뇌와 신경계, 내분비계 등의 상호작용으로 발생하는 구체적인 변화들과 관련지어 파악해 보려는 방법을 취한다. 이러한 접근은 행동과 정신적인 활동에 기초가 되는 신경생물학적인 과정들을 세밀하게 분석하는 것으로부터 시작한다. 신체와 정신세계는 따로 떼어서는 도저히 설명할 수 없다. 한쪽에 변화가 생기면 다른 쪽에도 변화가 발생하는 상호 의존적인 관계를 맺고 있다.

현대의 신경과학적 두뇌 연구의 결과에 따르면 뇌 속에 있는 화학물질의 변화는 감정과 정서의 변화에 영향을 줄 뿐만 아니라 면역체계에도 영향을 미친다는 사실들이 더욱 명확히 밝혀지고 있다. 특히, 최근에는 이러한 관점에서 정신의학을 비롯한 행동유전학의 학자들이 신경계에 있어서의 생화학반응 등을 철저히 규명하여 정신병리의 현상들을 바르게 이해한 후 치료하기 위해 많은 노력을 기울이고 있다.

최근 생명공학 분야의 급속한 발전으로 인해 '인간게놈 프로젝트'가 완료

될 계획으로 있다. 게놈(genome)이란 일명 '인간의 유전자 지도'라고도 하는데, 30억 쌍의 유전 정보가 담겨 있는 46개의 인간염색체 세트, 즉 유전자(gene)와 염색체(chromosome)를 합성한 것을 가리키는 용어다. 이러한 인체 게놈(30억 쌍의 DNA 염기배열)의 구조와 기능이 예정대로 밝혀지면 질병과 정신장애의 치료는 물론 예방까지도 가능할 것이다. 더 나아가 유전자가 인간의 행동이나 정신능력을 어떻게 조종하고 제어하는지에 대한 메커니즘이 보다 분명히 알려진다면 그 결과를 인간의 인지 발달과 운동능력의 향상에도 충분히 활용할 수 있을 것이다.

교육에 대한 신경생물학적인 접근방법은 교육에 있어서 중요한 지각, 기억, 인지, 학습, 동기, 정서 현상과 뇌세포상의 변화의 관계를 설명해 준다. 또한 우리의 행동과 두뇌 및 신경계의 관계에 대해서도 밝혀 준다. 따라서 이러한 분야는 교육심리학에 대한 다른 접근방법의 기초가 된다고 할 수 있다. 이러한 접근방법이 발달될수록 우리는 교육과 관련된 현상에 대해 더욱 정확한 답을 할 수가 있다.

수학을 잘하는 학생은 좌뇌가 발달된 반면 미술을 잘하는 학생은 우뇌가 많이 발달되어 있다. 신경생물학적인 접근방법은 뇌의 어느 부위에 기능상의 장애가 생길 경우 어떤 교과의 학습에 지장이 있는가를 밝혀 줄 수 있기 때문에 더욱 효과적인 교육적 처방을 할 수 있는 길을 열어 준다.

5. 현상학적 · 인본주의적 접근방법

인간행동과 심리현상에 대한 기본적인 생각은 사람들이 각자의 입장에서 현재 그 시점에서 지각하는 '현상학적인 경험'을 가장 중요하게 다룬다는 점에서 출발한다. 심리학의 발전에 있어서 특히 현상학적인 경험을 중시하는 분위기는 제2차 세계 대전 이후의 실존주의 철학의 영향을 강하게 받으면서 더욱 무르익게 되었다. 현상학적인 경험이란 사람들이 각자의 과거 경험을 바탕으로 형성한 일종의 의미인지에 대한 '내적인 준거(internal frame of reference)'라고 할 수 있다. 우리 개개인은 모두 이런 현상학적인 경험인 주관적인 세계를 가지게 되므로 결국 각자 나름대로의 독자성과 진실을 지니게 된다. 따라서 상대방의 입장과 상황에서 충분히 그 상대를 이해하고 수용하자는 것이 기본적인 인간 이해의 관점이라고 할 수 있다.

'제3세력의 심리학'이라고도 불리는 이 접근방법은 매슬로(A. H. Maslow, 1908~1970)의 자아실현이론, 로저스(C. R. Rogers, 1902~1987)의 자기성장이론 등으로 발전되면서 널리 확산되었다.

현상학적인 경험을 중시하는 입장은 외부적인 자극이나 사건에 대해 그것을 본인 스스로 어떻게 지각하고 해석하느냐 하는 문제에 더 많은 비중을 두고 있다. 따라서 이 접근방법에서의 심리학적인 접근은 개인의 주체적인 생활방식과 주관적인 경험의 이해를 더 중시한다. 그러므로 자아개념이나 자기평가의 감정, 자기의식과 같은 개념을 중요하게 다루면서 인간의 자유의지와 자아실현의 욕구를 이 관점의 기본적인 이론적 토대로 삼고 있다. 그리고 인간의 무한한 성장 가능성과 잠재능력을 특히 강조하고 있다.

현상학적·인본주의적 접근방법은 그 단어 자체에서 시사하듯이 인간교육에 대한 시사점이 많다. 그동안의 학교교육에서는 학업성적, 빈부, 출신지, 성별 등 여러 가지 이유로 인해 적응하지 못한 많은 아동들을 소외시켜 왔는데 이 접근에서는 현행 학교교육의 문제점을 직시하고 그 대안을 제시하고 있다.

인간이란 누구나 평등한 존재이기 때문에 학교에서는 여러 가지 이유로 부당하게 소외시킬 수 없으며, 또한 인간은 저마다 소중한 자아를 가지고 있고 이를 실현시킬 권리가 있으므로 자신의 자유의지에 따라 주체적으로 행동하고 잠재력을 개발할 수 있도록 학교가 이들을 도와주어야 한다는 것이다. 인본주의적 접근방법에서는 인간의 감정을 소중하게 여긴다. 자신의 감정뿐만 아니라 다른 사람의 감정에도 민감해지도록 하고 그 결과 지적·

정서적·행동적으로 성숙한 전인 또는 자아실현인으로 학생들이 자라도록 교육해야 한다고 본다. 이를 위해 학생의 지적 호기심을 최대한 존중하는 학생 중심의 교육을 해야 한다.

현상학적·인본주의적 접근방법은 상담 분야에도 많은 영향을 끼치고 있다. 인간이면 누구나 문제를 가질 수 있으며, 자신의 문제에 대해서는 자신만큼 뛰어난 전문가가 없다고 본다. 따라서 상담자는 내담자와 대화를 통해 그 자신의 문제를 스스로 발견하도록 한 후, 자신의 주체적 의사결정에 의해 행동을 하고 책임지도록 도움을 주는데, 이러한 상담을 내담자중심상담, 비지시적 상담, 더 나아가 인간중심상담이라고 한다.

📖 제3절 인간발달과 교육

교육학이란 인간을 대상으로 하는 학문이다. 그러므로 교육의 첫걸음은 교사가 학생을 알아가는 것이다. 효율적인 교수전략은 교육의 주체인 교육자 또는 교사가 교육의 객체인 자신의 학습자 또는 학생들을 명확하게 이해할 때 이루어질 수 있다. 그러므로 교사는 인간의 성장 발달 가능성에 대한 확고한 신념을 가지고 있어야 하며, 또한 수정에서부터 죽음에 이르기까지 정지됨이 없이 부단한 변화를 지속하는 학습자에 대한 정확한 지식을 가지고 있어야 한다.

1. 발달의 개념

인간을 어떠한 존재로 보느냐에 따라 인간의 발달도 각각 다르게 설명될 수밖에 없다. 그러나 발달 그 자체는 인간을 이해하는 입장과 무관하게 정의될 수 있다. 발달은 변화와 연속적 과정을 의미한다. 인간의 경우 발달이란 수태에서 사망에 이르기까지 사람의 일생 동안 심신의 기능이나 구조가 양적으로 증대하고 질적으로 향상되어 가는 과정이다. 여기에서 양적으로 증대하는 것을 성장(growth)이라 하고 질적으로 향상되어 가는 것을 성숙(maturation)이라고 한다. 따라서 발달(development)은 성장과 성숙 모두를 다 포함한 것이다. 이러한 의미에서 코프카(Koffka)는 발달의 과정을 "유기체와 그 기관이 양에 있어서 증대하고, 구조에 있어서 정밀화되며, 기능에 있어서 유능화되는 것"이라고 정의한 바 있다.

종래에는 발달이란 용어가 좁은 의미로 사용되어 수태에서 아동기 내지 청년기에 이르는 상승적 변화만을 가리키는 것으로 사용되어 왔으나, 근래에는 넓은 의미로 사용되어 청년기 이후 노년기에 이르기까지의 하강적 변화까지도 포함하고 있다. 다시 말해 발달이란 수태에서 사망에 이르는 전 생애에 걸친 모든 연령적 변화, 즉 '평생 발달'을 의미한다.

발달을 변화의 연속적인 과정으로 정의할 때 그다음으로 제기되는 문제는 무엇이 변화의 과정을 진행시키는가, 즉 발달을 가능하게 하는 것이 무엇이냐는 것이다. 변화를 가능하게 하는 것은 모든 인간이 선천적으로 가지는 유전적 특징인 성숙과 후천적인 경험으로 인한 학습이다. 그러므로 발달은 성숙과 학습에 의해 일어나는 변화라고 할 수 있다. 즉, 발달이란 시간이 지남에 따라 자연적으로 발생하는 성숙과 의도적인 연습 및 훈련을 통한 학습에 의해 계속적으로 변화되는 과정인 것이다.

2. 발달의 원리

인간의 발달을 가능하게 하는 것은 유전적 특징인 성숙과 후천적인 경험으로 인한 학습이므로 어떤 유전적 특징을 가지고 태어났느냐에 따라, 그리고 어떤 경험을 하고 어떤 교육을 받았느냐에 따라 인간의 발달 모습이나 발달 속도는 달라질 수 있다. 그러나 그러한 차이에도 불구하고 인간의 발달은 대체적으로 일정한 원리와 순서에 따라 이루어지는 경향이 있는데 이를 '발달의 원리'라고 한다. 인간발달의 원리는 크게 여섯 가지로 요약될 수 있다.

1) 발달에는 일정한 순서가 있다

유아의 운동 발달을 살펴보면 유아는 엎드려서 기어 다니다가 앉을 수 있게 된 다음에 일어설 수 있게 되며 그 이후에 걸을 수 있다. 이와 같이 운동 발달에는 일정한 순서가 있으며 또한 이러한 운동 발달이 진행되는 방향에 따라 일정한 경향이 있다.

① 상부에서 하부로, 즉 머리에서 발의 방향으로 발달한다. 예를 들면, 태아기에는 전체 신체에서 머리가 팔·다리보다 먼저 발달하여 발달률이 가장 큰 것을 볼 수 있다.

② 중심에서 말초 방향으로 발달한다. 심장이 모세혈관보다, 대뇌가 말초신경보다 먼저 발달한다.

③ 전체 활동에서 특수 활동으로 발달한다. 출생 후 수개월 된 유아가 손바닥으로 물건을 잡다가 좀 더 성장하면 다섯 손가락을 사용하다가 마지막에는 두 손가락으로 어떤 물건을 집어 올리는 것을 볼 수 있다.

아동 발달에 있어서 이와 같이 일정한 순서와 방향이 있다는 사실은 발달의 전 단계가 다음 단계의 기초가 됨을 뜻하며, 한 단계에서 다음 단계로 이행한다는 것은 보다 높은 차원의 발달이 이루어짐을 뜻한다.

2) 발달은 계속적인 과정이지만 발달의 속도는 일정하지 않다

신체의 각 부위나 정신기능에 있어 발달의 속도는 일정하지 않다. 신체의 발달을 보면 유아기와 사춘기에 급격한 증가를 나타내지만, 다른 시기에는 발달의 속도가 느리다. 어휘 수는 유아기에 급격히 발달하며, 추리력은 서서히 발달하여 아동기를 지나 청년기에 완숙된다.

이와 같이 특정한 시기에 어떤 기관이나 기능의 발달이 급격히 진행되는데 이러한 시기를 결정적 시기(critical period)라고 한다. 이러한 시기에 정상적인 발달이 장애를 받으면 영구적인 결함을 지니게 되는 수가 많다.

3) 발달은 성숙과 학습에 의존한다

연령 증가에 따라 나타나는 발달적 변화는 성숙과 학습의 소산이다. 발달에 영향을 미치는 요인 중에서 성숙요인, 즉 생물학적 또는 유전적 요인의 영향이 큰지, 학습요인인 환경이나 경험적 요인의 영향이 큰지에 대한 논쟁은 아직도 명확한 결론을 내리지 못하고 있으나 대체적으로 유전과 환경, 다시 말해 성숙과 학습의 상호작용에 의해 발달이 이루어지고 있다고 보고 있다. 예를 들면, 아기가 혼자 서게 되는 것은 다리 근육의 성숙이 선행되어야 하지만 가끔 어른이 손을 잡고 일어서는 연습을 시키면 빨리 서게 되는 것처럼 성숙과 학습은 상호 영향을 주는 것이다.

4) 발달에는 개인차가 있다

사람마다 여러 가지 특성상의 차이가 있고 상이한 행동을 한다. 이러한 개인과 개인 사이의 차이를 흔히 개인차(individual difference)라고 부른다. 따라서 발달에 개인차가 있다 함은 사람마다 특성이나 행동에 차이가 있음을 인정하는 말이다. 어떤 사람은 고교 시기에 이미 성장이 완료되는 반면에 어떤 사람은 천천히 성장하여 대학교 시기까지 발달이 계속되는 경우가 있듯이 일정한 보편적 패턴을 밟으면서도 개인차를 나타낸다.

5) 발달의 각 측면은 상호 관련성을 가진다

신체적 발달, 지적 발달, 성격 발달 등이 각각 독립적으로 이루어지는 것이 아니라 서로 밀접하게 관련되어 있음이 여러 연구들을 통해 밝혀지고 있다. 예를 들면, 사회성 발달에 문제가 있는 아동의 경우 언어 발달도 더딘 경향이 있고, 인성 발달의 수준이 낮은 사람에게 높은 도덕성을 기대할 수도 없으며, 신체 발달이 우수한 아동이 지적 발달에 있어서도 앞서고, 지적으로 우수한 아동이 보다 긍정적이고 적극적인 성격으로 발달되는 경향이 있다.

6) 발달의 초기 단계가 일생에서 가장 중요한 시기다

생의 초기 단계인 영유아기의 발달은 이후의 모든 단계의 성장 발달을 좌우한다. 발달의 초기 경험은 인간에게 치명적이고 지속적인 영향을 남긴다. 유아가 발달 초기에 따뜻하고 적절한 대인관계를 형성하지 못하면 발달의 후기에서도 원만한 대인관계를 형성하지 못해 적응곤란을 야기하게 된다. 만일 사회적 접촉의 결여로 인해 유아기에 정상적인 언어 발달이 이루어지지 않으면 계속 언어장애를 갖게 되고, 심할 경우 자폐증적인 증후가 나타나기도 한다.

3. 발달이론

현재까지 폭넓게 인정되고 다루어지고 있는 인간발달의 이론 중 피아제의 인지발달이론, 에릭슨의 성격 발달이론, 콜버그의 도덕성 발달이론을 중심으로 인간의 사고·성격·사회성·도덕성이 연령에 따라 어떻게 변화하는지를 제시하고자 한다.

1) 피아제의 인지발달이론

스위스의 심리학자인 피아제는 지식이 조직되는 과정의 분석을 통하여 인간의 사고가 발달하는 과정에 대한 이론을 제시하였다. 그의 이론은 심리학과 교육학 분야에 큰 영향을 끼친 것으로 지능과 사고과정을 포괄적으로 설명하는 대표적인 인지발달이론이라 할 수 있다.

(1) 인지 발달의 과정

인간은 환경과의 끊임없는 상호작용을 통해서 자신과 외부 세계의 관계에 관한 지식을 습득한다. 개인이 발달한다는 것은 자기 자신과 그들 주위에 있는 환경으로서의 세계를 인지구조(cognitive structure) 속으로 조직하는 것이다. 인간의 이러한 발달을 가능하게 하는 기제는 조직과 적응이다. 조직(organization)은 유기체가 일관성 있는 체계를 형성하도록 통합하는 기능을 의미한다. 영아들은 물건을 잡는 것과 시각 초점을 맞추는 것 등 두 가지의 독립적인 도식(scheme), 즉 개인이 가지고 있는 반복할 수 있는 행동의 유형이나 인지구조를 가지고 있는데, 어느 정도 지나서 발달이 이루어지면 두 가지의 행동 도식을 조직하여 물건을 보면서 잡는 높은 수준의 도식을 가지게 된다. 이렇게 볼 때 조직이란 물리적이고 심리적인 구조를 보다 높은 수준의 체계로 통합시키는 것이라 할 수 있다.

적응(adaptation)은 두 가지의 상호 보완적인 기제인 동화와 조절의 통합적인 기능이라고 할 수 있다. 동화(assimilation)는 자신이 이미 가지고 있는 도식 또는 인지구조 속에 외부의 대상을 받아들이는 인지과정이다. 이와는 대조적으로 조절(accommodation)은 자신이 가진 기존의 도식이나 구조가 새로운 대상을 동화하는 데 적합하지 않을 때 그 새로운 대상에 맞도록 이미 가지고 있는 도식이나 구조를 바꾸어 나가는 것이다. 예를 들면, 동물을 네 발을 가진 것으로 이해하고 있으면서 강아지를 동물이라고 생각하는 것은 동화이고, 인간도 동물이라는 것을 이해하게 되는 것은 조절이다.

이와 같은 조직, 동화, 조절은 인간의 전 발달 단계에 걸쳐 계속되는 것이며 인간의 성장을 가능하게 하는 계속적인 기능이다. 각각의 기능이 균형을 유지하는 가운데 특히 동화와 조절 간의 평형 속에서 발달이 진행된다. 불균형에서 벗어나 평형을 향해 가는 것은 모든 유기체가 가진 생득적 경향이므로 만약 둘 간의 불균형이 생기면 평형을 추구하는 동기가 유발된다.

(2) 피아제의 인지 발달 단계

인지 발달이란 조직과 적응이라는 기제를 가지고 환경적인 요인을 받아들여 개인이 가지고 있는 인지구조를 질적으로 변화시켜 나가는 과정이다. 즉, 머릿속에 가지고 있던 낡은 도식에 새로운 도식이 결합되어 도식에 질적인 변화를 가져오는 연속적인 과정이다. 피아제는 이러한 인지 발달의 과정을 네 단계로 구분하여 설명하는데 각 단계의 특징을 표로 나타내면 〈표 4-2〉와 같다.

〈표 4-2〉 피아제의 인지 발달 단계

단계(연령)	주요 특징
감각운동기 (출생~2세)	• 반사운동이 세련되고 조직화된다. • 대상영속성 개념을 획득한다. • 일차순환반응(우연히 나타난 신체동작을 반복하는 반응)이 나타난다. • 이차순환반응(물체를 조작하는 행위를 반복하는 반응)이 나타난다. • 삼차순환반응(물체에 대한 시행착오 실험)이 나타난다. • 인과성, 시간, 공간을 초보적인 수준에서 이해한다. • 모방을 하기 시작한다. • 행동은 전반적으로 자아중심성을 반영한다.
전조작기 (2~7세)	• 직접적인 감각과 지각을 이용해 문제를 해결한다. • 논리보다는 변환적 추리와 직관에 지배된다. • 개념적이고 상징적인 사고가 나타난다. • 물활론적 사고와 타율적 도덕성, 꿈의 실재론의 특징을 나타낸다. • 놀이는 상상적인 성격을 띤다. • 언어는 반복성, 자아중심성, 모방의 특성을 나타낸다. • 언어 증가에 따라 사회화 과정이 개선되고 자아중심성이 감소한다. • 언어기능이 증가함에 따라 문제해결능력이 증진된다. • 이 단계의 말기에 보존개념에 대한 일부 증거가 나타난다.

구체적 조작기 (7~11세)	• 구체적인 대상이 주어지면 조작(정신활동)을 수행할 수 있다. • 수, 길이, 면적, 무게, 부피 등에 대한 보존개념을 획득한다. • 개념적 범주와 위계를 사용하여 대상들을 분류한다. • 서열화 능력이 발달한다. • 사회적 의사소통능력이 증대한다. • 사회관계가 점점 더 복잡해진다.
형식적 조작기 (11~15세)	• 추상적이고 가설적인 개념을 다루는 형식적 조작을 할 수 있다. • 조합적 사고능력이 발달한다. • 문제해결 장면에서 가정에 근거해 문제를 풀 수 있다. • 가능한 사건과 불가능한 사건을 구분하고 관련 문제를 해결할 수 있다. • 비율적 추리를 포함하는 문제를 해결할 수 있다.

모든 아이들이 이와 같은 단계를 거쳐 가지만 단계를 거치는 속도는 아동에 따라 다를 수 있다. 즉, 6세이지만 구체적 조작기에 있는 아동이 있을 수 있고, 8세이지만 아직도 전조작기에 머물러 있는 아동이 있을 수 있다. 그러나 아이들이 단계를 거쳐 가는 순서는 동일하고, 각 단계는 그 이전의 단계보다 질적으로 다른 더 높은 수준이라고 할 수 있으며, 그 이전 단계의 구조들이 통합되어 나타나는 것이다.

(3) 피아제 이론의 교실 적용

교육의 역사를 살펴볼 때, 주어진 정보를 단순히 암기하도록 하는 것이 적절한 교수방법으로 여겨졌던 때가 있었으며 아직도 적지 않은 교사들이 그와 같은 교수방법을 택하고 있는 것이 사실이다. 그러나 피아제의 연구가 제시하고 있는 것처럼 아동의 인지수준이 어떤 모습으로 발달되는가에 대해 이해하게 되면, 지금까지의 단순한 암기 위주의 교수방법에 대해 근본적인 재고가 필요하다는 것을 쉽게 알 수 있을 것이다. 즉, 교사는 정보의 구체성과 추상성에 따라 그리고 아동의 발달수준에 따라 교수방법에 차이를 두어야 한다.

교과과정 역시 피아제의 이론을 바탕으로 구성되어야 할 필요가 있다. 처음에는 구체적이고 단순한 경험들, 다음에는 보다 상세하고 추상적인 경험들의 순으로 구성되어야 할 것이다.

피아제의 이론에 대하여 검증을 시도한 일부 연구들을 살펴보면 피아제의 각 발달 단계와 그 해당 연령이 정확하게 일치하지 않음을 알 수 있다. 이러한 결과는 특히 중등학교 교사들에게 주요한 시사점을 준다. 교사가 담당하고 있는 학생 모두가 각 단계의 기능을 성공적으로 수행할 수 있는 배경적 경험과 성숙 수준을 갖추고 있는 것이 아니라는 점이다. 이는 교사가 학습자들의 연령이 추상적 수준의 단계에 해당된다고 해도 가능한 한 자주 구체적인 실례를 사용해야 함을 시사해 준다. 이를 고려하지 않으면 학생들이 실제적·구체적인 이해 없이 수업내용을 단순 암기하는 경우가 발생하기도 한다. 효과적인 대안 중 하나는 학생의 직접적인 경험과 더불어 친구들 혹은 교사와의 토론을 동시에 제시하는 전략으로, 형식적 조작기에 접어든 중등학교 학생의 효과적인 학업수행에 중요한 역할을 할 수 있을 것이다.

2) 에릭슨의 성격 발달이론

에릭슨(E. Erikson)은 프로이트의 정신분석학적 개념에 기초해 그의 성격 발달이론을 제시하였지만, 그의 이론은 사회에 의해 영향을 받는 선천적 경향성에 관심을 갖기 때문에 '심리사회적 발달이론'이라고 불린다.

(1) 심리사회적 발달 단계

Erikson(1963)에 의하면 사람은 일생 동안 8단계의 발달과정을 거친다고 한다. 각 단계마다 해결해야 하는 발달상의 위기가 있는데 대부분의 사람들은 각 단계의 위기들을 만족스럽게 해결하지만, 일부의 사람들은 이 위기들을 완전히 해결하지 못하고 이후에도 계속 그 문제와 부딪히게 된다. 이

〈표 4-3〉 에릭슨의 성격 발달 단계

심리사회적 발달 단계	연령	프로이트의 심리·성적 발달 단계	주요 특징
신뢰감 대 불신감	0~1세	구강기	경험의 일관성, 계속성, 동일성이 신뢰감을 발달시킨다. 경험의 부적절성, 비일관성, 거부적 태도는 불신감을 야기한다.
자율성 대 수치 및 의심	2~3세	항문기	자기 능력으로 기능을 발휘하도록 허용·격려할 때 자율성이 발달한다. 과잉보호나 도움의 결핍은 환경을 통제하는 능력에 의심을 갖게 하며 어린이를 부끄럽게 만들고 수치심을 갖게 한다.
주도성 대 죄책감	4~5세	남근기	탐색·실험할 수 있는 자유를 허용하고, 질문에 충실히 답해 줄 때 주도성이 발달한다. 활동을 제한·간섭하고, 질문을 귀찮게 여기면 죄책감이 형성된다.
근면성 대 열등감	6~11세	잠복기	성취할 기회를 부여하고 성취한 과업을 인정·격려받으면 근면성이 발달한다. 성취할 기회를 갖지 못하고 성취결과에 비난을 받으며, 귀찮은 존재로 취급되면 열등감이 형성된다.
자아정체감 대 역할혼미	청년기	성기기	자기 성격의 동일성과 계속성에 대한 인식이 정체감을 발달시킨다. 신체적 불안감, 성역할과 직업선택 등의 불안정은 역할혼미를 초래한다.
친밀감 대 고립감	성인 전기	–	타인과 진실한 친애관계를 형성하며, 정열적으로 융합하고자 할 때 친밀감이 발달한다. 타인에 대한 친밀감과 동시에 경쟁적·투쟁적 관계를 경험함으로써 고립감에 빠진다.
생산성 대 침체감	성인 중기	–	자녀 및 다음 세대의 지도과정에 참여하며, 생산적·창의적 활동을 통해 타인과 사회를 위해 노력할 때 생산성이 발달한다. 이러한 지도과정과 활동에 참여하지 못할 때 침체감에 빠진다.
통합성 대 절망감	성인 후기	–	자신의 인생이 만족스러웠다고 회고하며, 인생에 대한 통찰과 관조를 할 수 있고, 인생의 유한성을 수용할 때 통합성을 형성한다. 인생을 후회 투성이라고 회고하고, 남은 여생이 짧아 마음이 초조하고 죽음을 두렵게 생각할 때 절망감에 빠진다.

위기는 긍정적 대안과 잠재적으로 건강하지 못한 대안 간의 갈등을 포함한다. 개인이 각 위기를 해결하는 방법은 자신의 자아상과 사회를 보는 관점에 지속적으로 영향을 미치게 된다. 예를 들면, 청소년기에 자아정체감을 해결하지 못한 많은 성인들은 그 이후에도 계속 정체감 문제를 가지게 된다. 출생에서 사망에 이르기까지 성격 발달 8단계의 특징 및 연령범위를 살펴보면 〈표 4-3〉과 같다.

(2) 에릭슨 이론의 교실 적용

에릭슨의 심리사회적 발달 단계는 교육현장에 중요한 시사점을 주고 있는데, 이를 학령전기와 초등학교 시기 및 중등학교 시기로 나누어 구체적으로 살펴보고자 한다.

① 학령 전기

이 시기는 초등학교 입학하기 전까지의 시기로서 3세 어린이와 4~5세 어린이로 나누어 살펴볼 수 있다.

- 3세 어린이는 '자율성 대 수치 및 의심의 단계'에 해당한다. 자율성은 어린이에게 그들이 할 수 있는 일을 하도록 허용할 때 발달하고, 성인들이 지나치게 활동을 제한하고 통제하여 좌절감을 경험하게 하거나 너무 어려운 것과 많은 것을 시도하게 하여 대처하지 못하면 수치 및 의심에 빠지게 된다. 그러므로 부모나 교사는 어린이 스스로 탐색하고 활동하고 실험해 볼 수 있는 경험을 가능한 한 많이 제공할 뿐만 아니라 어린이가 자기 능력으로 할 수 없는 일을 시도할 때 그가 해 낼 수 있다고 생각되는 것을 하도록 유도해 주어야 한다. 또한 어린이들의 요구나 활동에 대해 존중해 줌으로써 수치심을 갖지 않도록 해야 한다.
- 4~5세 어린이는 '주도성 대 죄책감의 단계'에 해당한다. 이 시기의 유

치원 어린이들은 능동적으로 과제를 수행하고 계획하고 처리하는 것으로부터 형성되는 주도성에 더 관심이 높다. 따라서 부모와 교사는 자기주도적 활동을 최대한으로 허용하여야 하며, 어린이의 활동이 위험하거나 도덕적·윤리적으로 문제가 있을 때에만 개입이 필요함과 동시에 어린이가 성취감을 경험하도록 하기 위해서 주어진 과제를 계획하고 수행하도록 도와주는 것이 바람직하다. 죄책감을 최소화시키기 위해서는 어린이가 지금 하고 있는 과제를 더 잘하는 형제나 친구들과 비교하여 질투를 느끼지 않도록 해야 하고 스스로의 활동 속에서 만족을 얻도록 격려해 주어야 한다.

② 초등학교 시기

이 시기는 '근면성 대 열등감의 단계'에 해당한다. 처음 학교생활을 시작하는 시기로서 학교에서의 성취를 통해 성공감을 맛보아 근면성을 갖는 것은 이후의 학교생활 적응에 기초가 되기에 '학교교육의 결정기'라고 한다. 그러므로 학생들 간의 성취를 비교하지 않고 자기 자신과의 내적 경쟁을 통해 만족을 얻도록 하여야 한다. 즉, 자신의 과거 성취와 현재 성취를 비교하는 것이 바람직하다. 이 단계의 어린이들은 전형적으로 근면성을 발휘하려고 노력하므로 부모나 교사는 어린이들에게 주의를 집중해서 열심히 노력함으로써 얻을 수 있는 작업 완성의 즐거움을 경험할 수 있도록 기회를 주고 격려해 주어야 한다. 그런데 이것은 세분화된 목표로 진술된 다양한 과제를 마련함으로써 가능하다.

③ 중·고등학교 시기

이 시기는 '자아정체감 대 역할혼미의 단계'에 해당하며 발달 단계에 있어서 결정기라 할 수 있다. 자아정체감이란 자신을 다른 사람과 분리된 '독특한 개인'으로 자각하며, 대인관계나 역할, 목표, 가치 및 이념 등에 있어서 자기다움을 견지해 나가려는 의식적 · 무의식적 노력이다. 자아정체감을 형성하면 신체적인 안정감, 자신이 어디로 가고 있는가를 아는 방향감, 중요한 타인으로부터 인정을 받을 수 있다는 내적 확실성이 부수적으로 따라오게 된다. 따라서 이 시기의 학생들이 안정감을 얻기 위해서는 자신의 외모를 받아들이도록 하여야 하며, 직업선택의 가능성을 탐색하도록 하고, 중 · 단기 목표에 관심을 가질 수 있도록 지도해야 한다. 청년기의 위기는 역할혼미인데 특히 성역할의 혼돈은 정체감을 형성하는 청년에게 문제를 일으킨다. 성역할의 혼돈은 여학생이 남학생보다 새로운 성역할을 추구하는 경향이 높기 때문에 더 많은 문제를 일으킨다. 직업기회가 유동적이고 원한다고 해서 직업을 가질 수 없을 때, 일종의 타임아웃 시기인 심리적 유예기간(psychological moratorium)을 제안하고 있는데 이것은 결심을 보류하는 것으로서 개인과 사회에 대한 긍정적인 모험과 탐색의 기간이 되어야 한다.

이상과 같은 학령 전기와 초등학교 시기 및 중 · 고등학교 시기에서의 개입은 결국 교사가 발달 단계에 따른 발달과업을 숙지하고 있어야 함과 동시에 그에 대한 환경을 체계적으로 계획하고 제시해 줄 수 있어야 함을 시사해 주고 있다.

3) 콜버그의 도덕성 발달이론

콜버그(L. Kohlberg)는 도덕성을 타율적 도덕성과 자율적 도덕성으로 양분하고 어린이를 주된 연구대상으로 삼은 피아제의 도덕성 발달이론을 발전시켜 대상을 성인까지로 확대하고 도덕성 발달을 3수준 6단계로 체계화하여 제시하였다.

(1) 도덕성 발달 단계

콜버그는 그의 도덕성 연구에서 질문지를 사용하였는데 '도덕적 행위의 동기'와 '인간 생명의 가치' 등 도덕적 문제를 담은, 이렇게도 할 수 없고 저렇게도 할 수 없는 일련의 도덕적 딜레마 이야기를 제시한 후, 그러한 상태에서 '어떻게 하겠는가?', '왜 그렇게 해야 하는가?'를 질문하여 그 응답을 기초로 3수준 6단계의 도덕판단체계를 고안하였다.

콜버그의 질문지는 아홉 가지 이야기로 구성되어 있는데 다음의 '하인츠가 약을 훔치다'는 그중 대표적인 이야기다(Kohlberg, 1963).

> 어느 부인이 암으로 죽어 가고 있다. 그런데 그 부인을 살릴 수 있는 약을 그 마을의 약제사가 발명하였다. 비록 그 약을 만드는 데 많은 비용이 들긴 하였지만 그 약제사는 그 제조비보다 열 배나 더 높은 가격을 요구하였다. 그 부인의 남편인 하인츠는 그 약값을 구하기 위해 백방으로 노력하였으나 반값밖에 구하지 못하였다. 마침내 그는 약제사를 찾아가 아내가 죽어 가고 있으니 먼저 약을 주면 꼭 후에 약값을 갚겠다고 사정하였지만 그 약제사는 들어주지 않았다. 약제사는 "나도 오랜 세월 힘들여 이 약을 발명하였으니 돈을 벌어야 되겠소."라고 말했다. 결국 하인츠는 아내를 살리기 위해 약방을 부수고 들어가 약을 훔쳤다.
>
> 질문 1: 남편 하인츠의 행동은 정당하다고 생각하는가?
> 질문 2: 왜 그렇게 생각하는가?

콜버그는 '예', '아니요'라는 답보다는 그 대답의 이면에 숨겨진 '왜'라는 논리에 관심을 가졌다. 그는 발달 단계를 3수준 6단계로 나누었는데, 개인의 욕구와 지각에 근거하여 판단하는 전인습적 수준, 사회의 승인과 법에 근거하여 판단하는 인습적 수준, 사회의 법을 넘어선 공통의 권리와 의무에 기초하는 후인습적 수준으로 구분된다. 콜버그의 도덕성 발달 단계는 〈표 4-4〉와 같다.

〈표 4-4〉 콜버그의 도덕성 발달 단계

수준		단계	특징
[수준 I] 전인습적 도덕성	도덕적 선악의 개념은 있으나, 준거는 권위자의 힘이나 개인적 욕구에 관련시켜 해석한다.	1단계 벌과 복종 지향	권위자의 벌을 피하고, 권위에 복종한다.
		2단계 도구적 지향	자신의 욕구충족이 도덕의 판단 기준이며, 욕구배분의 동기는 있으나 자신의 욕구충족을 우선적으로 생각한다.
[수준 II] 인습적 도덕성	다른 사람의 상호작용을 고려한 사회 지향적 가치기준을 갖는다.	3단계 조화로운 대인관계 지향	대인관계 및 타인의 승인을 중시한다.
		4단계 법과 질서 지향	법과 질서를 준수하며, 사회 속에서 개인의 의무를 다한다.
[수준 III] 후인습적 도덕성	인간으로서의 기본 원리에 따라 행동한다.	5단계 사회계약정신 지향	사회적 책임으로서의 공리주의, 가치기준의 일반화를 추구한다.
		6단계 보편적 도덕 원리 지향	스스로 선택한 도덕 원리, 양심의 결단에 따른다.

(2) 콜버그 이론의 교실 적용

콜버그 이론은 아동의 실제 도덕적 행위가 아니라 주어진 상황에 대한 아동의 인지적 반응, 즉 도덕적 추리 능력을 통해서 발달 단계를 구분하고 있다는 비판을 받고 있는 것이 사실이다. 그러나 콜버그의 연구는 교실 상황에 특별히 중요한 시사점을 던지고 있다. 학생들에게 자기의 도덕적 사고를 시험해 보고 다른 학생과 비교해 보는 학급토론을 경험하게 함으로써 도덕성 발달이 향상될 수 있다는 것이다. 도덕적 사고에 대해 보다 고차적이고 복잡한 사고방식을 접함으로써 학생들은 타인과의 관계 속에서 자기 자신의 사고를 점검하고 평가할 수 있게 된다.

도덕적 딜레마에 대해 효과적으로 토론하기 위해서 교사들은 첫째로 보다 구체적인 갈등 상황과 갈등해결의 다양한 방식을 계획해야 하고, 둘째로 학생들이 타인의 역할과 관점을 생각하도록 격려하며, 셋째로 학생들이 자신들의 선택을 논리적으로 변론할 수 있도록 하고, 넷째로 찬반토론을 통해 학생들 개개인의 다른 행동과정을 분석하도록 노력해야 한다.

교사가 이러한 역할을 한다면 학생들은 실제 상황에서 그들의 도덕적 도식을 형성하고 스스로 평가할 수 있는 능력을 발달시킬 수 있을 것이다.

제4절 학습자의 개인차

우리들이 학교에서 고려해야 할 학생들의 개인차는 매우 다양하다. 그러한 개인차 변인 중 가장 대표적인 것으로 지능, 창의력, 학습유형, 포부수준 등이 있다. 학생들의 학습효과를 극대화시키기 위해 교사가 이해하고 적절히 대처해야 할 다양한 개인차 변인들을 구체적으로 살펴보자.

1. 지능

학교학습과 가장 직접적으로 관련을 맺고 있는 학습자의 특성은 지적 특성이다. 대부분의 교사나 학부모들은 학업성취에 개인차가 생길 경우 그 원인으로 지능의 개인차를 먼저 생각한다.

1) 지능의 의미

지능(intelligence)이란 용어는 비교적 널리 알려진 인간의 심리적 특성 중 하나다. 그 이유는 심리학자들이 지능의 중요성을 인식하고 그것을 수량화하여 교육에 활용하기 위해 많은 노력을 기울였기 때문이다. 그러나 아직까지도 지능에 대한 하나의 통일된 정의를 찾기는 어렵다. 지금까지 행해진 지능의 정의로는 지능의 어느 측면을 강조하느냐에 따라 그 의미가 달라지

〈표 4-5〉 지능에 관한 대표적인 정의

지능에 관한 정의	주장하는 학자	특징	문제점
추상적인 사고능력설	서스톤, 비네, 터먼	지능을 고도의 정신적인 능력으로 정의한다.	유아나 동물의 지능은 어떻게 다루어야 할까?
환경에 대한 적응능력설	슈테른, 핀터너	지능을 보다 넓은 개념으로 이해하고 해석한다.	적응의 측면에서 감정이나 건강과 같은 영역도 포함된다.
학습능력설	디어본	지능은 학습능력 또는 경험에 의해 획득되는 능력이다.	학교교육 이외의 학습활동에 반드시 적용시킬 수는 없다.
조작적 정의	보링	지능이란 지능검사에 의해 측정되는 것이다.	지능이론의 발전성을 기대하기 어렵다.

는데, 이를 개략적으로 정의해 보면 〈표 4-5〉와 같이 크게 네 가지 부류로 구분할 수 있다.

2) 지능의 이론

영국의 심리학자 스피어먼(C. E. Spearman)은 최초로 지능의 2요인론을 주장했다. 그는 지능이라는 능력에는 모든 지적 작업에 공통으로 작용하는 일반요인(G요인)과 다양한 지적 작업에 전문적으로 작용하는 복수의 특수요인(S요인)으로 구성되어 있다고 보았다.

미국의 서스톤(L. L. Thurstone)은 다요인론을 주장한 대표적인 학자로 인간의 지능은 하나의 특질로 간주될 수는 없다고 주장하였다. 그는 동료 연구가들과 장기간의 연구 끝에 일곱 개의 군집요인인 지각속도요인, 수요인, 단어유창성요인, 언어요인, 공간요인, 기억요인, 추리요인을 발견하여 그 요인들을 기본정신능력(primary mental ability: PMA)이라 불렀다.

길퍼드(J. P. Guilford)는 다요인설의 관점에서 서스톤의 기본 정신능력을

확장 발전시킨 지능구조 모형(structure of intellect: SOI)을 제안하였다. 그는
인간의 지능에는 세 개의 필수적 차원이 존재한다고 보았다. 정신능력에 포
함되는 '내용'의 차원과 그 요인에서 요구하는 '조작'의 차원, 그리고 그러한
조작이 내용에 작용하여 나타나는 '산출'의 차원 등 세 가지가 정신능력에
필수적으로 요구되는 차원이라고 보고 이러한 내용, 조작, 산출을 조합하
면 거기에는 특정한 요인이 발생한다고 가정하였다. 120개의 독립적인 요
인들로 구성된다는 초기의 제안은 후에 180개의 요인, 즉 다섯 개의 내용요
인(시각, 청각, 상징, 의미, 행동)×6개의 조작요인(인지, 기억파지, 기억저장, 확
산적 사고, 수렴적 사고, 평가)×6개의 산출요인(단위, 유목, 관계, 체계, 변환, 함
축)=180개의 요인으로 확장되었다. 길퍼드의 지능구조 모형은 [그림 4-3]
과 같다.

　미국의 커텔(Cattell)은 서스톤이 제작한 기본정신능력검사 등을 분석하여

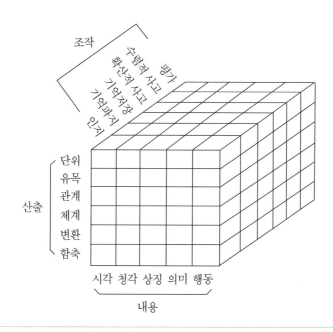

[그림 4-3] 길퍼드의 지능구조 모형

출처: 신명희 외(2000), p. 91.

지능에 관한 두 개의 일반요인인 유동적 지능과 결정적 지능을 추출해 냈다. 유동적 지능은 유전적·신경생리적 영향에 의해 발달되는 지능으로 뇌와 중추신경계의 성숙에 비례하여 발달하며 속도, 기계적 암기, 지각력, 일반적 추리력 등의 능력에서 잘 나타난다. 결정적 지능은 환경적·경험적·문화적 영향에 의해 발달되는 지능으로 언어능력, 문제해결력, 논리적 추리력, 상식 등의 능력에서 잘 나타난다.

스턴버그(R. Sternberg)는 지능이 구성적 요소, 경험적 요소, 맥락적 요소로 구성된다는 지능의 삼위일체이론을 주장하였다. 구성적 요소란 내적 세계와 관련된 능력으로 새로운 지식을 획득하고, 이를 논리적인 과제해결에 적용하는 능력이다. 구성적 요소가 뛰어난 학습자는 지능검사나 표준화학력검사, 학기말 고사, 입학시험 등의 전형적인 성취검사에서 점수가 높다. 경험적 요소는 내적 세계와 외적 세계를 매개하는 경험과 관련된 능력으로 통찰력과 혁신적 사고를 말한다. 통찰력 있는 새 이론을 개발하는 학자, 혁신적인 전문 경영인, 창의적 예술가 등은 경험적 요소가 우수한 사람이다. 마지막으로, 맥락적 요소는 외적 세계와 관련된 요소로 현실 상황의 적응능력이다. 이 요소는 실제적 지능 개념으로 일상적 문제해결능력, 실제적인 적응능력, 사회적 유능성 등이 포함된다.

스턴버그의 이론은 지금까지의 지능이론이 지능의 구성적 능력만을 강조한 것에서 탈피하여 실제 삶에서 필요한 지능의 주요 측면을 고려하였으며, 세 측면의 지적 능력을 종합하여 이해하려고 하였다는 점에서 의의가 크다고 하겠다.

가드너(H. Gardner)는 지능이 높은 어린이는 모든 지적 영역에서 우수하다는 종래의 획일적 지능관을 비판하고, 인간의 지적 능력은 서로 독립적이고 상이한 여러 개의 상징체계로 구성된다는 다중지능이론(theory of multiple intelligence: TMI)을 제안하였다. 그는 지금까지의 지능이론이 요인분석과 같은 통계자료를 기초로 하여 발전된 것과 달리, 두뇌의 해부학적 구조와 개인이 속한 문화의 시각에서 지적 능력을 분석하여 이론화하였다. 종래의 지능이론은 언어적 지능과 논리·수학적 지능만을 강조하고 그 외의 지능은 도외시해 왔으나, 이 이론에서는 언어적 지능과 논리·수학적 지능을 포함한 일곱 개의 지능 각각이 중요한 상징체계로 다루어짐으로써 특히 개별화 수업과 재능교육에 대하여 잘 설명하고 있다. 가드너는 최근에 자연탐구지능과 실존지능을 추가하여 총 아홉 개 유형의 지능으로 구분하였다. 가드너가 제시하는 아홉 개의 다중적 지능은 다음과 같다.

① 언어적 지능: 말하기, 읽기, 듣기, 작문 등의 능력으로 이 지능이 높은 사람은 문필가, 정치가, 교사 등의 소질이 높다.

② 논리·수학적 지능: 숫자, 규칙, 명제 등의 논리적·추상적 사고와 관련된 문제를 해결하는 능력으로 이 지능이 높은 사람은 수학자와 과학자 등의 소질이 높다.

③ 공간적 지능: 도형, 그림, 지도, 설계 등 공간적 상징체계와 관련된 능력으로 이 지능이 높은 사람은 미술가, 항해사, 건축가, 외과 의사 등의 소질이 있다.

④ 신체·운동적 지능: 춤, 운동, 표정연기 등의 상징체계와 관련된 능력으로 무용가, 운동선수, 공예인, 배우, 외과 의사 등에게서 이 지능이 높다.

⑤ 음악적 지능: 가락, 리듬, 소리 등 음악적 상징체계와 관련된 능력으로 성악가, 작곡가, 연주가, 지휘자의 소질이 있다.

⑥ 개인 간 지능: 대인관계에서 다른 사람을 이해하고, 다른 사람의 행동에서 기분이나 동기 및 의도를 잘 파악하고 어떻게 협동하는가를 아는 능력으로 훌륭한 상담가, 정치인, 종교인, 사업가, 행정가, 교사의 소질이 있다.

⑦ 개인 내 지능: 자기 자신을 이해하는 능력으로 자기 자신이 어떻게 느

끼는지 알며, 자신의 감정을 이해하고, 자신의 통찰·목표·욕구·능력에 적합한 방식으로 행동하는 것이다. 이 지능이 높은 사람은 철학자, 문필가, 임상가의 소질이 있다.

⑧ 자연탐구 지능: 동식물이나 주변 사물을 자세히 관찰하여 차이점이나 공통점을 찾고 분석하는 능력으로 탐험가, 원예가, 수의사의 소질이 있다.

⑨ 실존 지능: 인간의 존재 이유, 생사의 문제, 희로애락, 인간의 본성, 사랑, 행복, 가치 등 철학적이거나 종교적인 사고를 할 수 있는 능력이다. 이 지능은 뇌에 해당하는 부위가 없고 아동기에는 거의 나타나지 않기 때문에 반쪽 지능으로 간주하고 있으며, 대개의 경우 이것을 제외하고 논의하기도 한다.

3) 지능과 교육

지능이 학업성취에 영향을 미친다는 것은 일찍부터 많은 연구에서 밝혀진 바 있다. 그런데 지능과 학업성취의 상관관계를 밝힌 연구에 의하면 교과목에 따라, 학년에 따라 다소 차이가 있는 것으로 보인다. 지능과 국어·수학·과학과 같은 교과목은 높은 상관을 보이는 반면, 음악·미술과 같은 교과목과는 낮은 상관을 나타낸다. 또한 지능과 학업성취의 상관은 학교 수준에 따라 다름을 볼 수 있는데, 초등학생의 경우 두 특성 간의 상관이 상당히 높지만 학년이 올라갈수록 낮아져 지능의 성적 예측률은 학년이 낮을수록 높다는 것을 나타내 주었다.

지능이 학업성취와 밀접히 관련된다는 것은 지능이 상급학교에 진학하는 확률을 결정하는 주요 변인이라는 것을 의미하는데, 이것은 지능 → 학업성취 → 상급학교교육 → 사회적 성공의 인과관계로도 연결된다. 즉, 지능이 높을수록 학업성취가 높으며, 학업성취가 높은 학생일수록 상급학교의 입학률과 졸업률이 증가하고, 교육 정도가 높을수록 유리한 취업의 기회가 보장되며, 직업에서 보다 잘 적응할 수 있다. 그러나 같은 지능수준을 가진 학생 간에도 학업성취의 차는 심한데, 이것은 지능이 학업성취와 상급학교 진학 및 사회적 성공에 필요조건이나 충분조건이 아님을 의미하는 것이다(황정규, 1984).

학생 개개인의 학업성취를 예언하는 데는 지능지수인 IQ만으로는 부족하며 이외의 변인으로 선수학습수준, 학습장면, 학습습관, 홍미, 동기 등이 있다. 그러나 어떤 학생의 학업성취가 부진할 때, 그가 능력을 제대로 발휘하고 있는지를 알아보기 위해서 지능검사를 사용할 수 있는데 만일 IQ가 상당히 높으면 그의 학업을 방해하는 개인적인 문제나 가정적인 문제를 생각해 볼 수 있다.

오늘날 교육에서 IQ에 대한 맹신적 신념은 어느 정도 가라앉았으나, IQ는 여전히 교육에서 중요한 자리를 차지하고 있다. 교사는 학생들의 학습지도 · 생활지도 · 진로지도 등에 학생의 IQ를 활용하고 있다. 교사는 학생의 지능지수를 파악함으로써 학습속도를 조절하고 교과과정을 구성한다. 학생의 IQ를 준거로 학습부진아를 판별하거나 IQ가 높은데도 불구하고 학업성취가 낮은 학생을 지도한다. 또 직업선택이나 상급학교 진학에서 중요한 참고자료가 되고 있다.

2. 창의력

인간의 사고력에 대한 최근의 연구들은 보다 고차적이고 생산적인 지적 작용으로서의 창의성에 높은 관심을 보이고 있다. 인간의 다양한 능력 중에서 특별히 창의적 사고력을 강조하는 이유는 급변하는 사회를 살아가는 현대인들에게는 새로운 문화를 바르게 수용하고 고유의 문화를 창조적으로 개발할 수 있는 능력이 요구되기 때문이다(임규혁, 임웅, 2007).

1) 창의력의 개념

창의력(creativity)이란 과학자나 예술가가 갖고 있는 본질적인 능력은 물론 일상생활에서 당면하는 여러 가지 문제 사태를 새롭고, 독특하고, 가치 있는 방법으로 해결하려는 고차원적인 정신능력이라고 할 수 있다(Osborn, 1963).

창의력에 관한 과학적 관심은 길퍼드의 지능구조 모형에서 출발하는데, 길퍼드는 이미 앞에서 언급한 것처럼 지능이 내용, 조작, 산출의 3차원으로 구성되어 있다고 가정한다. 지능의 3차원 중에서 조작차원은 인지, 기억, 수렴적 사고, 확산적 사고, 평가의 다섯 개 하위능력으로 구성되는데, 이들 중 확산적 사고가 바로 창의력과 관련된다. 확산적 사고란 인지 혹은 기억된 정보로부터 새롭고, 신기하고, 다양하고, 비습관적인 답과 해결책을 생성하는 능력으로 산출의 다양성과 양에 강조점을 둔다.

토런스(E. P. Torrance, 1988)는 유추를 통해 창의력을 표현하였는데 "더 깊이 파는 것이며, 두 번 보는 것이며, 냄새를 듣는 것이며, 실수를 넘는 것이며, 파고드는 것이며, 문 밖으로 나오는 것이며, 보려고 구멍을 내어 자르는 것이며, 귀퉁이를 자르는 것이며, 태양에 플러그를 꽂는 것이다."라고 표현하였다.

2) 창의력의 구성요인

길퍼드는 창의력의 구성요인으로 풍부한 아이디어의 양을 의미하는 '유창성', 평범하지 않은 독특한 반응을 말하는 '독창성', 사고의 방향이 얼마나 포괄적이며 다양한가와 관련된 '유연성', 중심이 되는 생각을 정교화하거나 세부 사항을 덧붙여 문제에 포함된 의미를 명확히 하고 부족한 것을 보충하는 능력인 '정교성', 문제사태에 대하여 민감하게 지각하는 능력인 '민감성', 새로운 절차나 구상을 꾸미는 능력인 '재구성'이라는 여섯 가지의 능력요인을 제시하였는데, 오늘날 대부분의 창의력검사는 그의 창의력 구성요인 이론에서 발전된 것이다.

심리 측정적 연구방법을 통한 창의력검사는 주로 여러 개의 답이 있을 수 있는 확산적 사고를 측정하거나 한 가지 자극에 대해 얼마나 많은 연상을 할 수 있으며 그 연상이 얼마나 독특한가를 나타내는 아이디어의 유창성을 측정한다. 예를 들면, '물건의 이용'에 관한 검사는 벽돌이나 종이 클립, 담요, 책 등과 같은 일상용품의 용도를 가능한 한 많이 쓰도록 하는 것이며 '도형검사'는 주어진 원 또는 선 등을 이용해 가능한 한 많은 물건이나 사물을 그리도록 하는 것이며, 음악적 검사는 주어진 음악 소절에 대해 마지막 소절을 가능한 많이 생각해 보도록 하는 것이다.

창의력검사로는 일반적으로 '토런스 창의력검사'가 많이 이용되지만, 교실현장에서 교사가 직접 창의력검사를 만들어 사용할 수 있다. 채점은 유창성, 독창성, 융통성 등을 평가한다.

3) 창의적인 사람의 특성

창의적인 사람은 독립적이고, 개성적이며, 자신의 감정과 정서에 개방적이고, 민감한 지력을 가지고 있으며, 판단보다는 지각과 경험에 더 몰두하고, 불완전하거나 애매모호한 상황을 잘 견디고 그것을 완성하고자 하는 사람이다(MacKinnon, 1962). 테일러는 창의적인 사람의 특징으로 유연성, 기회에 대한 인식, 애매모호한 것에 대한 인내, 조급한 결론을 내리지 않는 특성 등을 들었으며, 스턴버그는 모호한 것에 대한 인내와 장애물을 극복하려는 의지, 성장하고자 하는 의지, 내적 동기, 적절한 모험심, 인정받고자 하는 욕구, 인정받기 위해 일을 하고자 하는 의지 등을 들었다. 또한 그는 창의력은 다측면적 현상이기 때문에 이와 같은 인성 특성들이 적절한 환경 아래 지적 능력과 사고유형들과의 상호작용을 통해 상승작용을 일으킬 때 가장 효과적이라고 주장하였다(신명희, 박영순, 권영심, 강소연, 1999).

4) 창의력과 교육

창의력은 모든 어린이가 잠재적으로 갖고 태어나는 능력으로 환경 및 교육의 영향에 의해 개발·육성되기도 하고 저해되기도 한다. 창의력을 촉진시키기 위하여 부모 및 교사가 어떻게 학습풍토를 조성하며, 어떻게 어린이를 지도해야 할지를 살펴보면 다음과 같다(이옥형, 이종숙, 임선빈, 2005).

① 아동의 창의적인 행동에 대한 허용적인 태도를 가져야 한다. 어린이가 적절하지 못한 질문이나 아이디어를 표현해도 일단 그것을 먼저 경청하고, 그 나름대로 가치가 있다고 받아들이는 태도와 어린이라면 누구나 조건 없이 인간적으로 존중하고 이해되는 분위기를 만들어야 한다.

② 자신의 문제해결 방법이 최선인 것인 양 어린이에게 강요하지 말아야 한다. 부모 및 교사는 자신의 문제해결 방법에 대해 어린이가 비판할 때 개방적인 태도를 취해야 한다.

③ 어린이의 비범한 질문이나 아이디어를 가치 있게 생각해야 한다. 이미 알려진 완전한 것보다 불완전하나마 자기 나름대로 아이디어를 탐색한 것을 더 가치 있는 것으로 평가하고 보상을 주어 사고를 확대시켜 준다.

④ 어린이의 창의적 사고가 출현될 수 있도록 인지적 자극을 주어야 한다. 왜, 무엇이, 언제, 누가, 어디서, 어떻게 등의 질문을 통하여 새로운 현상을 설명할 수 있도록 지식을 확대시켜 준다.

⑤ 어린이의 독립성과 개방성 및 감수성 등을 강화하고 신장시켜야 한다. 창의력은 인지적 특성뿐만 아니라 성격 및 동기적 특성과 관련이 깊기 때문이다.

⑥ 다양한 문화적·교육적 경험이 제공되어야 한다. 창의력이 높은 사람은 어떤 분야의 본질적인 지식을 많이 가지고 있으며, 고차원적인 인지책략을 가지고 있다. 따라서 어렸을 때부터 창의력을 높일 수 있는

다양한 자극을 경험할 수 있게 해 주어야 한다.

⑦ 전통과 인습에 지나치게 얽매이지 말아야 한다. 무조건적으로 전통과 인습에 따르게 될 경우 개인의 개성이 무시되고 형식적·고정적 사고로 굳어져 창의력이 방해를 받게 되기 때문에 지나친 고정관념에서 탈피하여야 한다.

⑧ 특정 교과 영역별로 다양한 지식의 습득과 문제해결 방법 및 인지책략 방법이 연구·개발되어 각 교과의 교수-학습에 이용되어야 한다.

⑨ 자유롭게 질문하고 탐구할 수 있는 자발적인 학습 분위기가 조성되어야 한다. 그러므로 발견학습 및 탐구학습을 통한 교육은 보다 창의력을 신장시킬 수 있을 것이다.

3. 학습유형

어떤 사람은 도서관에서 공부해야 능률이 오르는가 하면 어떤 사람은 혼자 자기 방에서 조용히 공부해야 능률이 오른다. 오랫동안 집중할 수 있는 사람이 있는가 하면 15분 이상 집중하는 것이 어려운 사람도 있다. 이것에는 여러 가지 원인이 있겠지만 중요한 원인 중 하나가 바로 학습유형의 차이 때문이다.

1) 학습유형의 의미

학습유형(learning style)은 새로운 정보에 대해 집중하거나 그 정보를 처리하고 기억하는 방식으로 사람마다 차이가 있다(Dunn & Dunn, 1993). 다시 말해 학습유형이란 각 개인마다 가지고 있는 새로운 정보를 배우거나 정보를 처리하고 기억하는 방식이다. 학습유형은 어느 유형이 다른 유형보다 반드시 더 좋은 것이라고 할 수 없으며 어떤 점에서는 능력과도 무관한 개념이라 할 수 있다. 뎀보(Dembo, 1991)는 학습유형을 교실상황에서 학습에 영향을 미치는 개인차에 초점을 두고, 각 개인이 가지고 있는 학습유형은 학업성취나 장기기억 등에 영향을 미치기 때문에 각 개인의 학습유형에 적절한 교수방법의 적용은 효과적인 학업성취에 매우 중요한 역할을 하게 된다고 하였다. 학생들이 선호하는 학습유형에 따라 적절한 학습이 이루어지면 학업성취의 향상은 물론이고 수업에 대한 태도와 규율을 지키는 행동이 개선된다는 것이다. 그것은 교사가 학생들의 학습유형에 대하여 관찰을 통해 알게 되면, 학생들의 수업태도를 이해할 뿐만 아니라 어떤 과제를 어떤 방식으로 내주고, 어떻게 동기화시킬지를 결정하는 데 많은 도움을 받기 때문이다.

2) 학습유형의 종류

던과 던(Dunn & Dunn, 1993)은 21가지의 학습유형 요인을 제시한 바 있는데 여기서는 일반적으로 많이 논의되는 충동형과 숙고형, 장의존형과 장독립형 및 좌뇌와 우뇌의 정보처리과정을 살펴보고자 한다.

(1) 충동형과 숙고형

어떤 학생은 주어진 질문에 대해 대답하는 데 항상 오랜 시간이 걸리는가 하면 어떤 학생은 늘 질문하는 즉시 대답한다. 케이건과 헤이브먼(Kagan & Haveman, 1968)은 「닮은 그림 찾기 검사(matching familar figure test: MFFT)」를 통해 과제에 대한 반응속도와 반응에서 틀린 수로 '개념적 속도'라는 학습유형의 차원을 제시하였다. 개념적 속도는 충동형과 숙고형으로 나눌 수 있는데, 충동형은 대답은 빨리 하지만 틀린 답이 많은 사람이며, 숙고형은 대답은 늦게 하지만 거의 틀리는 경우가 드문 사람이다. 이러한 충동형과 숙고형은 비교적 일관성 있고 안정된 성격 특질로 만 2세경이면 나타나게 되는데, 대체로 숙고형이 충동형에 비해 학습과제와 같은 문제나 독서 등에서 우수하지만, 교실상황에서는 정도가 심한 충동형 학생과 숙고형 학생 둘

다에게 문제가 있을 수 있다.

충동형 학생은 지능이 낮지 않아도 질문에 대해 생각하지 않고 답하기 때문에 독서점수나 학업성취검사에서 낮은 점수를 받기 쉬우며, 숙고형 학생은 까다로운 문제가 있을 경우 한 문제를 너무 오래 가지고 생각하다가 다른 문제들을 놓치는 경우가 생길 수 있다. 따라서 교사들은 학생들에게 "생각을 하고 답을 써라."라고 하거나 "한 문제를 가지고 너무 오래 붙잡고 있지 말아라."라는 이야기를 자주 한다.

(2) 장의존형과 장독립형

위트킨 등(Witkin et al., 1977)은 개인의 성격적 경향성을 장의존형과 장독립형으로 분류하였는데, 장의존형(field-dependent)의 사람은 특히 사회 분야에 관심이 많으며 자신의 태도와 믿음을 정할 때 다른 사람들에게 의존한다. 그들은 상당히 사회적 민감성을 고려한다. 반대로 장독립형(field-independent)의 사람은 비사교적이며 다양한 자극 중에서도 추상적인 것들에 대해 더 관심을 갖는다. 장의존형과 장독립형의 차원은 특별한 상황에서 관계있는 요인을 분리하려고 할 때 방해가 되는 배경요인을 극복할 수 있는 정도를 측정하는 것이다. 방해요인에 대해 독립적일수록 분석적이고 장독립적이며, 방해요인에 의존적이거나 무시하기가 어려울수록 전체적이며 장의존적이다.

이들 두 가지 유형의 사람들은 환경에 대하여 다르게 반응한다. 장의존형은 사람들에게 이끌리며 사람들과 관계있는 사회과학과 같은 학문이나 가르치는 직업을 선호하며 매우 인간지향적인 반면, 장독립형은 사람들 간의 상호작용을 덜 강조하는 천문학이나 공학과 관계있는 직업을 선호하고 학교에서는 수학이나 물리같이 비인격적이고 추상적인 과목을 선호한다.

장의존형과 장독립형 학습유형은 교사들의 교수유형과 동기화시키는 방법에서도 구별되는데, 일반적으로 장독립형 교사는 학생들 간의 경쟁을 이

용하거나 독립적인 성취를 조장하는 장독립형 교수유형을, 장의존형 교사
는 학생들 간의 상호작용을 조장하는 장의존형 교수유형을 선호한다.

(3) 좌뇌와 우뇌의 정보처리과정

정보처리와 문제해결에 있어서 뇌의 어느 부분의 이용을 선호하는지는
각 개인마다 다르다(Bjorklund, 1989). 인간의 뇌는 좌뇌와 우뇌의 두 부분으
로 나눌 수 있는데, 서로 연결되어 있으며 같이 활동하지만 그 기능은 다르
다. 우뇌는 직관적인 반면 좌뇌는 논리적이다. 우뇌가 정서와 창의성, 직관,
공간적 관계 등과 관련된다면 좌뇌는 말하기, 논리, 독서, 수학, 추상적 개
념 등과 같은 영역과 관계있다. 어느 능력이 더 중요하기 때문에 어느 한쪽
뇌를 특별히 더 개발해야 한다는 주장은 바람직하지 않다. 왜냐하면 좌뇌
와 우뇌는 함께 활동하기 때문이다. 예를 들면, 문학을 감상하기 위해서는
단어와 문장의 의미를 알고 언어의 리듬과 장면에 대한 느낌, 이미지, 인물
의 성격 등을 파악할 수 있어야 하는데 이와 같은 경험은 두뇌의 어느 한 면
만으로는 어려우므로 양쪽 뇌의 통합된 활동이 필요하다. 하지만 학교교육
에서는 주로 어휘와 논리, 수학, 분석기술과 같은 것만을 다루기 때문에 우
뇌는 거의 활동을 하지 않게 되며 상급 학년으로 올라갈수록 그러한 상황은
더욱 심화된다.

3) 학습유형과 교육

각 학생들의 학습유형의 개인차와 교수-학습방법을 어떻게 연결시키는
가 하는 것은 매우 중요한 과제다. 이를 위해 먼저 교사는 학생의 학습유형
이 어떤 것인지 판단해야 하고 그에 따른 적절한 교수방법을 찾아야 한다.
학습유형에 따른 적절한 학습방법을 통해 학업성취의 향상을 추구하는 대
표적인 연구로 크론바흐(S. J. Cronbach)와 스노(Snow)의 '적성-처치 상호작
용(aptitude-treatment interaction: ATI)' 연구가 있다. 적성-처치 상호작용 연

구의 목표는 특정한 학습유형을 가진 학생이 어떤 교육 프로그램이나 치료에서 가장 잘 수행할 수 있으며, 또 다른 특성을 가진 학생은 다른 어떤 교육 프로그램을 통해 가장 높은 학업성취를 보여 줄 수 있는지 그 상호 관련성을 찾는 데 있다. 연구결과에 따르면 지적 능력이 높은 학생은 과제에 대해 그들 스스로의 방식으로 구조화할 수 있도록 자유를 줄 때 가장 잘 학습하는 반면에 지적 능력이 낮은 학생은 구조화된 학습과제를 제시해 줄 때 가장 잘 학습하였다. 그러나 아직 이 연구는 학생들의 지적 능력과 구조화되거나 허용적인 학습환경과의 관계를 밝히는 데에 제한되어 있다.

4. 포부수준

1) 포부수준의 개념

포부수준(level of aspiration: LOA)이란 학습자가 어떤 구체적인 학습과제에서 어느 정도 성취를 하겠는가 하는 기대수준으로서 실제 수행에서 달성 가능한 것인지를 함께 고려한 것이다. 즉, 포부수준은 성취 상황에서 기대수준과 실제 성취수준과의 관계를 밝히는 것이다(Kahl, 1963).

포부수준의 설정은 높이뛰기를 할 때 자신이 가로 막대를 어느 정도 높이에 걸쳐 놓느냐 하는 것과 같다. 포부수준의 설정은 실제 과업수행의 난이도에 따라 다섯 수준으로 나눌 수 있는데 이 중 '아주 어려운 수준'과 '아주 쉬운 수준'은 성공감이나 수치, 창피, 후회 등의 실패감을 맛보지 못하는 수준으로서 자아가 관여되지 않는 비현실적 수준이라고 한다. '어려운 수준'과 '중간 수준', '쉬운 수준'은 수행 후 성공하면 기쁨, 의기양양, 안도감 등의 성공감을 느끼며 실패했을 때에는 수치, 창피, 후회, 반성 등의 실패감을 느끼기 때문에 자아가 관여된 현실적인 수준이라고 한다. 이들은 모두 정상적인 수준이지만 일반적으로 '어려운 수준'에 포부수준을 설정하는 것이 더 바람직하다고 할 수 있다. 포부수준을 구체적으로 살펴보면 다음과 같다.

① 아주 어려운 수준: 아무리 노력해도 달성 불가능한 수준으로 수행은 실패한다.

② 어려운 수준: 최대로 노력했을 때 달성 가능한 수준으로서 성공하려는 욕구가 실패를 회피하려는 욕구보다 강한 사람에게 나타난다.

③ 중간 수준: 자신의 능력으로 적절히 할 수 있는 보통 정도의 난이도를 가진 수준이다.

④ 쉬운 수준: 약간의 실수가 있거나 별로 노력하지 않아도 달성할 수 있는 수준이다.

⑤ 아주 쉬운 수준: 전혀 노력하지 않아도 달성할 수 있는 수준으로서 수행은 성공할 것이나 성공감을 맛보지 못하며 성공 후에도 현실적으로 달성 가능한 수준을 고려하여 포부수준을 높이지 못한다.

2) 포부수준에 영향을 미치는 요인

학습자들은 포부수준을 자신의 능력에 비추어 어려운 수준에 설정하기도 하고 쉬운 수준에 설정하기도 한다. 이러한 포부수준 설정에 영향을 미치는 요인은 학자에 따라 관점이 다소 다르나 다음의 몇 가지를 들 수 있다.

① 개인이 소속되어 있는 집단의 성질과 집단의 기준

② 개인의 정서적 안정성

③ 과업에 대한 자아관여

④ 자기가 차지하고 있는 지위에 대한 역할기대

⑤ 지능과 성취동기

⑥ 능력을 발휘해 본 경험

⑦ 개인의 과거 업적

이들 여러 요인 중에서 포부수준 설정에 가장 크게 영향을 미치는 요인은 개인의 과거 업적으로 과거에 성공의 경험을 많이 한 학생들은 과제에 당면했을 때 자신의 포부수준을 현실적으로 높게 설정하는 경향이 있다.

3) 포부수준과 교육

① 자기 능력보다 어려우면서 현실성이 있는 포부수준을 설정하기 위해서는 학생들에게 성공의 경험을 많이 하게 해야 한다.

② 성공의 경험은 주관적이기 때문에 학생의 연령이나 지적인 성숙도, 가정환경 등을 고려하여 적절히 도전감을 맛볼 수 있으면서도 스스로 해낼 수 있는 과제를 주고, 수행 후 적절히 강화를 주어 성공감을 맛보게 해야 한다. 학습 장면에서 과거의 교과목에 대한 성공과 실패의 경험은 학습동기 및 포부수준과 직접적인 관련성이 있다. 수학을 질색하거나 영어에 소질이 없다고 푸념하는 학생들의 경우도 그들의 적성이나 흥미에 원인이 있는 것이 아니라 포부수준과 관련하여 장기간의 실패 경험 누적에서 오는 경우가 많다.

③ 과제수행 후에는 그 수준을 고수할 것이 아니라 적절히 조정하도록 하여야 한다. 성공했을 때에는 약간 높은 수준에 도전하도록 하고 이것이 성공하면 다시 약간 더 높게 포부수준을 설정하게 한다.

④ 실패했을 때에는 다시 도전해 볼 수 있는 것인지를 숙고해 본 후, 재도전 가능성이 있을 때는 다시 도전하고, 가능성이 없을 때에는 포부수준을 적절히 낮추어 조정하고, 수행 후 과제를 충분히 연습하여 완성한 후 다시 포부수준을 높이도록 한다.

이러한 포부수준 설정과정을 통하여 인간은 어렸을 때 지녔던 포부보다 더 높은 성취도 이룰 수 있는 것이다.

<나의 인지양식과 학습양식>

유아교육과 2학년 황○○

인지양식이란 정보를 처리할 때 개인마다 선호하는 방법이다. 그리고 학습양식이란 사람들이 학습할 때 자주 사용하는 정보처리 방식이나 선호하는 조건을 의미한다. 나에 해당하는 인지양식과 학습양식에 대해 쓰고자 한다.

인지양식에는 장의존성 대 장독립성이 있다. 이 중에서 나는 장 독립성에 해당한다. 우리 부모님께서는 내가 어릴 때부터 내가 하고 싶은 것을 결정하여 스스로할 수 있는 자율성과 독립성을 많이 강조하셨다. 그러다 보니 나는 수업내용을 나만의 공부방법으로 자기주도적인 학습을 하고, 타인에 의해 제시된 아이디어를 수용하기보다는 나의 의견을 적극적으로 표현하는 것에 능했다. 또한 하루에 해야할 것들을 미리 정해놓고 그 일이 끝나기 전엔 다른 약속을 잡지 않는 것이 내 생활방침이다. 그렇기 때문에 친구가 위험에 처한 상황이 아니라면 친구보다 일을 더중시한다고 볼 수 있다.

또 인지양식에는 숙고형 대 충동형이 있다. 이 중에서 나는 충동형에 해당한다. 오늘 수업시간에 MFFT를 진행하였다. 보기와 같은 비행기의 그림을 찾는 것이었는데, 교수님의 질문에 20명에 달하는 학생 중 가장 먼저 5번이라고 대답하였다. 대답하고 나서도 다른 비행기를 둘러보니 4번이 보기와 같은 비행기임을 깨닫고 정정했다. 이 모습을 보아 충동형인 사람의 특징인 반응이 빠르나 오류가 많음에 해당됨을 알 수 있었다.

학습양식에는 던과 던의 학습양식이 있다. 던과 던은 학습양식을 세 가지 주요감각 수용기로 구분하였다. 이는 청각적 학습자, 운동 촉각적 학습자, 시각적 학습자로 나뉜다. 이 중에서 나는 운동 촉각적 학습자에 해당한다. 앞에서 말했듯이 나는 경험을 통해 학습하는 것을 선호한다. 이는 손으로 만지고 몸을 움직이며 학습할 때 가장 잘한다는 뜻이다. 나는 수업을 들을 때 교수님의 수업을 듣기만 하거나 책을 읽기만 하는 것이 아닌 수업내용을 나만의 방식으로 해석하여 필기하며 듣는 수업을 가장 좋아하며 그렇게 필기했을 때 학습효과가 좋다. 어렸을 때는 노트

필기하는 것을 너무 좋아하여 한 과목당 두꺼운 공책을 다 채울 수 있을 정도였다. 또, 유아사회교육 시간에 교수님께서는 수업의 본론에 들어가기 전 우리가 먼저 책을 읽어볼 수 있는 시간을 주신다. 그때 나는 책을 읽기만 하는 것이 아니라 읽으면서 밑줄을 긋고, 중요한 부분에는 동그라미를 치며 읽는 것이 글에 대해 이해가 더 쉽다.

요약 및 정리

■ 교육심리학이란 '교육에 내재되어 있는 심리적인 현상을 과학적으로 연구하여 교육방법의 이론적 근거를 제공하고, 이를 토대로 교육실천의 과정을 지원하려는 학문'이다.

■ 교육을 심리학적으로 접근하는 방법에는 정신분석적 접근방법, 행동주의적 접근방법, 인지주의적 접근방법, 신경생물학적 접근방법, 현상학적 · 인본주의적 접근방법 등이 있다.

■ 종래에는 발달이란 용어가 좁은 의미로 사용되어 수태에서 아동기 내지 청년기에 이르는 상승적 변화만을 가리키는 것으로 사용되어 왔으나, 근래에는 넓은 의미로 사용되어 청년기 이후 노년기에 이르기까지의 하강적 변화까지도 포함하고 있다. 다시 말해 발달이란 수태에서 사망에 이르는 전 생애에 걸친 모든 연령적 변화를 의미한다.

■ 인간의 발달은 대체적으로 일정한 원리와 순서에 따라 이루어지는 경향이 있는데 이를 '발달의 원리'라고 한다. 그 원리를 다음 여섯 가지로 요약할 수 있다. 즉, 발달은 ① 일정한 순서에 따라 이루어지며, ② 계속적인 과정이며, ③ 성숙과 학습에 의존하며, ④ 개인차가 있으며, ⑤ 상호 관련성을 가지며, ⑥ 발달의 초기 단계가 가장 중요하다.

■ 학교에서 고려해야 할 학생들의 개인차는 매우 다양하다. 그러한 개인차 변인 중 가장 대표적인 것으로 지능, 창의력, 학습유형, 포부수준 등이 있다. 교사가 학생들의 학습효과를 극대화시키기 위해서는 이러한 다양한 개인차 변인들을 충분히 이해하고 이를 적절히 활용할 수 있어야 한다.

책을 읽는 것은 반박하고 논박하기 위해서도 아니요, 쓰인 대로 믿고 당연한 것으로 받아들이려 함도 아니요, 화젯거리나 이야깃거리를 찾아내기 위함도 아니다. 오직 분별심을 키우고 사려를 깊게 하기 위함이다.

F. 베이컨, 『수상록』

제 5 장

교육의 사회학적 기초

탐구주제

▶ 교육사회학이란 어떤 학문인가?

▶ 교육에 대한 사회학적 논쟁점은 무엇인가?

▶ 사회화는 어떻게 이루어지는가?

▶ 사회계층과 교육은 어떤 관계를 가지는가?

📖 제1절 교육사회학의 개념

1. 교육사회학의 정의

교육사회학은 규범적인 가치를 지향하는 교육학과 인간과 집단 간의 관계를 연구하는 사회학의 접점에 위치하고 있는 학문적 성격 때문에 개념의 정립이 쉽지 않았다. 즉, 사회학의 지식을 교육실제에 적용하려는 실천지향적인 성격의 교육적 사회학과 교육실제에 대한 연구를 통하여 사회학적인 지식과 이론을 넓혀 가려는 교육의 사회학이 바로 논쟁의 중심이었다.

교육적 사회학(educational sociology)은 주로 도덕과 철학적 이론을 중시하는 입장이다. 그리고 교육실제에 사회학의 원리를 적용하려고 하였으며 연구문제를 교육학에서 찾는 경향이 있다. 주로 교육학자들이 주도하는 실천지향적인 연구를 말한다. 교육의 사회학(sociology of education)은 경험과학적인 방법을 중시하는 입장으로 교육실제의 사회학적 과정을 분석하며, 연구문제를 사회학에서 찾는 경향이 있다. 주로 사회학자들이 주도하는 사회지향적인 연구동향을 말한다.

교육사회학에 대한 개념을 종합한 프리처드(K. W. Prichard)는 교육사회학을 "교육에 대한 사회학적 연구로 교육체제와 교육의 과정에서 일어나는 집단관계를 사회학적인 연구에서 이루어진 지식, 기술, 방법 등으로 연구하는 것"이라고 했다.

뒤르켐(E. Durkheim)은 교육사회학은 교육과학으로 현대 교육현상을 자세하게 규명하는 학문영역이라고 했다. 즉, 교육사회학은 사회학적 연구를 통하여 분석된 지식과 기술 그리고 연구방법을 교육실제에 적용하는 학문이라고 할 수 있다. 교육사회학의 창시자라고 할 수 있는 뒤르켐은 교육사회학의 연구영역과 대상을 다음과 같이 소개하고 있다.

① 교육의 사회적 사실과 사회학적 기능에 대한 연구
② 교육과 사회 문화적 변동과의 상호 관계에 대한 연구
③ 다양한 교육제도에 대한 문화적 비교 연구
④ 사회제도로서의 학교와 교실에 대한 연구

그리고 최근의 교육사회학의 흐름은 교육사회학의 독자적인 영역을 구축하려는 학문적 연구동향으로 유럽 중심의 교육학자들이 주도하는 신교육사회학이다. 신교육사회학은 학교 내부의 교육과정을 중시하여 실제 수업 진행과정에서 교사와 학생 간의 상호작용의 관계를 연구 및 분석해야 한다고 주장한다. 대표적인 학자는 번스타인(B. B. Bernstein)과 영(M. Young)이다.

2. 교육에 대한 사회학적 논쟁

1) 기능이론

기능이론은 사회학의 창시자인 콩트(A. Comte)와 스펜서(H. Spencer)에 의하여 기초가 형성되고 뒤르켐에 의하여 발전되어 파슨스(T. Parsons)에 의해서 체계화된 것이다. 기능이론의 일반적인 특징을 살펴보면 다음과 같다.

① 기능이론은 사회를 인체와 같은 생물학적 유기체에 비유한다. 우리의 몸이 건강하게 유지되려면 호흡기간, 소화기간, 배설기간 등이 서로 조화를 이루고 상호작용해야 하듯이 한 사회가 조화롭게 발전하려면 사회를 구성하고 있는 여러 요소들이 안정되고 질서 있게 유지되어야 한다는 것이다.
② 기능이론에 의하면, 사회는 안정지향적이고 구성원들은 각자에게 맡

겨진 고유한 역할 및 기능을 가지며 이들은 사회 안정과 발전을 위하여 상호작용한다. 여러 가지 사회적 갈등현상은 일시적이고 부분적인 현상으로 사회의 안정과 질서 그리고 조화를 근본적으로 파괴할 수는 없다.

③ 기능이론은 사회에 대해 높은 능력을 가진 사람이 인정받고 선발되는 기능사회인 동시에 전문가 지배사회로 본다. 각자가 가진 능력과 업적의 차이에 따라 다른 대우를 받는 것은 당연한 것이며 공정한 기회를 부여하는 조건에서 개인의 노력과 능력에 따라 차등적 보상을 받는 것은 정당하다고 생각한다.

④ 기능이론은 교육이 자라나는 청소년들에게 그 사회의 바람직한 가치관, 신념, 태도 등을 내재화시키는 사회화 기능과 개인의 능력에 따른 선발의 기능을 수행한다고 본다. 즉, 교육은 인재를 양성하고 선발하는 중요한 기능을 가진다고 본다.

2) 갈등이론

갈등이론은 마르크스(K. Marx)와 베버(M. Weber)의 사상에서 연유되었으며, 볼스(S. Bowles)와 긴티스(H. Gintis) 등의 신마르크스주의자들에 의해서 다양한 이론으로 체계화되었다.

갈등이론의 일반적인 특징을 살펴보면 다음과 같다.

① 갈등이론은 사회의 본질을 끊임없는 경쟁과 갈등의 연속이라고 본다. 특히 지배집단과 피지배집단 간 권력의 차이는 이러한 갈등의 핵심적 요소다. 또한 인간의 욕구는 무한한 데 비하여 욕구충족을 위한 재화는 제한되어 있기 때문에 경쟁과 갈등은 불가피하다고 본다.

② 갈등이론은 사회가 안정되고 질서를 유지하는 것은 사회구성원 간의 합의에 의한 것이 아니고 일부 지배집단의 강제에 토대를 두고 있다고

본다. 즉, 지배집단은 피지배집단에게 그들의 신념이나 가치관을 교화시켜 정당화시키려 한다는 것이다.

③ 갈등이론은 교육을 지배집단의 이익을 정당화하여 기존의 지배구조를 영속화시키고 재생산하는 도구로 본다. 즉, 상류계층의 학생일수록 교육기회가 많아지고 교육내용도 그들의 지배구조를 정당화하는 내용으로 구성되어 있다는 것이다.

④ 갈등이론은 교육을 불평등한 사회구조를 확대 재생산하는 과정으로 본다. 교육은 능력 있는 사람들에게 공평한 기회를 주어 계층이동을 하게 하는 것이 아니라 지배계급에 속하는 특정 엘리트집단의 이익과 권력을 영속화시키는 도구로 보는 것이다.

이상에서 살펴본 기능이론과 갈등이론을 비교하면 〈표 5-1〉과 같다.

〈표 5-1〉 학교교육에 대한 기능이론과 갈등이론의 비교

기능이론	갈등이론
• 학교제도는 사회의 안정과 질서유지에 기여한다.	• 학교제도는 기득권층의 이익을 대변하는 도구다.
• 학교제도는 사회에서 요구하는 지식, 기술 등을 공동체에 전달하며 국가의 발전과 개인의 자아실현에 공헌한다.	• 학교제도 현존하는 위계질서를 재생산하기 때문에 사회적 불평등을 영속화시킨다.
−	• 학교교육을 통하여 가르치는 교육내용은 지배계급의 문화와 이익을 정당화한다.
• 학교제도는 사회의 구조적 모순을 해결하고 사회평등을 도모하며 균등한 교육기회를 통하여 사회적 불평등을 해소할 수 있다.	• 학교제도는 피지배계층에게 기존의 불평등 구조에 순응하도록 강요한다.
• 교육은 독립적이고 자율적인 민주주의에 기초하고 있으며 교육내용도 사회구성원의 합의에 의한 것이다.	• 학교제도는 인간을 타율적이고 수동적인 존재로 만든다.

• 학교제도는 개인의 노력과 능력에 따라 공정한 평가를 통하여 정당한 보상이 주어진다.	• 학교제도는 지적인 활동과 기술보다는 지배계층의 가치관, 신념, 태도 등을 강조한다.
• 학교제도는 개인의 지위 상승의 도구이며 공정한 사회적 이동을 촉진한다. • 학교교육을 통하여 여러 가지 사회문제를 해결할 수 있다.	• 학교제도는 외형적으로 공정하게 평가하는 것 같지만 실제로는 피지배계층의 이동을 효과적으로 탈락시키고 현 지배계층을 정당화시키는 위장된 이념에 불과하다.

3) 미시적 이론

미시적 이론은 교육을 정치, 경제, 사회, 문화 등에 종속되어 있는 것으로 보지 않고 안목을 학교와 구체적인 교실 상황으로 돌리는 것을 말한다. 즉, 학교교육을 이해하는 것은 물론 학교 교실 상황에서 교사와 학생 간의 상호작용에 관한 연구를 핵심으로 하고 있다. 이러한 흐름을 신교육사회학이라고 한다. 대표적인 학자는 영과 번스타인 등이다.

◨ 제2절 사회화와 교육

1. 사회화의 개념

사회화(socialization)란 한 인간이 자기가 속해 있는 사회의 행동양식, 가치관, 신념, 태도, 규범과 같은 것을 내면화시켜 그 사회의 한 성원이 되어가는 과정을 말한다. 이러한 사회화는 개인과 사회의 상호작용 과정이며 한 평생을 통하여 계속되는 것이다.

메이어(P. Mayer)는 사회화를 인간이 사회적 존재로서 요구되는 역할의 수행능력을 습득하는 과정으로 정의했고, 맥넬(E. B. McNell)은 사회화가 한 인간이 사회적 자극에 대한 감수성을 획득하고 사회집단에서 다른 사람과 함께 행동하고 공존하는 것을 학습하는 과정으로 정의했다. 이와 같은 사회화의 대표적인 기관으로 가정, 학교, 대중매체, 지역사회 등을 들 수 있다. 가정은 일차적인 사회화의 장이며 일반적인 사회화의 형태는 모방이기 때문에 가족구성원들은 자녀들이 그들의 행동양식을 모방한다는 것을 인식하고 언행에 모범을 보여야 한다. 그리고 가정의 구조와 형태, 역할관계 등도 자녀들의 행동 특성에 많은 영향을 미친다.

학교의 사회화과정은 가정에 비하여 계획적, 의도적으로 사회화를 시도하는 기관으로 서로 이질적인 아동들을 집단적으로 사회화시키는 곳이다. 학교는 공적인 교육과정을 통하여 일반적인 지식, 기술, 태도 등을 습득하고 교사와 학생, 학생 상호 간의 새로운 사회적 역할을 습득시킨다. 특히, 교사는 사회화의 모델로서 가정의 부모와 같은 역할을 수행한다.

드리븐(R. Dreeben)은 학교의 사회화 내용을 독립성의 규범, 성취성의 규범, 보편성의 규범, 특정성의 규범으로 구분했다.

독립성의 규범은 학생들이 학교에서 독립적으로 자기의 할 일을 스스로 깨닫고 배우게 된다는 것이다. 자기 자신의 문제는 스스로 처리해야 하고 자신의 행동에 책임을 질 수 있도록 한다는 것이다.

성취성의 규범은 학생들이 교과내용이나 과외활동 그리고 운동을 통하여 스스로 성취감을 맛보게 하고 계속해서 이러한 경험을 할 수 있도록 해야 한다는 것이다.

보편성의 규범은 같은 연령의 학생들이 같은 학습내용과 과제를 함께 공유함으로써 형성되는 것으로 모든 학생들에게 똑같은 규범이 적용되는 것을 말한다.

특정성의 규범은 같은 연령의 학생들이 다른 연령의 학생들과 구분되어 특정한 환경에서 학습하게 되며 흥미와 적성에 맞는 영역에서 집중적으로 교육함으로써 학습된다는 것이다.

대중매체에 의한 사회화는 구성원들에게 공통의 의식을 갖게 하고 경험의 확대, 협동심, 사회적 규범 등을 효과적으로 전달하며 지능과 사회성을 발전시키고 다양한 흥미를 촉진시킨다. 그러나 지나친 상업주의, 저급한 오락문화, 공격적 성격유발, 각종 범죄행위의 모방과 같은 역기능도 있음을 인식해야 한다.

2. 가족집단과 교육

가족은 혼인관계를 기초로 맺어진 부부, 친자, 형제자매 등의 근친자를 구성원으로 하는 특정한 가족 내에서 생활하는 공동체집단이라고 할 수 있다. 이러한 가족은 운명공동체적 성격을 지닌 인격적 집단이다. 가족집단의 유형으로는 아버지가 가정의 경제권을 행사하는 부권 가족, 어머니가 가정의 결정권을 행사하는 모권 가족, 부모들의 의견으로 가족을 이끌어 가는 성인 중심 가족, 부모와 자녀들이 가족의 모든 일들을 함께 결정하는 민주적 가족 등으로 나눌 수 있고 또한 부부 중심이며 가족 수가 적은 핵가족과 가족 규모가 크고 전통과 권위를 강조하는 대가족이 있다. 대가족에서 성장한 아이들은 대체로 의존심이 강하고 지적, 언어적 발달이 늦지만 사회성이 발달하고 타인과 협력하며 사회적응력이 높다. 핵가족에서 성장한 아이들은 대체로 독립심과 자율성이 강하고 지적, 언어적 발달이 빠르지만 사교성이 떨어지기 쉽다.

가족의 기본적 기능을 머독(G. P. Murdock)은 성적 기능, 생식적 기능, 경제적 기능, 교육적 기능으로 구분했다. 여기서는 일반적인 가족의 기능을 살펴보기로 하겠다.

① 성적 기능: 결혼에 의한 성적 욕구충족과 자녀를 출산하며 사회구성원
   을 지속적으로 충족시키는 것이다.

② 경제적 기능: 가족의 공동 경제생활을 통하여 가족구성원을 보호하며 사회생활에서 경제활동의 기초 단위를 이루는 것이다.

③ 정서적 기능: 가족은 심리적 · 정서적 안정감을 가정을 통하여 얻게 된다는 것이다.

④ 교육적 기능: 자녀들에게 사회생활에 필요한 지식, 기술, 정보, 도덕성 등을 가르치는 것을 말한다. 특히, 가족은 최초의 학교이며 사회생활의 기초로서 부모는 가장 영향력이 있는 교사의 역할을 수행한다.

⑤ 종교적 기능: 가족이 정서적인 안정을 위하여 각자의 종교를 가지는 것을 말한다.

⑥ 오락의 기능: 가족 간에 각종 오락을 통하여 가정을 화목하고 윤택하게 하는 것을 말한다.

루첵(Roucek)은 현대 가족의 일반적인 경향을 다음과 같이 제시하고 있다.

① 가족구성원들 사이의 통제력 약화
② 가족이 수행해 오던 기능들의 감소
③ 사랑의 보금자리로 가정의 중요성 인식
④ 자녀 중심의 가정
⑤ 남녀평등을 위한 여성 신분의 상승
⑥ 출산율 저하
⑦ 이혼율 증가

현대 가족의 문제점으로는 부모들의 과보호와 지나친 기대로 인한 부모와 자식 간의 갈등과 각종 경제활동으로 인한 부모와 자식 간의 대화 부족 현상 등이 있다. 그리고 부모의 권위가 약화되고 있으며 세대차로 인한 대화 단절 현상도 초래되고 있다. 최근에는 가정폭력에 의한 가정파탄과 아동학대에 의한 가정문제도 심각한 실정이다. 또한 노인 인구의 증가에 따른 노인들의 소외문제도 우리 사회가 해결해야 할 과제가 되었다. 이러한 가족의 문제점을 해결하기 위해서는 먼저 부모의 교육적 자질을 높이는 부모교육이 강화되어야 하며 부모와 자식 간의 사랑이 돈독해져야 한다. 그리고 부모의 일관된 양육태도와 경로사상의 고취 또한 현대의 가족문제를 해결하는 데 도움이 될 것이다.

3. 동료집단과 교육

동료집단은 연령과 신분, 흥미, 성 등이 비슷한 아동들이 공통된 감정과 흥미를 가지고 행동하는 집단을 말한다. 동료집단은 동지애적인 감정을 가지고 있으며 평등한 관계를 유지하며, 자연발생적으로 형성되는 집단으로 아동들의 사회화과정에 많은 영향을 미친다. 동료집단 형성의 작용변인은 사회 경제적 배경, 흥미, 성격, 거주지, 연령, 외모 등이다. 대체로 초등학교 시절에는 학업능력을 중심으로 형성되며 중·고등학교 시절에는 사회적 특성을 중심으로 그리고 대학과 대학원 시기에는 능력 중심으로 동료집단이 형성되는 경향이 있다. 이러한 동료집단의 유형은 다음과 같다.

1) 유희집단

동료집단 중에서 가장 먼저 형성되는 자발적 집단으로 처음에는 성의 구별이 없으나 점차 나이가 들어감에 따라 지도성이 나타나고 성이 구별된다. 또한 경쟁심과 협동심이 생기고 유희시간이 길어지고 지속성이 강해진다. 주로 5~6명 정도의 아동으로 형성된다.

2) 동인집단

동일한 사회적 신분과 취미를 중심으로 형성되는 작고 친밀성이 높은 집단으로 신뢰성과 친밀성이 강해 폐쇄적 성격을 지닌다. 그리고 집단의 구성원이나 지도자를 중심으로 단결의식을 강조한다.

3) 도당집단

청년 전기에 가정과 사회 그리고 성인들의 눈을 피하여 새롭고 흥미 있는 경험을 하기 위하여 모인 집단이다. 처음에는 미성년자들에게 금기된 행동을 하지만 점차 반사회적 행동으로 변하기 쉽다. 구성원 간의 의리를 강조하며 조직에 대한 충성심이 아주 강하다.

이와 같은 동료집단의 교육적 의의는 집단구성원 간의 상호작용과 역할을 통하여 민주주의 정신을 배우고 소속감과 안정감을 부여하고, 동료집단의 독특한 문화를 가지고 있어서 문화의 동일성을 형성하고 집단 내에서 자신의 지위와 기능을 통해 개인의 역할을 발견할 수 있다는 것이다.

📖 제3절 사회계층과 교육

1. 사회계층의 개념

사회계층이란 직업, 가정배경, 교육수준, 재산, 수입, 정치적 지위 등이 여러 가지 사회적 조건으로 인하여 불평등하게 분배되어 있는 사회체제 속에서 비슷한 위치에 있는 인구집단을 말한다. 반면에 사회계급은 대체로 경제적 조건이 비슷한 사람들이 유사한 생활습관, 가치관, 태도를 가지는 것을 말한다. 이것은 집단적 응집력 또는 계급의식이 전제된 개념으로 생산수단과 권력의 유무에 따라 결정되는 것이다.

이러한 사회계층의 결정요인은 일반적으로 재산, 직업, 권력, 교육수준, 수입 등이 종합적으로 평가되어 결정되지만 가장 중요한 결정요인은 재산,

수입, 직업, 교육수준이다.

마르크스는 사회계층이 생산수단의 소유 여부와 생산관계에서의 지위와 역할에 따라 결정된다고 보았고 베버는 경제적 요인 외에도 권력과 재산 그리고 권위가 사회계층을 결정하는 요인이라고 했다.

워너(W. L. Warner)는 사회계층을 분류하는 기준으로 평정참여법(evaluated participation: EP)과 지위특성지표(index of status characteristic: ISC)를 제시하였다. 워너의 지위특성지표는 다음과 같다.

① 직업
② 가옥의 형태
③ 거주 지역
④ 수입 정도
⑤ 소득원
⑥ 교육수준

2. 사회계층의 특징

1) 상류계층

상류계층 사람들의 행동 특성은 주로 가문과 전통을 존중하는 보수적인 성향이며 권위적이다. 이들은 대체로 선조로부터 물려받은 유산으로 생활하며 사회적으로 저명한 가정배경을 가지고 있다. 또한 정서적으로 안정되어 있고 생활태도도 긍정적이며 관용적이다. 그리고 조상숭배 의식이 강하며 전통과 명예를 존중한다.

상류계층의 교육적 특징은 학교교육에 대한 관심이 높고 교사에 대한 긍정적 태도를 가지고 있으며, 자신의 지위와 품위를 유지하기 위한 교양교육에 관심을 가진다. 그리고 자녀교육에서 대화를 중시하며 민주적인 양육태도를 가진다.

2) 중류계층

중류계층 사람들은 주로 전문직에 종사하고 있으며 성취동기가 높고 상류계층으로의 상승 이동 욕구가 매우 높다. 따라서 사회활동에 적극적이며 미래지향적이다. 중류계층의 교육적 특징은 자녀교육에 대한 기대가 매우 크다. 특히, 자녀들에게 성취의욕과 자제력을 갖도록 지적인 압력을 가하며 행동을 통제하는 경우가 많다. 그리고 학교교육을 통하여 자녀를 계층 상승시키기 원하기 때문에 부모들의 교육열이 높다.

3) 하류계층

몇 세대에 걸친 가난의 대물림으로 막일로 생계를 유지하는 사람들이다. 이들은 꿈과 희망 그리고 미래에 대한 기대수준이 낮고 경제적으로 안정되어 있지 못하다. 따라서 현재지향적인 가치관을 가지고 있어서 노력하지 않고 타인과 정부에 의존하는 경향이 강하다. 하류계층의 교육적 특징은 자녀교육에 대한 투자를 거의 하지 못하는 처지이며 자녀들은 학교에서 일탈행위나 비행을 저지르는 경우도 있다. 이들의 자녀들은 학습부진과 학습지진의 문제를 안고 있는 경우가 많다.

3. 사회계층과 교육과의 관계

일반적으로 교육은 사회적 이동을 촉진시키는 중요한 요인이다. 특히, 교육을 통한 사회계층의 상승은 영구적이고 안정적이기 때문에 교육에 대한 높은 관심과 기대를 가지는 것이다. 또한 교육은 경제적 · 문화적 계층 상승의 수단이 되기도 하며 국민의 생활태도와 가치관 그리고 신념을 변화시켜 계층문화의 향상을 촉진시키기도 한다.

마틴(R. L. Martin)은 사회계층과 교육과의 관계를 다음과 같이 제시했다.

① 각 계층은 고유의 문화를 가지고 있고 교육에 대한 태도도 다르다. 즉, 계층에 따라 자녀들의 진학이나 선택하는 교육내용이 다르다.
② 학생들의 인성이나 사회적 행동의 특징들을 보면 사회계층적 배경을 알 수 있다.
③ 학교의 교육목적, 내용, 방법 그리고 교사의 학생에 대한 태도에 있어서도 계층적 차이가 존재할 수 있다.
④ 학교는 사회계층에 있어서 사회이동과 관련성이 있다는 측면에서 볼 때 계층의 재생산 기능을 한다.

해비거스트(R. J. Havighurst)는 사회계층과 교육과의 관계를 다음과 같이 제시했다.

① 사회계층에 따라서 교육에 대한 신념이나 가치관이 다르다.
② 어느 국가든 모든 사회계층은 교육의 중요성을 인식하고 있기 때문에 교육이 보편화되어 있다.
③ 교육이 사회적 지위를 상승시키는 데 결정적인 조건이 되기 때문에 대학 진학은 물론 더 오랜 기간의 교육을 통하여 좋은 직업을 가질 수 있다는 생각이 지배적이다.
④ 학교에 대한 기대수준도 계층에 따라 다르다.
⑤ 학교에 대한 태도나 자녀양육의 방법도 계층에 따라 다르다.

요약 및 정리

- 교육사회학을 두 가지로 표기할 수 있다. 하나는 교육적 사회학으로 이것은 주로 도덕과 철학적 이론을 중시하는 입장이다. 이것은 주로 교육학자들이 주도한 실천지향적인 연구를 말한다. 다른 하나는 교육의 사회학이며 이것은 경험과학적인 방법을 중시하는 입장으로 교육실제의 사회학적 과정을 분석하며 연구문제를 사회학에서 찾는 경향이 있다.

- 사회학의 주된 이론에는 다음 두 가지가 있다. 첫째, 기능이론은 사회학의 창시자인 콩트와 스펜서에 의하여 기초가 형성되고 뒤르켐에 의하여 발전되어 파슨스에 의해서 체계화된 것이다. 둘째, 갈등이론은 마르크스와 베버의 사상에서 연유되었으며, 볼스와 긴티스 등의 신마르크스주의자들에 의해서 다양한 이론으로 체계화되었다.

- 사회화란 한 인간이 자기가 속해 있는 사회의 행동양식, 가치관, 신념, 태도, 규범과 같은 것을 내면화시켜 그 사회의 한 성원이 되어 가는 과정을 말한다. 이러한 사회화는 개인과 사회의 상호작용 과정이며 한평생을 통하여 계속되는 것이다.

- 사회계층이란 직업, 가정배경, 교육수준, 재산, 수입, 정치적 지위 등이 여러 가지 사회적 조건으로 인하여 불평등하게 분배되어 있는 사회체제 속에서 비슷한 위치에 있는 인구집단을 말한다.

- 일반적으로 교육은 사회적 이동을 촉진시키는 중요한 요인이다. 특히, 교육을 통한 사회계층의 상승은 영구적이고 안정적이기 때문에 교육에 대한 높은 관심과 기대를 가지는 것이다. 또한 교육은 경제적·문화적 계층 상승의 수단이 되기도 하며 국민의 생활태도와 가치관 그리고 신념을 변화시켜 계층문화의 향상을 촉진시키기도 한다.

으뜸이 되는 선은 물과 같다. 물은 만물에게 좋게 베풀며 이로움을 주지만 다투지 않으며 모든 사람들이 싫어하는 곳에 위치하고 있다. 그러므로 도(道)에 가깝다.

노자, 『도덕경(道德經)』

제**6**장

교육과정

탐구주제

▶ 교육과정이란 무엇인가?

▶ 교육과정의 유형에는 어떤 것들이 있는가?

▶ 교육과정 구성 및 선정의 원리는 무엇인가?

▶ 교육과정 조직의 원리는 무엇인가?

📖 제1절 교육과정의 의미

1. 교육과정의 어원적 의미

교육과정(教育課程)을 뜻하는 커리큘럼(curriculum)은 본래 라틴어의 'currere'라는 말에서 유래된 말이다. 명사로서 커리큘럼은 '달리는 코스' '경주 코스'를 의미한다. 커리큘럼이란 말의 어원에 비추어 볼 때, 교육과정이란 아동이나 학생이 일정한 목표를 향해서 달리는 과정(過程)이라는 의미를 가지게 되었다. 그러나 커리큘럼이 단지 과정만을 의미하는 것은 아니다. 달리는 과정에는 반드시 보고 듣고 배워야 하는 내용이 있기 마련이다. 여기에서 커리큘럼이라는 용어가 교육에 전용되어 일정한 순서로 배열된 학습의 코스라는 의미를 가지게 되었으며 동시에 학습내용이나 경험내용을 의미하게 되었다.

2. 교육과정의 정의

역사적으로 교육과정은 강조점을 어디에 두느냐에 따라 다양한 의미와 모습을 가지게 되었다. 다양한 의미를 가지게 된 교육과정을 다음 몇 가지 범주로 나누어 정의할 수 있다.

1) 교육내용으로서의 교육과정

교육과정을 정의하는 방법들 중 가장 전통적인 방식은 교육과정을 교육내용(content)으로 규정하는 것이다. 이때의 교육과정은 교사가 가르치고 학생이 배워야 할 교수-학습내용을 의미한다. 여기서 교수-학습내용은 지

식의 체계일 수도 있고, 지식의 구조일 수도 있다. 이러한 관점에서 교육과
정을 규정한 학자로 허친스(R. M. Hutchins), 베스터(A. Bestor) 등이 있다. 항
존주의 사상가였던 허친스는 교육의 목적을 지적 계발에 두고, 교육과정은
이러한 지적 계발에 도움을 줄 수 있는 영구불변의 진리로 구성되어야 한다
고 생각했다(Hutchins, 1936: 85). 베스터 역시 본질주의 교육사상에 입각하
여 교육과정은 모국어, 수학, 과학, 역사, 외국어 등의 다섯 가지로 구성해
야 한다고 주장했다(Bestor, 1956: 48-49). 이들에 의한 교육과정의 개념 규
정은 가장 전통적이고 대표적인 것으로 이해되고 있다.

2) 경험으로서의 교육과정

20세기 초 미국에서 활동한 듀이와 진보주의자들은 교육과정을 내용으
로 규정한 전통적인 방식을 비판하였다. 이들은 교육과정을 교사의 지도 아
래 학생들이 갖게 되는 모든 경험(experience)이라고 정의하였다. 이러한 생
각은 그 후 많은 교육학자들과 현장의 교사들로부터 지지를 받았다. 이들은
학생들이 배워야 할 경험은 반드시 학교 안에서만 이루어지는 것이 아니라
바람직한 교수-학습의 결과를 가져올 수 있는 것이라면 교실 안팎의 어디
에서든지 교육적인 경험이 될 수 있다고 생각하였다. 이러한 관점에서 이들
은 학교 안팎에서 학생들이 가지게 되는 경험의 총체를 교육과정이라고 규
정했다. 이러한 입장을 가장 잘 지지했던 인물은 캐스웰(H. L. Caswell)과 캠
벨(D. S. Campbell)이다.

3) 교육계획으로서의 교육과정

1950년경 일부 교육학자들은 교육과정을 계획(plan)이라고 규정하였다.
교육과정을 계획으로 바라보는 입장은 타일러(R. W. Tyler)와 타바(H. Taba)
와 같은 학자들에 의해 지지를 받아 왔다. 타일러는 교육과정이란 교육목
적을 달성하기 위하여 계획되는 모든 학습이라고 정의하였고, 타바는 교육

과정이란 학습을 위한 하나의 계획이라고 정의하였다. 세일러(J. G. Saylor)와 알렉산더(W. M. Alexander) 역시 교육과정이란 특수한 목표들을 성취하기 위해 일련의 학습기회를 제공하는 계획이라고 규정하였다. 이러한 관점에서 보면 교육과정이란 어떤 교육목적을 달성하기 위하여 생활경험을 교육적인 관점에서 편성하고, 교수-학습활동이 언제, 어디에서, 어떻게 행해질 것인가를 종합적으로 묶은 총체적인 계획이라고 할 수 있다(이형행, 1988: 171).

4) 교수-학습 결과로서의 교육과정

1960년대 및 1970년대에 접어들면서 교육학자들은 교육과정을 교수-학습활동의 결과(result)로 규정하기 시작했다. 포팸(W. J. Popham)과 베이커(E. L. Baker)는 교육과정을 학교가 책임져야 하는 모든 계획된 교수-학습의 결과로 정의하였다. 이들은 교육과정을 계획된 결과로 이해함으로써 결과를 더 강조하고 있으며, 계획이란 결과를 가져오기 위한 수단적 절차에 지나지 않는다고 생각했다. 또 태너와 태너(D. Tanner & L. Tanner)도 교육과정을 아동과 학생의 개인적·사회적 능력의 계속적이고 의도적인 성장을 위하여 학교의 지도 아래 지식과 경험의 체계적인 재구성을 통하여 형성된, 또 계획적으로 의도된 교수-학습 경험의 결과라고 보았다.

5) 잠재적 교육과정

앞의 정의에 따르면 교육과정은 학생들이 배워야 할 교육내용이거나 경험의 총체로 이해될 수 있다. 또 교육과정은 바람직한 결과를 얻어 내기 위한 계획으로 이해되거나 계획된 결과로서 이해된다. 요컨대, 교육과정은 아동의 능력을 돕기 위하여 교육을 주도하는 기관이 체계적으로 개발 및 제공하는 모든 종류의 교수-학습 경험의 계획이라고 정의할 수 있을 것이다.

그러나 교육과정에 대한 이러한 정의에 대해 의문을 제기하지 않을 수 없다. 왜냐하면 잭슨(P. W. Jackson) 같은 학자가 예리하게 분석했듯이, 학생들은 미리 계획하고 조직해 놓은 지식이나 경험을 통해서만 배우는 것이 아니기 때문이다. 우리가 경험하는 것들은 반드시 학교가 미리 계획하고 조직하고 가르친 것들이 아닌 경우가 많다. 이러한 경험들은 비구조화되고 비공식적이며 겉으로 드러나지 않는 것들이다. 이러한 숨겨진 경험들을 일컬어 잠재적 교육과정(hidden or latent curriculum)이라고 부른다. 최근 잠재적 교육과정은 교수-학습과정에서 표면적 교육과정과 함께 중요하게 다루어지고 있다.

3. 바람직한 교육과정의 조건

바람직한 교육과정의 조건 혹은 기준은 무엇인가? 강조하는 바가 무엇이냐에 따라 상이한 조건을 제시할 수 있겠지만 여기서는 일반적인 기준 몇 가지만을 제시해 보고자 한다.

1) 포괄성

교육과정의 범위는 넓고 포괄적이어야 한다. 각 교과의 기본 구조를 밝혀 교과의 이해를 돕는 인지적 활동이 포함되어야 할 뿐 아니라 정의적 영역의 활동도 포함되도록 계획해야 한다. 또한 교과 외의 활동도 포함되어야 하며 드러나지 않는 잠재적 교육과정까지도 포함되어야 한다.

2) 개인차 고려

교육과정의 구성과 전개는 개인차가 고려되어야 한다. 아무리 체계적이고 조직적인 교육내용을 선정하고 조직했다고 하더라도 학습자의 개인차를 고려하지 않게 되면 교수-학습의 본래 목적을 달성하기 어려울 것이다. 따라서 교육과정을 구성하고 이를 구체적으로 전개해 갈 때 학생의 연령, 학년, 지적 능력 등 개인차를 고려하는 것이 바람직하다.

3) 창의성 발휘

교육과정은 학생의 창의성 발휘를 도울 수 있도록 조직되고 구성되어야 한다. 이제 교육의 성패는 창의성을 얼마나 신장시키는가에 달렸다고 해도 과언이 아니다. 마찬가지로 교육과정의 가치 역시 창의성 신장 여부에 의해 평가된다. 일반적으로 창의성이란 새로운 것을 생각해 내는 힘을 말하는데, 이러한 능력은 주어진 교과목만을 학습한다고 해서 생겨나는 것은 아니다. 경험내용을 어떻게 선정하고 조직하느냐에 따라 창의성이 신장될 수도 있고 위축될 수도 있다는 점을 고려하여 교육과정을 구성해야 할 것이다.

4) 민주적인 계획과 운영

교육의 목적을 효과적으로 달성하기 위해서는 교과전문가, 교과담당교사, 교육학자, 심리학자 그리고 교육행정가 등의 관련 있는 사람들이 협력하여 교육과정을 계획, 구성하고 이를 민주적으로 운영하는 것이 바람직하다. 이렇게 할 때 사회의 변화 및 시대적 요구에 부응할 수 있으며, 산업사회의 요구에도 발맞추어 교육과정을 개선해 갈 수 있다.

제2절 교육과정의 유형

1. 교과중심 교육과정

1) 기본 입장

교과중심 교육과정이란 '지식의 체계'를 중시하는 교육과정으로서 학교의 지도하에 아동, 학생이 배우는 일체의 교과와 교재를 말한다. 교과중심 교육과정을 지지하는 학자들은 교육의 궁극적인 목적이 지식을 습득하고 이성을 계발하는 것이라고 주장한다. 그들은 그 자체의 논리와 체계를 지니는 교과를 학습함으로써 이 목적에 도달할 수 있다고 믿는다.

2) 특징

① 인류의 문화유산이 교육의 주된 내용이다. 교과는 문화유산을 분류하고 논리적으로 조직하여 체계화하는 것이다.

② 교사중심의 교육과정이다. 교사는 학습자보다 월등히 많은 지식과 기술을 가지고 있어야 하며 교과목과 교수의 권위자가 되어야 한다.

③ 설명 위주의 교수법을 요구한다. 교과내용의 전문가는 교사이기 때문에 수업은 자연히 교사의 설명이 중핵을 이룬다.

④ 한정된 교과영역 안에서만 교수-학습활동이 이루어진다. 다시 말해서 넘어서는 안 되는 선이 분명하게 그어져 있기 때문에 선을 넘으면 다른 교과를 침범하는 것으로 생각하게 된다.

3) 장점

① 교육과정이 간단하고 명료하게 짜여 있어 이해하기 용이하다.

② 교수-학습결과의 평가가 용이하고 객관적인 측정이 쉽다.

③ 교육과정에 대한 중앙집권적인 통제가 수월하다.

④ 오랜 전통에 뿌리를 두고 있기 때문에 교사, 학부모, 학생에게 심리적 안정감을 준다.

⑤ 교육과정의 개정이 용이하다.

4) 단점

① 단편적이며 분과적으로 조직되기 때문에 통일성과 연계성이 결여되기 쉽다.

② 학습자의 요구와 흥미가 무시되고 성인의 가치를 강요할 가능성이 높다.

③ 학습지도가 일률적으로 이루어지고 교사중심의 일방적인 수업이 되기 쉬우므로 민주적인 가치와 태도를 기르기 어렵다.

④ 교과란 과거의 문화유산을 조직한 것이기 때문에 자연히 과거지향적인 수업이 되기 쉽고 현실 문제를 해결하는 데 소홀해지기 쉽다.

2. 경험중심 교육과정

1) 등장배경 및 기본 입장

1930년대를 전후하여 미국에서는 듀이를 중심으로 진보주의 교육사상이 등장하여 교육계에 큰 영향을 주었다. 이들은 전통적인 교육관은 물론 교과중심 교육과정의 문제점 및 한계를 비판하였다. 이들은 교과중심 교육과정으로는 아동이나 학생이 급변하는 사회에 적절히 적응해 나가기 어렵다고 진단하고 생활경험을 중심으로 교육과정을 구성해야 한다고 주장하였다.

경험중심 교육과정이란 무엇보다 경험의 계열(系列)을 존중하는 과정을 말하는 것으로, 학교의 지도 아래 아동 및 학생들이 체험하게 되는 모든 경험을 말한다. 경험중심 교육과정에서는 교재보다는 생활을, 지식보다는 행동을, 분과보다는 종합을, 미래의 준비보다는 현재의 생활을, 교사의 교수보다는 학습자의 활동을 중시하는 입장에서 교육을 바라본다(권건일, 2000: 217).

2) 특징

① 아동 및 학생의 흥미와 필요를 기초로 교육과정을 구성한다.

② 교재를 학습의 장에서 결정하고 여기에 학습자의 협력과 참여기회를 허용한다.

③ 아동의 경험이 다르듯이 개인차를 고려하여 교육과정을 구성한다.

④ 현실생활 속에서 부딪치게 되는 문제를 해결하는 능력을 기르는 것을 교육의 중요한 목적으로 삼는다.

3) 장점

① 학생의 흥미나 필요를 토대로 교육과정을 구성하기 때문에 학생들의 학습활동을 촉진시킨다.

② 현실 문제를 공동으로 해결해 가는 과정 속에서 협동심, 책임감, 사회성 등 민주적인 태도와 생활방식을 기르는 데 유리하다.

③ 학습자 스스로 세운 목표와 계획에 따라 스스로 문제를 해결해 나갈 수 있는 능력을 기를 수 있다.

④ 많은 인적 · 물적 자원을 이용한 다양한 형태의 학습이 전개되므로 경험의 폭을 넓혀 갈 수 있다.

4) 단점

① 교육과정을 아동이나 학생의 흥미 및 욕구에 입각하여 구성하게 되면 교육의 본질을 과소평가하는 결과를 낳기 쉽다.

〈표 6-1〉 교과중심 교육과정과 경험중심 교육과정의 차이점

교과중심 교육과정	경험중심 교육과정
교과목중심	학습자중심
교재의 교수중심	학습자의 전인적 발달 중시
장래를 위해 지식과 기술 학습	현재 생활경험 자체 학습
제3자에 의해 구성됨	학생, 교사, 학부모, 학자, 행정가에 의해 구성됨
동일한 반응, 효과 기대	다양한 반응과 기대
학교에서 가르치는 것을 내용으로 조직함	학교 안팎의 경험으로 조직
지식의 획득이나 언어주의에 빠지기 쉬움	학행일치에 부합함

② 경험중심 교육과정은 교직에 대한 소양과 지도요령이 부족한 교사가
　 채택할 경우 실패할 가능성이 높다.

③ 경험중심 교육과정은 실제 생활경험을 학습하려는 아동들에게는 유리
　 하지만 일반적인 경험, 법칙, 원리적인 지식을 구하는 단계에 있는 학
　 습자에게는 적합지 않다.

④ 행정적으로 통제하기가 어렵고, 통일성을 기하기가 곤란하다.

3. 학문중심 교육과정

1) 등장배경

학문중심 교육과정이 등장하게 된 데에는 여러 가지 배경이 있다. 우선,
1950년대 후반 과학과 기술의 발달로 인해 지식이 폭발적으로 증가하고, 한
정된 학교교육 기간 동안 그 많은 지식 가운데 무엇을 가르쳐야 할 것이냐
하는 논의가 활발하게 전개되었다. 이러한 배경 속에서 학문에 내재해 있는
것으로서 전이가치가 높은 지식과 기술을 가르쳐야 한다는 주장이 나오게
되었다. 여기서 전이가치가 높은 지식이란 기본적이며 핵심적인 지식으로
이를 '지식의 구조'라고 부른다.

또 1957년에는 소련이 인공위성 스푸트니크(Sputnik) 1호를 미국보다 먼
저 쏘아 올렸는데, 이 사건은 지금까지 과학 분야에서 앞섰다고 자부해 온
미국에 커다란 충격을 주었다. 이를 계기로 미국은 중등교육과정의 대대적
인 개편을 단행하게 되었다. 미국의 교육과정 개편의 방향은 교육과정에 포
함될 교과내용의 핵심이 되는 기본 구조를 찾아내고 그것을 학습자 스스로
탐구해 갈 수 있도록 조직하는 일이었다. 이러한 교육과정을 '학문중심 교
육과정'이라고 하며, 이러한 교육과정을 제시한 학자가 바로 브루너(J. S.
Bruner)다.

2) 특징

학문중심 교육과정에서 가장 중요시하는 것은 지식의 구조다. 지식의 구조라는 것은 학문의 이면에 숨어 있는 기본적인 아이디어, 지식의 기본 개념, 지식의 기본 원리, 지식의 핵심개념, 일반적인 아이디어, 지식의 탐구과정과 동의어로 쓰인다. 브루너에 의하면 지식의 구조가 중요한 까닭은 그것이 학습의 전이를 용이하게 하기 때문이라는 것이다. 지식의 구조를 강조하는 학문중심 교육과정은 다음과 같은 일반적인 특징을 갖는다.

① 학문중심 교육과정은 지식의 구조를 핵심으로 조직해 놓은 것이다. 브루너에 의하면 교육과정이란 각 교과의 전문가들이 그 교과가 나타내는 지식의 구조를 체계적으로 조직해 놓은 것이다.

② 학문중심 교육과정은 탐구과정을 중시한다. 즉, 교사는 주어진 개념, 원리 등을 제시하고 주입하는 것이 아니라 전공 분야의 학자가 탐구한 것과 똑같은 방식으로 아동이 스스로 탐구하여 원리를 찾아내도록 한다.

③ 학문중심 교육과정은 나선형(螺線型) 교육과정이 되어야 한다. 나선형 교육과정은 교과를 가장 완벽한 상태로 가상하고 일찍부터 그 교과에 담겨져 있는 핵심 개념, 기본 원리를 아동 및 학생들의 사고방식에 맞게 가르치고 이를 점차 심화·확대해 나가는 교육과정이다(이형행, 1988: 182-183).

3) 장점

① 체계화된 지식을 교육내용으로 선정하여 교육과정을 구성하기 때문에 능률적인 교수-학습이 가능하다.

② 기본적이고 핵심적인 개념, 원리를 학습하기 때문에 기억이 쉽고 전이가 용이하다.

③ 스스로 탐구하는 능력을 습득함으로써 학문탐구 방법을 체득할 수 있고, 학문 자체에 대한 즐거움을 누릴 수 있다.

4) 단점

① 지적인 측면에만 편중하여 교육과정을 조직·운영하기 때문에 정의적인 측면을 소홀히 할 가능성이 높다.

② 지식의 구조는 지적 능력이 떨어지는 아동이나 학생에게 너무 어렵고 가변적인 것이다.

③ 지식의 구조를 지나치게 강조하다 보면 학교교육과 현실생활과의 연계성이 약해질 수 있다.

④ 학습자의 흥미, 필요, 욕구 등을 경시할 가능성이 높다.

⑤ 교육과정상에 문제가 있어 개선해야 할 점이 있더라도 전공 분야의 학자들이 자기 분야에만 몰두함으로써 발전적인 연구가 소홀해질 수 있다.

〈표 6-2〉 교과, 경험, 학문중심 교육과정 비교

내용 \ 구분	교과중심 교육과정	경험중심 교육과정	학문중심 교육과정
목적	이성 계발(과거 지향)	전인적 인간 형성	탐구성 배양(미래 지향)
내용	문화유산	생활경험	구조화된 지식
조직	분과형(논리적 배열)	통합형(심리적 배열)	나선형(절충형 배열)

4. 인간중심 교육과정

1) 등장배경

1970년대 들어서 새로운 시각으로 교육을 바라보고 이해하려는 인간중심적 교육이론가들, 즉 로저스(C. R. Rogers), 실버먼(C. E. Silberman) 같은 이들이 출현하여 인본주의 심리학을 토대로 교육을 설명하고자 하였다. 이들은 교육이란 지식과 기술만을 습득하기 위해 행해지는 것이 아니라 인간에 대한 이해, 인간성의 계발, 타인과의 원만한 관계, 새로운 인간형 창조 등에 기여해야 한다고 주장했다. 그들은 현대 산업사회의 거대화, 조직화, 관료화가 가져온 비인간화 및 인간소외 현상을 바라보면서 수단화된 학교의 기능을 신랄하게 비판하고 교육을 인간화(humanization)해야 한다고 강조하였다. 그리하여 그들은 교육이 아동 및 학생들이 보다 나은 인간관계를 맺을 수 있도록 안내하고, 자아를 계발하도록 도와야 한다고 역설했다.

2) 특징

인간중심 교육과정은 인간의 본성과 욕구에 부합시켜 사랑하고, 느끼고, 내면의 자아를 확장하고 창조함으로써 자아실현의 가능성을 개발하는 것이 무엇보다 중요하다고 강조한다. 인간중심 교육과정의 일반적인 특징을 소개하면 다음과 같다.

① 교육과정이란 아동 및 학생의 자아실현을 위한 내용으로 조직되고 구성되어야 한다.
② 교육의 목적은 인간을 기계적으로 기르는 것이 아니라 느끼고, 생각하고, 사랑하고, 부단히 노력하는 전인적 인간을 육성하는 일이다.
③ 교사는 학생 스스로 자아를 실현해 갈 수 있도록 하기 위해서 사제지간의 원만한 인간관계를 유지하도록 노력해야 한다. 따라서 온화한 분위기를 제공하는 것이 좋다.
④ 상호 신뢰를 통해 학생의 동기유발을 꾀하고, 평등하게 배울 수 있다는 신념을 주어야 한다.

3) 장점

① 인간중심 교육과정은 아동 및 학생들에게 자신에 대한 긍정적인 태도 및 자기 계발의 능력을 부여해 준다.

② 타인과의 원만한 인간관계를 유지함으로써 타인을 존중하고 수용할 수 있는 건전한 가치관을 형성하는 데 도움을 준다.

③ 체계적인 교수–학습기법의 적용도 중요하지만 사람들 간의 이해, 진실성, 신뢰성의 형성이 교육목적을 실현하는 데 더 큰 도움을 줄 수 있다.

4) 단점

① 인간중심 교육과정은 학생의 학습결과를 평가하기보다는 학습방법과 경험을 중요하게 여기므로 프로그램의 장기적인 효과를 평가하는 데에는 부적절할 수도 있다.

② 개인의 경험 차이를 중시하지만, 그 개인에게 적합한 경험이 무엇인지에 대해서는 구체적인 대안을 제시하지 못하고 있다.

③ 인간중심주의자들이 개발한 심리적 기법이나 이론은 과학적으로 검증받지 않은 것이어서 이를 적용하는 데에는 위험이 뒤따른다.

〈표 6-3〉 교육과정 개념의 변천과정

유형	연대	정의	실체	개념의 넓이
교과중심	1920~현재	교수요목	문서	매우 좁음
경험중심	1930~현재	지도된 경험	경험	넓음
학문중심	1960~현재	지식의 구조	문서	좁음
인간중심	1970~1980	경험의 총체	경험	매우 넓음

📖 제3절 교육과정의 구성

타일러(R. W. Tyler)는 자신의 저서 『교육과정과 수업의 기본 원리(*Basic principles of curriculum and instruction*)』(1949)에서 교육과정 개발이나 수업 설계에 포함되어야 할 요소로 교육목표의 설정, 학습경험의 선정, 학습경험의 조직, 평가 등 네 가지를 들었다. 그의 생각은 오늘날도 설득력을 가지고 있으며 교육과정 구성의 일반적인 절차로 받아들여지고 있다. 이 절에서는 교육과정 구성의 핵심 요소라고 할 수 있는 교육목표 설정, 교육내용의 선정, 교육내용의 조직, 단원의 계획, 수업전략, 교육과정 평가 등을 차례로 살펴보고자 한다.

1. 교육목표 설정

교육과정을 구성할 때 가장 먼저 고려해야 할 것은 교육을 통해 어떤 사람을 길러 내고자 하는지를 분명하게 설정하는 일이다. 학교에서 이루어지는 교육활동이란 결국 교육목표를 달성하기 위한 노력이요, 수단에 지나지 않는다. 교육목표가 분명하지 않으면 교육과정 계획을 제대로 세울 수 없으며 동시에 교수-학습이 방향감을 잃게 된다. 따라서 교육목표를 명확히 설정하는 일이야말로 교육과정 구성에 있어 가장 중요하고 우선시되어야 할 과제다. 교육목표를 설정할 때 고려해야 할 사항은 다음과 같다.

1) 목표 설정의 자원

타일러는 교육목표 설정의 기본적인 자원은 학습자에 대한 연구, 사회에 대한 연구, 교과목에 대한 연구이고 그것은 다시 철학과 심리학의 검증을 거쳐 설정된다고 주장하였다. 그러나 오늘날 교육과정의 목표는 철학, 사회

변화 및 문화현상, 학습자의 심리적 특성, 교과 전문가의 견해를 고려하여
설정한다.

2) 교육목표의 수준

교육목표는 어느 정도의 일반성과 특수성을 가지느냐에 따라서 지극히
포괄적이고도 일반적인 수준의 목표를 설정할 수도 있고, 특수하며 구체적
인 수준의 목표를 세울 수도 있다. 여기서 말하는 교육목표의 수준이란 교
육목표 세분화에 관한 문제라고 볼 수 있다. 그 세분화의 정도에 따라서 우
리는 국가 및 사회적 수준의 목표, 교과목 수준의 목표, 단원 수준의 목표,
수업 수준의 목표를 설정할 수 있다. 흔히 국가, 사회 및 교과목 수준의 목
표를 일반목표라고 하며, 단원목표를 중간목표, 수업목표를 특수목표라고
부른다.

3) 교육목표의 설정과 진술

교육목표는 교육내용의 선정, 조직, 학습지도, 평가에 이르기까지 일관성
있게 반영되어야 한다. 교육목표를 설정하고 진술할 때 도움이 되는 일반적
지침 혹은 기준을 몇 가지 제시하면 다음과 같다.

① 교육목표는 구체적이고 명료한 용어로 진술되어야 한다.
② 교육목표는 포괄적이어야 한다.
③ 설정된 교육목표는 일관성이 있어야 한다.
④ 설정된 교육목표는 실현 가능성이 있어야 한다.
⑤ 교육목표는 모든 교직원의 교육활동 속에 내면화되어야 한다.
⑥ 설정된 교육목표는 그 타당성을 언제나 검증받아야 하며, 언제나 수정
   될 수 있어야 한다.

2. 교육내용의 선정

교육목표가 설정되면 그 목표를 달성하기 위한 교육내용을 선정해야 한다. 교육내용을 선정하는 기준은 원칙적으로 그것을 통해서 성취하려는 교육목표의 유형에 따라 결정되어야 한다. 교육내용을 선정하는 데 고려해야 할 일반적인 원리 내지 기준을 제시하면 다음과 같다.

1) 타당성 및 유의미성의 원리

이것은 교육내용을 제대로 선정하기 위해서 교육목표와 관련하여 그것이 그 학문 분야에서 얼마나 본질적이고 기본적인지, 그리고 얼마나 의미 있는 내용을 담고 있는지를 고려해야 한다는 원리다. 따라서 무엇이 본질적인 내용인지에 대한 합의가 이루어져야 한다. 대체로 본질적인 내용이란 학문의 기본 개념이라고 볼 수 있으며, 그 기본 개념은 전이가치가 높은 지식으로 이루어져 있다.

2) 일관성의 원리

이것은 교육목표를 달성하기 위한 교육내용이 설정된 교육목표가 지시하는 바로 그 내용이어야 한다는 원리다. 예컨대, 육상의 기능을 향상시킨다는 목표가 설정되면 육상의 기능을 향상시키는 것들이 바로 교육내용이 되어야 한다. 말하자면 교육내용은 교육목표와 일관성을 지닐 수 있도록 선정되어야 한다.

3) 학습 가능성의 원리

이것은 교육내용이 학생이 배울 수 있는 범위 내에서 선정되어야 한다는 원리다. 아무리 훌륭한 내용을 선정했다고 하더라도 학습 가능성이 결여되어 있다면 그것은 교육내용으로서 쓸모가 없게 된다. 예컨대, 겨우

200여 개 정도의 영어 단어밖에 모르는 학생에게 원어로 쓰인 『오디세이 (Odyssey)』를 읽게 한다면 그것은 학습 가능성의 원리를 무시한 것이다.

4) 일 경험 다 목표 달성의 원리

이것은 어떤 교육목표를 달성하기 위하여 선정한 교육내용이 그 목표를 달성하는 데도 기여하지만 동시에 다른 목적을 달성하는 데도 기여한다는 원리다. 이러한 현상을 동시학습 혹은 다과율(多果率)이라고 한다. 예컨대, 육상 능력을 신장시키는 교육내용은 건강 증진은 물론 다른 운동의 능력을 신장시키는 데 도움을 준다. 그러나 이러한 동시학습이 반드시 긍정적인 효과만을 가져오는 것은 아니다.

5) 일 목표 다 경험 활용의 원리

이것은 하나의 교육목표를 달성하기 위하여 다양한 경험을 활용할 수 있다는 원리다. 이 원칙은 교사들이 교수 및 학습을 계획하는 데 있어서 무한한 창의성의 폭을 넓혀 주는 데 크게 기여한다. 말하자면 틀에 박힌 천편일률적인 교육내용으로부터 다양하고 독창적이며 생동감이 넘치는 수업을 진행할 수 있는 기회를 부여해 준다.

교육내용을 선정하려는 사람은 이러한 원칙들 이외에도 학생의 능력, 흥미, 필요를 충분히 고려해야 하며, 인지, 정의적 발달 단계를 고려해야 하고, 교육내용의 유용성 및 적용 지역 등을 고려해야 한다.

3. 교육내용의 조직

교육내용이 선정되었으면 이제 그 내용을 적절하게 조직해야 한다. 홀륭한 교육내용을 선정했다고 하더라도 이를 제대로 조직하지 못하면 교육목표를 달성하기 어려울 것이다. 교육내용을 조직하는 데 반드시 고려해야 할 원리 및 기준은 다음과 같다.

1) 연속성의 원리

교육내용을 조직하는 데는 연속성(連續性: continuity) 내지 계속성이 유지되어야 한다. 이 원리는 중요한 학습내용을 상당기간 동안 여러 번 반복하게 하여 강화의 효과를 얻으려는 것이다. 어떤 학습내용이 학습자의 마음속에 내면화되기 위해서는 중요한 내용들이 계속해서 반복되어야 한다. 이러한 계속적인 반복은 인지학습에도 중요하지만 기능이나 태도의 학습에서도 중요하다.

2) 계열성의 원리

계열성(系列性: sequence)의 원리는 학습의 종적 조직에서 매우 중요한 원리다. 계열성이란 이해, 태도, 기능 등을 포함하는 교육내용의 여러 요인이 그 깊이와 너비에 있어서 점진적인 증가가 이루어질 수 있도록 조직되어야 한다는 것을 말한다. 교육과정 구성에서 중시되는 계열에는 교과목의 논리적 계열, 학습자의 발달 단계와 과업을 중시하는 계열, 문화사적 시대 구분에 초점을 맞춘 계열, 생활영역에 초점을 맞춘 계열 등이 있다.

3) 통합성의 원리

연속성과 계열성이 교육과정 조직의 종적 원리라면, 통합성(統合性: integration)은 횡적 원리라고 할 수 있다. 여러 학습장면에서 획득한 교육내용들은 서로 연결되고 통합됨으로써 학습의 정도가 깊어지고 넓어질 수 있다. 지금까지 교육내용을 통합하기 위한 시도들이 있어 왔는데, 주로 상관 교육과정, 광역 교육과정, 통합 교육과정 등이 고안되어 왔다.

4) 범위의 원리

이것은 교육과정 내용의 폭(breadth)과 깊이(depth)에 관련되는 원리다. 많은 교과목들을 그냥 옆으로 쭉 나열해 놓기만 한다고 해서 교육과정이 조직되는 것은 아니다. 교육내용의 폭이 넓어지면 깊이는 얕아지고, 깊이가 깊어질수록 폭은 좁아질 것이라는 점을 고려하여 교육내용을 조직해야 한다.

5) 균형성의 원리

이것은 교육과정을 조직할 때 내용의 종적·횡적 차원과 수직적·수평적 차원을 균형 있게 반영해야 한다는 원리다. 균형성을 유지하기 위해서는 융통성 있는 수업시간 계획이나 수업시수 배당계획이 필요하다.

4. 단원의 계획

1) 단원의 의미

교육과정을 계획하는 데 있어서 교육목표가 설정되고, 교육내용이 선정, 조직되었으면 이제 단원을 계획해야 한다. 단원계획은 학생들에게 제공되는 구체적인 계획으로서 이를 '단원전개 계획', '단원전개안', '수업안', '학습지도안'이라고 부른다. 흔히 단원이란 교육과정을 구성하는 최소 단위의 구조로서 통일성, 단일성, 전체성, 통합성을 지닌다. 단원을 계획한다는 것은 수업을 준비하기 위하여 수업안을 작성하는 것이며, 단원의 전개는 곧 수업과정 자체를 일컫는 말이다.

2) 단원의 종류

단원의 종류에는 자료단원, 학습단원, 교과단원, 탐구학습단원 등이 있다. 각 단원들의 특징을 소개하면 다음과 같다.

① 자료단원: 자료단원은 교사가 학습단원을 계획, 전개하고 평가함에 있어서 도움이 될 여러 가지 자료를 체계적, 종합적으로 조직해 놓은 것을 말한다. 말하자면 교사가 단원학습을 이끌어 나갈 때 사용할 수 있는 자료를 끌어다 쓸 수 있는 학습자료라고 할 수 있다. 자료단원은 가능하면 협동적인 노력에 의해 지역별, 학교별로 작성하는 것이 좋다.

② 학습단원: 학습단원은 자료단원을 참고로 하여 교사가 수업을 전개해 가기 위하여 계획한 단원이다. 즉, 이것은 교사가 수업을 전개해 가기 위해 마련한 학습지도안을 말한다.

③ 교과단원: 교과단원 또는 교재단원은 교과중심 교육과정에서 설정하는 단원으로서 체계적이고 논리적인 '지식의 덩어리'다. 좀 더 정확히 말하면 이것은 교과서의 분절된 단위, 즉 과(課: lesson)를 말한다.

④ 탐구학습단원: 이것은 교재의 배후에 있는 기본적인 원리를 깨닫도록 하기 위하여 문제해결의 과정을 통일성 있게 구성한 단원이다. 이 단원의 특징은 교재에 담긴 특정한 사실을 습득하도록 하기보다는 학생 스스로 탐구하도록 함으로써 기본 개념, 원리, 법칙을 발견하도록 하는 데 있다.

3) 단원계획의 절차

단원계획이란 자료단원을 참고로 하여 학습단원을 작성하는 과정을 말한다. 단원을 계획하는 데는 단원목표의 설정, 학습과제의 분석, 출발점 행동의 분석, 보충과정 등을 고려해야 한다.

① 단원의 목표 설정

단원목표는 수업을 이끄는 목표로서 이 목표는 학습지도안에 진술되며, 이 목표에 따라 수업이 진행된다.

② 학습과제 분석

학습목표가 지적하고 있는 과제는 여러 가지 하위 요소들로 이루어져 있는데, 이 요소들을 체계화하고 상호관련성을 찾아내는 것을 말한다. 이 분석은 가르칠 학습요소가 무엇인지를 분명히 하고, 학습의 순서를 밝혀 주고, 형성평가의 기준이 되며 선수학습능력이 무엇인지를 밝혀 준다는 점에서 중요하다.

③ 출발점 행동 분석

출발점 행동이란 학생이 새로운 학습목표에 도달하기 전에 이미 습득하고 있어야 할 지식이나 기능을 말한다. 이 출발점 행동은 주로 진단평가를 통해서 측정하게 된다. 이 출발점 행동의 진단은 선수학습의 결함을 보완하여 보충과정을 실시하려는 데 목적이 있다. 진단 결과, 80% 미만의 성취를 보인 학생을 부진아로 보고 이들에게 보충과정을 실시한다(권건일, 2000: 234-235).

5. 수업전략

출발점 행동의 진단과 보충과정이 마무리되면 수업에 대한 구체적인 계획을 수립하게 되는데, 이러한 수업계획을 흔히 '수업전략'이라고 부른다. 수업전략에서 고려해야 할 점은 학습 요소별 시간계획, 교수-학습집단의 조직, 시청각매체의 이용, 수업의 형태나 흐름 등에 대하여 계획을 세워 본시수업안(학습지도안)을 작성해야 한다(이에 대해서는 이 책 제7장 참조).

6. 교육과정 평가

교육과정 평가는 교육목표 설정에서 수업에 이르기까지 교육과정 개발 단계에서의 제반 의사결정을 돕기 위하여 정보를 수집하고, 판단하고, 활용하는 과정이다. 이러한 교육과정 평가의 기본적인 목적은 교육과정 목적과 목표가 제대로 달성되었는지의 정도를 판단·결정하는 데 있다. 교육과정을 평가하는 사람은 다음과 같은 점들을 고려하여 평가에 임할 필요가 있다.

- 교육과정 평가는 교육과정 속에서의 여러 가지 다양한 사건, 조건 또는 상태들에 대한 바람직함을 평가하게 된다. 즉, 교육과정을 평가하는 사람에게는 가치판단이 끊임없이 요구된다.
- 교육과정 평가는 항상 의사결정 또는 정책수립을 촉진하는 데 필수불가결한 활동이다. 교육과정 평가가 교육과정 목적과 목표를 지향하는 과정에 관심이 있는 한, 그것은 차후의 바람직한 의사결정과 정책을 수립하기 위한 귀중한 출발점이 된다.
- 교육과정 평가는 순환적, 재생적, 계속적 활동이다. 교육활동이 전개되는 한, 교육과정에 대한 평가는 중단될 수 없다. 더불어 교육과정 평가는 교육목적과 목표 설정으로부터 수업의 전개에 이르기까지 교육의 전 과정에 관련되어 있다는 점에서 그것은 종합적이고 총체적인 활동이다. 따라서 부분적이고 지엽적인 평가는 지양해야 한다(윤정일 외, 1997: 188).

요약 및 정리

■ 어원에 비추어 볼 때, 교육과정(커리큘럼)이란 아동이나 학생이 일정한 목표를 향해서 달리는 과정을 의미한다. 하지만 오늘날 커리큘럼은 일정한 순서로 배열된 학습의 코스 내지 학습내용이나 경험내용을 지칭하는 포괄적인 개념이다.

■ 전통적으로 교육과정은 교과내용을 의미하는 것이었지만 시간이 흐르면서 경험으로 이해되기도 하고, 계획으로 이해되기도 했으며, 교수-학습의 결과로도 이해되었다.

■ 역사적으로 교육과정은 교과중심 교육과정으로부터 출발하여 경험중심 교육과정, 학문중심 교육과정, 인간중심 교육과정으로 발달해 왔다.

■ 교육과정을 구성하기 위해서는 교육목표 설정, 교육내용 선정, 교육내용의 조직, 단원의 계획, 수업전략, 교육과정 평가 등이 고려되어야 한다. 특히, 교육내용을 선정할 때 고려해야 할 원리로서 타당성 및 유의미성, 일관성, 학습 가능성, 일 경험 다목표 달성, 일 목표 다 경험 활용의 원리 등이 있다. 또 교육내용을 조직하기 위한 원리로서 연속성, 계열성, 통합성, 범위, 균형성의 원리 등이 있다.

■ 단원의 계획을 세우기 위해서는 단원목표를 설정하고, 학습과제를 철저하게 분석하고 출발점 행동을 분석해야 한다. 이것은 좋은 수업을 진행하기 위한 토대가 된다.

진실로 너희에게 이르노니 너희가 돌이켜 어린아이들과 같이 되지 아니하면 결단코 천국에 들어가지 못하리라. 그러므로 누구든지 이 어린아이같이 자기를 낮추는 그이가 천국에서 큰 자니라.

『신약성경』 마태복음 18: 3-4

제 **7** 장

수업과 교육공학

탐구주제

▶ 학습과 교수와 수업은 어떠한 관계를 가지는가?

▶ 수업은 어떠한 과정으로 구성되는가?

▶ 수업과 교육공학은 어떠한 관계를 가지는가?

▶ 교육공학의 개념과 최근 동향은 어떠한가?

📖 제1절 수업

1. 수업의 개념

수업이란 무엇인가를 학습하기 전에 수업과 관련하여 쓰이고 있는 학습과 교수의 뜻을 먼저 정확하게 이해하는 것이 필요하다.

1) 학습의 정의

학습(learning)이라는 말은 국어사전에는 '배운다' 또는 '익힌다'로 뜻풀이가 되어 있다. 그러나 그렇게 간단하게 개념을 규정할 수 있는 것이 아니어서 학자들 간에도 의견일치를 보지 못하고 있다. 비록 학습에 대한 개념이 다양하게 이루어지는 것이기는 하지만 학교에서는 학습시키는 일이 주된 과제가 된다는 사실은 확실하다. 따라서 가르치는 입장에 있는 교사들은 학습이 무엇이고, 어떻게 이루어지고 있으며, 어떻게 하면 보다 효율적으로 이루어질 수 있는가 하는 문제를 늘 고심하게 되는 것이다.

학습의 개념을 행동주의자들은 조건화 또는 강화라는 개념을 빌려 가면서 '관찰될 수 있는 행동의 변화'로 보는가 하면, 인지론자들은 문제와 해결에 대한 '인지적 구조의 변화'로, 인본주의 심리학에서는 지적·정서적 측면을 포함하여 '의미 있게 되는 것'으로 설명하고 있다.

분명한 것은 어떤 입장에서든지 행동의 변화가 수반되고, 경험이나 훈련을 인정하며, 비교적 영속적 변화라는 공통성을 갖는 것이다. 그러나 변화라는 것은 자연적 성숙에 의하여 나타나기도 하고, 알코올이나 환각제 및 질병이나 약물에 의해 일어나기도 하며, 주체의 의도성에 따라서 한시적으로도 일어날 수 있기 때문에 이러한 행동 변화는 학습에서 제외시킨다. 따라서

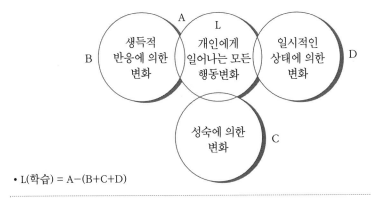

• L(학습) = A−(B+C+D)

[그림 7–1] 학습에 의한 행동 변화

학습은 "경험이나 훈련의 결과로 발생하는 비교적 영속적인 행동의 변화"로 정의될 수 있다. 학습의 정의를 그림으로 나타내면 [그림 7–1]과 같다.

심리학에서는 일반적으로 가치 측면을 배제하므로 일체의 모든 행동 변화를 학습에 포함시키고 있으나, 교육은 가치관념이나 진보 및 향상을 전제로 하는 활동이기 때문에 항상 긍정적이며 진보적인 행동 변화만을 학습으로 인정하고 있다.

학습을 설명함에 있어서는 차이가 있다 하더라도 학습이 이루어지기 위해서는 몇 가지 전제조건이 구비되어야 한다(임승권, 1999).

첫 번째 조건은 동기의 문제이다. 동기가 있어야만 자극에 대한 반응이 나타날 수 있고 해당되는 반응을 계속 촉진할 수 있으며, 또 반응의 방향이 설정될 수 있어서 그 결과로 학습이 일어나게 된다.

두 번째 조건은 강화자극의 필요이다. 물론 강화자극이 학습에 필요충분 조건은 아니더라도 강화자극이 결여된다면 반응은 계속될 수 없다. 우리의 경험을 통해 볼 때, 만족이 따라오는 반응을 통해서는 학습이 촉진되지만 불만족한 사태가 계속되는 경우에는 학습이 지체되는 것을 알 수 있다. 이와 같이 학습이 이루어지려면 자극이 있어야 하고 반응에 대한 강화자극이 있어야 한다.

2) 교수의 정의

교수(teaching)는 대부분 가르치는 행위로만 알고 있다. 그러나 사실상 교수의 의미는 교사의 의도성이 전제된 상태에서 피교육자의 학습을 조장하고 이끌어 가는 행위로 규정하기 때문에 교사의 교과지도 계획에서부터 실천과정인 지도와 지도의 결과까지로 보고 있다. 존슨(Jonson)은 교수란 학생들의 학습에 영향을 줄 목적으로 학습자와 상호작용하는 과정으로만 밝히고 있고, 그린(Green)은 보다 넓은 관점에서 교수에는 수업, 교화, 조건화 및 훈련 등이 포함되어 있으며, 그 활동에는 학습자의 행동을 형성하는 활동과 지식 및 신념을 형성하는 활동 등으로 나누어진다고 보고 있다. 즉, 행동을 형성하는 활동에는 훈련과 조건화가, 지식과 신념을 형성하는 활동에는 수업과 교화가 있다고 설명한다. 코리(Corey)는 특정한 조건이나 상황하에 대처하는 행동을 하도록 학습하는 것이거나 더 넓게는 이 반응 행동을 하도록 학습자의 환경을 계획적으로 조작해 주는 과정으로도 정의하고 있다(이병헌, 노은호, 민경일, 1998).

이상과 같은 정의들을 종합하면, 교수란 지식을 전달하고 학습자의 특정 태도와 행동을 형성하기 위해 의도적이고 조직적으로 피교육자의 학습을 유도하는 활동으로서 이 활동에 필요한 지식, 정보, 적절한 상황이나 조건을 준비하는 일과 학습을 촉진하도록 계획된 모든 활동으로 정의를 내릴 수 있다.

3) 수업의 정의

수업(instruction)이란 바람직한 행동의 변화가 이루어질 것을 기대하면서 교사와 학생 간에 계획된 상호작용이라고 정의할 수 있다(Finch, 1999). 이것을 좀 더 구체적으로 풀이해 보면 첫째, 수업을 하면 학생들에게 바람직한 행동의 변화가 오도록 해야 한다는 것을 알 수 있다. 둘째, 수업은 교사의 일방적인 활동일 수도 없고 학생의 일방적인 활동일 수만도 없다. 즉, 교사와

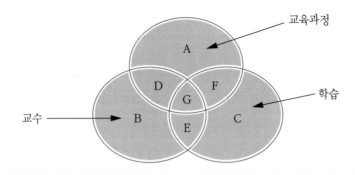

[그림 7-2] 교육과정, 교수, 학습과의 관계도

학생 사이에서 이루어지는 상호 활동인 것이다. 한 가지 강조되어야 할 점은 계획된 상호작용이라는 점이다. 앞에서 정의 내린 상호작용이 막연하게 이루어지는 것이 아니라 수업목표에 명시된 행동 변화를 추구하기 위하여 활동이 잘 계획되어 있고 그 계획 아래 교사와 학생 간에 상호 활동을 한다는 점이다.

수업이 교육과정, 교수, 학습 등과 어떤 관계가 있는가를 알아보기 위하여 그림으로 표시하면 [그림 7-2]와 같다(배제현, 2000).

[그림 7-2]에서 A는 교육과정만 있지 교수나 학습행위가 전혀 없는 부분이고, B는 교육내용과 관계없이 교수행위는 있으나 학습되지 않는 교수 부분이며, C는 교육과정과 관계없고 교수행위도 없이 학습만 되어 있는 부분을 말한다. 그리고 이 C부분을 일반적으로 '잠재적 교육과정'이라고 말한다. D는 교육과정에 의해서 교수행위가 있었지만 학습이 되지 않는 부분이며, E는 교육과정과 관계가 없지만 교수에 의해서 학습이 되는 부분이다. F는 교사의 교수행위가 없이 교육과정에 의해서 학습되는 부분이다. 끝으로 G는 교육과정의 내용이 교사의 교수행위에 의해서 학습되는 부분으로 이를 '수업'이라 한다. 따라서 효율적인 수업이 되려면 G부분을 보다 더 많이 넓혀 가야만 할 것이다.

2. 수업활동의 기본 원리

수업방법은 교과내용과 학생 규모, 수업 형태 등에 따라서 다르겠지만 수업활동은 다음과 같은 원리에 기초하여야 한다.

① 개별화의 원리: 최소한 학습자들 각자의 요구와 능력의 차이를 고려하는 수업
② 사회화의 원리: 실제 경험을 중시하고 현실사회의 사상과 문제를 바탕으로 학교 내외에서 경험한 것을 교류하고, 공동학습을 통해서 점차 사회화를 촉진하는 과정으로서의 수업
③ 직관의 원리: 어떤 사물에 대한 개념을 인식시키는 데 있어서 구체적인 사물을 직접 제시하거나 경험하도록 하는 과정을 활용하는 수업
④ 자발성의 원리: 학습자 스스로가 자신의 사고력과 문제해결능력을 향상시키고자 하는 자발성을 촉구하고 창의력을 기르는 수업
⑤ 통합의 원리: 각자의 발달 단계를 고려하면서 통합되어 가는 수업

3. 수업과정의 모형

학습이란 어떤 활동이나 훈련, 관찰과 같은 일정한 경험에 의하여 행동이 영속적이며 진보적으로 변화하는 과정이다. 교수란 학습이 잘 이루어지도록 그에 적합한 환경을 조성하고 이끌어 가는 과정이고, 수업이란 학습자에게 바람직한 변화가 이루어질 것을 기대하면서 교사와 학습자 간에 이루어지는 계획된 활동이다.

학교현장에서 어떻게 하면 효과적으로 수업을 할 수 있느냐 하는 것은 매우 중요하다. 여기서는 수업을 효과적으로 진행하기 위한 수업과정 모형 중 가장 대표적 수업모형인 '한국교육개발원(1976)의 모형'을 구체적으로 살펴

보고자 한다. 이 모형은 계획 단계, 진단 단계, 지도 단계, 발전 단계, 평가 단계 등 총 다섯 개의 단계로 이루어져 있다.

1) 계획 단계

계획 단계에서는 우선 학습과제를 분석하게 된다. 최종목표가 무엇이고

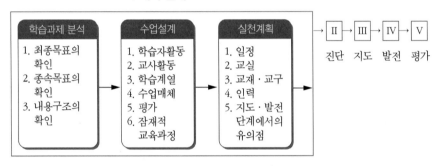

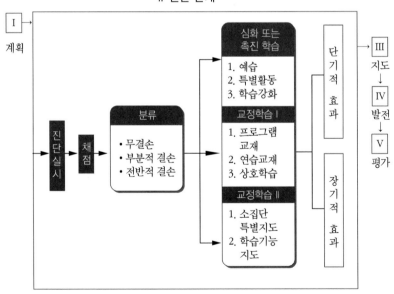

[그림 7-3] 수업의 계획 및 진단 단계

종속목표가 무엇인지, 내용구조는 어떠한지를 확인하게 된다. 학습과제 분석과 함께 수업을 설계하게 된다. 수업을 설계할 때는 학습자활동, 교사활동, 학습계열, 수업매체, 평가 등을 고려하여야 한다. 실천계획에서는 일정, 교실, 교재·교구, 인력 등에 대한 계획을 수립하게 된다. 계획 단계를 그림으로 나타내면 [그림 7-3]과 같다.

2) 진단 단계

진단 단계는 학습자들에게 진단검사를 실시하고 채점하여 학습자를 학습 무결손, 부분적 결손, 전반적 결손으로 분류하고 이러한 분류에 따라 무결손 집단에서는 심화 또는 촉진학습을 시키며, 나머지 집단에게는 교정학습으로 교육개발원에서 제작한 프로그램 교재와 연습 교재 등을 활용하여 가정학습을 하도록 하거나, 학교에서 급우들 간의 상호학습을 통하여 학습결손을 보완할 수 있도록 조치한다. 진단 단계를 그림으로 나타내면 [그림 7-3]과 같다.

3) 지도 단계

지도 단계에서는 실제 수업이 전개되는데, 수업은 통상적으로 도입, 전개, 정착의 단계를 거친다. 도입 단계는 다시 목표인지, 동기유발, 선수학습과 관련짓기로 나누어지고, 전개 단계는 교사주도수업으로 강의, 탐구학습, 문제해결학습, 토의, 실험 등이 있으며 학생주도수업으로는 프로그램 학습, 관찰, 견학, 조사·발표, 토의, 모의실험 등으로 구성된다. 그 외에 TV 학습으로 교수 프로그램과 보조 프로그램이 있다. 정착 단계에서는 정리, 연습, 통합, 적용이 실시된다. 지도 단계를 그림으로 나타내면 [그림 7-4]와 같다.

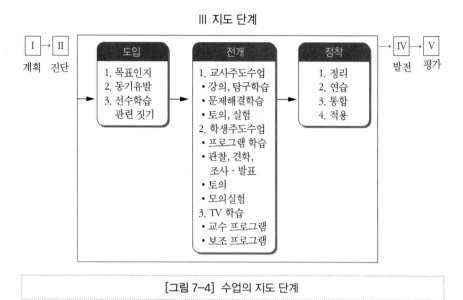

[그림 7-4] 수업의 지도 단계

4) 발전 단계

학습자들의 수업목표 도달 정도를 알아보기 위하여 형성평가를 실시하고 평가결과에 대한 토의를 거쳐 학습자들을 학습완성집단, 부분적 미완성집단, 전반적 미완성집단으로 나눈 뒤 각 집단에 따라 심화학습 또는 보충학습을 실시한다. 발전 단계를 그림으로 나타내면 [그림 7-5]와 같다.

5) 평가 단계

평가 단계에서는 수업의 과정을 통하여 학습자들이 성취한 학습의 정도를 최종적으로 평가하게 된다. 이 평가 단계의 목적은 주요한 지적, 정의적 그리고 기능적 수업목표가 얼마나 잘 달성되었는지를 알아보는 것으로 교육과정 속에 명시되어 있지 않더라도 수업의 결과로 나타난 비의도적인 행동특성까지도 평가한다. 평가 단계를 그림으로 나타내면 [그림 7-5]와 같다.

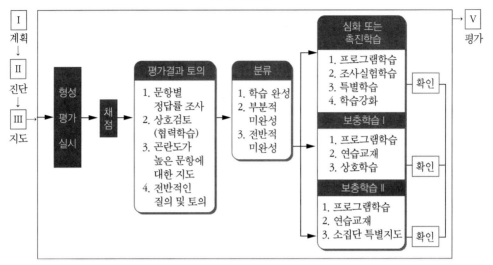

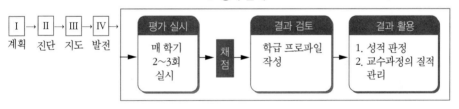

[그림 7-5] 수업의 발전 및 평가 단계

4. 수업의 계획과 실제

1) 수업의 계획

수업계획은 연간계획, 학기간계획, 월간계획, 주간계획과 같이 교과 운영 상 계획된 진도와 계절적 효과, 시설의 효과적 활용, 전체 단원에 대한 균형적 인 시간 배당, 각종 행사 및 지역적 특수성을 먼저 고려하여 수립해야 한다.

그런 후에 교사들은 자기가 가르치는 과목을 보다 효율적으로 가르치기

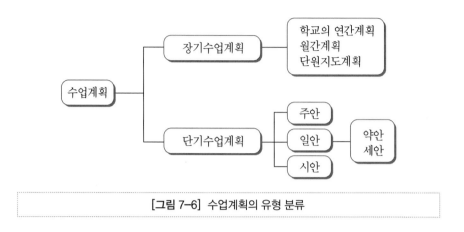

[그림 7-6] 수업계획의 유형 분류

위해서 수업 전에 시간 단위의 지도계획을 수립해야 한다. 교육을 위한 가장 일반적인 수업계획의 유형을 그림으로 나타내면 [그림 7-6]과 같다. [그림 7-6]에서 제시된 유형의 일반적 개요를 살펴보자(함종규, 1984).

(1) 장기수업계획

학교의 연간계획, 월간계획, 단원지도계획 등이 포함되는 것으로서 모든 학습활동, 생활지도, 기타 학교행사 등에 관한 세부적인 계획의 배경을 이루고 있는 계획이다. 이 밖에 계절계획, 학기계획 등도 장기수업계획에 해당된다. 이들 장기수업계획의 종류를 간단히 살펴보면 [그림 7-6]과 같다.

① 학교의 연간계획

연차계획 또는 학교 전체의 교과경영계획을 말한다. 1년 또는 그 이상에 걸치는 장기지도계획으로서 일반적으로는 교육계획 또는 지도계획의 큰 골자를 말한다. 단적으로 말하면 교육과정의 운영계획이라든가 교과시간 배당에 관한 문제들이 이 계획에 해당한다. 이와 같이 학교의 연간계획은 학교행사, 학교환경, 총 수업일수 등을 일람할 수 있도록 계획한다.

② 월간계획

연간계획, 학기계획 또는 계절계획을 배경으로 하여 월별로 자세하게 세운 수업계획이다. 이것은 학교의 연간계획 또는 학급운영의 계획을 융합시켜 월별로 단일계획을 세운 것이라고 할 수 있다.

③ 단원지도계획

장기수업계획에서 포괄적으로 계획한 것을 나누어 구체성을 띠도록 계획하는 것이다. 예를 들면, 크게는 학기계획 또는 계절계획, 작게는 월간계획, 주간계획과 같이 일정한 기간 동안 계속되는 수업계획을 세우는 것인데 보통 몇 주일 또는 2~3개월에 걸치는 지도계획을 말한다. 즉, 장기계획의 일부분으로 단원을 계획하는 것이다. 다만 그 계획의 단위는 단원의 크기에 따라 몇 개월일 수도 있고 2~3주일 수도 있다. 이와 같은 이유로 해서 월간계획보다 장기간인 경우도 많다.

이러한 장기 수업계획(전체 계획)은 교과내용을 포괄적으로 개괄하고 각 단원의 내용에 대한 적절한 시간 배당을 계획하는 것을 특징으로 한다. 홍성윤, 진위교(1983)는 교사들이 장기 학습지도계획(수업의 전체계획)을 세울 때 다음과 같은 절차에 관심을 갖는 것이 필요하다고 주장하였다.

- 아무런 자료의 도움 없이 1년 동안 가르칠 단원을 확인해 본다(이 단계는 교사 자신이 가르칠 학습내용에 얼마나 자신이 있는지를 스스로 시험해 보는 것이다.).
- 가장 효과적인 학습이 이루어질 수 있도록 계절, 능력, 지역 등을 고려하여 단원을 횡적 관련과 종적 계통에 따라 배열한다.
- 각 단원에 따라 적절한 시간을 배정한다.
- 위의 과정을 고려한 후에 3~4권의 교재를 참고해 본다.
- 교과서의 목차들과 자기의 시안 격인 단원 개요와 주의 깊게 비교하면

서 수정한다.
- 또 다른 몇 권의 교재와 다시 비교한다.
- 새로운 각도에서 내용, 계열성 그리고 시간을 적절히 조정하여 최종 손 질을 한다.

이와 같은 절차는 교과서에만 의존하려는 신임 교사들에게 특히 도움이 된다. 오늘날과 같이 과학기술의 발달에 따라 교과의 내용이 점차 전문화되어 가는 사회일수록 교과서에만 얽매이지 않고 독립적이고 독창적인 사고로 지도계획을 준비하는 태도가 중요하기 때문이다. 이와 같이 각 교사가 학기 초에 단원계획을 세우게 되면 동일한 학년의 같은 교과 교사들이 한자리에 모여 협의를 하는 가운데서 보다 좋은 전체 계획을 작성할 수 있게 된다. 또한 학교의 전체 프로그램이나 지역사회 행사 같은 것을 실제로 계획 속에 반영시킴으로써 학교의 실정, 지역사회의 요구를 교육내용 속에 반영할 수 있게 되는 것이다.

(2) 단기수업계획
단기계획에는 주안, 일안, 시안을 생각할 수 있다. 즉, 일주일의 수업계획, 1일의 계획, 단위시간의 수업계획으로서 어떻게 수업을 진행시킬 것인가에 대한 구체적인 지도계획을 말한다.

① 주안
앞에서 말한 모든 장기계획을 배경으로 하여 일주일을 단위로 해서 구체적인 지도계획을 세우는 것이다. 단적으로 말하면 주당 시간배당표를 가리킨다.

② 일안

그날그날의 수업계획을 말한다. 이것은 수업계획의 성격에 비추어 주안과 구분하여 생각할 필요는 없다. 왜냐하면 주당 시간 배당에 따라 그날그날 수업을 진행시켜 가는 것이 바로 일안이 되기 때문이다. 그러나 일안은 다음과 같은 점에서 주안과 구별된다. 주안은 일주일을 단위로 계획된 것이어서 일정하게 고정된 성격을 띠고 있기 때문에 배당된 시간에 따라 기계와 같이 똑같은 생활이 되풀이될 수 있다. 그러나 일안은 주안에 따라 기본적인 학습활동은 매일 되풀이하지만 행사교육이라든가 기타 유동적인 학습활동을 포함하여 역동적인 성격을 띤 것으로 계획할 수 있다. 따라서 이 일안은 교사에 따라 각양각색으로 다채로운 학습계획을 작성할 수 있다. 다만 일안의 배경을 이루고 있는 제반 계획이 어느 정도로 융통성과 신축성을 허용하는 것이냐에 따라 영향을 많이 받게 된다.

③ 시안

시안에는 약안과 세안 두 가지 종류가 있다. 이것은 그 시간 시간마다의 학습내용에 따라 효과적인 지도방법을 사용하기 위한 계획으로서 학습자들의 학습활동에 가장 직접적인 영향을 미치는 학습계획이다. 소위 교사들이 단위시간의 수업을 위해 작성하는 학습지도안이 이 시안에 해당된다.

2) 수업의 단계와 주요 활동
수업의 단계는 도입, 전개, 정리의 세 단계로 이루어져 있다.

① 도입 단계

본 수업을 시작하는 단계로 비교적 짧은 시간 안에 이루어진다. 수업의 종류에 따라 약간의 차이는 있지만 대략 5~10분 정도가 적절하다. 이 시간에는 학습자의 주의를 집중시키고 도달해야 할 수업목표를 제시해야 하며, 본 수업과 관련된 과거의 학습내용을 다시 회상하게 해서 관련지어 주어야 한다.

② 전개 단계

수업의 중심활동으로 도입 단계와 정리 단계의 활동을 연결한다. 실제 본시수업의 대부분은 주로 이 단계에 해당된다. 이 단계에서는 학습과제를 학생들에게 제시하고 다양한 수업방법을 사용하여 수업목표 달성을 위한 교수-학습활동을 하게 된다.

③ 정리 단계

학습지도의 결론 부분이다. 여기서는 학습한 내용을 요약 · 정리하고 강화시키며, 일반화할 수 있도록 지도한다. 사실 이 단계는 수업에서 매우 중요한 단계이므로 사전에 철저한 준비와 함께 반드시 실행되어야 한다. 그러나 불행하게도 교사들이 시간 관리를 잘못하여 정리 단계를 제대로 활용하지 못하는 경우가 많이 있다. 학습자에게 수업시간에 배운 학습내용을 정리

〈표 7-1〉 수업의 단계

지도 단계	주요 활동
도입	동기유발 목표인지 선수학습 관련짓기
전개	학습내용의 제시 학습자료의 연계 학습자의 참여 다양한 수업기법의 활용 시간과 자원의 관리
정리	요약 · 정리 강화 일반화 보충 및 예고

하고 학습된 내용을 확인·평가할 수 있는 시간을 따로 배정하여 반드시 실행해야 할 것이다.

한 시간의 수업에서 제공될 주요한 교수-학습활동들을 도입, 전개, 정리의 세 단계로 나누어 요약, 제시하면 〈표 7-1〉과 같다(이병헌 외, 1998).

3) 학습지도안의 작성

좋은 수업, 즉 수업의 효율성을 극대화할 수 있는 수업은 치밀한 사전 계획에서 비롯되는데, 이러한 수업계획은 궁극적으로 학습지도안의 형태로 나타난다. 여기서는 학습지도안이 갖고 있는 기능과 학습지도안의 양식을 살펴보고자 한다.

(1) 학습지도안의 기능

학습지도안이 갖고 있는 기능은 다음의 다섯 가지로 요약할 수 있다.

① 수업활동의 방향을 가르쳐 준다.
② 도달해야 할 학습목표가 무엇인지 알려 준다.
③ 대단원과 본시 수업의 전체적 흐름을 파악할 수 있게 해 준다.
④ 수업자료가 무엇인지 보여 준다.
⑤ 학습내용과 학습경험의 제시 순서와 계열을 안내한다.

(2) 학습지도안 양식

① 단원명

단원명이란 지도해야 할 학습내용 덩어리, 즉 학습내용의 제목을 말한다. 이 제목은 학습내용 덩어리의 크고 작음에 따라 대단원명, 소단원명이라고 한다.

② 단원 설정의 근거

이것은 교사 자신이 학부형의 입장과 일반 사회인의 입장, 그리고 각각 교사의 입장이 되어서 이 단원을 학습함으로써 어떤 도움이나 이익, 그리고 어떤 변화를 가져올 수 있는가를 생각해서 기술하는 항목이다. 즉, 왜 이 단원을 학습하는가를 밝히는 것이다.

③ 지도목표

여기서 말하는 지도목표란 지도해야 할 전체 내용의 목표를 말한다. 지도 목표는 이해, 기능, 태도 등으로 나누는데 이해는 지식에 해당하는 내용, 기능은 능력 또는 키워져야 할 기술적인 면을 말하며, 태도는 이것을 학습함으로써 어떤 생활 및 학습태도를 갖게 하겠다는 것을 밝히는 것이다.

④ 전체 지도계획

대단원을 몇 차시로 나누어 지도할 것인가를 밝히고 나누어진 학습내용은 각각 어떤 교과목과 관련이 있고 또한 준비해야 할 자료 등은 무엇이냐를 밝혀 쓰는 것이 전체 지도계획이다. 이것은 지도안 작성자 임의대로 일정한 양식에 집어넣어 쓰는 경우와 풀어 쓰는 경우의 두 가지로 나누어지는 것이 통례다.

⑤ 본시의 주안점

본시의 주안점은 이번 시간에 지도할 학습내용 중 가장 핵심이 되는 내용이 무엇인가를 밝히는 것을 말한다. 여기에서도 서술적으로 기술하는 방법과 이해, 기능, 태도로 나누어 기술하는 방법이 있다. 전체 지도목표가 잘 설정되면 그중에서 본시에 해당하는 지도목표를 끄집어내어 기술하면 비교적 쉽게 쓸 수 있다.

〈표 7-2〉 전산계열(컴퓨터과) 학습지도안

대단원	정보화 사회와 컴퓨터		차시	1/4
소단원	정보화 사회와 정보기술		교수-학습 형태	일제학습
학습목표	정보와 정보기술의 의미를 말할 수 있다. 정보화 사회의 특징을 말할 수 있다.			
교수-학습과정안				
시간	교수-학습내용			단계
7분	• 진단평가 • 학습목표 제시 • 본시학습 예고			도입
30분	1 정보의 의미 　① 넓은 의미에서의 정보 　　널려 있는 수많은 자료들 중에 어떤 일을 하는 데 필요한 자료들만을 모 　　아 놓은 것 　② 정보통신 분야에서의 정보 　　특정 목적을 위하여 광(빛) 또는 전자적 방식으로 부호, 문자, 음성, 영상 　　들을 표현한 모든 종류의 자료 또는 지식 2 정보화 사회 　① 정보화 　　사회 전체에서 정보의 양과 가치가 점차 증대되어 가는 과정 　② 정보화 사회 　　정보가 중심이 되는 사회 　③ 정보화 사회의 특징 　　정보의 대량화 　　정보가 중요한 재화로서 가치를 지님 　　시간과 공간의 구애 없이 정보를 교환 3 정보기술 　① 정보기술 　　정보를 수집, 생산, 가공, 보존, 전달, 활용하는 모든 방법을 포함하는 기술 　　정보를 효과적으로 처리하고 관리하는 기술 　② 컴퓨터를 이용한 정보처리의 장점 　　대량성, 신속성, 정확성, 다양성, 정보의 공유 등			전개
8분	• 형성평가 • 차시학습 예고			정리

이상 기술한 것 외에도 본시 안에 해당하는 학습목표, 학습내용, 전개활동, 평가계획 등 구체적으로 여러 항목이 있으나, 이를 설명한 글을 읽는 것보다 실제 작성된 지도안을 많이 보는 것이 보다 이해하기 쉬울 것이다.

〈표 7-2〉는 학습지도안 견본이다.

📖 제2절 교육공학

1. 교육공학의 정의와 발달

1) 교육공학의 정의

최근에 교육공학이라는 용어가 자주 등장하고 있다. 도대체 교육공학이란 무엇인가?

한동안 교육공학(educational technology), 교수공학(instructional technology), 그리고 교육에서의 공학(technology in education)을 서로 구별하여 사용하기도 했지만, 1977년 이후로 이 용어의 구별이 사라지면서 세가지 용어 모두가 '교수와 학습의 문제를 해결하기 위해 사용되는 공학적인 과정과 도구의 적용'이라는 의미로 통용되어 왔고, 이에 따라 1994년 미국교육공학회(Association for Educational Communication and Technology: AECT)에서는 교육공학의 개념을 "학습을 위한 과정과 자원을 설계, 개발, 활용, 관리, 평가하는 이론과 실제"로 정의하였다(Seels & Richey, 1994). 그러나 시대의 변천으로 교육공학의 정의를 새롭게 다듬을 필요성에 따라 2004년 AECT의 교육공학정의연구위원회에서는 "교육공학이란 적절한 공학적 과정 및 자원을 창출, 활용, 관리함으로써 학습을 촉진하고 수행을 개선하는 연구와 윤리적 실천"이라는 새로운 정의를 내놓았다. 이전의 개념과 유사하지만 직업윤리의 중요성이 부각되었고, 학습자를 능동적인 존재로 파악하여 학습에서의 촉진자 역할이 강조되고 있다(백영균 외, 2006).

교육공학은 교수와 학습에 관련된 두 가지의 공학으로 구분되는데 하나는 컴퓨터, 멀티미디어, 인공위성과 같은 교수매체인 산출물(products) 중심의 '하드테크놀로지'이고, 다른 하나는 교수–학습이론, 교수형태, 교수설계, 교수체제개발과 같이 교수–학습의 문제를 해결하는 방법이나 과정(process) 중심의 '소프트테크놀로지'다.

2) 교육공학의 발달

교육공학의 초기 형태는 1900년대 미국에서 시작된 시각교육에서 그 모습을 찾아볼 수 있다. 따라서 여기서는 시각교육을 시초로 하여 2004년의 새로운 정의까지 교육공학의 발달과정을 살펴보고자 한다.

(1) 시각교육

초기 교육공학은 언어중심의 교육방법에서 탈피하여 구체적 경험을 제공하는 시각교육(visual education)을 중심으로 이루어졌다. 1900년대를 전후하여 다양한 시각적 매체를 공교육에 활용하려고 시도하려는 교육적 모색들이 활발해지면서 1921년 시각수업에 관한 정기간행물이 발간되고 시각교육 운동이 실시되었다. 시각교육 운동은 교재의 구체성을 확대하고 시각보조물의 발달을 도모하여 교과과정에서 시각자료의 활용을 촉진하여 학습자의 학습활동을 자극하고 효과적인 학습을 성취할 수 있도록 하는 데 그 목적이 있었다. 그리하여 1923년 교육공학의 첫 번째 공식기구로서 시각교육국이 조직되었다. 그러나 당시 시각교육은 시각자료들을 단순히 교사의 보조물로 간주하였다는 한계가 있다.

(2) 시청각교육

1930년 말부터 음향녹음, 축음기의 보급 및 유성영화의 출현으로 인하여 시각교육에 청각적인 요소가 통합되어 '시각교육'은 '시청각교육(audio-visual education)'으로 변모하게 되었다. 시청각교육이 대두되면서 시각교육국은 1947년에 명칭을 시청각교육국으로 개칭하게 되었고 해당 기구를 개편하여 전문적인 연구 및 활동을 전개하였다. 시청각교육이란 영화, 슬라이드 녹음, 라디오, 텔레비전 등의 시청각교재와 교구를 활용함으로써 학습이 효과적으로 이루어지도록 도모하는 방법으로 학습자에게 시청각 자료를 제시하여 학습이해가 보다 용이하도록 하는 것이다. 그러나 시청각교재 자체, 즉 사물(thing)이나 산물(product)의 효과만을 중시하고 시청각매체가 활용되는 교수-학습과정을 간과했다는 한계에서 벗어나지 못하였다.

(3) 시청각커뮤니케이션

제2차 세계 대전 이후, 시청각교육은 교육을 쌍방향적인 커뮤니케이션 과정으로 보는 커뮤니케이션의 개념과 교수-학습과정을 일련의 요소로 구성된 완전한 체제로 간주하는 초기 체제 개념이 도입되어 시청각커뮤니케이션(audio-visual communication)이라는 분야로 발전하였다. 시청각커뮤니케이션이란 교수매체를 효과적으로 이용하여 학습자가 지니고 있는 능력을 최대한 개발시킬 수 있는 커뮤니케이션 방법을 의미하는 것이다. 시청각커뮤니케이션의 새로운 모형은 커뮤니케이션 개념에 학습이론을 통합시키는 것으로 학습자는 학습과정에 포함되며 학습자의 반응과 평가는 학습자의 피드백 과정을 통해 상호적이며 역동적으로 나타난다. 이러한 학문 발전의 경향에 따라 1963년 시청각교육국은 그 명칭을 시청각커뮤니케이션으로 바꾸었다. 그러나 시청각커뮤니케이션 이론은 모든 교육적 요소를 하나의 체제 안에 모두 포함시키지 못하는 문제점을 가지고 있었다. 내용을 선정하거나 목표의 명세화, 피드백 분석 등의 요소가 시청각커뮤니케이션 설계 체제 밖에 위치하므로 통합적인 체제 접근의 개념을 완전하게 적용하기 어려웠던 것이다.

(4) 교수공학

1970년대, 지식과 인구의 폭발적 증가 그리고 획기적인 과학 및 문화의 발달 등으로 인하여 사회 전반에 테크놀로지가 교수과정으로 확장되어야 할 당위성으로 부각되었다. 이러한 변화의 과정에서 시청각커뮤니케이션 이론을 바탕으로 인간 학습에 대한 스키너의 행동과학이론과 과정을 중시하는 체제접근이론을 이론적 체계로 삼아 교수공학(instructional technology)이 새로운 패러다임으로 대두되기 시작했다. 시청각교육국은 이러한 미국 교육공학 분야의 발전적 추세에 맞추어 1970년 그 명칭을 미국교육공학회로 변경하였다. 기존의 심리학, 학습이론을 토대로 개발된 전통적인 교수이론에서 벗어나 주어진 교수조건에 따른 최적의 교수전략을 제시하는 관점으로 연구영역이 확대되면서 대두하게 된 교수공학은 단지 어떤 특정한 매체나 고안물의 관점을 벗어나 특정한 학습목표에 따라 교수-학습의 전 과정을 설계하고 실행하며 평가하는 체계적인 방법이라 할 수 있다. 그러나 이러한 교수공학에 대한 견해는 실제적인 본질에 대하여 상세한 설명을 해 주고 있지 못하다는 한계가 지적되었다.

(5) 교육공학

미국교육공학회는 1977년 교육공학(educational technology)을 "인간 학습에 포함된 모든 문제점을 분석하여 이에 대한 해결책을 고안하고 실행하며 평가·관리하기 위하여 사람, 절차, 이념, 장치 및 조직을 포함한 복합적이고 통합된 과정"으로 정의하였고, 1994년에는 "학습을 위한 과정과 자원을 설계, 개발, 활용, 관리, 평가하는 이론과 실제"로 재정의하였다가 시대의 변천에 따라 2004년에 "적절한 공학적 과정 및 자원을 창출, 활용, 관리함으로써 학습을 촉진하고 수행을 개선하는 연구와 윤리적 실천"으로 새롭게 정의하였다. 이 정의는 1994년의 정의와 비교해 볼 때 직업윤리의 중요성이 부각되었고, 학습자를 능동적인 존재로 파악하여 학습에서의 촉진자 역할을 강조하고 있다.

2. 교육공학의 영역 및 대상

1) 교육공학의 영역

교육공학의 영역은 다음과 같이 크게 다섯 가지로 나누어 볼 수 있다.

- 설계(design): 학습에 관한 조건을 구체화하는 과정
- 개발(development): 설계 영역에서 구체화된 내용을 물리적으로 완성하는 것
- 활용(utilization): 학습을 위해 과정과 자원을 사용하는 행위
- 관리(management): 계획, 조직, 조정, 감독 등을 통해 교육공학을 통제하는 것
- 평가(evaluation): 교수와 학습의 적절성을 결정하는 과정

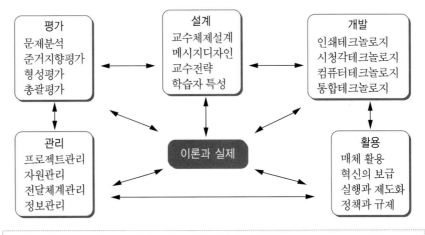

[그림 7-7] 교육공학의 영역

출처: Seels & Richey (1994).

[그림 7-7]에서 나타나듯이 각 영역은 상호 보완적이며 서로 영향을 주고 받지만, 반드시 연속적인 관계는 아니다. 이론가나 연구자는 한 영역에 국한해서 활동할 수 있지만, 실무자는 대개 하나 이상 또는 여러 영역에 걸쳐 능력을 발휘해야 하는 경우가 많다.

2) 교육공학의 대상

교육공학의 대상은 학습자에 한정되지 않고 학습에 영향을 줄 수 있는 다양한 사람들로 구성된다. 교수설계자나 내용 전문가, 교수자, 매체 전문가 등은 이들의 학습 관련 문제점이나 요구를 파악하여 보다 다양한 학습의 자원 및 과정을 통하여 효과적이고 효율적이며 재미있는 학습의 환경을 설계하게 된다. 그리고 이러한 교육은 단지 학교교육에 국한되지 않고 학교와 기업, 공공부문, 가정과 지역사회를 포함하여 학습을 필요로 하는 모든 곳에서 다양하게 활용될 수 있다.

3. 교육공학의 최근 동향

1) 스마트교육과 디지털 교과서

스마트교육은 21세기 학습자 역량 강화를 위한 지능형 맞춤 학습 체제로 교육환경과 교육내용, 교육방법 및 평가 등 교육체제를 혁신하는 동력을 말하는 것(에듀넷, 2018)으로 디지털세대의 특성 및 사회변화를 고려한 역량중심 교육체제로의 전환을 모색하기 위하여 우리나라 정부에서 추진한 정책이며, 전통적으로 중시하던 3R(reding 읽기, Writing 쓰기, arithmetic 셈하기)보다는 4C(creativity 창의성, citizenship 인성, collaboration 협업능력, communication 의사소통능력)를 강조하는 교육을 말한다. 여기에서 스마트(SMART)란 자기주도적(Self-directed), 학습홍미(Motivated), 수준과 적성(Adaptive), 풍부한 자료(Resource Enriched), 정보기술활동(Technical embedded)의 첫 글자로 이루어진 단어다. 즉, 교사 주도적인 교육과정 구성에서 학생 스스로 학습을 계획하고 수행하는 자기주도적 학습 지향과 정형화된 교과서 강의식 수업에서 다양한 활동과 콘텐츠 활용, 1과목 단일과정의 획일적 수업에서 학생 개별의 수준과 적성을 고려, 서책형 교과서 위주의 교육에서 디지털 콘텐츠 및 온라인 학습과정을 활용, 교실과 집으로 국

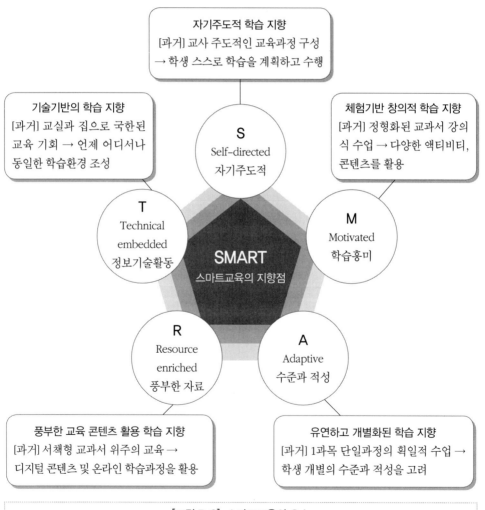

[그림 7-8] 스마트교육의 요소

출처: 백영균 외(2018).

한된 교육기회에서 언제 어디서나 동일한 학습환경 조성을 의미한다(백영균 외, 2018). 스마트교육의 요소는 [그림 7-8]과 같다.

'디지털교과서'란 서책형 교과서인 기존 교과내용에 용어사전, 멀티미디어 자료, 평가문항, 보충학습 내용 등 풍부한 학습자료와 학습 지원 및 관리 기능이 부가되고 교육용 콘텐츠 등과 연계가 가능한 학생용 교재를 말한다. 초기 디지털교과서는 기존 국정교과서의 '서책 메타포'를 이용하여 종이책의 모습을 토대로 멀티미디어, 메모, 검색, 노트필기, 용어사전 등의 기능을 추가하였다. 2007년 한국학술정보원에 의해 디지털교과서(Digital Textbook: DT)라는 명칭으로 불리게 되었고 2015년 현재까지 초등학교 6학년의 국어, 사회, 과학, 수준별 영어, 초등학교 4학년 2개 과목 및 중학교 1학년 2개 과목에 대한 디지털교과서 콘텐츠가 개발되었다. 2014년 1학기 초등학교 3~4학년과 중학교 1~2학년의 사회와 과학 과목이 우선적으로 보급되었다. 디지털교과서의 운영 사이트는 에듀넷(http://www.edunet.net)이다.

디지털교과서와는 별도로 'e-교과서'도 활용되고 있다. e-교과서란 인터넷으로 다운받아, 다양한 멀티미디어 자료와 교수학습기능을 활용하여 교과내용을 효과적으로 학습할 수 있는 발전된 형태의 교과서다. e-교과서는 무거운 책가방으로부터 학생들의 건강권을 지키기 위해 도입된 것이다. 학생들은 이를 다운받아 공부할 수 있으며, 2015년 현재 초등학교 3~4학년 영어, 5~6학년 국어, 수학, 영어와 중학교 1~2학년 영어, 3학년 국어, 수학, 영어 그리고 고등학교 국어, 수학, 영어과목이 개발되어 있다.

2) 거꾸로 학습

거꾸로 학습(flipped learning) 또는 거꾸로 교실(flipped classroom)은 미국의 고등학교 화학교사인 조너선 버그만(J. Bergmann)에 의해 널리 퍼지게 된 수업방식으로 학교에서 수업을 듣고 집에서 숙제를 하는 기존방식이 효과적이지 않았음에 착안하여, 학생들은 학교에서 들어야 할 교사의 수업을 집에서 비디오를 통해 시청하고 학교에서는 교사의 지도 아래 과제활동이나 심화활동을 하는 것이다. 거꾸로 학습은 수업개선에 대한 열망이 높아진 교사들에게 공감을 불러일으켰고 전국의 많은 학교에서 시도되고 있다. 거꾸로 학습은 블렌디드 러닝(blended learning)의 한 형태로도 볼 수 있으며, 학생들의 자기주도학습능력에 호소하는 방식이기도 하다. 우리나라 대학교육에서도 거꾸로 교실이 도입되어 카이스트를 비롯하여 다른 여러 대학에서 시도되고 있다.

3) 무크

무크(Massive Open Online Course: MOOC)는 대학의 강의를 웹 서비스 기반으로 대중에게 무료로 개방하는 거대 규모의 '개방형 온라인 강좌'를 의미한다. MOOC는 2011년 미국의 스탠퍼드 대학교를 시작으로 2012년 하버드 대학교, MIT 등의 대학들이 오프라인 강의를 온라인으로 일반 대중에게 개방하면서 탄생하였다(백영균 외, 2018). 대학의 오프라인 강의는 학생과 학생, 학생과 교수 간의 상호 관계와 교수가 학생을 개인적으로 지도할 수 있는 장점이 있지만, 한정된 콘텐츠로 다양한 수업을 계획하거나 운영하는 데 한계가 있다. 한편 온라인 강의는 콘텐츠가 풍부하고 편리하다는 장점이 있으나 교수와 학생 간 그리고 학생 간 상호 관계의 구축과 학생지도 측면에서 어려움이 있다. 이러한 측면에서 MOOC는 대학 강의와 온라인 강의의 장점을 두루 갖춘 것으로 평가되고 있다. 무크는 교수의 비디오 강좌와 같은 직접적인 강의 활동이 이루어지며, 교수와 조교 등이 함께 참여하는 토론수업, 과제부과와 피드백, 시험을 통한 평가, 수료증 발급 등이 가능하다. OCW(Open Courseware), 즉 공개교육 자료에서도 수업계획표, 강의노트, 퀴즈 또는 시험, 답안, 강의 비디오 또는 오디오 등의 파일을 수강생들에게 제공하고 있으나 학습관리가 이루어지지 않는다는 면에서 무크와 큰 차이

점이 있다. MOOC의 이러한 기능들은 대학의 강의와 온라인 강의를 동시에 혁신할 것으로 기대되고 있다.

4) 이러닝과 블렌디드 러닝의 발달

테크놀로지가 발달하고 브라우저를 이용한 월드와이드웹이 급속히 보급되기 시작한 1995년부터 웹 기반 수업의 설계와 개발 및 활용에 대한 관심과 연구가 활발해졌다. 인터넷을 통해서만 학위를 수여하는 대학이 출현하였고, 전통적인 수업을 고집하던 대학뿐만 아니라 사실 기업도 인터넷을 이용하는 교육사업에 뛰어들었다. 이와 함께 전자학습이라는 의미에서 '이러닝'이라는 말이 유행하게 되었다.

이러닝의 등장은 교육의 형태와 무대를 사이버 공간으로 확장하며 우리교육의 새로운 발전 가능성을 제시하고 있으며, 최근에는 이러닝의 다양성이 급속히 확대되고 있는 상황이다. 이러닝은 시공간의 제한성 극복, 비용 효과성, 개별학습 및 평생학습의 가능성과 같은 장점에도 불구하고, 실제 인간적인 접촉이 없고 학습자의 실제적인 경험을 촉진하는 것이 쉽지 않다는 문제가 있다. 이를 극복하기 위한 한 방안으로 최근 블렌디드 러닝(Blended Learning)이 적용되고 있다(주영주, 2005).

블렌디드 러닝이란 전통적인 방식의 교육과 정보통신 기술을 활용하는 이러닝을 통합한 새로운 형태의 학습 프로그램이다. 단순히 전통적인 면대면 방식과 정보통신 활용 학습방식을 동시에 사용하는 것뿐만 아니라 매체 통합의 형태나 상호작용 전략을 학습자의 요구와 학습유형에 적합하게 구성한다는 점이 특징이다.

블렌디드 러닝이란 명칭은 학습효과를 최대화하기 위하여 다양한 학습방법을 혼합하는 것이 마치 칵테일이나 요리를 만드는 것과 비슷하다는 데착안하여 쓰기 시작했다. 블렌디드 러닝을 실시간 교실수업과 비실시간 이러닝이 혼합된 형태로 보고 '학습효과를 극대화하기 위하여 비용 효과적으

로 두 가지 이상의 다양한 학습 전략과 방법·기술들을 결합하여 학습환경
을 최적화하는 전략적 학습과정', 또는 '교수—학습과정을 통해서 제공하는
다양한 전달방법을 결합한 형태의 학습'이라는 정의가 있다. 즉, 블렌디드
러닝은 학습자들의 학습 경험을 극대화하기 위하여 다양한 학습방법—주
로 전통적인 면대면 방식과 이러닝—과 전달방식을 결합하여 최대의 학습
효과를 추구하는 전략이라고 정의 내릴 수 있다.

블렌디드 러닝에서 온라인과 오프라인을 통합할 때는 다섯 가지 혼합 방
식이 있을 수 있다. ① 오프라인 학습과 온라인 학습이 만나는 '학습공간의
통합' ② 자기조절학습과 협동학습이 만나는 '학습 형태의 통합' ③ 구조화
된 학습과 비구조화된 학습이 만나는 '학습유형의 통합' ④ 기성형 콘텐츠와
주문형 콘텐츠가 만나는 '학습내용의 통합' ⑤ 학습과 업무가 만나는 '교육
과 훈련의 통합'으로 나뉜다.

이처럼 블렌디드 러닝은 접근방식도 다양하다. 학습개체 간의 모듈 통합,
각종 전통적인 교육방법 내에서의 통합, 다양한 기술의 통합, 교육 참가자
간의 통합(학습자—강사, 학습자—학습자, 학습자—Tool)을 활용하여 효과를 획
득할 수 있다.

요약 및 정리

- 학습이란 어떤 활동이나 훈련, 관찰과 같은 일정한 경험에 의하여 행동이 영속적이며 진보적으로 변화하는 과정이다. 교수란 학습이 잘 이루어지도록 그에 적합한 환경을 조성하고 이끌어 가는 과정이고, 수업이란 학습자에게 바람직한 변화가 이루어질 것을 기대하면서 교사와 학습자 간에 이루어지는 계획된 활동이다.

- 학교현장에서 어떻게 하면 효과적으로 수업을 할 수 있느냐 하는 것은 매우 중요하다. 수업을 효과적으로 진행하기 위한 수업과정 모형 중 가장 대표적인 수업모형인 '한국교육개발원(1976)의 모형'은 계획 단계, 진단 단계, 지도 단계, 발전 단계, 평가 단계 등 총 다섯 개의 단계로 이루어져 있다.

- 수업계획은 연간계획, 학기간계획, 월간계획, 주간계획과 같이 교과 운영상 계획된 진도와 계절적 효과, 시설의 효과적 활용, 전체 단원에 대한 균형적인 시간 배당, 각종 행사 및 지역적 특수성을 먼저 고려하여 수립해야 한다.

- 교육공학은 '적절한 공학적 과정 및 자원을 창출, 활용, 관리함으로써 학습을 촉진하고 수행을 개선하는 연구와 윤리적 실천'으로 정의되며, 교육공학의 최근 동향으로는 '스마트교육과 디지털 교과서', '거꾸로 학습', '무크', '이러닝과 블렌디드 러닝' 등이 있다.

도덕교육은 교화적 수업도 아니요, 상대주의적 수업과정도 아니다. 도덕적 토의의 교육과정으로부터 '잠재적 교육과정'으로 주의를 돌리면 보다 중요한 일련의 철학적, 교육적 과제와 만나게 된다. 나의 의견으로는 이 문제의 해결은 민주적 교실 운영을 형성할 수 있느냐에 달려 있다.

L. 콜버그, 『도덕발달의 철학(The Philosophy of moral development)』

제 **8**장

교육평가

탐구주제

▶ 교육평가의 기능은 무엇인가?

▶ 교육평가의 유형에는 어떤 것이 있는가?

▶ 평가도구의 조건은 무엇인가?

▶ 평가 문항은 어떻게 제작되는가?

🕮 제1절 교육평가의 개념과 절차

인간의 삶은 끊임없는 평가의 연속이라고 말할 수 있다. 사람은 태어나는 순간부터 죽을 때까지 일상생활의 여러 가지 면에서 여러 가지 형태의 평가를 받으면서 살아가고 있다.

평가는 교육의 세계에서 두드러진 역할을 하고 있다. 왜냐하면 교육은 평가를 떠나서는 성립할 수가 없는 인간활동이기 때문이다. 교사가 학생을 가르치는 목적은 학생들의 지식, 행동, 태도의 바람직한 변화를 일으키기 위해서다. 교사는 학생들이 가지고 있는 지식의 양을 증가시키기를 원하며 또 잊어버리는 양을 줄이기를 바란다. 교수과정에 있어서 어떤 것의 개념화는 교수와 평가 사이에서 상호 의존을 인정하고 있다. 교수란 교육목적의 설정, 학생들이 참여하여 활동할 교육내용의 선정과 조직, 교육방법의 선정과 학생의 성취를 평가하기 위한 준비 등, 서로 관계가 깊은 네 가지 요소들로 구성되어 있다. 그런데 이 네 가지 요소들은 서로 구분될 수 없으며 교육목적의 선정에서부터 평가까지의 모든 단계는 평가를 떠나서는 성립될 수 없다. 교육평가는 교육목적이 어느 정도 달성되었느냐를 따져 보는 교육의 반성적이며 자각적인 과정이라고 볼 수 있다.

1. 교육평가의 개념

교육평가(educational evaluation)에 대하여 타일러는 교육평가란 본질적으로 교육과정 및 수업의 프로그램에 의하여 교육목표가 실제로 어느 정도까지 달성되었는지를 밝히는 과정이라고 말하고 있으며(Tyler, 1949), 그론룬드는 교육적인 목적이 학생들에 의해 성취된 범위를 결정하는 조직적 과정의라고 말하고 있다(Gronlund, 1981). 또한 크론바흐는 어떤 교육 프로그램에 관한 결정을 내리기 위하여 정보를 수집하고 사용하는 과정이라고 정의하고 있다(Cronbach, 1977). 이러한 정의들은 교실현장에서 성공한 학생과 실패한 학생, 겨우 따라오는 학생을 판정하고 분류하며 선별하는 과거의 교육평가관이 아닌 교수과정과 학습과정에 최대한으로 도움을 주어 학생의 학교학습을 극대화시키는 역할을 갖게 하려는 새로운 교육평가관이라 하겠다. 새로운 교육평가관에 따른 여러 학자들의 교육평가에 대한 정의들을 요약해 보면 교수 프로그램에 관한 의사결정을 하기 위해서 학습자의 행동 변화 및 학습과정에 관한 정보를 수집하고 이용하여 교육적 의사결정을 하는 과정 바로 그 자체(황정규, 1988)라고 볼 수 있다.

이와 같은 정의에 따라 교육평가가 갖는 의의는 네 가지로 요약될 수 있다.

① 교육평가는 교육목적의 달성도를 다룬다.
② 교육평가는 행동 증거를 수집하는 방법이다. 행동 증거를 수집하는 방법은 시험, 행동관찰, 질문지, 면접 등 다양하다. 중요한 것은 어떤 행동 증거를 얻는 데 어느 방법이 타당한 방법인가를 결정하는 것이다.
③ 교육평가는 인간 이해의 수단이다.
④ 교육평가는 개인차의 변화를 다룬다. 즉, 개인의 지능, 적성, 성격, 흥미, 태도, 동기 등 개인차의 여러 측면을 진단한다.

2. 교육평가의 영역과 기능

교육평가에서 취급되는 영역은 주로 학력평가, 지능평가, 적성평가, 성격평가, 신체평가, 환경평가, 학교평가, 교사평가 등이다. 이와 같이 평가의 범위가 넓은 것은 교육목표 달성의 주체인 학습자의 모든 변인과 학습자에게 영향을 미칠 수 있는 주변의 여러 변인들이 모두 평가의 대상이 되기 때문이다. 여러 영역의 평가가 갖는 기능은 다음과 같다(이종숙, 이옥형, 강태훈, 2000).

① 학습결과의 진단과 치료: 이것은 주로 학력평가와 관련된 기능이다. 교육평가는 얼마만큼 목표에 도달했으며, 도달하지 못한 학습자를 어떻게 교정해야 하는가의 정보를 제공한다.

② 생활지도와 상담을 하기 위한 자료: 적성을 판별하여 진학과 진로 등을 지도할 때 이용될 수 있다.

③ 교육과정과 학습지도법의 개선: 교육목표의 설정, 유효한 학습경험의 선택, 학습경험의 조직, 학습지도법의 개선 등에 관한 개선점을 시사한다.

④ 학습자 자신에 대한 이해와 학습동기 유발: 학습결과를 학습자에게 알려 주어 피드백(feedback)과 함께 학습동기를 유발할 수 있게 한다.

⑤ 교육계획의 개조: 평가결과에 의해 학습과정 등을 재구성하는 기능을 갖는다.

이상의 다섯 가지 기능 외에도 예언적 기능, 평가적 기능, 심리적 기능, 성향의 측정기능 등이 있다.

3. 평가의 절차

위에서 제시한 교수과정의 마지막 과정으로서 평가의 과정은 다음과 같은 일련의 절차를 통해서 이루어진다.

① 교육목표의 설정: '어떻게(how) 평가할 것인가'의 문제보다 언제나 먼저 고려되어야 하는 것이 '무엇(what)을 평가할 것인가'의 문제다. 여기

서 '무엇'이라고 지칭하고 있는 것은 교육목표이며, 이 목표는 100m 달리기 선수가 자신의 도착점을 알고 있는 것처럼 구체적으로 설정해야 한다.

② 평가 장면의 선정: 평가 장면에는 필답검사뿐만 아니라 질문지, 표준화검사, 관찰, 투사적 방법, 실험실습 등 다양한 방법이 있다. 각 방법마다 가장 적합한 평가 장면이 결정되어야 좋은 평가가 될 수 있다. 다만 한 가지 행동 증거를 수집하기 위해서 반드시 한 가지 방법만이 유일한 것이 아니라는 점을 깊이 생각해야 할 것이다.

③ 평가도구의 선정 및 제작: 평가의 중심 단계인 이 과정에서는 실제 행동 증거를 수집할 수 있는 측정도구를 만든다. 초·중등학교에서의 측정도구는 흔히 중간고사와 기말고사 및 과제물 등이다.

④ 평가의 실시 및 결과처리: 현재 가장 많이 실시되고 있는 방법은 필답검사다. 그러나 필답검사는 간편하고 비교적 신뢰도가 높지만, 목표 달성도의 단면밖에 잴 수 없다는 약점을 갖고 있다.

⑤ 평가결과의 해석 및 활용: 측정결과 그 자체는 아무런 의미를 갖지 못한다. 측정된 자료가 일정한 기준에 의해 해석되어 평가되었을 때 비로소 의미를 가진다. 평가결과는 학습경험의 재투입 혹은 동기유발과 추후지도가 뒤따를 때, 더욱 의미 있게 된다.

📖 제2절 교육평가의 유형

교육평가의 유형에는 평가자의 관점에서 수업을 중심으로 하여 어느 시기에 평가를 실시하느냐에 따라 진단평가, 형성평가, 총괄평가로 나눌 수 있고, 평가기준에 따라 임의평가, 상대평가, 절대평가로 나눌 수 있으며, 평가 문항의 형태를 중심으로 주관식평가와 객관식평가로 나누는 등 크게 세

가지로 나눌 수 있다(김종화, 김봉진, 1999).

1. 수업중심의 평가

1) 진단평가

진단평가(diagnostic evaluation)는 예비진단평가라고도 한다. 진단평가는 학생이 한 학습단원이나 교과를 학습하기 전에 앞으로 학습할 단원을 성공적으로 학습하기 위해 충분한 준비가 되었는가를 평가하는 진단활동이다. 즉, 학생의 성취를 향상시키기 위해 학생들이 갖고 있는 능력이나 흥미, 특수기능 등의 장점과 단점을 분석하여 정확한 진단을 내리고 이에 입각해서 적절한 지도를 하기 위한 평가다.

진단평가의 기능으로는 학습하고자 하는 학습과제와 관련하여 선수학습의 결손에 대한 진단, 이에 대한 교정과 보충학습 등 사전처방계획의 수립, 학습자의 학습과제에 대한 사전습득수준 진단, 학습자의 흥미, 성격, 학업성취 및 적성 등에 따라서 적절한 교수처방의 수립, 교수변인 외의 조건과 관련된 학습부진의 원인 진단 등이 있다.

2) 형성평가

형성평가(formative evaluation)는 학생들의 학습이 진행되고 있는 동안 학습의 어려움을 발견하여 바로잡고, 학습행동을 강화하여 교사에게 꼭 알맞은 학습지도 방법을 위한 정보를 제공할 수 있는 평가다. 수업과정에서 학습자에게 피드백을 주고 교수방법의 개선과 교육과정의 질적 개선을 위해 실시하는 평가인 형성평가의 방법에는 수업 중의 가벼운 질문, 간단한 시험, 학습자의 반응 유도 등 여러 가지가 있다. 보통 이 형성평가를 평가라고 생각하지 않는데, 그것은 이 평가가 수업과정 중에 실시되고 그 결과가 성적 등의 최종적인 결과에 영향을 미치지 않기 때문이다.

형성평가는 학습자의 현재 학습위치를 밝혀 주는 기능, 학습자의 학습곤란이나 결손내용을 밝혀 주는 기능, 교정학습이나 보충수업 실시에 대한 근거로서의 기능, 학습활동을 강화하는 기능, 교수자에게 교수방법의 개선점을 제공하는 기능 등이 있다.

형성평가의 방법으로는 형식적 평가인 필답검사 외에도 개별적 질문이나 집단적 질문, 거수반응, 중요한 내용의 확인, 간단한 집단시험, 집단토론, 발표 및 과제검사 등이 있다. 주의해야 할 점은 형성평가가 총괄평가의 도구가 되어서는 안 되며, 형성평가에서 집단의 하위 집단을 소외시켜서도 안 된다는 것이다.

3) 총괄평가

일반적으로 말하는 평가란 대부분 총괄평가 또는 총합평가를 의미한다. 총괄평가(summative evaluation)는 하나의 학습과제 혹은 교과가 끝난 다음에 전체적으로 교육목표의 달성도를 평가하려는 것이다. 중간고사, 기말고사 등이 총괄평가의 한 종류이며, 본래의 목적은 성취도를 확인하기 위한 것이다. 총괄평가는 성취도 확인 이외에도 부수적으로 성적을 매겨 비교하기도 하며, 학습의 결손 부분을 판정하는 데도 이용된다. 그리고 총괄평가의 결과로 학습의 결과를 확인할 뿐만 아니라 다음 학습의 성취도나 진보를 예언하기도 한다.

총괄평가에서 평가 문항을 출제할 때, 문항 곤란도는 35~70% 정도의 분포를 갖게 하여 그 평균이 50% 정도의 곤란도를 갖게 하는 것이 보통이다. 그래서 교수는 평가를 하기 전에 집단의 수준을 알맞게 설정할 필요가 있다. 예컨대, 한 학급을 평가한 결과, 평균점수가 너무 낮거나 점수의 분산이 너무 큰 경우가 있을 수 있다. 이 경우 학습자에게 그 책임을 전가하곤 하지만 그 결과는 평가자의 평가도구가 나쁜 경우, 평가자가 수업을 잘못하여 성적이 낮아진 경우, 그리고 평가자의 평가기준이 너무 높다든지 하여 성취의 기준을 잘못 설정한 경우 등에서도 나타날 수 있다. 이런 경우라면 이것은 학습자의 책임이 아니라 전적으로 평가자의 책임이다.

진단평가나 형성평가가 절대평가의 성격을 갖고 있는 데 비하여, 총괄평가는 상대평가의 성격을 갖고 있다. 총괄평가에서 관심을 가져야 할 것은 평가의 기준을 반드시 마련할 것, 학습자집단의 전체적 수준을 반드시 파악할 것, 그리고 학습과목의 평가결과가 극단적으로 낮거나 높다면 평가의 기준 설정에 문제가 있다고 보아야 할 것 등이 있다. 평가의 기준은 교육내용의 수준이나 평가자의 내적 판단기준이 아니라 학습자집단의 수준에 맞추어야 한다.

교실에서 이루어지는 평가의 유형을 이상과 같이 분류할 때 수업의 과정에서는 평가활동이 연속적으로 전개된다고 할 수 있다. 진단평가와 형성평가, 총괄평가의 차이점을 비교하면 〈표 8-1〉과 같다.

〈표 8-1〉 진단 · 형성 · 총괄평가의 비교

구분	진단평가	형성평가	총괄평가
시기	단원, 학기, 학년 초	교수-학습 진행 중	교수-학습 완료 후
목적	출발점 행동의 확인 적절한 교수 투입	교수-학습의 적절성 교수방법 개선	학습목표 달성 교육 프로그램 결정 책무성
방법	비형식적 · 형식적 평가	수시평가 비형식적 · 형식적 평가	형식적 평가
기준	준거지향	준거지향	규준지향, 준거지향
문항	준거 부합 문항	준거 부합 문항	준거지향: 준거 부합 문항 규준지향: 다양한 난이도의 문항

출처: 허숭희 외(2018), p. 371.

2. 평가기준에 따른 평가

1) 임의평가

임의평가는 교육평가에 대한 이론적인 체계가 성립되기 이전에 널리 사용된 여러 가지 평가방법이다. 임의평가는 평가기준이 객관적이지 않고 교사 개인의 주관적인 판단, 즉 임의에 의하여 자유로이 이루어지며 교사에 따라 평가결과가 상이한 것을 말한다. 극단적인 경우 이러한 임의기준은 교사에 따라 다를 뿐만 아니라 같은 교사라 할지라도 때에 따라서 임의표준기준이 교사 개인의 임의에 따라 높아질 수도 있고 낮아질 수도 있다는 것이다.

우리 교육계에서 관습적으로 사용해 왔던 '100점 만점식 평가'가 여기에 속한다. 임의평가의 가장 큰 단점은 그 평가기준이 교사에 따라 우발적으로 설정되었기 때문에 타당도와 객관도가 빈약하다는 점이다. 여기서 말하고 있는 우발적이며 임의에 의한 기준이란 다름 아닌 평가기준의 결여와 부정확성을 뜻하는 것이다. 그러므로 임의평가에서 얻은 점수는 어떤 절대적인 해석이나 특수한 의미를 부여하기가 어렵다.

2) 상대평가

상대평가(relative evaluation)는 집단 내의 개인을 집단 속의 어떤 규준과 비교하여 그 상대적 위치를 밝혀 보는 데 그 의의가 있다. 예를 들면, 학급 내의 다른 학습자와 비교를 하거나 한 학교 내의 동일학년 전체 또는 전국의 동일학년 학습자의 성적을 규준으로 하여 그것과 비교하여 상대적으로 평가하는 것이다. 따라서 상대평가에서 한 개인이 속한 집단의 평균점수는 개인의 어떤 행동 특성의 상대적 위치를 표시하는 의미를 갖게 된다. 이를 이유로 상대평가를 규준지향평가 또는 규준참조평가(norm-referenced evaluation)라고도 한다. 상대평가는 표준점수 척도에 의거한 평가방법으로서 '수, 우, 미, 양, 가'와 'A, B, C, D, F' 등은 표준점수의 일정한 척도에 의해 분류한 것이다. 즉, 이 평가방법은 집단의 평균에서 개인이 얼마만큼 이탈했는가를 찾아서 평가하는 방법이다.

한 학급에 40명의 학생이 있을 때 A학점 20%, B학점 40%, C학점 30%, D학점 10% 등으로 비율을 정해 놓고 평가를 한다면 이것이 바로 상대평가다. 우리는 보통 명확한 비율을 정하지는 않지만 대략적인 비율을 결정해 놓고 평가한다. 상대평가를 했을 경우 90점을 맞은 학생이 한 집단에서는 A학점으로 평가된 것이, 다른 한 집단에서는 B학점으로 평가될 수도 있는 문제점을 가지고 있다.

상대평가의 약점에는 평가결과가 정상분포의 가정에서 출발한다는 점, 집단 내 비교는 가능하나 다른 집단과의 비교가 어렵다는 점, 그리고 경쟁의 대상이 교육목표가 아니라 집단구성원이라는 점이 있다. 장점으로는 엄밀한 개인차의 변별이 가능하고 학생으로 하여금 경쟁을 유발시킬 수 있으며 외재적 동기의 역할로 작용될 수 있다는 점을 들 수 있다.

3) 절대평가

절대평가(absolute evaluation)는 학습자들의 현재 성취수준이나 행동목표의 도달 정도를 알아보기 위한 평가다. 즉, 다른 학습자와 상대적으로 비교하는 것이 아니라, 교육 또는 교육목표에 비추어 평가하는 것이다. 그래서 이를 목표지향평가, 준거지향평가 또는 준거참조평가(criterion-referenced evaluation)라고도 부른다.

절대평가방법을 택하는 검사는 학습자들이 무엇을 할 수 있는지 없는지에 관한 정보를 제공한다. 절대평가는 다른 학습자와의 관계나 그 학급에서의 위치는 문제시하지 않는다. 단지 개개 학습자의 학습목표 도달 정도만 문제시한다. 따라서 절대평가는 학기 말, 학년 말 또는 학기 중간과 같은 특정한 시기에만 실시하는 것이 아니라 학습자들의 출발점 행동 또는 도착점 행동을 알아보려고 할 때 언제나 실시해야 한다. 그리고 절대평가를 위한 검사는 백

분율로 표시된다. 개인의 성적이 집단의 성적 분포에 의해 영향을 받지 않기 때문에 서열을 매길 필요도 없으며, 한 학급이 모두 A를 받거나 모두 B를 받을 수도 있다.

절대평가는 평가기준이 '학습목표 달성도'라는 절대적인 기준에 있으므로 성취도평가에 용이하다. 이 절대점수는 의미 있는 점수이며, 학생 간의 비교도 가능하다. 그러나 절대기준을 선정하기가 곤란하다는 단점이 있다. 절대기준이라고 선정하였어도 그 기준이 과연 객관성을 가지고 있느냐 하는 난점이 있다. 그리고 절대평가의 결과는 근본적으로 정상분포를 기대하지 않는 평가이므로 통계적으로 활용하기가 어려우며, 개인차 변별이 곤란하다.

절대평가는 교육을 통해 인간의 가능성을 발전시킬 수 있다는 신념을 철학적 배경으로 하고 있다. 그리고 학습자에게 성취감을 제공한다는 점에서 임의평가나 상대평가에 비하여 보다 교육적인 평가 형태라고 볼 수 있다. 교육평가에 대한 이론적인 체계가 성립된 이후의 평가인 상대평가와 절대평가의 차이를 정리하면 〈표 8-2〉와 같다.

〈표 8-2〉 상대평가와 절대평가의 비교

상대평가(규준지향평가)	구분	절대평가(준거지향평가)
선발적 교육관(개인차 극복 불가능)	기본 가정	발달적 교육관(개인차 극복 가능)
상대적 위치 변별	평가목적	수업목표 달성도 확인
서열이나 순위 결정	평가방법	수업목표 달성도 판단
선발, 분류, 배치: 입학시험, 심리검사	용도	확인, 교정, 개선: 자격시험
일반적이고 포괄적인 수준의 행동	측정내용	매우 구체적인 행동
신뢰도, 문항곤란도 중시	측정도구	타당도 중시

출처: 허승희 외(2018), p. 368.

3. 평가방법에 따른 평가

1) 양적 평가

양적 평가(quantitative evaluation)란 경험적ㆍ실증적 탐구의 전통에 따라 평가 대상을 어떤 형태로든지 수량화하고, 이렇게 수량화된 자료를 가지고 통계적 기법을 이용하여 기술하고 분석하는 평가방법이다. 따라서 양적 평가에서 수집된 자료들은 모두 수 혹은 양으로 표현되어야 하며, 그러기 위해서는 평가 대상이 객관적 객체로 존재해야 한다. 만약 수량화할 수 없는 대상은 아예 평가의 대상에서 제외시키거나 그 대상을 검증할 수 있도록 조작하여 측정함으로써 평가의 정확성을 확보할 수 있다는 장점을 지니고 있다. 또 양적 평가를 통해 여러 가지 형태의 객관적인 문항이 개발되었고, 학생들의 성취 수준을 객관적으로 파악할 수 있게 하는 등의 공헌을 하기도 했다.

2) 질적 평가

질적 평가(qualitative evaluation)란 현상적ㆍ해석적 탐구의 전통을 따르는 입장으로 평가에 관련이 있는 당사자들의 상호 주관적 이해에 바탕을 두고, 교육 현장이나 평가자의 경험을 통해 평가의 대상을 사실적으로 기술하고 해석하는 것을 중시한다. 따라서 질적 평가에서는 교육현상의 실제나 과정에 대한 이해를 높이는 데 목적을 두고 있다. 질적 평가는 교육현상을 전체적이고 종합적으로 이해하는 데 공헌함으로써 교육평가 활동을 교육적인 활동이 될 수 있도록 변화시켰다는 점에서 큰 의의가 있다.

양적 평가와 질적 평가의 두 평가방법의 이론적 배경에서 평가 대상의 객체화와 주관적 이해의 중시라는 중요한 차이점이 존재한다. 그러나 그렇다고 해서 질적 평가방법이 좋은 것이고 양적 평가방법은 나쁜 것이라고 이분법적으로 구분하는 것은 옳지 못한 태도다. 평가의 목적, 평가의 대상과 범

〈표 8-3〉 양적 평가와 질적 평가의 비교

구분	양적 평가	질적 평가
이론적 배경	경험적 · 실증적 전통	현상적 · 해석학적 전통
목적	일반적 현상 이해 구성 요소 분석	특수성, 개별성 이해 통합된 전체 이해
초점	교육의 결과 중심	교육의 과정 중심
자료수집 방법	실험, 질문지, 시험 등 검사도구	심층면담, 관찰법, 수행평가 등
자료수집 도구	신뢰도 중시	타당도 중시
분석방법	통계적 분석	내용분석

출처: 허승희 외(2018), p. 373.

위, 평가방법의 활용 가능성 등에 따라 양적 평가방법과 질적 평가방법이 선택적으로 사용되어야 한다. 양적 평가와 질적 평가의 차이는 〈표 8-3〉과 같다.

4. 검사 문항에 따른 평가

1) 주관식평가

주관식평가(subjective evaluation)는 시험을 채점하는 사람의 의견이나 판단이 점수에 영향을 미친다. 주관식평가에 분류되는 문항 형식으로는 단답형, 완결형, 단구형, 논문형 등이 있다. 이 중에서 대표적인 것이 논문형이다. 논문식평가에서는 응답자의 표현이 자유롭고 대답이 긴 문장으로 되는 일이 많으며 같은 문제에 대해서도 해답자에 따라 내용, 길이, 세밀도가 각각 다르다. 또 채점자에 따라 채점의 기준이 다를 가능성이 많다.

2) 객관식평가

객관식평가(objective evaluation)는 주관식평가에 대응해서 쓰이고 있는 용어다. 특히, 앞에서 기술한 논문식평가의 단점을 제거하기 위해서 고안된 것이 객관식평가다. 객관식평가는 누가 채점하든지 같은 점수를 획득한다. 객관식평가에는 진위형, 배합형, 선택형 등이 있다.

🕮 제3절 평가도구의 조건

1. 측정오차

교육평가는 좋은 평가도구를 개발하는 데서 결정된다. 좋은 평가도구란 평가의 목적을 가장 잘 반영하는 것이다. 모든 평가도구는 측정을 기초로 한다. 여기서 측정이란 평가의 자료가 되는 '원점수의 결정'을 말한다. 모든 측정은 단위로 표현된다. 예컨대, cm, 근, 척, mile, kg 등이나 몇 점, 몇 등, 몇 % 등으로 표현된다.

측정에는 언제나 오차가 있게 마련이다. 아무리 정밀한 측정이라도 측정 오차를 없앨 수는 없다. 특히, 인간의 행동, 감정, 정서, 지적 능력 등과 같이 교육현장에서 측정되는 것들은 간접적으로 측정할 수밖에 없는 대상들이므로 다른 물리적 대상의 측정보다 측정오차가 클 수밖에 없다.

오차의 종류에는 크게 세 가지가 대표적인데, 첫째는 관찰자의 오차로서 관찰자 혹은 측정자의 오차다. 측정자의 주관, 성격, 상태에 따라 달라지는 오차를 의미한다. 둘째는 측정도구의 오차다. 아무리 정밀한 측정도구라도 오차 없는 측정도구는 없으며, 인간을 측정하는 교육평가에서는 완전무결한 도구란 불가능하다. 아무리 잘 만든 평가도구라도 완전할 수 없는 것이다. 셋째는 대상의 오차다. 이것은 측정대상의 변화에 의한 측정 일관성의 결여에 의한 것이다. 대상의 변화요인은 무수히 많다. 예를 들면, 동기, 습관, 환경, 기분, 피로 등에 의해 오차가 발생한다. 때문에 어제 측정한 IQ와 오늘 측정한 IQ 간에도 동일한 결과를 얻기가 힘들다.

2. 교육측정의 난점

교육평가에서는 몇 가지 측정의 어려움이 있다. 첫째, 측정 대상이 불분명하다는 점이다. 시험이나 실습 또는 그 밖의 방법을 통해서 측정하려고 하는 것이 무엇인지 불분명한 경우다. 기억력, 지구력, 속도 등은 그래도 비교적 쉽게 판별될 수 있지만 성격이나 감성, 사고력, 창의력 등과 같은 특성은 판별하기가 애매하다. 둘째, 교육의 측정결과는 항상 논리적 일관성을 유지해야 하는데 학생의 내적 특성이 끊임없이 변화되기 때문에 그 일관성을 유지하기 어렵고, 이론과 실제로서의 결과가 항상 일치하는 것도 아니다. 셋째, 수량화의 문제점이다. 길이를 잴 때 3cm+6cm=9cm라고 하는 데는 아무런 이의가 없다. 그러나 국어 60점과 산수 80점을 합해 평균 70점이라고 하는 것에는 문제가 있다. 국어능력과 산수능력은 서로 관련이 거의 없는 능력이므로 가감계산을 할 수 없기 때문이다. 이것은 마치 3cm+5kg=8(?)이라고 표현하는 것과 마찬가지다. 그러므로 교육평가에서는 수량화에 대해 항상 조심스럽게 접근하여야 하며, 측정치에 절대성을 부여해서는 안 된다. 마지막으로 측정의 간접성 또한 문제다. 교육에서 대부분의 측정대상은 지적 능력, 태도, 도덕성, 감성 등과 같이 간접적으로 측정할 수밖에 없는 것들이기 때문에 측정된 결과에 대하여 절대적인 가치를 부여해서는 안 된다.

3. 측정도구의 조건

좋은 측정도구의 조건에는 여러 가지가 있으나 그중에서 가장 일반적인 조건은 타당도, 신뢰도, 객관도, 실용도다.

1) 타당도

타당도(validity)란 검사나 측정도구의 목적과 관계되며, 관련성 또는 적절성으로 정의된다. 즉, 이 검사가 무엇을 위해 사용될 것이며, 그 검사의 결과가 말하고자 하는 것은 무엇인가와 관계된다고 할 수 있다. 즉, 타당도란 '무엇'을 측정하는가에 관한 것이다. 예컨대, 가슴둘레를 알아보려면 가슴 부분을 재야 하는데 배를 쟀다면 아무리 정밀한 척도를 사용했어도 의미 없는 결과다. 즉, 국어시험은 국어능력을 재는 것이며, 사회생활능력을 재는 것이 아니다.

타당도는 준거(criteria)가 중요한 조건이다. 측정의 근거 설정을 어떻게 하는가에 따라 타당도는 좌우된다. 즉, 타당도는 '무엇을, 얼마만큼' 측정하느냐의 문제다. 타당도는 좋은 검사가 갖추어야 할 가장 중요한 조건인데, 특히 교육평가의 관점에서 볼 때 신뢰도가 다소 떨어지더라도 타당도는 높아야 한다(황정규, 1984).

타당도의 종류에는 안면타당도, 내용타당도, 예언타당도, 공인타당도, 구인타당도가 있다.

2) 신뢰도

측정도구에서 첫 번째로 중요한 조건이 타당도라면, 신뢰도(reliability)는 두 번째로 중요한 조건이다. 타당도가 '무엇'을 측정하는가에 관한 것이라면, 신뢰도는 '어떻게', '얼마나 정확하게' 측정하는가에 관심을 둔다. 그러므로 신뢰도란 측정의 정확성, 안정성, 즉 측정오차에 관한 것이다.

고장 난 저울이나 검증받지 않은 자로 잰다면, 그 결과는 아무도 믿을 수 없는 것처럼 신뢰성 없는 교육평가는 아무런 평가상의 의미가 없다. 특히, 교육평가는 끊임없이 변화하는 학생을 대상으로 하고 있으므로 측정의 오차를 줄여서 신뢰도를 높이는 일은 매우 중요하다.

신뢰도는 다음과 같은 세 가지 개념을 갖고 있다. 첫째로 같은 대상을 같은 측정도구로 반복측정했을 때, 얼마나 동일한 결과가 나오느냐 하는 점이다. 즉, 측정결과들의 변산상태를 의미하는 것으로서 '측정의 표준오차'에 관한 것이다. 둘째로 측정도구가 진짜 변량을 얼마나 정확하게 측정하는가의 문제다. 이것은 측정도구의 오차변량이 얼마냐에 관한 것이다. 셋째로 한 측정도구를 사용하여 한 집단에서 두 번 이상 측정했을 때, 측정된 결과들이 얼마나 일치하는가의 문제다. 통계적으로는 상관계수로 표시되는데 일반적으로 적당하다고 인정받는 신뢰도는 0.80 이상이다.

검사의 신뢰도란 검사 속에 끼어드는 오차변량에 의해 결정된다. 결국 신뢰도를 높이는 일은 오차를 줄이는 일이라고 할 수 있다. 신뢰도를 높이기 위해서는 다음과 같은 방법이 있다.

첫째, 시간상의 안전성이 유지되어야 한다. A반은 오늘 측정하고 B반은 내일 측정한다면, A와 B의 측정결과는 시간변인에 의해 달라질 것이다.

둘째, 문항표집의 적합성이다. 이것은 평가 문항으로 선택한 문항이 개인의 능력을 잘 대표할 수 있어야 한다는 점이다.

셋째, 문항의 동질성이 있어야 한다. 동일집단은 동일한 문항으로 측정해야 한다.

넷째, 검사를 받는 학생의 목적과 수준에 알맞아야 한다. 학생의 수준을 과대평가하거나 과소평가하여 문항을 결정하면 신뢰도는 그만큼 낮아진다.

다섯째, 검사의 길이나 크기가 너무 작아서도 안 된다. 즉, 평가 문항의 수가 많을수록 그 검사의 신뢰도는 높다고 할 수 있다. 예를 들면, 논문형 검사라면 한 문제로 시험을 보는 것보다 두세 문제로 시험을 보는 것이 신뢰도를 높일 수 있는 방법이다. 따라서 문항 수가 적은 측정이나 검사의 결과를 해석할 때는 신중을 기해야 할 것이다.

신뢰도의 종류에는 검사-재검사 신뢰도, 동형검사 신뢰도, 반분 신뢰도 등이 있다.

3) 객관도

객관도(objectivity)는 신뢰도의 일종으로서 '검사자 신뢰도' 또는 '평정자 신뢰도'라고 한다. 즉, 검사자 간의 합치도라고 할 수 있다. 같은 시험을 여러 사람이 채점했을 때 그 결과의 분산이 크다면 객관도가 낮다고 말할 수 있다. 객관도를 높이기 위한 방법은 다음과 같다.

첫째, 평가도구를 객관화시켜야 한다. 주관식보다는 객관식 문항이 객관도를 높일 수 있다.

둘째, 평가자의 평가능력이 높아야 한다. 평가에 대한 기초적인 능력을 가지고 있어야 한다.

셋째, 하나의 평가자료를 여러 사람이 평가한다.

넷째, 명확한 평가기준을 설정하여 주관적인 추측이나 편견을 최소한으로 줄여야 한다.

4) 실용도

실용도(usability)란 평가도구가 갖추어야 할 특성 중 본질적인 것은 아니지만 제작, 구성, 실시에 있어서 시간과 경비, 노력이 덜 들어야 실용적인 가치가 있는 것이다. 아무리 평가도구가 좋아도 시간과 경비, 노력이 지나치게 많이 필요하면 실용성이 없다. 따라서 실용도란 평가도구의 실용적 가치의 정도를 뜻한다고 하겠다.

실용성이 있는 평가도구의 조건으로는 실시의 용이성, 채점의 용이성, 결과의 해석과 활용의 용이성, 낮은 검사비용, 검사의 기계적인 구성 등이 있다.

📖 제4절 평가 문항의 제작과 활용

1. 문항 제작을 위한 설계

좋은 문항을 만드는 것은 곧 좋은 평가의 준비가 되어 있다는 뜻과 같다. 문항을 제작하는 제작자로서, 좋은 문항을 제작하려면 다음과 같은 몇 가지 조건을 고려해야 할 것이다.

첫째, 문항 제작자는 우선 해당 교과목이 가진 지식뿐만 아니라 그 교과목이 갖는 교과로서의 위치와 의미에 대한 깊은 이해가 필요하다.

둘째, 문항 제작자는 그 교과가 가진 교육적 가치와 교육적 목적 달성에 관심을 가지고 있어야 한다. 학습결과에 대한 평가가 지나친 교과주의에 빠져 지식만을 위한 평가로 전락되어서는 안 된다.

셋째, 검사대상, 즉 학생의 현재 상태에 대한 이해가 필요하다. 학생의 정신적·정서적 발달 상태에 대해서 이해하고 있어야 하며, 학생의 지적 능력에 대한 정보를 가지고 있어야 한다.

넷째, 문항 속에 사용하는 어휘를 정확하고 정교하게 사용하여야 한다. 아무리 좋은 문제라도 그것이 학생들에게 정확하게 전달되지 않으면 소용이 없다. 문장은 짧고 명료하게 기술해야 한다.

다섯째, 교육평가에 대한 기본적인 개념을 이해하고 있어야 한다. 교육평가는 주관적인 것이 아니라 객관적이어야 한다.

2. 문항의 형식

문항에는 여러 가지 형식이 있다. 문항의 형식을 분류하는 것은 다양한 관점이 있을 수 있지만, 채점 방식에 따라 주관형과 객관형, 학습자 반응에 따라 선택형과 서답형, 학습자의 반응양식에 따라 인지형, 재생형, 논문형으로 분류하기도 한다. 우리나라에서는 일반적으로 단답형, 완성형, 논문형이 속해 있는 서답형과 진위형, 배합형, 선다형이 속해 있는 선택형으로 분류하고 있다. 각 문항 형식의 특징을 기술하면 〈표 8-4〉와 같다.

〈표 8-4〉 문항 형식의 특징

구분	정의	장점	단점	예문
진위형	진술문을 제시하고 그 진위나 정오를 묻는 문항형식	• 문항 작성이 용이하고, 짧은 시간에 많은 문항에 답할 수 있어 광범위한 내용을 검사에 포함시킬 수 있음	• 지식 수준 이상의 학습결과 측정에 부적합 • 추측에 의해서 답안을 작성할 가능성이 큼	• 다음 글을 읽고 맞으면 ○표 하라. 진위형은 선택문항 형식에 속한다. ( )
배합형	한쪽에는 일련의 전제가 주어지고 다른 한쪽에는 이에 관련된 답지를 주어 지시문의 지시에 따라 서로 관계되는 번호를 괄호 속에 쓰거나 짝지어 연결하도록 하는 문항 형식	• 진위형과 같음	• 진위형과 같음 • 배합형에 적합한 동질적인 성격을 가진 학습내용을 찾아내기가 어려움	• 다음 내용에서 알맞은 것을 골라 ( ) 안에 번호를 써라. 설 ( ) ① 7월 7일 단오 ( ) ② 1월 1일 칠석 ( ) ③ 5월 5일 추석 ( ) ④ 8월 15일 ⑤ 9월 9일
선다형	세 개 이상의 답지 중에서 문항에 제시된 조건에 따라 정답이나 최선의 답을 선택하도록 하는 문항 형식, 답지의 수에 따라 4지 또는 5지선다형이라 부름	• 진위형보다 추측에 의해서 정답을 답할 가능성이 적음 • 주관식 검사가 갖는 주관성과 비능률성이 적음 • 이해력 · 적용력 등 어느 정도의 고등정신능력도 측정 가능	• 적당한 수준의 문항을 제출하는 데는 상당한 지식과 경험이 요구되고 출제에 어려움이 있음 • 종합력이나 평가력 등 높은 수준의 학습결과를 측정하기 어려움	• 교육부 장관은 누가 임명하는가? ① 국민 ② 국무총리 ③ 국회의원 ④ 대통령

단답형	한두 개 정도의 단어, 어구, 숫자, 기호, 간단한 그림이나 한두 줄의 짧은 문장을 이용하여 답하는 문항 형식	• 출제가 용이 • 추측에 의해서 우연히 정답을 답할 가능성 희박	• 지식 수준 이상의 학습결과를 측정하기 어려움 • 두 가지 이상의 정답이 나올 수 있음 • 철자를 잘못 쓴 답안의 처리 등 채점상의 어려움	[질문형] • 교육의 3요소는 무엇인가? [진술형] • 3R's의 예를 들어라.
완성형	한 문장이나 도형적 자료의 중요한 부분을 공란으로 만들어 적당한 단어나 어구, 기호, 숫자를 채워 넣는 문항 형식	• 단답형의 장점과 비슷	• 단답형의 단점과 비슷 • 응답의 의미가 명료하여 학습자의 임의적 판단에 의해 응답할 가능성이 큼	• 측정도구의 조건에는 타당도와 ( ), 객관도 및 ( )가 있다.
논문형	주어진 주제에 관한 지시나 질문에 따라 응답자가 문장 형태로 답안을 작성함에 있어서 어느 정도 자유가 허용되는 문항 형식	• 응답자는 자기의 배경 지식 속에서 선택하여 답안 작성 • 전체적 관련에 주의 집중시킴 • 응답자의 창조력	• 채점의 비신뢰성 · 채점에 소요되는 시간과 노력의 과다 • 학생 간의 타당한 비교 불가	• 현대와 과거의 교육평가관에 대하여 비교하여 설명하라. • 내담자중심 상담에 대하여 논하라.

출처: 배제현(2000), pp. 165-166.

3. 채점의 기술

1) 일반적인 주의

우리는 평가과정에서 채점을 소홀히 하는 편이다. 채점의 정확성에는 노력을 기울이지만 채점의 방법과 기준을 선정하는 일에는 주관과 편견이 크게 작용하곤 한다.

채점 시 주의해야 할 사항은 다음과 같다.

첫째, 오답의 가치를 인식해야 한다. 흔히 정답에만 관심을 갖고 정답률에만 신경을 쓰지만, 오답의 중요성도 생각해야 한다. 즉, 오답으로 반응하게 된 배경과 원인을 분석할 필요가 있다. 구체적으로 오답의 원인이 학습자에게 있는지, 아니면 문항 출제자에게 있는지, 문항의 잘못된 구성에 있는지에 대해 분석하는 것이다.

둘째, 예상하지 못한 정답이나 오답의 경우에 주의해야 한다. 특히, 자유로운 반응이 보장된 논문형에서는 응답의 다양성을 고려해야 한다.

셋째, 문항은 채점이 너무 어렵지 않도록 제작해야 한다. 채점이 너무 어려우면, 검사 신뢰도가 떨어지게 된다.

2) 객관식 문항의 채점

객관식 문항은 반응의 자유도가 한정되어 있기 때문에 채점이 단순하고 신뢰도가 높다. 다만 객관식 문항의 채점에서 주의해야 할 점이라면 단순 반복으로 채점하는 과정에서 자주 생기는 착오를 조심해야 한다는 점이다.

3) 주관식 문항의 채점

주관식 문항 중 특히 논문형검사에서 중요한 것이 채점인데, 여기에는 분석적 방법과 객관적 방법의 두 가지 입장이 있다. 전자는 채점의 기준을 요소로 분석해서 배정한 뒤 채점하는 것이고, 후자는 답을 한 개의 단위로 보고 전체적인 관점에서 채점하는 것인데, 후자의 경우 채점자의 임의성이 개재될 위험이 많다고 볼 수 있지만 반응의 자유도가 아주 클 때는 오히려 효과적이기도 하다. 채점은 다음과 같은 요령으로 하는 것이 좋다.

첫째, 채점의 기준을 미리 정한다. 기준을 설정함으로써 채점자의 임의성과 주관성을 배제할 수 있다. 채점기준의 예를 들면, 제작자료의 풍부성, 예시의 적정성, 논리적 주장의 적정성, 창의적 비판, 표현의 체제 등에 대하여 점수를 배당하는 것이다.

둘째, 채점기준표를 만들면 편리하다.

셋째, 모범답안을 만들어 채점 방향의 이탈을 방지하는 것이 좋다. 모범

답안에서는 반응 가능한 답이 모두 제시되어야 한다.

넷째, 채점 시에 편견과 착오가 작용하는 것에 주의해야 한다. 이름은 보지 않는 것이 좋고, 글씨의 깨끗함에 흔들려서도 안 된다. 항상 평가자 자신의 평가기준이 객관적인가를 비판적으로 생각해야 한다.

다섯째, 답안지는 학생 단위 채점보다는 문항 단위로 채점하는 것이 보다 객관적이다. 이렇게 해야 문항별 채점의 동질성이 유지될 수 있다.

여섯째, 문항의 배점비율은 되도록 동일한 것이 좋으며 달리하고자 할 때는 문항 간의 배점차가 너무 크지 않도록 해야 한다.

이상과 같은 점을 고려해서 채점을 하게 되면, 비록 논문형검사라 할지라도 객관식검사의 채점 못지않게 채점의 객관성과 신뢰성을 높일 수 있을 것이다.

요약 및 정리

- 교육평가란 교수 프로그램에 관한 의사결정을 하기 위해서 학습자의 행동 변화 및 학습과정에 관한 정보를 수집하고 이용하여 교육적 의사결정을 하는 과정을 말한다.
- 교육평가에서 취급되는 영역은 주로 학력평가, 지능평가, 적성평가, 성격평가, 신체평가, 환경평가, 학교평가, 교사평가 등이다. 이와 같이 평가의 범위가 넓은 것은 교육목표 달성의 주체인 학습자의 모든 변인과 학습자에게 영향을 미칠 수 있는 주변의 여러 변인들이 모두 평가의 대상이 되기 때문이다.
- 교육평가의 유형에는 수업을 중심으로 하여 진단평가, 형성평가, 총괄평가로 나눌 수 있고, 평가기준에 따라 임의평가, 상대평가, 절대평가로 나눌 수 있으며, 평가방법에 따라 양적 평가와 질적 평가로, 검사 문항에 따라 주관식 평가와 객관식 평가로 나눌 수 있다.

▣ 교육평가는 좋은 평가도구를 개발하는 데서 결정된다. 좋은 평가도구란 평가의 목적을 가장 잘 반영하는 것이다. 모든 평가도구는 측정을 기초로 한다. 여기서 측정이란 평가의 자료가 되는 '원점수의 결정'을 말한다.

▣ 좋은 측정도구의 조건에는 여러 가지가 있으나 그중에서 가장 일반적인 조건은 타당도, 신뢰도, 객관도, 실용도다.

▣ 좋은 문항을 만드는 것은 곧 좋은 평가의 준비가 되어 있다는 뜻과 같다. 문항을 제작하는 제작자로서, 좋은 문항을 제작하려면 ① 교과목에 대한 해박한 지식뿐만 아니라 그 교과목이 갖는 교과로서의 위치와 의미에 대한 깊은 이해가 필요하고, ② 교과가 가진 교육적 가치와 교육적 목적 달성에 관심을 가지고 있어야 하며, ③ 검사 대상, 즉 학생의 현재 상태에 대한 이해가 필요하고, ④ 문항 속에 사용하는 어휘를 정확하고 정교하게 사용하여야 하며,⑤ 교육평가에 대한 기본적인 개념을 이해하고 있어야 한다.

교양은 활발한 사고력이며 미(美)와 인간성에 대한 예민한 감수성이다. 그러므로 단편적인 지식은 교양과는 하등의 관계도 없는 것이다. 백과사전식으로 많이 알고만 있는 사람이야말로 이 지상에서 가장 쓸모없는 존재다. 우리가 길러 내야 할 사람은 교양과 어떠한 특수한 방향에 있어서의 전문적 지식의 두 가지를 구비하고 있는 사람이라야 한다.

A. N. 화이트헤드, 『교육의 목적(*The Aims of Education and Other Essays*)』

제 **9** 장

생활지도와 상담

탐구주제

▶ 생활지도의 성격과 기능은 무엇인가?

▶ 진로지도의 필요성과 방법에는 어떤 것들이 있는가?

▶ 상담의 성격과 기능은 무엇인가?

▶ 상담이론에는 어떤 것들이 있는가?

📖 제1절 생활지도

1. 생활지도의 의미와 개념

학교교육은 크게 교과지도와 생활지도로 나누어진다. 교과지도가 인류 역사와 더불어 축적되어 온 지식이나 기능 및 문화적 유산을 이해시키고 전수하는 것이라면 생활지도는 학생들의 현실 적응능력을 길러 주는 교육활동이라고 할 수 있다. 교육활동의 궁극적 목적이 학생 개인의 잠재능력을 최대한 실현시키는 데 있기 때문에 교육활동이 있는 곳에는 항상 교과지도와 생활지도가 함께 이루어지고 있는 것이다.

학생들은 성장기의 대부분을 학교에서 보내게 된다. 그러므로 학교생활은 학생들의 지적 성장뿐만 아니라 신체적·정서적 발달에도 결정적인 영향을 미치게 된다. 오늘날의 학교현장에서 교과교육을 중심으로 한 지식전달 교육에 지나치게 매달리는 경향으로 '학교폭력', '왕따 문제', '청소년 자살' 등 학생들의 부적응 문제가 심각하게 대두되는 것을 고려할 때, 학교에서의 생활지도는 더욱 강조되어야 하며 전체 교사들의 관심이 집중되어야한다.

생활지도라는 말은 영어의 'guidance'를 번역한 것으로서, 학생들을 안내하고 이끈다는 어원적 의미를 지니고 있다. 그러므로 생활지도의 원래 의미는 개인으로 하여금 자기 자신과 자기를 둘러싸고 있는 환경을 잘 이해할 수 있도록 도와주는 전반적인 교육활동이라는 뜻이다. 생활지도가 단순히 문제학생의 지도에 국한되는 것이 아니라, 그러한 문제와 위기들이 발생하지 않도록 예방하는 적극적인 활동을 포함해야 하는 이유가 여기에 있다.

생활지도활동의 시작은 1907년 미국의 보스턴(Boston)시에서 파슨스(T.

Parsons)가 산업화 경향으로 발생한 직업분화현상과 경제공황이 가져다준 실업에 적절히 대처하지 못하는 성인들을 도와주기 위해 조직적인 직업지도운동을 펼치는 것에서 찾을 수 있다. 학교에서의 생활지도는 파슨스가 직업지도에서 사용했던 여러 방법이나 기술을 학생들의 학업이나 진로에 관련된 문제나 일반적인 적응문제에도 적용할 수 있다는 것을 인식하게 되면서부터 활발하게 전개되었다. 오늘날의 생활지도는 학생들의 발달에 관한 것, 정서적 적응에 관한 것, 사회적 대인관계에 관한 것, 진로 및 학업에 관한 것 등을 고려하는 전인교육을 위한 교육적 실천으로 받아들여지고 있다.

우리나라의 경우에는 1950년대 후반기에 이르러 학교현장을 중심으로 생활지도가 전개되기 시작했다. 그러나 우리의 교육현실에서는 생활지도의 의미가 바르게 이해되지 못한 가운데 전통적인 학생지도방법인 훈육과 생활지도를 혼동하는 경향이 많아져, 마치 선도 또는 학생지도와 비슷하게 사용되어 왔다. 그러나 생활지도는 문제나 부적응 학생만을 대상으로 펼치는 제한된 교육활동이 아니라, 전체 학생들의 생활을 직접적인 대상으로 하여 펼치는 인간중심 교육활동이다.

오늘날의 교육이 지식정보사회가 요구하는 전문인력 양성을 위해 지식정보와 기술 습득 중심으로 나아가기 때문에 학생들이 학교나 가정생활을 해 나가는 동안에 부딪치게 되는 많은 정서적 문제를 소홀하게 취급하거나 무관심한 상태로 방치하기 쉽다. 이러한 경향 속에서 학교교육현장에서 발생하는 청소년 문제들은 더욱 심각한 수준에 이르고 있어, 학교에서의 생활지도가 보다 적극적이고 체계적으로 이루어져야 할 필요성이 증대되고 있다.

2. 생활지도의 원리

생활지도란 학생으로 하여금 자신의 능력과 흥미 및 소질을 스스로 이해하게 함으로써 자신의 주위 환경에 보다 잘 적응할 수 있도록 도와주어, 성

숙한 자기지도에 도달하도록 이끄는 조직적인 교육활동이다. 이러한 생활
지도활동을 수행할 때 반드시 지켜야 할 원리를 정리하면 다음과 같다.

첫째, 생활지도는 모든 학생을 대상으로 해야 한다.

둘째, 생활지도는 치료나 교정보다는 예방에 중점을 두어야 한다.

셋째, 생활지도는 처벌이 아닌 지도하는 과정이어야 한다.

넷째, 생활지도는 학생의 자율성과 책임을 강조해야 한다.

다섯째, 생활지도는 의도적이고 조직적인 활동이어야 한다.

여섯째, 생활지도는 인지적 학습보다 정의적 학습에 역점을 두어야 한다.

3. 생활지도의 목표와 영역

생활지도의 궁극적인 목표는 학생 개개인의 건전한 성장 발달을 돕는 것
이다. 이러한 목표 달성을 위한 구체적인 생활지도 목표를 학생을 위한 것
과 교직원 및 학교를 위한 것으로 나누어 정리해 보면 다음과 같다.

1) 학생 개인을 위한 목표

① 자기 자신을 정확히 이해하도록 돕는다.

② 자신의 능력과 흥미와 소질을 스스로 발견하도록 도우며, 또한 그것을
   최대한 발전시킬 수 있는 자기 지도 능력을 키워 나가도록 돕는다.

③ 일상생활에서 부딪치는 여러 문제들을 혼자 해결할 수 있도록 돕는다.

④ 변화하는 생활환경 속에서 현명한 선택과 적응을 하도록 돕는다.

⑤ 건전하고 성숙한 적응을 할 수 있는 기초를 마련하도록 돕는다.

⑥ 신체적·지적·정서적·사회적으로 조화로운 삶을 누릴 수 있도록 돕
   는다.

⑦ 사회를 위해서 공헌할 수 있도록 돕는다.

2) 교직원 및 학교를 위한 목표

① 다양한 정보수집활동을 통해 교직원들이 학생들을 정확히 이해하도록 돕는다.

② 교직원들이 학생들의 행동을 분석하고 이해하는 기술을 지닐 수 있도록 돕는다.

③ 심각한 문제를 지닌 학생을 전문가에게 의뢰하도록 교직원을 격려한다.

④ 교육과 관련된 연구활동을 통해 학교의 전체적인 교육계획 수립에 도움을 준다.

⑤ 학교와 학부모, 지역사회 간의 유대를 강화하는 데 도움을 준다.

이상에서 살펴보았듯이 생활지도는 학생들이 학교생활을 성공적으로 이끌어 나가도록 도와주는 교과 성적과 관련된 교육지도, 장래 문제와 관련된 진로지도, 원만한 대인관계 유지를 위한 정신건강지도, 여가를 건전하게 활용할 수 있도록 도와주기 위한 여가지도 등을 포함하게 된다. 생활지도는 학생 개인의 전인적 발달을 지향하고 있으므로 학교에서 수행하는 교육활동 전반에 관심을 가지게 된다. 그러나 보다 구체적인 생활지도계획을 수립하기 위해 생활지도의 관심영역을 분류해 보면 다음과 같다.

① 교육지도

학생들이 학교교육을 받는 데 필요한 사항들을 인식시키고 개발한다. 학교생활에 필수적인 교과과정에 대한 안내, 올바른 학습습관에 관한 지도 및 기초학력 부족에 대한 대책, 독서지도 방안 등을 모색한다.

② 직업 및 진로지도

학생들의 욕구와 흥미 및 소질과 개성을 파악함과 동시에 사회의 필요를 이해하도록 도우며, 학생의 진로와 장래직업에 관련된 각종 정보를 수집하여 제공한다. 학생의 직업적성 진단, 진로선택지도, 취업지도, 추후지도 등의 활동을 포함한다.

③ 성격지도

학생들의 건전한 성격 형성을 도와주기 위한 프로그램의 개발과 운영 또는 문제아의 발견과 치료 등이 포함된다. 청소년의 심리적 발달 특성을 이해시켜 지나친 불안이나 열등감에서 벗어나 안정된 심리적 기초를 유지하도록 도와준다.

④ 사회성지도

집단생활에서 필수적으로 요청되는 원만한 대인관계의 수립을 도와주기 위한 여러 활동들이 포함된다. 가족관계, 이성문제나 대인관계 문제를 지닌 학생을 도와주기 위해 집단활동을 계획하기도 한다.

⑤ 건강지도

학생들의 신체적·정신적 건강을 유지하는 데 도움을 주기 위한 교육적 활동을 포함한다. 갈등을 처리하는 기술이나 스트레스에 대처하는 방법 등을 알려 주고 영양부족이나 비만, 신체적 결함 등을 극복할 수 있도록 도와준다.

⑥ 여가지도

학교에서 수행하는 교과활동이 아닌 과외활동을 지도하고 조언하는 것이 포함된다. 건전한 여가활동을 통해 자기성장을 추진해 나가는 새로운 경험을 가질 수 있도록 개인적 또는 집단적 지도를 행한다.

이상에서 열거한 생활지도의 관심영역은 학교현장에서 서로 독립되어 존재할 수 없다. 상당 부분이 서로 중복될 수 있지만, 생활지도에 대한 이해를 돕는 편의적인 분류라는 점을 참고해야 할 것이다.

4. 생활지도활동

1) 학생조사활동

학생조사활동(student inventory service)은 학생 이해를 위한 기초 자료를 수집하는 활동으로 정확하고도 과학적인 학생 실태 파악을 목적으로 한다. 효율적인 생활지도를 위해서는 정확하고 가치 있는 자료를 될 수 있는 한 많이 수집하여 학생들의 자기 이해를 도와주어야 하며, 조사활동을 통하여 얻어진 자료는 생활지도의 전체적인 운영이나 교육계획 수립에 활용되어야 한다. 뿐만 아니라 학생 이해를 위한 조사활동의 결과는 학생을 도와주려는 학교의 다른 구성원에게도 제공되어야 하며, 학생에 관한 정보와 자료의 수집활동은 생활지도 전담교사가 계획성 있게 체계적으로 수행해야 한다.

학생 이해를 위해 필수적으로 수집해야 할 자료들을 정리해 보면 다음과 같다.

① 가정환경 및 배경에 관한 자료
② 학교에서의 각종 기록
③ 신체검사 및 건강 상태 기록
④ 지능, 적성, 인성, 흥미 등의 수준 및 경향성
⑤ 개인적 · 사회적 · 정서적 특성
⑥ 학교 내외에서의 활동 범위 및 활동 유형
⑦ 장래에 대한 계획

학생조사활동을 수행하는 과정에서는 장기적인 조사활동계획을 세워 실시해야 하며, 조사활동에 학교의 구성원들이 협력할 수 있도록 사전 협의가 이루어져 있어야 한다는 점을 특히 주의해야 한다. 또한 학생조사활동의 결과를 가치 있는 자료로 활용하기 위해서는 실제 적용이 가능한 형태로 기록, 정리해 두어야 한다.

학생 이해를 위한 조사활동의 결과를 기록하는 과정에서 주의할 점은 다음과 같다.

첫째, 기록은 보존이 목적이 아니므로 활용방법을 고려해서 기록해야 한다.

둘째, 질적인 기록도 중요하지만 될 수 있는 대로 양적으로 정리하고 처리하기 쉽도록 고안해야 한다.

셋째, 조사결과는 가능한 빨리 기록·정리하는 것이 좋다.

학생 이해를 위한 조사활동에서 여러 자료들을 수집하는 데 주로 사용하는 방법과 도구에는 면접, 사례연구, 각종 표준화 심리검사, 학업성취검사, 환경조사, 문제진단검사, 질병검사, 가족관계 및 교우관계 조사, 관찰에 의한 각종 일화기록, 행동에 대한 누가기록, 각종 질문지 및 조사활동 등이 있다. 학교현장에서의 실제적인 조사활동에서는 여러 방법을 함께 사용하는 경우가 많다.

2) 정보수집 및 제공활동

정보수집 및 제공활동(information service)은 학생들에게 필요한 각종 정보를 수집, 제공해 주어 학생들의 자기성장과 적응을 도와주는 것이다. 이러한 활동은 학생들로 하여금 자기 문제를 해결하거나 장래계획을 세우는 데 필요한 주위 환경조건 및 그와 관련된 여러 사실들을 객관적으로 이해하고 평가할 수 있도록 도와주게 된다.

생활지도에 필요한 정보는 학교에서 자체적으로 조사할 수도 있고 각종 간행물이나 전문서적 또는 지역사회 자원 인사들을 통해 수집할 수도 있다.

정보활동에서 가장 중요한 것은 정보의 정확성과 참신성이므로 최신 정보를 정확하게 수집, 제공해야 한다. 특히, 정보제공활동은 정규수업시간을 이용하거나 집단을 대상으로 수행할 수 있기 때문에 시간이 절약되고 생활지도교사가 일반 학생들과 친해질 수 있는 계기를 마련할 수 있으며, 학생들로 하여금 상담의 필요성을 느끼게 하는 장점을 지닌다.

생활지도과정에서 학생들에게 제공해 주는 정보의 종류는 교육정보, 직업정보, 개인·사회적 정보로 나눌 수 있다.

(1) 교육정보

학생들이 학업을 수행하는 데 필요한 정보로서 학교의 교육과정이나 입학조건 및 준비물, 학교의 일상생활을 규정짓는 교칙이나 학교가 허용하는 각종 교내 모임 또는 사회적 활동, 면학 조성을 위한 제도와 시설에 대한 것 등이 포함된다. 이러한 교육정보는 학생들은 물론 교사와 학부모들도 알아두어야 할 사항들이다. 교육정보를 통해 학생들은 자신에게 주어진 교육기회를 최대한 활용할 수 있을 뿐만 아니라 교육과 관련된 선택과 결정을 합리적으로 할 수 있어 자신의 교육계획을 보다 현실적이고도 객관성 있게 세울 수 있을 것이다.

(2) 직업정보

학생들의 장래 직업 결정을 도와주는 데 필요한 것으로서 산업의 발달로 세분화되고 전문화된 직업세계를 분석하고 정리한 자료들을 포함한다. 각종 직업이 요구하는 적성 및 훈련과정에 관한 것, 사회 인력의 수요와 공급에 관한 전반적인 사항, 산업사회의 변화와 추세에 관한 사항, 각종 직업에서의 작업조건 및 승진 기회에 관한 것, 고용과 취업을 담당하고 있는 기관에 관한 사항 등이 직업정보에 해당된다.

(3) 개인·사회적 정보

개인 및 인간관계에 관한 이해의 폭을 넓혀 주는 데 사용되는 정보로서 신체 발달, 행동 발달, 정서 발달 및 성격 발달에 관한 것, 정신위생에 관한 것, 사회관계에 관한 것, 성역할에 관한 것 등이 포함된다. 이러한 정보는 학생으로 하여금 자기 자신과 타인을 보다 잘 이해할 수 있도록 도와줌으로써 원만한 인간관계를 맺어 나갈 수 있고 정신적으로 건강한 삶을 유지해 나갈 수 있게 해 준다.

3) 상담활동

상담활동(counseling service)은 생활지도의 가장 중심적인 활동으로서 도움을 필요로 하는 학생들의 적응을 도와주는 것이다. 상담은 전문적 훈련을 받은 상담자(counselor)와 문제를 지닌 내담자(counselee)인 학생 간의 친밀한 관계 속에서 진행되는 대화를 통해 학생으로 하여금 자신의 정서적·정신적 문제해결능력을 신장하도록 도우며, 정신건강을 증진시켜 능동적으로 환경에 대처해 나가도록 도와준다.

학교에서 수행하는 상담은 일반적으로 개인상담의 형태를 지닐 수도 있고 집단상담의 형태를 취할 수도 있지만 대체로 상담자와 학생 간의 상호 인간관계에 의해서 이루어지는 학습지향적인 과정이라고 할 수 있다. 특히, 학교상담은 전문적인 기술을 지닌 상담자가 내담자인 학생으로 하여금 자신이 직면한 현실과 보다 효과적으로 관계를 맺도록 도와주는 과정으로 구성된다는 특성을 가진다. 따라서 학교상담활동의 목적은 학생들의 행동변화 촉진, 적응능력기술의 향상, 의사결정능력의 배양, 대인관계기술의 향상, 잠재능력의 개발에 있다.

4) 정치활동

정치활동(placement service)이란 학생들이 자신의 진로를 정확하게 이해하여 현재의 자기 위치를 현명하게 선정할 수 있도록 도와주는 활동을 말한다. 정치활동은 학생의 전공계열이나 과목선택, 특별활동반의 선택, 부직 알선이나 진로선정에 관계되는 일에 이르기까지 모든 학년에 걸쳐서 학생들이 필요로 하는 요구를 최대한 충족시키려고 노력하는 활동이다.

정치활동은 크게 교육적 정치와 직업적 정치로 나누어진다. 교육적 정치활동은 교육적 효과를 높이기 위한 학급편성과 학생의 능력과 적성에 따른 특별반 편성, 선택과목 결정 및 진급에 관한 것, 월반, 전학이나 편입학과 관련된 사항 등을 도와준다. 직업적 정치활동은 학생들의 부직 알선이나 학생들의 장래 희망직업, 그리고 졸업생이나 중퇴자들의 취업 및 적응과 관련된 사항을 도와준다.

정치활동은 급격하게 변화하는 사회 자체가 학생들로 하여금 학교생활 중에 계속적인 선택과 결정을 요구하기 때문에 오늘날에 이르러 학교에서 더욱 중요한 활동으로 받아들여지고 있다.

5) 추후지도활동

추후지도활동(follow-up service)이란 학생을 대상으로 생활지도를 수행한 이후, 그 대상 학생들의 추후 적응상태를 관찰하거나 조사연구하여 계속적인 도움이 필요할 경우 도와주기도 하고, 그 연구결과를 통해 생활지도의 개선·발전을 추구하기도 하는 활동을 말한다.

구체적인 추후지도활동은 모든 학생이나 졸업자를 대상으로 수행할 수 없기 때문에 이루어질 수도 있고, 우발적으로 이루어질 수도 있다. 그러나 특히 사례연구의 대상이 되었던 학생이나 상담을 받은 경험이 있는 학생에 대해서는 집중적이고 지속적인 지도가 필요하며, 학교를 중도에 탈락한 학생이나 전학 간 학생에 대해서도 세심한 배려를 해야 한다. 일반 학생에 대해서는 그들에게 제공한 정보에 대한 반응과 학교교육활동 결과에 관한 정보들을 수집·분석하여 앞으로의 생활지도 프로그램 개선에 도움을 주어야 한다.

6) 특수한 아동에 대한 지도

생활지도활동의 원리에서도 밝혔듯이 생활지도의 대상은 당연히 전체 학생이 되어야 하지만, 여러 방면에서 남다르게 극심한 차이를 나타내는 학생들에 대한 특별지도 역시 생활지도의 주요 활동이 되어야 한다. 일반학교에서 발견되는 특수한 아동에 대한 교육 프로그램 개발 및 학교생활 적응 지원은 생활지도에서 수행해야 한다. 특수한 아동에 대한 지도는 문제 예방적 차원에서 특수 아동뿐 아니라 학교의 전체 학생을 생활지도의 대상으로 삼아야 한다는 적극적인 관점에 속한다. 생활지도 담당자는 학교생활을 통해 인지능력 측면에서 과잉 또는 과소 발달현상을 나타내는 학생이나 정서적·신체적 발육 이상을 나타내는 학생을 발견하여, 그들을 위한 교육계획을 수립하거나 다른 전문기관에 의뢰하는 문제 등을 검토해야 한다.

일반 학급에서 발견되는 특수재능 소유 학생이나 지적 장애 현상을 나타내는 학생, 정서적 장애 또는 사회적 부적응이 심한 학생이나 신체적 장애를 지닌 학생들의 경우, 일차적으로 해당 학생과의 직접적인 상담이나 부모 상담을 통해 문제해결을 시도하는 것이 바람직하다. 왜냐하면 그러한 문제에 대한 해결의 열쇠는 대부분 학생 자신에게 속해 있거나 가족관계와 관련된 경우가 많기 때문이다. 그러나 전문가의 도움이 필요한 경우에는 학부모 및 학교행정가와 협의하여 적절한 협력체제를 구축해야 한다.

학교생활 전체에서 여러 가지 부작용을 일으키는 원인에 해당하는 학습부적응 현상에는 학습부진, 학습지진, 학습과진, 과목 간 성취 불균형이 있는데, 이러한 학생들에 대해서는 특별한 교육 프로그램을 개발하거나 개인 및 집단을 대상으로 특별히 지도할 필요가 있다. 또한 신체적 장애에는 청각장애, 시각장애, 언어장애, 정형외과적 장애, 신체허약 등이 있는데, 생활지도 담당교사는 일반 교사 및 학교행정가와 협의하여 이러한 장애를 가진 학생을 위한 적절한 학교환경을 마련하고, 이들의 사회생활 적응을 도와주어야 하며, 전문가와 협의하는 문제도 고려해야 한다.

7) 교육연구 및 교직원과의 협의활동

학교의 생활지도활동은 반드시 체계적인 과정을 거쳐 평가되어야 하며, 그 결과는 새로운 생활지도 프로그램의 계획과 발전에 활용되어야 한다. 생활지도 담당교사는 학생들의 변화와 요구에 대한 연구를 계속적으로 수행해야 될 뿐만 아니라 학교의 다른 교직원들이 이러한 연구활동을 수행하려고 할 때 적극적으로 협조해 주어야 한다.

또한 생활지도 담당자는 학교의 모든 교직원들이 자신의 업무를 효율적으로 수행할 수 있도록 도와주는 일련의 활동을 수행해야 하며, 교사와 학생 간에 생긴 갈등을 해결하는 데 적극적인 노력을 기울여야 한다. 이러한 일을 수행하기 위해 생활지도 담당교사는 비밀을 최대한 유지하면서 학생에 대한 자료를 학교구성원에게 알려 주거나 사례협의회 개최 및 집단지도를 위한 자료개발, 일반 교사를 위한 자료 확보 등을 통해 학교행정가 및 전체 교직원과의 협조체제를 계속적으로 유지해야 한다.

8) 학부모 및 지역사회와의 유대 강화

학교의 생활지도활동을 보다 효과적으로 수행하기 위해서는 학생의 성장과 발달에 많은 영향을 미치고 있는 학부모와 지역사회의 여러 자원 인사들의 적극적인 협조가 무엇보다 중요하다. 따라서 학교의 생활지도 담당교사는 이들과 개인적 또는 집단적 협의체제를 유지하기 위한 다양한 활동을 전개해 나가야 한다. 이를 위해 생활지도 담당교사는 학교의 구체적인 생활지도계획 및 실행과정을 학부모와 지역사회 인사들에게 알려 주고 도움이 필요할 경우를 대비해 대화의 통로를 마련해야 하며 학생들의 태도, 능력, 흥미 등에 대해 이해할 수 있는 자료를 확보하여 배부함으로써 세대 간 격차를 줄여 나가는 데 노력해야 한다. 뿐만 아니라 학생들에게 영향을 미치는 학교정책, 교육과정, 교육 및 직업 기회에 관한 여러 가지 정보도 알려 주어야 한다.

또한 학교의 생활지도 담당교사는 지역사회 단위의 청소년지도 활동계획에 참여해야 하며, 교육 및 청소년 문제와 관련된 각종 간행물이나 각종 대중매체의 청소년 프로그램 제작에 참여하는 것 등의 여러 활동을 통해 학부모 및 지역사회와 계속적으로 정보를 교환해야 한다.

5. 생활지도활동의 계획 및 운영

각급 학교에서의 생활지도활동은 그 학교를 운영하는 학교행정가와 전체 교직원들의 교육적 견해와 협조 여부에 따라 크게 달라진다. 각 학교의 전체적인 생활지도계획은 생활지도위원회가 수립하겠지만 실제적인 생활지도활동의 수행과 운영은 주로 진로상담부장 또는 학교상담자가 담당하게 된다. 이때 학교가 설정해 놓은 생활지도목표를 달성하기 위해서는 생활지도활동의 수행에 필요한 각종 지원 및 인적 조직의 구성에 학교행정가와 일반 교직원들이 적극적으로 협조해 주어야 한다. 그러므로 한 학교의 생활지도활동이 보다 잘 실행되기 위해서는 생활지도의 목표와 계획을 수립할 때, 학교행정가와 일반 교사 및 사무직원 등 학교의 다양한 구성원들이 함께 참여하여 협의과정을 거치는 것이 좋다.

생활지도활동을 계획할 때 반드시 고려해야 할 기본 원칙을 정리해 보면 다음과 같다.

① 생활지도는 학교교육의 일부분이므로 생활지도계획과 학교의 전체적 교육계획 간에는 상호 조화와 균형이 이루어져야 한다.
② 생활지도계획은 학생들의 발달 단계에 맞게 합리적으로 짜야 한다.
③ 생활지도계획은 학생들을 위해 무엇을 할 수 있는가에 대한 구체적인 활동계획으로 이루어져야 한다.
④ 생활지도계획은 학교 교직원들의 능력과 흥미를 충분히 고려한 상태

에서 그들 각자가 수행해야 할 활동과 책임을 분명하게 규정해야 한다.

⑤ 생활지도계획은 학생들의 요구, 학부모의 희망, 지역사회의 요청, 사회정세의 변동 등에 부응할 수 있도록 역동적인 성격을 지녀야 한다.

⑥ 생활지도계획은 여러 종류의 생활지도활동들 간에 상호 유기적인 관계를 맺도록 짜여야 한다.

⑦ 생활지도계획은 학교의 인적 자원, 시설조건, 재정형편 등을 감안하여 무리가 생기지 않도록 작성되어야 한다.

이상에서 살펴보았듯이 생활지도계획은 각급 학교의 조건을 충분히 고려한 상태에서 실제적인 운영을 염두에 두고 현실성 있게 조직되어야 한다.

6. 진로지도

1) 진로지도의 필요성과 목적

진로지도의 필요성과 목적을 이야기하는 이유는 현재 청소년들이 자신의 진로결정과 선택을 제대로 수행하고 있지 못하기 때문이다. 이와 관련하여 이재창(1997)은 청소년들이 불합리한 진로결정을 하는 원인으로서 입시 위주의 진로지도, 부모 위주의 진로결정, 자신에 대한 이해 부족, 왜곡된 직업의식, 일의 세계에 대한 이해 부족 등을 열거하고 있다.

진로지도의 필요성과 목적을 이야기할 때 대부분의 학자들은 '개인적인 측면'과 '국가적인 측면'으로 나누어서 논의를 전개하고 있으나 학교에서의 진로지도는 개인의 '자아실현'을 도와준다는 측면이 우선적으로 강조되어야 한다고 보기 때문에 여기에서는 주로 '학생 개인'의 측면에 비중을 두어 진로지도의 필요성과 목적을 밝혀 보고자 한다.

(1) 청소년기의 발달적 특징과 진로지도

Erikson(1963)은 청소년기가 자아정체감을 형성하는 시기로, 이 시기에 진로의 선택과 한 직업에의 헌신이 정체감 형성에 중요한 영향을 미친다고 보았고, 또한 Piaget(1969)도 청소년기가 되면 여러 상황에서 자기를 분석할 수 있으며, 성인의 직업세계에 자신을 투사할 수 있게 된다고 하였다. 이러한 점들을 고려해 볼 때 청소년기에 올바른 진로지도를 통하여 분명한 진로목표를 설정하고 달성하도록 촉진시키는 일은 자아정체감의 형성을 위해 매우 중요하다고 할 수 있다(김계현 외, 2016).

(2) 노동시장 환경의 급속한 변화와 진로지도

현대사회에서 진로지도와 밀접하게 관련된 노동시장은 급속하게 변화하고 있다. 실제로 지난 10년간 우리나라에서는 1,000여 개의 새 직종이 생겨났고, 300여 개의 직종이 없어진 것으로 나타났다. 인공지능 연구원, 인공위성 개발원, 초전도 연구원, 행사 도우미, 이미지 관리인 등이 새로 생긴 대표적 직업인 반면에 고속버스 안내원, 타자수, 활판 인쇄원, 합성고무 건조원 등은 이제 직업사전에서 사라져 버렸다. 더구나 요즈음 들어 '노동시장 유연화'라는 기치 아래 우리가 많이 접하는 단어로 시장경제의 논리, 구조조정, 다운사이징, 아웃소싱이 있는데 이들은 모두 '경쟁력 향상'을 핵심 개념으로 하고 있다. 이와 같은 변화의 소용돌이 속에서 청소년들로 하여금 변화를 정확하게 인식하고 수용하도록 해야 하며, 그러기 위해서는 체계적이고 효과적인 진로지도가 매우 중요함을 알 수 있다.

(3) 대학입시제도의 변화와 진로지도

새로운 대학입학제도는 학교에서의 진로지도가 직면하고 있는 구조적인 벽을 허무는 좋은 기회가 될 수도 있다. 그러나 새롭게 바뀐 제도에 적합한 진로지도 프로그램을 개발해서 모든 학생들에게 체계적으로 지도하지 않는다면 이 제도가 지니고 있는 복합적인 성격 때문에 경우에 따라서는 현행 제도에서보다도 진로준비와 진로선택이 더 어려울지도 모른다. 따라서 중등학교에서는 새 대학입학제도의 내용을 면밀히 숙지하고 그에 상응한 진로지도 방법과 프로그램을 개발하여 적응할 필요성이 시급히 요청되고 있다.

2) 진로지도의 일반적인 목표

(1) 자신에 관한 보다 정확한 이해 증진

직업의 종류에 따라 요구되는 능력과 적성, 기능, 역할이 다양하기 때문에 자신에게 맞는 일과 직업을 선택하기 위해서는 무엇보다도 자신의 가치관, 능력, 성격, 적성, 흥미, 신체적 특성 등에 대하여 올바르게 이해하는 일이 필수적이다. 따라서 진로지도는 자기 이해를 중요한 목표의 하나로 삼아야 한다.

(2) 직업세계에 대한 이해 증진

상담 사례를 분석해 보면 청소년들은 일과 직업세계에 대해서 너무나 모르고 있으며, 설령 알고 있다고 해도 매우 피상적인 수준에서 단편적인 측면만을 숙지하고 있다는 사실을 확인할 수 있다. 따라서 일과 직업세계의 다양한 측면과 변화 양상 등을 올바르게 이해할 수 있도록 하는 일은 진로지도의 매우 중요한 목표가 된다.

(3) 합리적인 의사결정 능력의 증진

진로지도의 최종 결과는 그것이 크든 작든 어떤 '결정'이라는 형태로 나타난다. 따라서 진로지도는 청소년들의 진로에 관한 의사결정 과정에 초점을 두고 의사결정 기술을 증진시키도록 도와주는 것을 중요한 목표로 삼아야 한다.

(4) 정보 탐색 및 활용능력의 함양

현대사회를 일컬어 '지식 및 정보화 시대'라고 한다. 따라서 이미 정보화 시대 속에 살고 있고, 앞으로 더욱 고도화된 정보화 시대를 살아갈 청소년들에게 학생 스스로 정보를 탐색하는 '방법'을 알려 주고 실행에 옮기도록 안내하면, 학생들은 이러한 시도를 해 보는 가운데 자기가 필요한 정보를 스스로 수집해서 활용하는 능력을 체득하게 될 것이다. 이러한 능력은 단지 진로정보 탐색에만 국한되지 않고 결국 삶의 모든 영역에까지 확장될 수 있다.

(5) 일과 직업에 대한 올바른 가치관 및 태도 형성

진로지도의 중요한 목표 중의 하나는 학생들로 하여금 일과 직업에 대한 올바른 가치관 및 태도를 갖도록 하는 것이다. 일이 갖는 본래의 의미를 깨닫고 올바른 직업관과 직업의식을 갖도록 하는 것이 진로지도의 중요한 목표 중의 하나가 되어야 한다. 이재창(1997)은 청소년들이 올바른 직업관과 직업의식을 형성하기 위해서 일 자체를 목적보다는 수단으로 여기는 생각, 직업 자체에 대한 편견, 성 역할에 대한 고정관념에서 벗어나야 한다고 주장한다.

3) 진로지도의 방법

진로지도의 방법은 일일이 열거할 수 없을 정도로 매우 다양하다. 이처럼 다양한 방법 가운데 어떤 것을 선택할 것인지는 진로지도의 목표, 지도의 내용, 지도 대상의 특성, 내담자 호소문제의 성격, 학교의 환경적 여건 등에 따라 결정된다. 경우에 따라서는 다양한 방법이 혼용될 수도 있다. 여기에서는 학교 장면에서 적용 가능한 일반적인 방법에 초점을 두어 살펴보기로 하겠다(김계현 외, 2016).

(1) 교과학습을 통한 진로지도

학생들은 학교에서 대부분의 시간을 교과학습으로 보낸다. 따라서 학교에서는 교과지도 시간을 이용하여 진로지도를 실시하는 방안을 구체적으로 생각해 보아야 한다. 이를 위해 각 교과담당 교사들이 해당 교과를 그 자체의 학문체계로 가르치는 동시에 진로지도의 관점에서 삶의 문제와 직업 문제를 보다 밀접하게 관련시켜 가르칠 필요가 있다. 이렇게 함으로써 학생들은 교과를 보다 의미 있고 흥미 있게 배우게 된다.

(2) 학급관리를 통한 진로지도

한 학급을 단위로 볼 때 교과지도 시간 이외에 학생들을 가장 많이 접하는 사람은 담임교사다. 담임교사는 자신의 재량으로 학급학생들과 공유할 수 있는 시간을 만들 수도 있다. 담임교사는 짧은 시간이지만 매일 갖는 조회시간이나 종례시간 등에 기본적인 사항의 전달이 끝나면, 학생들이 자신의 진로에 대해서 진지하게 생각해 보고 성찰할 수 있도록 촉진하는 역할을 할 수 있다. 이러한 목표는 진로선택과 관련된 인상 깊은 예화를 들려주거나, 졸업한 선배의 모범적인 사례를 소개해 주거나, 졸업 후에 선택할 수 있는 진로 유형을 설명해 주거나, 각종 직업교육훈련기관을 소개해 주거나, 관련된 인터넷 웹 사이트의 메뉴를 알려 주면서 달성할 수 있다. 자율학습시간이나 특별활동시간 등 1시간 이상이 할애되는 시간을 통하여 진로탐색 프로그램을 집단상담 방식으로 운영할 수도 있다. 또한 교실의 환경을 적절하게 구성하는 것으로 진로지도를 할 수 있다. 이 경우 학급의 게시판 등에 진로 유형이나 혹은 특정 직업에 대한 정보 제공을 주요 목표로 삼고 일주일 단위로 교체하는 방식을 택하면 큰 효과를 기대할 수 있을 것이다.

(3) 학교행사를 통한 진로지도

학교행사를 통하는 방법은 진로지도의 단위를 한 학교로 보고, 학교 전체를 대상으로 함으로써 대부분이 '행사'의 형식을 취하고 있다. 첫째는 '진로의 날' 행사로 월 1회 정도 선배와의 대화, 직업인 초청 강연, 영상자료 상영 등을 하는 것이고, 둘째는 '진로주간 행사'다. 한 학기 1회 정도 주간을 설정하고 관심 있는 대학과 직장을 방문하여 직접 알고 싶은 내용을 확인하고 체험할 수 있도록 지도한다. 행사가 끝난 후에는 반드시 평가회를 개최하여 행사의 성과와 부족한 점, 계속 발전시킬 사항에 관하여 논의하고 다음 행사를 계획할 때 충분히 반영되도록 해야 할 것이다.

(4) 진로정보 제공을 통한 진로지도

진로정보란 개인의 진로선택 및 적응을 위해 필요한 모든 지식과 이해에 관련된 정보를 말한다. 정보를 제공하는 방법은 다양한데, 가장 흔한 것은 인쇄매체를 통한 전달방법이다. 이 방법은 손쉽기는 하지만 일반적으로 다른 매체에 비해서 내담자의 흥미나 관심을 불러일으키지 못한다는 약점이 있다. 인쇄물 외에도 각종 시청각 매체를 통하여 정보를 전달 또는 보급할 수 있다. 게임이나 역할극 등의 탐색활동을 통하여 다양한 진로에 대한 간접 경험을 제공하는 시뮬레이션 방법을 도입할 수도 있으며, 때로는 학생들이 기업체나 학교 등을 방문하여 정보를 얻는 견학도 활용할 수 있다.

4) 진로지도를 위한 컴퓨터의 활용

최근 '정보의 바다'로 각광을 받고 있는 인터넷을 이용하여 정보수집은 물론 학생들에게 스스로 정보를 탐색할 수 있는 능력을 길러 줄 수 있다. 진로지도에 활용할 수 있는 웹 사이트를 소개하면 다음과 같다.

• 워크넷: 노동부의 고용 관련 사이트로서 관련된 방대하고 다양한 구직 관련 정보를 접할 수 있다. 원격 직업상담을 받을 수 있고 직업심리검사를 받을 수도 있을 뿐만 아니라 해외 구인/구직 신청도 가능하다.

- 커리어넷: 초등학생에서부터 대학생 성인에 이르기까지 다양한 학과 직업에 정보를 제공해 주며, 직업과 진로에 관련된 심리검사를 통하여 구체적인 진로탐색이 가능하다.
- 에듀넷: 사이버 가정학습, 문제풀이 등과 같이 학업과 관련된 다양한 자료뿐만 아니라 진학상담, 청소년 고민상담, 교직/교권상담 등도 가능하다.
- 한국청소년상담복지개발원: 웹심리 검사, 비밀상담실을 통한 사이버 상담이 가능하고, 고민해결백과, 컴슬러 따라가기, 감정의 사이버마당, 상담만화방 등 여러 가지 도움을 받을 수 있다.

5) 진로지도를 위한 검사의 활용

진로지도의 과정에서 학생 이해를 위하여 검사를 실시한다고 할 때, 중요하게 다루어야 할 내용은 다음과 같다.

첫째, 가치관의 탐색−표준화 검사법과 가치 명료화 프로그램이 있다.
둘째, 흥미−표준화 검사법이며, 우리나라에는 다양한 흥미검사가 개발되어 있다.
셋째, 성격−개인의 욕구, 자아개념, 성취동기, 포부수준, 대인관계들 여러 가지 요인이 포함되어 작용한다. 최근에는 성격을 유형으로 구분하는 검사가 많이 사용되고 있다.
넷째, 학생의 적성−표준화 검사와 관찰에 의한 방법이 있다.
다섯째, 개인 진로상담 및 집단 진로상담의 과정에서 보조로 활용할 수 있는 검사도구로는 진로 성숙도검사, 진로의식 발달검사, 의사결정 유형검사, 진로결정 수준검사, 진로탐색 행동검사, 불안검사 등이 있다.

검사결과를 절대적인 것으로 해석해서는 곤란하다. 검사결과는 방향을 제시해 주는 것이지, 그 진로를 선택했을 때의 성공 여부를 보장해 주지는 않는다. 왜냐하면 한 가지 분야에서 성공을 거둔다는 것은 단순히 적성이나 흥미 또는 능력 등의 한 가지 요인에 의한 것이 아니라 다양한 요인의 상호 작용으로 나타나는 결과이기 때문이다.

제2절 상담

1. 상담의 개념

상담이란 전문적으로 훈련된 상담자와 도움을 필요로 하는 내담자 간의 개별적 인간관계를 통해 새로운 학습이 이루어지는 과정이다.

상담(counseling)이라는 용어는 라틴어의 'consulere'에서 나왔는데, 이것은 '고려하다', '조언받다' 등의 뜻이다. 그러므로 일상적 의미로서의 상담은 충고, 조언, 정보제공, 위로 등의 활동을 가리키는 것으로 사용되고 있다. 그러나 전문적 활동으로서의 상담은 내담자가 알고자 하는 사항에 대한 정보를 제공하거나 조언을 하거나 단순히 위로를 하는 것 이상의 의미를 지닌다. 전문적 상담에서는 상담자와 내담자 사이에 일어나는 역동적인 상호작용의 인간관계를 통해 내담자의 감정을 수용하고 명료화해 주어 내담자로 하여금 자기 자신과 주변 환경을 보다 잘 이해하여 자신을 발전적으로 이끌어 가도록 도와주게 된다.

상담의 의미는 그것을 설정하는 과정에서 상담활동의 교육적 의미를 강조하느냐 치료적 의미를 강조하느냐에 따라 학자들 간에 서로 다른 입장을 취하고 있다. 오늘날 발달된 상담심리학에서는 상담과 심리치료의 개념을 구분하지 않으려는 견해가 지배적이다.

상담에 관한 정의를 어떻게 내리든 간에 상담의 주된 특징은 상담자와 내담자 사이의 상호작용적 인간관계에 있다고 할 수 있다. 상담에서의 인간관계는 일상적인 인간관계와는 질적으로 다른 전문적인 관계로서 다음과 같은 특징을 지닌다.

첫째, 서로 얼굴을 마주 대하는 일대일의 인간관계로 구성된다.

둘째, 언어를 매개로 하는 역동적인 상호작용과정이다.

셋째, 전문적인 조력과정이다.

넷째, 사적이며 비밀스러운 관계로 구성된다.

2. 상담의 기술

상담의 성공 여부는 상담자와 내담자 사이에 형성된 인간관계의 질에 해당하는 상담관계의 성립과 밀접하게 관련되어 있다. 상담자와 내담자 사이에 상담관계가 수립되기 위해서는 먼저 상호 간에 인간적인 신뢰감이 형성되어야 한다. 다시 말해서 상담자는 내담자의 자기지도 능력을 믿어야 하며, 내담자는 상담자의 전문적 능력과 인격에 대해 신뢰감과 존경심을 가지고 있어야 한다. 상담자와 내담자 사이에 성립된 이러한 관계를 '래포(rapport)'라고 하며, 상담관계의 성립은 이러한 래포가 형성된 경우에 비로소 가능한 것이다. 왜냐하면 래포가 형성되어야만 내담자는 자신의 문제를 솔직하게 있는 그대로 터놓고 말할 수 있으며, 상담자가 내담자의 자율적인 문제해결능력을 침해하지 않게 되기 때문이다.

상담과정에서 상담의 성공 여부에 크게 관여하는 래포를 형성하기 위해서는 다음과 같은 점에 특히 유의해야 한다.

첫째, 상담이 시작되면 우선 내담자가 긴장을 풀 수 있도록 우호적인 분위기를 만드는 것이 좋다. 가벼운 유머나 일상적인 화제 등을 먼저 꺼내거나 상담에 임하기까지의 망설임에 대해 격려해 준다.

둘째, 상담자는 수용적이고 허용적인 태도로 내담자의 이야기를 들어 준다. 내담자의 이야기를 비판하거나 거부, 비난하는 것이 아니라 내담자의 인간적인 특성과 가치를 인정해 주는 것이 필요하다. 즉, 내담자의 행동에서 긍정적인 측면과 부정적인 측면을 동시에 수용할 수 있는 허용적이고도 격려적인 분위기를 형성해야 한다.

셋째, 상담자와 내담자는 서로 상대를 공감적으로 이해할 수 있어야 한다. 특히 상담자는 내담자의 문제에 포함된 감정이나 동기 및 갈등을 공감적으로 이해할 수 있어야 한다. 사회의 일반적인 윤리나 도덕과 같은 외적 준거에 근거해서 내담자의 문제를 인식하고 이해하는 것이 아니라 내담자가 생각하고 느끼는 것처럼 생각하고 느낄 수 있도록 노력해야 한다.

넷째, 상담이 진행되는 과정에서 상담자와 내담자는 내적인 경험과 외적인 경험이 모순을 이루거나 대립하지 않도록 상호 의사소통을 보다 분명하고 진지하게 수행해야 한다. 상담과정에서 논쟁이나 의견 대립이 초래되어서는 안 되며, 내담자의 내면적 경험에 해당하는 심리적 세계와 외적 경험에 해당하는 인식과정이 서로 모순을 이루지 않도록 대화를 이끌어야 한다. 이러한 의사소통 과정에서 내담자는 자신의 내·외적 경험을 통합시킬 수 있게 되어 문제해결의 실마리를 찾게 된다.

다섯째, 래포는 상담의 초기 단계에 형성하는 것이 좋으며, 형성된 래포가 계속 유지될 수 있도록 주의를 기울여야 한다.

3. 상담이론

상담의 근본적인 목적이 내담자의 자기성장을 도와주는 것이라는 점에 대해서는 대부분의 학자들이 동의하고 있다. 그러나 구체적으로 상담을 수행하는 방법이나 상담진행 절차에 대해서는 학자들 간의 견해가 서로 다르다. 상담에 관한 대표적인 접근방법들을 살펴보면 다음과 같다.

1) 합리적 상담

합리적 상담의 특성은 인간을 이성적 존재로 보며, 상담을 일종의 교육적 활동으로 보는 데 있다. 합리적 상담의 기본 전제는 이성적 존재로서의 인간은 어떤 계획을 세우며 의사결정을 하는 과정에서 이성을 활용할 수 있다는 것이다. 그러나 상담을 필요로 하는 대부분의 내담자들은 자신이 지닌 편견과 필요한 정보의 부족으로 문제해결에 어려움을 겪고 있기 때문에 의사결정과정에서 바람직한 방향을 설정할 수 없으므로 남의 도움을 필요로 한다는 것이다.

합리적 상담의 출발은 직업상담에서 나왔으나 오늘날에는 학교상담에서 특히 많이 이용되고 있는 상담의 접근방법이다. 학생들의 장래문제나 진로문제, 교육문제, 학교 적응문제 등에 상담자가 적극적으로 참여하여 학생들의 문제를 해결하게 되는 것이다. 이러한 합리적 상담은 상담자가 주도적으로 상담을 이끌어 가는 경향이 있으므로 일명 지시적 상담이라고도 한다.

(1) 상담의 기술

상담자는 탁월한 훈련과 경험 및 정보를 가지고 있어야 하며, 상담과정에서는 주로 다음과 같은 기법을 사용한다.

① 타협시킨다.
② 환경을 바꾸도록 권장한다.
③ 적절한 환경을 선택하도록 한다.
④ 적절한 기술을 학습시킨다.
⑤ 태도를 변화시킨다.

상담자는 위에서 열거한 방법을 사용하여 내담자의 개별 특성에 맞는 직업이나 전공 분야의 선택에 도움을 주기도 하고, 문제해결에 필요한 기능이나 태도를 학습하도록 도와주기도 하며, 내담자의 주변 환경에 대한 태도를 부정적 경향에서 긍정적 방향으로 변화시키기도 한다.

(2) 상담의 과정

윌리엄슨(E. G. Williamson)은 합리적 상담의 진행절차를 다음과 같이 정리하고 있다.

① 분석: 상담자는 내담자 또는 내담자의 문제와 관련된 모든 자료를 수집하여 문제를 분석한다.
② 종합: 분석 단계에서 얻어진 자료를 내담자의 개별 특성과 관련지어 체계적이고 조직적으로 정리한다.
③ 진단: 내담자가 지닌 문제의 원인을 파악하고, 그 문제가 앞으로 어떻게 진전될 가능성이 있는가를 예측해 본다.
④ 상담: 상담자가 내담자와 일대일의 관계에서 내담자를 직접적으로 도와준다.
⑤ 추후지도: 상담효과를 평가하여 재발 가능성에 대해 계속 조언한다.

2) 자아이론적 상담

자아이론적 상담은 미래지향적 특성을 지닌 자아실현 의지를 중요하게 여긴다. 인간은 자기 자신을 바람직한 방향으로 성장, 발전시킬 수 있는 잠재능력을 지니고 있으므로 자기 문제를 스스로 해결할 수 있다고 본다. 상담자는 이러한 인간의 자아실현 의지를 믿기 때문에 내담자를 중심으로 상담을 펼쳐 나가게 된다. 자아이론적 상담은 자아개념을 중요하게 여기는 현상학적 심리학에 기초를 두고, 내담자 중심으로 상담을 진행해 나가기 때문에 비지시적 상담이라고 불리기도 한다.

상담과정에서 상담자가 해야 할 일은 무제한의 허용적인 분위기를 조성하여 내담자로 하여금 자신의 문제를 있는 그대로 자유롭게 이야기하도록 함으로써 자기통찰이 가능하도록 도와주는 것이다. 이를 위해 상담자는 내담자의 현재 상태를 중요하게 여겨야 하며, 내담자로 하여금 자신의 현재 느낌이나 감정 및 불안을 있는 그대로 솔직하게 표현하도록 격려해 주어 감정의 정화와 명료화를 경험할 수 있도록 해 준다. 이러한 과정을 거치는 동안 내담자는 자신의 문제에 대한 통찰력이 높아지게 되어 문제해결로 나아가게 된다. 왜냐하면 인간은 그 자신 속에 무한한 자기 성장 가능성을 지닌 존재이기 때문이다. 적응에 어려움을 겪고 있는 개인은 자신을 둘러싸고 있는 정서적 장애로 인해 자신의 문제에 대한 해결책을 찾는 데 방해를 받고 있을 따름이다.

(1) 상담자의 태도

자아이론적 상담에서는 진단과 처방의 기술이나 다양한 정보의 제공보다는 상담자와 내담자 간의 인간관계가 매우 중요시되며, 문제의 인지적 측면보다는 정서적 측면을 더욱 중요하게 여긴다. 상담진행과정에서 상담자가 지녀야 할 특징적인 태도는 솔직성, 긍정적 존중, 공감적 이해다.

① 솔직성: 상담자는 상담과정에서 내담자와 맺은 인간관계에서 느낀 감정과 태도를 솔직하게 표현해야 한다. 상담자가 자신의 긍정적 감정과 부정적 감정을 모두 표현할 수 있고, 내담자가 표현하는 부정적 감정을 모두 수용할 수 있을 때, 서로 신뢰하며 거짓이 없는 인간관계를 형성할 수 있다.

② 긍정적 존중: 상담자는 내담자의 자기 성장력에 대한 굳건한 신념에 입각해서 내담자의 감정이나 사고, 행동을 평가하거나 판단하지 않고 내담자를 있는 그대로 받아들이고 독립된 개인으로 수용·존중해야 한다.

③ 공감적 이해: 상담과정에서 나타나는 내담자의 경험과 감정을 상담자가 함께 느끼고 이해해야 한다. 상담자는 내담자를 동정하는 것이 아니라 내담자의 내면세계를 마치 자신의 내면세계인 것처럼 느끼는 감정이입 상태에 도달해야 한다. 그러나 이때 상담자는 자신의 위치를 벗어나지 않도록 주의를 기울여야 한다.

상담에 대한 이러한 접근법은 주로 임상적 경험을 통해 그 이론이 발전되어 왔으며 오늘날에 이르러 학교와 상담소, 병원 등에서 적응에 어려움을 겪고 있는 개인이나 정서적 장애를 지닌 개인들의 치료에 많이 적용하고 있다.

(2) 상담의 과정

로저스는 자아이론적 상담이 이루어지는 과정을 다음과 같이 12단계로 정리하였다(Rogers, 1942).

① 내담자의 방문: 본인 또는 다른 사람의 권유에 의해서 이루어진다.
② 상담에 대한 정의: 상담자는 도움을 주는 존재이며, 내담자는 자신의 문제에 대해서 책임을 지고 스스로 문제를 해결해 나가야 된다는 점을 인식시킨다.
③ 래포의 형성: 내담자가 자유롭게 자기 감정을 표현할 수 있도록 우호적이고 허용적인 분위기를 마련한다.
④ 내담자의 부정적 감정 수용: 내담자의 부정적 감정을 보다 자유롭게 표출하도록 격려하며, 그것을 수용하고 인정하며 명료화해 준다.
⑤ 내담자의 긍정적 감정 표출: 내담자의 부정적 감정이 모두 표출된 후, 약하긴 하지만 자기성장에 도움이 되는 긍정적 감정 및 충동이 나타나게 된다.
⑥ 내담자의 긍정적 감정 수용: 내담자의 긍정적 감정은 자기이해 및 자

기통찰의 계기를 마련해 줄 수 있다는 점에 유의하고, 상담자는 이를 수용하고 인정할 뿐만 아니라 동감할 수 있어야 한다.

⑦ 내담자의 자기통찰 출현: 부정적 감정과 긍정적 감정의 동시 수용을 통해 내담자의 자기이해 및 자기수용이 나타나게 된다.

⑧ 내담자의 의사결정 가능성 출현: 자기 문제에 대한 통찰을 기반으로 문제를 해결하려는 의도를 보여 주게 된다. 이때 상담자는 내담자가 가지는 변화에 대한 두려움과 주저를 인정하고 격려해 주어야 한다.

⑨ 내담자의 긍정적 행동 출현: 내담자는 약하고 보잘것없는 수준의 행동 변화를 보여 주게 되는데, 이때 상담자가 서두르거나 행동 변화를 독촉해서는 안 되고 인내심을 가지고 주시, 격려해야 한다.

⑩ 내담자의 자기통찰 확대: 내담자의 긍정적 행동 변화에 대한 격려를 통해 내담자의 자기통찰을 확대, 심화시킨다.

⑪ 내담자의 적극적이고 통합된 행동 출현: 내담자는 자신의 결정에 의해서 수행하는 행동에 대해 자신감을 가지게 되며, 의사결정과정에서 더 이상 두려움을 느끼지 않을 뿐만 아니라 상담자와의 유대관계가 더욱 강화된다.

⑫ 상담의 종결: 내담자는 자신의 문제를 불안 없이 혼자 해결할 수 있다는 것을 인식하게 되고, 스스로 상담관계의 종결을 바라게 된다.

3) 정신분석적 상담

정신분석적 상담은 프로이트의 정신분석학에 기초한 것으로 인간행동에 대한 결정론과 무의식의 개념을 수용하고 있다. 따라서 인간의 모든 행동에는 그것을 일으키게 하는 동기가 있으며, 그 동기는 인간 정신세계의 무의식에 의해 크게 영향을 받는다고 본다. 또한 현재 한 개인이 나타내 보이는 부적응의 원인을 어렸을 때의 경험으로 구성된 무의식적 동기나 욕구에서 찾으려는 입장을 취한다. 문제를 지닌 개인은 자신이 알지 못하는 무의식적 동기를 분석해서 치료하게 된다.

(1) 상담의 기술

정신분석적 상담은 내담자로 하여금 자기통찰을 통해 스스로를 이해하고 불안의 원인을 깨닫게 하는 데 그 목적을 두기 때문에 내담자의 무의식 세계를 이해하기 위해 자유연상, 꿈의 분석, 저항의 해석, 전이의 해석과 같은 기술을 사용하게 된다. 이러한 상담기법을 사용할 때 특히 주의해야 될 점은 자유연상이나 꿈을 통한 경험세계에도 내담자의 의식이 활동하기 때문에 무의식 세계를 차지하고 있는 본능적 욕구가 상징적으로 표현된다는 것이다.

① 자유연상: 상담자는 내담자를 편안한 상태로 눕거나 앉게 한 후, 내담자의 느낌이나 생각을 자유롭게 이야기하도록 권장한다. 자유롭고 편안한 가운데 진술한 내담자의 연상은 과거의 충격적 경험에 대한 재현을 도와주고 과거의 상황에서 느꼈던 여러 감정들을 발산하도록 도와주어 자기이해와 자기통찰을 가능하게 한다.

② 꿈의 분석: 내담자가 최근에 자주 꾸게 되는 꿈의 내용을 이야기하게 하여, 그 내용을 분석하는 것이다. 수면 중에는 자아의 방어기제가 약화되기 때문에 억압된 욕망과 감정이 의식 표면에 떠오르게 된다는 꿈의 특성을 이용한다. 꿈에 나타난 무의식 세계를 통해 내담자로 하여금 자신의 내면세계와 문제에 대한 통찰이 가능하도록 도와준다.

③ 저항의 해석: 상담진행 과정에서 내담자는 자아를 보호하기 위한 무의식적 행동으로 상담자와 상담 자체에 대해 강한 거부감을 나타내게 되는데, 이것을 저항이라고 한다. 저항은 상담 약속시간을 어긴다거나 상담자를 미워한다거나 상담과정에서 침묵을 고집하는 등의 형태로 나타난다. 상담자는 내담자의 이러한 저항이 내담자의 내적 갈등의 표

현임을 지적해 주고 이해시켜야 한다.

④ 전이의 해석: 상담과정에서 내담자는 상담자를 아주 미워하거나 좋아하게 되는 것과 같은 강한 정서적 전이현상을 나타내 보인다. 이것은 내담자가 자신의 과거 인간관계에서 발생했던 긍정적 또는 부정적 감정상태를 상담자에게 나타내는 것이다. 이러한 전이에 대한 해석을 통해 내담자의 정서적 갈등을 해결하는 계기를 마련해 주게 된다.

정신분석적 상담은 처음에는 심한 정신질환을 가진 환자를 치료하는 정신의학 분야에서 주로 사용된 방법이지만, 오늘날에 이르러서는 인간의 전반적인 정신현상을 이해하는 데 도움을 주고 있을 뿐만 아니라 학생 개인에 대한 이해와 집단지도에 널리 이용되고 있다.

(2) 상담의 과정

정신분석적 상담의 일반적인 진행절차는 다음과 같다. 먼저 진단을 내려 내담자로부터 상담활동에 대한 동의를 받는다. 그다음 상담자는 내담자의 성장배경에 관한 자료를 수집하며, 자유연상이나 꿈의 분석을 통해 내담자의 무의식을 파악하여 해석한다. 이때 내담자는 상담자에 대해 정서적 전이현상을 나타내 보이는데, 이것은 내담자가 부모 및 다른 사람들과의 관계에서 발생한 감정적 태도를 상담자에게 전이하는 것이다. 내담자는 마치 상담자가 자신의 부모인 것처럼 여기게 되어 부모에 대한 자신의 긍정적 감정 또는 부정적 감정을 그대로 나타내게 된다. 이러한 과정을 통해 내담자의 근본적인 정서문제가 표면화될 수 있으므로 자기이해와 통찰이 가능하게 된다. 이러한 전이 장면에서 상담자는 내담자의 부정적 감정의 표출에 해당하는 저항을 잘 처리할 수 있어야 한다. 이때 내담자가 상담자에게 나타내는 반항이나 거부현상은 상담자에 대한 감정이 아니라 내담자의 과거 경험세계의 특정 인물에 대한 부정적 감정의 표출이라는 점을 알아야 하며, 이를 잘 처리할 수 있어야 상담이 중단되지 않는다. 상담자는 내담자의 감정적 전이에 대해 수동적이고 중립적인 자세를 취함으로써 내담자의 전이를 유도해야 하며, 전이에 대한 객관적인 해석으로 전이 감정을 해소시켜 줄 수 있다. 그 결과 내담자는 과거의 영향력으로부터 벗어나게 되며 정서적으로 더욱 성숙하게 된다.

4) 학습이론적 상담

학습이론적 상담은 학습의 법칙과 원리를 적용하여 개인의 여러 가지 문제행동을 수정하거나 바람직한 행동을 새롭게 획득하게 하는 접근방법이다. 학습이론적 상담에서는 인간의 모든 행동이 조건화, 강화, 모방과 같은 학습과정을 통해 형성된다고 보며, 개인이 지닌 장애 행동 역시 이러한 학습의 과정을 거쳐 획득된 것이라고 생각한다. 따라서 이 접근법에서는 인간의 행동에 영향을 미치는 환경자극을 체계적으로 조절하고 재배열함으로써 환경자극과 행동 간의 새로운 기능적 관계를 형성하여 개인의 문제해결이나 자기성장을 도와줄 수 있다고 본다.

(1) 상담의 기술

학습이론적 상담은 특히 학교 학습 장면에서 학생들이 나타내 보이는 여러 종류의 행동장애를 치료하는 데 크게 효과를 얻고 있는 접근법이다. 즉, 학생들의 바람직하지 못한 행동을 고전적 조건형성을 이용한 상호제지법이나 체계적 둔감법 또는 조작적 조건형성에 따른 행동수정법, 사회적 학습이론에 따른 사회적 관찰학습법으로 치료하는 것이다.

① 상호제지법: 한 개인에게 불쾌반응을 일으키는 자극을 쾌반응을 일으키는 자극과 함께 짝지어 제시함으로써 불쾌반응을 감소시켜 나가는 방법이다.

② 체계적 둔감법: 먼저 근육의 이완과 긴장을 훈련시킨 후, 불안 반응을 일으키는 자극을 제시해 주어 내담자가 불안을 덜 느끼게 만드는 방법이다.

③ 행동수정법: 한 개인의 바람직하지 못한 행동을 강화시켜 주는 자극들을 분석하여 그것을 제거하는 방법이다. 예를 들어, 수업시간에 떠드는 학생에게 교사가 시선을 집중하는 것과 같은 행위를 더 이상 계속하지 않고 그냥 무시하는 방법을 채택하는 것이다. 그렇게 할 경우 점차적으로 수업시간에 떠드는 행동이 줄어들어 마침내 그 행동을 하지 않게 된다는 것이다. 이러한 행동수정법에서는 물질적 보상이나 특권 부여와 같은 여러 가지 종류의 정적 강화를 사용하여 학생들의 바람직한 행동을 성장·촉진시키기도 한다. 행동수정법의 핵심은 체계적인 관찰, 철저한 통제, 수집자료의 수량화, 반복 시행과 같은 과학적 방법을 강조하여 상담자와 내담자 모두가 볼 수 있고 객관적으로 측정할 수 있는 문제행동만을 다루게 된다는 것이다.

④ 사회적 관찰학습법: 타인의 행동을 관찰하고 그 행동의 결과로 받는 보상을 대리경험하게 하여 자신의 문제를 해결해 나가도록 도와주는 방법이다.

(2) 상담의 과정

학습이론적 상담은 학습된 구체적인 부적응 행동을 소거시키고, 보다 효과적이고 바람직한 행동을 새롭게 학습시키는 것이 주요 목표다. 상담목표와 절차를 결정할 때 상담자는 먼저 내담자와 합의를 하는 것이 좋다. 왜냐하면 상담에 성공하기 위해서는 내담자의 협조와 강한 동기가 필요하기 때문이다. 학습이론적 상담의 주요 목표는 다음과 같이 크게 세 가지로 나누어 볼 수 있다.

① 자신의 감정이나 생각 및 희망을 관련된 생활 장면에서 자유로이 표현
할 수 있도록 훈련하는 것이다.
② 사회적인 활동을 저해하는 비현실적인 공포를 제거하는 일이다.
③ 내담자가 인생에 있어서 중요한 결정을 내리는 데 방해가 되는 내면의
갈등을 해소하도록 도와주는 것이다.

상담의 목표는 상담자와 내담자의 합의하에 결정되는 것이지만, 가급적
이면 상담의 효과를 구체적으로 평가할 수 있는 것으로 정한다.

4. 집단상담

집단상담은 개인이 지니고 있는 문제의 원인을 파악하는 데 있어서 보다
환경중심적으로 이해하려는 입장을 취한다. 이러한 집단상담에서는 한 명
의 상담자가 여러 사람의 내담자와 동시에 상담관계를 형성하여 내담자로
하여금 자기와 유사한 문제를 지닌 사람들과 넓은 인간관계를 경험하게 한
다. 그 결과로 집단과 개인의 목표를 성취하고 집단구성원의 인격과 사회성
을 개발한다.

개인이 지닌 심리적 갈등이나 불안 등은 주로 다른 사람들과의 인간관계
에서 형성되며, 자기 자신을 객관적으로 파악할 수 있는 정보도 다른 사람
들과의 인간관계를 통해 얻을 수 있다. 뿐만 아니라 개인의 성격이나 태도
의 변화, 개인의 적응력 향상도 개인이 소속된 집단구성원들 간의 정서적
유대 및 친밀도에 의해 이루어질 수 있다. 그러므로 집단상담을 통한 집단
경험은 문제를 가진 개인은 물론 정신적으로 건강한 사람에게도 서로 자신
과 상대방의 감정을 깊이 이해하는 데 많은 도움을 주게 된다.

1) 집단상담의 목표

집단상담은 집단구성원 모두가 자신에 대한 새로운 이해와 통찰을 경험하고 자신의 적응력을 높이기 위해 상호 협력하는 과정이라고 할 수 있다. 집단상담 과정에서 집단구성원들은 정서적인 압력이나 위압감을 받지 않는 상황에서 마음의 부담을 갖지 않고 개인적인 문제를 서로 충분히 비판하고 토의할 수 있어야 한다. 이때 구성원들은 집단의 리더도 되어 보고, 집단에 반항하는 대항자의 역할도 수행하게 된다. 따라서 내담자들은 자기 감정을 자유롭게 표현할 수 있을 뿐만 아니라, 남을 동정·비판하고, 자기도 동정·비판받게 되어 정서적 긴장을 해소하고 마음의 평정을 찾을 수 있게 된다. 그 결과 개인은 자기 자신과 남을 이해하게 되고 자기의 문제를 통찰하여 문제해결로 나아가게 된다.

이러한 집단상담의 목표는 특수한 인간관계 경험을 통해 내담자의 일상생활 적응력을 향상시키는 데 있다. 집단상담을 통해 내담자는 자신의 욕구를 스스로 인지하여 그것을 집단 속에서 충족시키는 방법을 배우게 되고, 자기와 다른 사람의 문제를 이해함으로써 문제해결력을 기르게 되며, 자신의 문제해결은 물론 다른 사람의 문제해결을 도와주는 방식도 배우게 된다.

2) 집단상담의 특성

집단상담 경험을 통해 내담자가 얻을 수 있는 심리적 이점은 다음과 같다.

① 자기와 비슷한 문제를 지닌 사람들이 있다는 것을 알게 됨으로써 고립감을 덜 느끼게 된다.
② 자신의 문제나 잘못이 친구들의 도움에 의해 해결되고 수용된다는 점을 경험하게 된다.
③ 자기 자신도 친구를 편안하게 수용해 줄 수 있고, 친구를 도울 수 있다는 점을 알게 된다.

④ 다른 사람을 믿을 수 있다는 것을 배운다.

⑤ 거짓 없는 자기 감정을 남에게 표현하고, 남의 감정표현을 받아들이는 법을 배우게 된다.

⑥ 상담자와의 관계를 통해 적어도 한 사람 이상의 성인이 자신을 수용하고 이해한다는 것을 경험하게 된다.

집단상담은 내담자뿐만 아니라 상담자의 측면에서도 개인상담으로 해결할 수 없는 문제를 집단역학을 이용해 도와줄 수 있으며, 개인상담을 보다 효과적으로 이끌어 가도록 도와주기도 한다. 그러나 집단상담에서는 상담자가 집단을 잘 다루고 지도할 수 있어야 효과를 거둘 수 있기 때문에 상담자에게는 지속적이고 전문적인 연수와 훈련이 필요하다.

3) 집단의 구성

집단상담은 일대일의 대인관계를 중시하는 개인상담과는 달리 상담 장면을 인위적으로 형성하는 특징을 가진다. 그러므로 집단상담은 유사한 문제를 가진 동년배로 구성하는 것이 바람직하다. 그러나 이질적 집단이라도 치료적 기능을 잘 수행할 수 있다면 문제의 다양성이나 집단경험을 더 풍부히 해 줄 수도 있다는 점에서 집단의 동질성이 필수적인 것은 아니다. 오히려 집단구성원의 사회적 성숙도의 동질성이 더욱 중요하며, 남녀 혼합집단이 좋다.

집단상담의 효율을 높이기 위해서는 내담자가 자발적으로 집단에 참여해야 하며, 다른 사람들과 잘 융화할 수 있어야 한다. 그러므로 지나치게 공격적이거나 자기중심적이며, 수줍음이 심하거나 심각한 부적응을 지닌 개인은 적합하지 않고, 친한 친구나 친척을 한 집단에 소속시키는 것도 바람직하지 않다.

집단구성원의 수는 6~12명으로 하는 것이 보통이지만, 집단구성원들이 지닌 문제의 성격에 따라 구조의 융통성을 가지는 것이 좋다. 그러나 집단의 구성원이 많아질수록 상호작용이 약화되는 경향이 있다는 점을 유의해야 한다.

4) 상담자의 역할

집단상담에서는 상담자의 역할이 아주 중요한데, 상담은 상담자가 집단을 구성하는 일에서부터 시작된다고 보아야 한다. 집단상담의 진행과정에서 상담자는 구성원들로 하여금 보다 자유롭게 자신의 감정을 표현할 수 있도록 격려해 주어 개인들의 부정적 감정이나 공격적 태도 등이 공개적으로 표출됨으로써 구성원 상호 간에 수용되고 이해될 수 있도록 전체적인 분위기를 이끌어 가야 한다. 또한 상담자는 집단구성원에 의해 표출되는 감정을 모든 구성원들이 공감하도록 이끌어야 하며, 자칫 잘못하면 집단 구성 자체가 깨어질 염려가 있다는 점을 명심하여 집단역동성을 잘 통제해 나가야 한다.

이상과 같은 점에 유의하여 집단상담에서 상담자가 수행해야 할 역할을 정리하면 다음과 같다.

첫째, 상담자는 집단구성원들이 자신의 문제를 상호 교환할 수 있는 분위기를 조성해 주는 일에 최선의 노력을 기울여야 한다.

둘째, 성공적인 집단상담을 위해서는 내담자들 각자가 자신의 문제해결은 물론 다른 구성원의 문제해결에도 도움을 줘야 한다는 사실과 상담의 시간 및 장소를 정확히 알려 주어 구성원 모두가 이를 철저히 지켜 나가야 된다는 것을 인지시켜야 한다.

셋째, 상담자는 집단구성원 개개인의 발언을 이해하고 받아들여야 할 뿐만 아니라 그 발언이 다른 구성원에게 미치는 영향과 상호작용도 관찰하고 이해해야 한다.

넷째, 상담자는 집단구성원에게 서로 신뢰하고 상호 비밀이 유지되어야 성공적인 상담이 될 수 있다는 점을 알려 주어야 한다.

5. 직업상담

직업상담이란 내담자가 자기 자신에 대한 정보와 사실을 탐색·수용하고, 자기에 관해 확인된 사실들을 토대로 적절한 직업을 선택하며, 직장생활에 잘 적응하도록 도와주는 활동이다. 과거에 직업상담의 과정은 내담자에 대한 자료를 수집하고 특정한 직업에서 성공할 가능성을 살펴보아 진로목표를 설정한 후 그 목표에 도달하기 위한 교육계획을 수립하는 데 중점을 두었으나, 최근에는 직업상담을 일반 상담의 일부로 보려는 경향이 강하다. 직업상담은 내담자의 생활사와 생활환경과 관련하여 진행해야 하므로 단순히 개인과 직업을 짝짓는 기계적인 작업은 아니다(이장호, 정남운, 조성호, 2005).

1) 직업상담의 기능

직업상담의 기능은 여러 가지가 있을 수 있으나 크게 세 가지로 나눌 수 있다.

첫째, 내담자가 이미 잠정적으로 선택한 진로결정을 확고하게 해 주는 것으로 가장 흔한 경우다. 내담자들은 흔히 부모나 교사들과의 접촉을 통해 이미 자기의 능력과 주어진 기회를 평가하고, 이를 바탕으로 잠정적인 선택을 해 놓고 있다.

둘째, 직업목적을 명료하게 해 주는 것이다. 사람들은 진로와 자기의 성격에 대한 정보를 끊임없이 수집하고 있으나, 정보의 의미를 올바르게 해석하지 못하고 적절한 진로선택에 연결하지 못하는 경우가 많다. 이때 상담자는 내담자에게 문제를 보다 명확히 볼 수 있도록 도와줄 수 있다.

셋째, 내담자가 자기 자신과 직업세계에 대해 지금까지 알지 못했던 사실을 발견하도록 도와주는 것이다. 직업상담에서는 진로계획을 전체 인생계획의 일부로 간주하고 올바른 진로계획의 수립을 돕는다.

2) 직업상담자의 역할과 직무

직업상담자의 역할은 직업상담이 이루어지는 장면의 특성, 직업상담자의 전문역량, 내담자의 직업상담에 대한 요구에 따라 다르다. 김병숙(1999)은 상담의 종류나 실시 장소 등에 의해 여러 가지 역할이 주어진다고 하였다. 내담자의 정보와 직업세계의 정보 및 미래사회 정보를 통합하여 직업선택에 도움을 주는 일련의 상담활동을 수행하는 상담자, 직업문제를 갖고 있

A. 취업상담	A-1. 구인상담	A-2. 구직상담	A-3. 창업상담	A-4. 구인처 개척
	A-5. 채용행사 개최			
B. 진로상담	B-1. 진로선택	B-2. 교육훈련 상담	B-3. 직업적응 상담	B-4. 직업변경 상담
	B-5. 진로검사 실시	B-6. 진로검사 해석		
C. 직업정보 관리	C-1. 구인구직 정보 관리	C-2. 직업·산업 정보 관리	C-3. 교육훈련 정보 관리	C-4. 고용동향 노동 시장 정보 관리
	C-5. 노동관계 법령 정보 관리	C-6. 진로검사, 자격 정보 관리	C-7. 고용전산망 정보 관리	
D. 고용보험 상담	D-1. 고용보험 적용 관리	D-2. 실업급여 지급 상담	D-3. 교육안정 사업 운영	D-4. 직업능력 개발 사업 운영
E. 진로지도 프로그램 운영	E-1. 진로계획 프로그램 운영	E-2. 진로선택 프로그램 운영	E-3. 취업 프로그램 운영	E-4. 직업적응 프로 그램 운영
	E-5. 직업변경 프로그램 운영	E-6. 은퇴 프로그램 운영		
F. 직업상담 행정	F-1. 문서 작성 및 관리	F-2. 회의, 세미나 참석	F-3. 유관기관과 협력	

[그림 9-1] 직업상담자의 직무 내용

출처: 한국산업인력공단(2006), pp. 11-12.

는 내담자에게 문제를 인식하도록 하고 문제를 진단하고 처치할 수 있는 처치자, 직업정보를 가지고 내담자를 조언하는 조언자, 내담자 스스로 직업문제를 해결하도록 도우며 직업지도 프로그램을 적용하는 지원자, 내담자의 성격과 적성 및 흥미를 측정하기 위해 검사를 실시하고 결과를 분석·해석하여 내담자를 잘 이해하도록 하는 해석자, 직업정보를 수집·분석·가공·관리·피드백하는 과정을 수행하고 내담자에게 적합한 정보를 제공하는 직업정보 제공자, 그리고 상담과정에서 일어나는 일련의 업무를 관리하고 통제하는 관리자 등 다양한 역할을 수행한다고 하였다. 한국산업인력공단(2006)이 제시하는 '직업상담자의 직무' 여섯 가지에 대한 [그림 9-1]을 보면 직업상담자의 구체적인 역할을 파악할 수 있다.

3) 직업 및 진로상담의 기본지침
직업 및 진로상담이 효과적이려면 내담자에 대한 평가 및 진단, 직업정보의 수집 및 전달, 일반적인 상담기법이라는 세 가지 요소가 필요하다.

(1) 내담자에 대한 평가 및 진단
상담의 초기 과정에서는 내담자에 대한 정보를 얻기 위해 면접, 설문지, 생활기록 및 검사도구들을 사용한다. 상담자는 이렇게 얻어진 자료를 평가, 해석하기 위해 적절한 통계적 방법과 자신의 경험을 활용하게 된다. 상담자는 수집된 자료를 종합적으로 평가한 후 내담자에게 일반 상담기법에 따라 평가한 결과와 의미를 해석해 주고 내담자와 함께 논의한다. 이런 과정을 적절하게 거치면 대체로 내담자는 스스로 어느 정도 진로를 계획할 수 있게 되고, 상담자는 바람직한 선택 결정에 이르도록 도와줄 수 있다. 상담자는 현대 산업사회의 급속한 직업변동 추세를 잘 파악하여 내담자로 하여금 특정 직업만을 목표로 생각하기보다는 좀 더 폭넓은 직업 분야를 생각할 수 있도록 도와주어야 한다.

(2) 직업정보의 수집 및 전달

상담자가 직업정보를 제시하면서 내담자를 적절하게 격려해 준다면 내담자는 스스로 합리적인 목표를 선택할 수 있게 된다. 따라서 상담자는 적극적으로 직업정보와 선택지침을 제시해 주어야 한다.

(3) 일반적인 상담기법

상담과정에서 직업정보를 제시할 때는 그 시기를 잘 선택하여 적시에 제시해야 한다. 일반적으로는 내담자가 상담자의 검사결과에 대한 평가와 해석을 듣고 나서 그것을 자신의 직업선택에 활용하고자 할 때 직업정보를 제시해 주는 것이 좋다. 또한 내담자가 정보를 요구할 때에는 그 정보에 대한 올바른 이해를 확인하고 제공하는 것이 바람직하다. 진로계획이 수립되면 경우에 따라서는 효과적인 직업수행을 위해 훈련 및 교육에 대한 자문을 해 주는 것도 필요하게 된다. 상담 종료 시, 결정된 진로계획과 교육계획 및 검사결과에 대한 기록들을 내담자가 가지고 갈 수 있도록 하는 것이 좋다. 왜냐하면 내담자가 검사 및 평가자료 등을 좀 더 참고할 수 있고 진로계획에 대한 책임도 크게 느끼게 될 것이기 때문이다. 마지막으로, 모든 결정은 실제 장면에 부딪혀서 실천해 보아 확인될 때까지는 잠정적이라는 생각을 내담자에게 심어 줄 필요가 있다.

6. 사이버상담

최근에 이르러 컴퓨터를 이용하여 교육 및 직업에 관한 다양한 정보와 내담자의 개별 특성에 관한 자료를 동시에 입력시켜 그 결과를 토대로 상담활동을 이끌어 가는 사이버상담 활동이 증대되고 있다.

1) 사이버상담의 정의

사이버상담은 컴퓨터를 매개로 가상공간에서 음성언어가 아닌 문자언어를 사용하여 상담자와 내담자의 상호작용을 통해 내담자의 긴장된 정서나 감정을 표출하게 함은 물론, 자신의 문제를 구체적으로 인식하게 하는 과정이다.

2) 사이버상담의 특징

(1) 일반상담보다 편리하다

상담자와 내담자가 통신이 가능한 하드웨어를 갖추고 있는 상태라면 무척 편리한 상담이 된다. 직접 상담을 받으러 나오지 않아도 되고, 오고 가는 데 드는 수고와 외출 준비에 드는 수고도 줄일 수 있다.

(2) 경제적이다

'게시판 상담'에 상담자료를 올려놓는 경우에는 상담자가 자리를 지키지 않아도 내담자가 편리한 시간에 자기에게 적절한 상담자료를 조회하고 도움을 받을 수 있다. '이메일 상담'의 경우에도 발송하는 데 드는 인력이나 경비가 절약될 수 있다.

(3) 시공간을 초월한 교육을 할 수 있다

내담자와 상담실이 지리적으로 멀리 떨어져 있더라도 신속하게 접속할 수 있다. 해외나 산간 벽지에 거주하는 내담자까지도 통신망을 통해 상담실 홈페이지에 접속할 수 있다.

(4) 내담자의 주도성을 증진시킨다

학생들이 자발적으로 상담 사이트에 접속하고 주도적으로 상담과정에 참여하므로 청소년들의 언어반응이 무척 활발한 편이다. 사이버상담이 갖는 간접 만남과 익명성이 내담자로부터 부담감을 갖지 않게 하고 컴퓨터라는 친숙한 매개체가 상담자와 내담자 사이를 중개해 줌으로써 사이버상의 상담자와 내담자가 훨씬 가까워져 심적 교감, 동질감, 친숙함을 전달할 수 있기 때문이다.

3) 사이버상담의 기법

(1) 게시판 상담

내담자가 상담하고자 하는 내용을 써서 게시판에 공개적으로 올려놓으면 상담자가 그 글을 읽어 보고 답변을 한다. 게시판에 내담자의 글이 공개되어 있으므로 다른 방문자도 그 글을 읽을 수 있고, 글에 대한 의견이 있으면 상담자와 마찬가지로 답변을 할 수 있다. 서로의 고민을 함께 나누기 때문에 여러 사람들로부터 도움을 받을 수 있을 뿐만 아니라 내담자가 상담자 역할을 할 수도 있다.

(2) 이메일상담 혹은 쪽지상담

비공개 상담을 원한다면 이메일을 이용할 수 있다. 내담자가 사이버 상담자에게 자신의 고민 사항을 적어서 이메일이나 쪽지를 보내면 상담자가 내담자에게 답장을 보내게 된다. 이러한 형태는 내담자의 상담내용이 공개되지 않아 비밀이 보장된다. 길든 짧든 어느 정도의 시간적인 격차를 두고 상호작용이 이루어진다. 그러므로 내담자는 편지를 쓰는 동안 자신의 감정을 정리할 기회를 갖게 되고, 상담자도 내담자의 생각을 여러 차례 읽어 보고 다양한 답변을 할 시간을 가질 수 있다. 그러나 내담자의 편지 내용에만 의존하여 상담이 이루어지기 때문에 정보가 왜곡되거나 내담자의 상태를 충분히 파악하기 어렵고, 편지내용을 서로 다르게 해석하기 쉬운 단점이 있다.

(3) 채팅상담

컴퓨터 키보드를 이용하여 글을 주고받으며 실시간 대화가 가능하다. 이때 내담자는 자신의 이름 대신 별명을 사용하여 자신을 드러내지 않아도 된다. 개별 상담뿐만 아니라 집단상담도 가능하고 내담자의 고민에 대해 참여자들의 다양한 생각을 들을 수 있다. 그러나 의사소통 방식이 문자로 제한되어 있어서 언어적 의사소통 외의 얼굴표정이나 몸짓을 포함한 비언어적 의사소통으로 인간관계를 맺기가 어렵다.

(4) 상담 사례들의 데이터베이스를 활용한다

상담이 필요한 내담자가 언제든 접속하여 데이터베이스화된 상담 사례를 조회하여 도움을 받는 형식이다. 이는 자기의 문제를 다른 사람에게 털어놓기 힘든 내담자에게 도움이 된다. 상담자와 직접 만나지 않아도 유목화된 시청각자료와 각종 정보를 통해 간접상담이 이루어져 문제해결뿐만 아니라 문제 예방 및 학생들의 성장과 발달에도 도움이 된다.

4) 사이버상담이 갖는 한계

(1) 관계 형성의 한계

사이버 공간에서는 내담자와 상담자가 직접 대면을 할 수가 없어 상담의 관계가 인간중심적이지 못하고 내용 중심으로 흐르기 쉽다. 서로를 볼 수 없다는 점이 내담자에게 편안함을 느끼게 할 수도 있지만, 무책임하게 행동하거나 장난으로 상담을 받으려고 하는 일도 종종 발생하게 된다. 그리고 대면상담보다 약속된 상담시간을 무단으로 어기거나 중도 탈락하는 경우가 더 많다.

(2) 상담 지속성의 한계

상담은 여러 회기의 만남을 통해 이루어져야 하는데, 사이버상담은 상담자가 내담자에게 행할 수 있는 처치가 제한되어 단회 상담 위주로 이루어진다. 게시판이나 이메일, 채팅 등을 통한 상담은 내담자에 대한 상담자의 개입에 한계가 있으므로 지속적인 처치가 곤란하고 상담의 과정이 어떻게 되고 있는지 파악하기 어려우며 내담자가 비정기적으로 상담을 신청하게 되면 상담자는 수동적으로 도움을 줄 수밖에 없다.

(3) 기술적인 한계

상담이 진행되는 동안 상담자와 내담자가 서로 상담과정에 몰두하고 있는 상황에서 예기치 않게 인터넷 접속이 중단되면, 상담과정이 맥없이 끊어져 버린다. 재접속을 해서 상담을 다시 이어 가지만 다시 처음의 상담 분위기를 조성해야 하는 번거로운 절차가 따르고 상담시간이 길어지는 부담이 따른다.

이와 같이 텍스트 위주의 기존의 상담방식에서 나타난 문제를 해결하기 위해서는 '화상을 통한 사이버상담'이 필요하다. 이는 상담자와 내담자가 서로의 얼굴을 보며 상담이 이루어지기 때문에 오프라인에서의 상담과 같이 인간적인 유대감과 서로 간의 긴밀한 관계 형성에 긍정적인 효과를 나타내고, 실시간으로 내담자에 대한 상담자의 즉각적인 개입이 가능하여 상담의 지속성을 높이는 역할을 하게 될 것이다.

요약 및 정리

▣ 생활지도라는 말은 영어의 'guidance'를 번역한 것으로서, 학생들을 안내하고, 이끈 다는 어원적 의미를 지니고 있다. 그러므로 생활지도의 원래 의미는 개인으로 하여 금 자기 자신과 자기를 둘러싸고 있는 환경을 잘 이해할 수 있도록 도와주는 전반적 인 교육활동이라는 뜻이다.

▣ 생활지도활동을 수행할 때 반드시 지켜야 할 원리로서 ① 모든 학생을 대상으로 해야 하고, ② 치료나 교정보다는 예방에 중점을 두어야 하며, ③ 처벌이 아닌 지도하는 과정이어야 하고, ④ 학생의 자율성과 책임을 강조해야 하며, ⑤ 의도적이고 조직적인 활동이어야 하고, ⑥ 인지적 학습보다 정의적 학습에 역점을 두어야 한다.

▣ 효과적인 생활지도활동을 해 가기 위해서는 학생조사활동, 정보수집 및 제공활동, 상담활동, 정치활동, 추후지도활동 등이 필요하다.

▣ 상담이란 전문적으로 훈련된 상담자와 도움을 필요로 하는 내담자 간의 개별적 인 간관계를 통해 새로운 학습이 이루어지는 과정이다.

▣ 상담의 성공 여부는 상담자와 내담자 사이에 형성된 인간관계의 질에 해당하는 상 담관계의 성립과 밀접하게 관련되어 있다. 상담자와 내담자 사이에 상담관계가 수 립되기 위해서는 먼저 상호 간에 인간적인 신뢰감이 형성되어야 한다. 상담자와 내 담자 사이에 성립된 이러한 관계를 '래포'라고 하며, 상담관계의 성립은 이러한 래포 가 형성된 경우에 비로소 가능하다.

▣ 상담에 관한 대표적인 접근방법에는 ① 합리적 상담, ② 자아이론적 상담, ③ 정신 분석적 상담, ④ 학습이론적 상담 등이 있다.

▣ 집단상담은 개인이 지니고 있는 문제의 원인을 파악하는 데 있어서 보다 환경중심 적으로 이해하려는 입장을 취한다. 이러한 집단상담에는 한 명의 상담자가 여러 사 람의 내담자와 동시에 상담관계를 형성하여, 내담자로 하여금 자기와 유사한 문제 를 지닌 사람들과 넓은 인간관계를 경험하게 된다. 그 결과로 집단과 개인의 목표를 성취하고 집단구성원의 인견과 사회성을 개발한다.

▣ 직업상담이란 내담자가 자기 자신에 대한 정보와 사실을 탐색·수용하고, 자기에 관해 확인된 사실들을 토대로 적절한 직업을 선택하며, 직장생활에 잘 적응하도록 도와주는 활동이다. 직업상담의 기능에는 내담자가 이미 잠정적으로 선택한 진로결정을 확고하게 해 주는 것, 직업목적을 명료하게 해 주는 것, 그리고 내담자가 자기 자신과 직업세계에 대해 지금까지 알지 못했던 사실을 발견하도록 도와주는 것이 있다.

▣ 사이버상담은 컴퓨터를 매개로 가상공간에서 음성언어가 아닌 문자언어를 사용하여 상담자와 내담자의 상호작용을 통해 내담자의 긴장된 정서나 감정을 표출하게 함은 물론, 자신의 문제를 구체적으로 인식하게 하는 과정이다. 일반상담보다 편리하고 경제적이며 시공간을 초월하여 교육할 수 있고 내담자의 주도성을 증진시킨다.

지식인들은 자기들 내부에 대립 속의 통일성을 확립·유지시키고 혹은 재정립시키려는 노력을 해야 한다. 다시 말해서 모순과 갈등은 필요한 것이며, 언제든지 일치된 노력으로 어려움을 극복해 갈 수 있다는 것, 그리고 상대방에게 자기의 관점만을 고집하려는 것이 아니라 두 주장을 보다 심화된 입장에서 이해함으로써 그들 모두를 초월할 수 있는 가능성을 만들어 내는 것이 중요하다는 사실을 분명히 하여 변증법적 화해를 이루도록 해야 한다.

J. P. 사르트르, 『지식인을 위한 변명(Plaidoyer pour les intellectuels)』

제 10 장

평생교육

탐구주제

▶ 평생교육이란 무엇이며 왜 필요한가?

▶ 평생교육이 실현하고자 하는 것은 무엇인가?

▶ 평생교육의 과제는 무엇인가?

▶ 평생교육은 실제로 어떻게 운영되고 있는가?

📖 제1절 평생교육의 필요성과 개념

평생교육(life-long education)이라는 용어는 1965년 유네스코가 개최한 성인교육 추진위원회에서 랑그랑(P. Lengrand)이 처음 주장한 개념으로 1970년에 그의 저서 『평생교육입문(*Educationper manente*)』에서 구체화되었다. 이와 같은 평생교육은 1972년 동경에서 개최된 세계 성인교육회의를 거치면서 국제적인 용어로 알려졌고, 우리나라에서는 1973년 '평생교육 발전 세미나'에서 평생교육의 개념 정립과 발전 방향을 협의했다.

1. 평생교육의 필요성

랑그랑은 평생교육의 필요성을 다음과 같이 제시했다.

① 현대의 급속한 사회구조의 변화
② 인구의 증가와 평균수명의 연장
③ 과학기술의 발달
④ 민주화를 통한 정치의 변화
⑤ 각종 매스컴의 발달과 정보의 급증
⑥ 경제적 수준의 향상
⑦ 전문화, 분업화로 인한 여가시간의 증대
⑧ 생활양식과 인간관계의 위기
⑨ 이데올로기의 위기에 의한 가치관의 혼란

평생교육의 개념에 대해서 랑그랑은 평생교육이란 모든 국민들에게 평생

을 통하여 각 개인이 가진 다양한 소질을 계속적으로 계발하고 사회 발전에
적극적으로 참여할 수 있도록 하는 교육이라고 했다. 유네스코 한국위원회
에서는 평생교육을 급격히 변화하는 사회에 있어서 개인과 집단이 지속적
으로 자기 갱신과 사회적 적응을 추구하게 하기 위한 것이며, 학교의 사회
화와 사회의 교육화를 이룩하려는 일종의 새로운 교육적 노력이라고 했다.

2. 평생교육의 개념

우리나라 「평생교육법」 제2조 제1항에 따르면 평생교육은 "학교교육을
제외한 모든 형태의 조직적인 교육활동"으로 정의되어 있다. 평생교육을 넓
은 의미로 보면 태교에서부터 노인교육에 이르기까지 수직적으로 통합한
교육과 가정교육, 사회교육 및 학교교육을 수평적으로 통합한 교육을 포괄
한 것이다. 좁은 의미의 평생교육은 정규 학교교육에 대비되는 학교 외 교
육, 즉 종전의 사회교육 개념과 동일 개념으로 사용되고 있으며, 따라서 「평
생교육법」 상의 평생교육은 좁은 의미의 개념으로 사용되고 있다고 볼 수
있다(교육인적자원부, 1999).

데이브(R. M. Dave)는 평생교육의 개념을 다음과 같이 20가지로 구분하
여 정의했다.

① 평생교육은 생(life), 평생(lifelong), 교육(education)이라는 세 가지 기
본 단어로 구성되어 있다.
② 교육은 학교교육으로 끝나는 것이 아니라 평생을 통한 과정이다.
③ 평생교육은 성인교육에만 한정되어 있는 것이 아니라 유아교육, 초등
교육, 중등교육, 고등교육과 그 밖의 모든 단계의 교육을 통합하는 체
계다. 즉, 평생교육은 교육을 하나의 전체 구조로 파악하는 개념이다.
④ 평생교육은 형식적인 학교교육과 비형식적인 학교 외 교육을 포함하

는 동시에 조직적인 학습이나 비조직적인 학습을 포함한다.

⑤ 평생교육에 있어서 가장 기초가 되는 교육의 장은 가정이다. 가정이 바로 개인의 평생교육에 결정적인 역할을 한다.

⑥ 평생교육체제에 있어서 지역사회도 역시 중요한 역할을 한다.

⑦ 평생교육체제에 있어서 학교나 대학 또는 여러 형태의 훈련기관도 중요하지만 이들은 각각 전체 평생교육기관의 하나로서 중요성을 가진다. 즉, 이제는 학교가 교육을 독점하는 기관이 될 수 없다는 것이다.

⑧ 평생교육은 교육의 수직적·횡적 측면에서 상호 연계성을 추구해야 한다.

⑨ 평생교육은 모든 발달 단계에서 수평적·심층적인 통합을 도모하려고 하는 것이다.

⑩ 평생교육은 엘리트를 위한 교육형태가 아니라 보편적이고 민주주의적인 것이다.

⑪ 평생교육은 학습내용, 방법, 학습시간의 융통성과 다양성을 최대한 보장한다.

⑫ 평생교육은 새로운 사회적 욕구에 즉각적으로 대응할 수 있는 역동적인 교육과정이다.

⑬ 평생교육은 학습자의 요구수준에 맞는 다양한 형태와 방법을 추구한다.

⑭ 평생교육은 교양교육과 직업교육으로 구성되어 있는데 두 가지 영역이 상호 보충적인 역할을 한다.

⑮ 평생교육은 개인과 사회의 적응기능과 혁신기능을 충족시킨다.

⑯ 평생교육은 기존의 교육적 결함들을 보완하는 교정적 기능을 수행한다.

⑰ 평생교육의 궁극적인 목표는 개인의 삶의 질을 향상시키는 데 있다.

⑱ 평생교육에는 기회, 동기, 교육 가능성이 중요한 전제조건이다.

⑲ 평생교육은 모든 형태의 교육을 포함하는 조직 원리다.

⑳ 평생교육은 모든 교육의 전체적 체계를 마련해 주는 실천적 단계다.

이상의 것을 종합하여 볼 때 평생교육은 인간의 삶의 질을 향상시키고 자아실현과 사회 발전을 위해 태교에서부터 유아기, 아동기, 청년기, 성년기, 노년기 그리고 삶을 마칠 때까지 지속적으로 학습할 수 있는 기회를 제공하는 학교와 학교 이외의 가정, 사회, 조직 등의 형식적 · 비형식적 · 무형식적 교육을 포함하는 것이라고 할 수 있다.

📖 제2절 평생교육의 실제

법률 제6003호로 제정된 「평생교육법」은 총 5장 32조로 총칙과 국가 및 지방자치단체의 의무, 평생교육사, 평생교육 시설 및 보칙으로 구성되어 있다.

2007년 개정된 「평생교육법」은 학교의 정규교육을 제외한다는 기본 전제 아래서 「평생교육법」 제2조 제1항에서 평생교육을 다음과 같이 정의하고 있다.

> "평생교육이란 학교의 정규교육과정을 제외한 학력 보완교육, 성인문자해독교육, 직업능력 향상교육, 인문 교양교육, 문화예술교육, 시민참여교육 등을 포함하는 모든 형태의 조직적인 교육활동을 말한다."

이러한 정의에 따라서 국가평생교육진흥원은 평생교육의 6대 영역을 학력보완교육, 기초문해교육, 직업능력교육, 인문교양교육, 문화예술교육, 시민참여교육으로 제시하고 있다.

〈표 10-1〉은 평생교육 프로그램을 「평생교육법」에 따라 여섯 개 대분류와 세 개의 중분류로 나누어 총 18개로 구분하여 설명하고 있다.

〈표 10-1〉 한국평생교육 프로그램 6진 분류표

6대 영역 대분류	중분류
기초문해교육	• 문자해독 프로그램 • 기초생활기술 프로그램 • 문해학습 계좌 프로그램
학력보완교육	• 초등학력 보완 프로그램 • 중등학력보완 프로그램 • 고등학력보완 프로그램
직업능력교육	• 직업준비 프로그램 • 자격인증 프로그램 • 현직 직무역량 프로그램
문화예술교육	• 레저생활스포츠 프로그램 • 생활문화예술 프로그램 • 문화예술 향상 프로그램
인문교양교육	• 건강심성 프로그램 • 생활소양 프로그램 • 인문학적 교양 프로그램
시민참여교육	• 시민책무성 프로그램 • 시민리더역량 프로그램 • 시민참여활동 프로그램

출처: 김진하 외(2009). 평생교육 프로그램 분류체계연구. 재정리.

① 기초문해교육

기초문해교육은 한글을 읽고 쓸 수 있도록 하는 문해능력은 물론 일상생활 속에서 경험하는 여러 가지 문제를 해결하며 주어진 과제를 수행할 수 있는 문해활용능력을 개발하고 초등학력을 인증 받을 수 있도록 지원하는 평생교육이다. 여기에는 문자해독 프로그램, 기초생활기술 프로그램, 문해학습 계좌 프로그램 등이 있다.

② 학력보완교육

학력보완교육은 「초·중등교육법」과 「고등교육법」에 따라 학력 인정을 받기 위해 필요한 이수단위 및 학점 취득과 관련된 평생교육을 의미한다. 중입, 고입, 대입 검정고시 강좌, 독학사 강좌, 학점은행제 강좌, 시간등록제 강좌 등으로 학력을 인정받는 것이다. 여기에는 초등학력 보완 프로그램, 중등학력보완 프로그램, 고등학력보완 프로그램 등이 있다.

③ 직업능력교육

직업능력교육은 직업준비 및 직무역량 개발을 위한 교육으로 직업생활에 필요한 자격과 조건을 체계적으로 준비하고 주어진 직무와 역할을 효과적으로 수행할 수 있도록 지원하는 평생교육이다. 여기에는 직업준비 프로그램, 자격인증 프로그램, 현직 직무역량 프로그램 등이 있다.

④ 문화예술교육

문화예술교육은 상상력과 창의력을 촉진하고 창작활동에 필요한 다양한 기능을 배울 수 있도록 지원하거나 일상생활 속에서 문화예술을 향유할 수 있는 능력을 개발하는 평생교육이다. 여기에는 레저생활스포츠 프로그램, 생활문화예술 프로그램, 문화예술 향상 프로그램 등이 있다.

⑤ 인문교양교육

인문교양교육은 인문교육과 교양교육을 결합한 용어다. 인문교육은 자유인을 위한 교육 또는 자유를 위한 교육으로 충분히 자유를 누릴 수 있는 능력을 키우는 교육을 의미한다. 교양교육은 사람으로 기른다는 의미로 최초의 교양교육은 그리스인들에 의해서 시작되었다. 그리스 시대의 시민들은 여가 시간을 선용하여 스스로 자기 삶의 질을 향상시키는 교양교육을 실천했다. 인문교양교육은 전문적인 능력보다는 전인적인 성품과 소양을 계발하고 배움 자체를 즐길 수 있는 신체적·정신적 건강을 겸비하는 것을 지원하는 평생교육을 의미한다. 여기에는 건강심성 프로그램, 생활소양 프로그램, 인문학적 교양 프로그램 등이 있다.

⑥ 시민참여교육

시민참여교육은 사회적 책무성과 공익성 활용을 목적으로 민주시민으로서 갖추어야 할 자질과 역량을 개발하며, 사회통합 및 공동체 형성과 관련된 시민들의 참여를 촉진하고 지원하는 평생교육이다. 여기에는 시민책무성 프로그램, 시민리더역량 프로그램, 시민참여활동 프로그램 등이 있다.

📖 제3절 평생교육 제도

우리나라 평생교육 전담기구인 국가평생교육진흥원에서는 국민들의 평생학습 기회를 확대하기 위해서 국가 수준의 평생교육 관련 정책의 집행과 평생교육 프로그램 개발, 평생교육사 양성, 학점은행제, 독학학위제, 평생학습계좌제, 평생학습도시 지정, 평생교육 중심 대학 지원 등의 사업을 시행하고 있다.

① 평생교육사

평생교육사는 「평생교육법 시행령」 제17조에 근거하여 국가가 평생교육의 진흥을 위하여 부여하는 평생교육 전문 자격이다. 평생교육사는 평생교육현장의 전반적인 업무를 담당하는 현장 전문가라고 할 수 있다. 평생교육사의 직무범위는 다음과 같다.

- 평생교육 프로그램의 요구분석, 개발, 운영, 평가, 컨설팅

- 학습자에 대한 학습정보 제공, 생애능력 개발, 상담 및 교수
- 그 밖에 평생교육 진흥 관련 사업계획 등

「평생교육법」에 따르면 인가, 등록, 신고된 시설, 법인 또는 단체는 평생교육사 1명 이상, 시·군·구 평생학습관은 정규 직원이 20명을 넘을 경우에는 2명 이상을 배치하도록 되어 있다. 평생교육사 국가 자격은 1, 2, 3급으로 구분되어 있다.

② 학점은행제

학점은행제는 「학점인정 등에 관한 법률」에 근거하여 학교뿐만 아니라 학교 밖에서 이루어지는 다양한 형태의 학습경험과 자격을 학점으로 인정하고 학점이 누적되어 일정한 기준을 충족시키면 대학 졸업장을 받을 수 있는 제도다. 학점은행제는 교육 공급자 중심이 아닌 학습자 중심의 학위취득제도로써 고등학교 졸업자와 이와 동등한 학력 소지자는 언제, 어디서나, 자신이 원하는 시기에 학습할 수 있는 제도다.

③ 독학학위제

독학학위제는 1990년에 제정된 「독학에 의한 학위취득에 관한 법률」에 근거하여 학습자들이 스스로 공부한 자기주도적 학습경험과 실적들을 국가시험으로 평가해 학사학위를 수여하는 제도다. 독학학위제도는 시간적, 경제적 사정 등으로 고등교육의 기회를 놓친 사람들에게 최소한의 비용으로 고등교육의 기회를 보장하고 평생학습사회를 실현하려는 취지로 도입되었고 1~4단계 시험에 합격하면 교육부 장관 명의의 학사학위를 수여하는 제도다.

④ 평생학습계좌제

평생학습계좌제는 「평생교육법」 제23조의 '국가는 국민의 평생교육을 촉진하고 인적 자원의 개발·관리를 위하여 학습계좌를 도입, 운영할 수 있도록 노력하여야 한다.'라는 규정에 근거하여 운영하고 있다.

평생학습계좌제는 국민 개개인의 다양한 학습경험을 학습계좌에 등록하여 체계적으로 학습을 설계하고 학습결과를 활용하여 학력이나 경력, 각종 자격의 인정은 물론 취업정보로 활용하는 제도다. 평생학습계좌제는 모든 국민들의 종합학습이력 관리체계라고 할 수 있다.

제4절 평생교육의 과제

1. 학습하는 사회 건설

우리 사회구성원 전체가 학습자가 되는 사회를 건설해야 한다. 우리는 요람에서 무덤까지 배워야 하는 존재임을 깨닫고 학습하는 사회를 건설하기 위한 범국민적 교육활동이 생활화되어야 한다. 즉, 우리 사회를 술 권하는 사회에서 책 권하는 사회로 만들어야 한다. 이를 위하여 기성세대부터 책을 가까이 하는 습관을 가져야 청소년들도 평생학습하는 사회 건설에 동참하게 될 것이다.

2. 소외계층에 대한 교육기회의 균등한 부여

여러 가지 사정으로 교육의 혜택을 받지 못한 소외계층에 대해서 평생교육의 기회가 확대되어야 한다. 특히, 사회경제적 이유나 신체적 결함 등으로 정규 학교교육의 기회를 놓친 사람들이나 중도 탈락한 사람들에게 교육의 기회를 주어야 한다. 왜냐하면 평생교육은 모든 인간을 대상으로 하며 삶의 질을 향상시키는 것이 궁극적인 목적이기 때문이다.

3. 재취업 · 창업교육의 강화

여러 가지 사정으로 직장을 그만두게 된 사람들에게 일정 기간 동안의 교육을 통해 새로운 직장에 재취업 · 창업할 수 있는 평생교육 프로그램이 강화되어야 한다. 특히, 최근 구조조정으로 인한 중년층의 실업자 문제는 심각한 수준이다. 형식적인 교육이 아니라 시간이 걸리더라도 실제로 재취업 · 창업하여 새로운 삶을 살아갈 수 있도록 돕는 교육이 이루어져야 한다. 이 문제는 정부 차원에서 적극적으로 추진해야 하며 중앙정부와 관련 기관 및 대학들이 긴밀한 협력체제를 유지하여 엄격하게 관리하고 교육하면 많은 효과가 있을 것으로 기대된다.

4. 노인 인구에 대한 교육 강화

우리 사회도 이미 고령화 사회로 접어들고 있다. 따라서 노인들이 은퇴 후의 삶을 보람 있게 보낼 수 있는 다양한 평생교육 프로그램이 개발되어야 한다. 정부는 노인들을 위한 실제적인 프로그램 개발에 적극적인 투자를 해야 하는데, 예를 들면 노인들이 실제로 필요로 하는 건강관리, 금전관리, 유산처리 방법 등이 그들의 일상생활에 적용할 수 있는 교육이다. 이러한 교육을 위해서는 정부와 노인 관련 단체 그리고 대학들이 공동으로 참여하는 노인들을 위한 평생교육 프로그램 개발 팀을 구성하여 운영해야 할 것이다. 이렇게 될 때 비로소 우리 사회도 진정한 의미의 복지국가로 진입하게 되는 것이다.

5. 다문화 가정을 위한 프로그램 개발

최근 우리 사회에서는 외국인 여성을 자신의 배우자로 맞아 결혼하는 국제결혼이 급증하고 있다. 주로 여성 결혼 이민자와 한국인 남성, 그들 사이에 태어난 2세들로 이루어진 다문화 가정의 출현은 우리 사회가 단일민족이라는 고정관념을 깨고 개방성과 다양성을 인정해야 할 필요성이 높아지게 되었음을 의미하게 되었다.

이 과정에서 결혼 이민자가 겪는 문화적 차이, 의사소통의 어려움, 가정폭력과 이혼, 경제적 불안정, 자녀교육 등에 대한 문제를 종합적으로 해결할 수 있는 방안을 중앙정부와 지자체 그리고 대학이 공동으로 마련해야 할 것이다.

6. 4차 산업혁명 시대의 평생교육 정책 개발

초융합, 초연결, 초지능을 특징으로 하는 4차 산업혁명 시대에는 혁명적인 변화와 패러다임의 대전환이 요구된다. 전통적인 교육의 한계를 뛰어넘어 비전통적, 비제도권의 교육을 아우르는 '요람에서 무덤까지' 전 생애 걸친 평생교육체제가 구축되어야 한다.

예를 들면, 성인친화형 평생교육 프로그램 개발을 위해 성인학습자 개인에 적합한 4차 산업혁명 유망직종 분야에 시간제 등록과 학사학위 취득과정을 개설하는 것이다. 또한 인공지능, 빅데이터, 로봇 등과 관련된 한국형 온라인 공개강좌(K-MOOC)의 활성화 방안도 적극적으로 검토되어야 한다.

요약 및 정리

- 평생교육은 급격히 변화하는 사회에 있어서 개인과 집단이 지속적으로 자기 갱신과 사회적 적응을 추구하게 하기 위한 것이며 학교의 사회화와 사회의 교육화를 이룩하려는 일종의 새로운 교육적 노력이라고 했다.
- 평생교육은 성인교육에만 한정되어 있는 것이 아니라 유아교육, 초등교육, 중등교육, 고등교육과 그 밖의 모든 단계의 교육을 통합하는 체계다. 즉, 평생교육은 교육을 하나의 전체 구조로 파악하는 개념이다.
- 평생교육의 해결해야 할 과제는 사회구성원 전체가 학습자가 되는 사회를 건설하는 것이며, 교육의 혜택을 받지 못한 소외계층과 정규 학교교육의 기회를 놓친 사람들에게 교육의 기회를 확대해 주어야 한다는 것이다. 또한 직장을 그만두게 된 사람들이 일정 기간 동안의 교육을 통해 새로운 직장에 재취업할 수 있도록 평생교육 프로그램을 강화해 나가야 한다.
- 평생교육기관들은 노인들이 은퇴한 후에도 자신의 삶을 보람 있게 보낼 수 있도록 다양한 교육 프로그램을 개발해 나가야 한다.

사고(思考)는 바로 우리의 경험 속에 들어 있는 지적 요소를 명백히 드러내는 것과 동일한 의미를 가진다. 사고는 우리로 하여금 목적을 머릿속에 그리며 행동할 수 있게 해 준다. 사고는 우리가 목적을 가지고 행동하는 데 반드시 갖추어야 할 조건이다.

J. 듀이, 『민주주의와 교육(*Democracy and Education*)』

제 **11**장

인성교육

탐구주제

▶ 인성교육이란 무엇이며 왜 필요한가?

▶ 인성교육의 내용과 목적은 무엇인가?

▶ 인성교육의 방법은 무엇인가?

📖 제1절 인성교육의 필요성

우리나라는 예로부터 타인을 공경하는 예절 바른 행동으로 '동방예의지국'이라는 찬사를 받아 왔다. 그러나 오늘날 정보화, 세계화, 개방화 등에 따른 사회구조의 급격한 변화와 가치관의 혼란으로 여러 가지 사회문제가 발생하고 있다. 각종 범죄, 약물과 알코올 중독, 이혼, 가출, 아동학대, 노인학대, 자살, 빈부격차, 집단 따돌림, 어린이 유괴, 가정 파괴, 청소년 성매매, 부모 및 불특정인의 살인과 방화, 공직자의 부정부패, 교실 붕괴, 환경오염, 그 밖에 물질주의와 집단이기주의의 확산으로 인한 많은 사회적 병리현상을 겪고 있다. 이러한 현상은 우리 사회가 얼마나 도덕적으로 타락하고 있는지 잘 보여 주고 있다.

이와 같은 여러 가지 사회적 병리현상은 교육현장에 있는 교사들뿐만 아니라 우리 사회구성원 모두가 심각한 사회적 위기로 인식하고 있으며, 어린 시절부터 실천 위주의 인성교육이 필요하다는 것을 절실히 느끼는 계기가 되고 있다.

여기서 우리는 그동안의 우리나라 교육이 지식 위주의 '시험선수' 양성을 위한 인지적 영역에 치중하여 이러한 결과를 초래한 것이 아닌지 반성해 볼 필요가 있다. 인간의 바람직한 가치관 형성, 신념, 태도, 인성에 대한 정의적 영역의 교육에는 무관심했던 것이 사실이기 때문이다.

인성교육의 필요성에 대하여 듀이는 "최상의 그러면서도 가장 심오한 도덕교육은 다른 사람과 적절한 인간관계를 갖는 것이다. 현 교육체제가 이러한 조화를 파괴하거나 등한시하는 한, 순수하면서도 정상적인 도덕교육의 역할을 하기는 어렵거나 불가능할 것이다."라고(Archambault, 1965에서 재인용) 했고 리코나(T. Lickona)는 "한 인간을 도덕이 아닌 머리로만 교육하는 것은 사회에 대하여 위험한 인물을 길러 내는 것과 다를 바 없다."고 했다.

즉, 인성교육의 부재나 실패는 위험한 인간, 위험한 공동체를 형성하는 지름길인 것이다. 우리는 자신뿐만 아니라 수많은 인간관계 속에서 이러한 위험성에 노출되어 있다. 소위 머리만 좋은 사람들은 자신이 가지고 있는 지식을 사적인 이익이나 부나 명예나 권력을 위하여 사용하고 공동체의 선을 위하여 사용하는 데에는 인색하다는 것이다.

따라서 영유아의 기본생활습관은 인성 형성과 사회성 발달에 중요한 역할을 하며 초 · 중등학교와 같은 상급 학교교육과 연계되어 어린이들이 건전한 민주 시민으로 성장하게 되는 것이다. 이 시기는 가정의 부모와 유치원의 교사가 유아 인성교육의 모델임을 인식하고 가정과 유치원에서 부모와 교사는 언행의 모범을 보여야 한다. 왜냐하면 인성교육의 최고 교수법은 도덕적으로 살아가는 모습을 보이는 것이기 때문이다.

인성교육의 필요성을 느끼는 경우는 각자가 처한 다양한 장소와 상황에 따라 다르겠지만 다음의 예를 들 수 있다.

- 지하철에서 노인이나 장애인 또는 임산부들이 서 있는데도 자리 양보는커녕 좌석에 앉아서 떠들거나 스마트폰에 빠져 있는 사람을 볼 때
- 운전 중 차창 밖으로 담배꽁초를 함부로 버리는 운전자를 볼 때
- 공원이나 등산로에 애완견의 배변봉투를 준비하지 않고 아무 데나 배변을 보게 하는 주인을 볼 때
- 공연 중에 옆 사람과 떠드는 사람을 볼 때
- 식당이나 매점에서 새치기하는 학생을 볼 때
- 공공장소에서 지나친 애정표현을 하는 사람을 볼 때
- 공공장소에서 큰 소리로 통화하는 사람을 볼 때
- 학과 행사 준비 때 도망가는 학생을 볼 때
- 공공주차장에서 정상인이 장애인 주차장에 주차할 때

- 무단 횡단하는 사람을 볼 때
- 기숙사 룸메이트의 공부를 방해하는 행동을 할 때
- 거짓말하는 친구를 볼 때
- 노인을 상대로 부당이익을 취하는 사람을 볼 때
- 유통기한이 지난 식품을 판매하는 사람을 볼 때
- 원산지 표시를 속이고 상품을 파는 사람을 볼 때
- 탈세하는 사람을 볼 때
- 의도적으로 병역 기피하는 사람을 볼 때
- 아동학대하는 사람을 볼 때
- 동물학대하는 사람을 볼 때
- 껌을 씹고 길에 버리는 사람을 볼 때
- 피서지에서 쓰레기를 함부로 버리는 사람을 볼 때
- 폐수를 무단방류하는 사건을 접했을 때
- 양보 없이 무조건 끼어들기하는 차량을 볼 때
- 사회적 약자에게 갑질하는 사람을 볼 때
- 쓰레기를 분리해서 버리지 않는 사람을 볼 때

1. 발달심리학적 측면

영유아기의 인성은 다양한 사회환경과의 상호작용에 의해서 형성된다. 특히, 영유아들이 성장하는 과정에서는 여러 가지 경험의 축적물이 쌓여 인성이 형성된다. 따라서 인성은 어린 시절에 어떤 경험을 하느냐에 따라 달라지고 개인의 삶의 방향과 도덕적 행동의 수준을 결정하게 된다. 그래서 영유아기 때에 보다 바람직한 도덕적 경험을 할 수 있도록 실천 위주의 인성교육이 필요한 것이다.

2. 개인적 측면

인간은 자기 스스로를 존중하고 타인을 존중할 때 행복감과 소속감을 느낄 수 있다. 어린 시절부터 유아들에게 타인의 입장을 고려하고 예절과 질서를 지키며 서로 더불어 살아가는 존재라는 것을 가르쳐 주어야 한다. 즉, 자기 감정을 조절하고 타인의 감정을 이해하여 원만한 대인관계를 유지해 나가는 경험을 유아들 수준에서 얻도록 해야 하는 것이다.

3. 사회국가적 측면

선진국이 될수록 국민은 자기 나라 고유의 정신적 가치를 소중히 여기고 자부심을 가지고 살아간다. 21세기의 주인공인 영유아들은 우리의 꿈이며 희망이고, 지식이 폭발적으로 증가하고 국경이 사라지는 시대에 살아가야 하는 영유아들은 더욱더 바른 인성의 소유자여야 한다. 세계화와 개방화가 될수록 우리 고유의 어른에 대한 예절과 공경정신은 우리의 공동체의식을 높여 줄 것이며, 따라서 영유아 시기의 인성교육을 강화하는 것은 국가경쟁력의 중요한 요소가 될 것이다.

📖 제2절 인성교육의 개념

인성이란 말은 추상적이고 포괄적인 의미를 가지고 있기 때문에 한마디로 정의하기 어렵다. 일반적으로 심리학과 철학 분야에서는 인성이란 말을 다소 다른 의미로 사용하고 있는데, 심리학적 관점에서는 인성이란 말이 가치중립어로서 '성격(personality)'을 의미하지만 철학적 입장에서는 가치어로 '인격(character)'과 같은 의미로 사용되고 있다.

여기에서는 심리학적 관점과 철학적 관점의 다양한 인성에 대한 개념을 살펴보겠다.

- 옥스퍼드 영어사전: 인성이란 동질적인 전체성에 비추어 개인이나 종족이 구별되는 도덕적·정신적 자질의 총체다.
- 존 로크: 인성이란 어떤 사람이 자신의 욕구와 기분을 억제하고 이성의 명령에 따르는 것이다.
- 아리스토텔레스: 인성이란 자신뿐만 아니라 다른 사람과의 관계에서 바르고 옳은 행동을 하며 살아가는 것이다.
- 노박(M. Novak): 인성이란 종교적 전통과 문학 속의 이야기와 역사 속의 현인과 상식을 가진 사람들이 확인해 준 모든 미덕들의 혼합물이다.
- 우영효(2003): 인성이란 부끄러움을 깨닫고 고마움을 알고 실천하는 것이다.
- 리코나: 인성이란 도덕적으로 선을 인식하고 선을 바라며 선을 행하는 것이다.
- 올포트(F. H. Allport): 인성이란 환경에 대한 개인의 독특한 적응을 결정하는 정신적·물질적 모든 체계의 역동적 조직이다.
- 파빈(Parvin): 인성이란 다양한 상황에 대하여 사람들이 독특하게 반응하는 구조적이며 역동적인 특징을 말한다.
- 남궁달화(1999): 인성이란 사람의 성품을 나타내는 말로서 사람다운 사람이 가지는 품격이다.
- 한국교육학회(1998): 인성교육이란 기존의 인지적으로 편중된 교육 상황에서는 별로 다루지 않는 정의적 측면 및 인간의 본성과 관련한 것으로, 학습자로 하여금 건강하고 전인적인 민주 시민으로 성장하고 생태적인 본성을 실현함으로써 보다 풍부하고 자유로운 삶을 살 수 있도록 하기 위한 교육적 경험을 제공해 주는 것이다.

「인성교육진흥법」(2015)은 '인성교육'이란 자신의 내면을 바르고 건전하게 가꾸고 타인·공동체·자연과 더불어 살아가는 데 필요한 인간다운 성품과 역량을 기르는 것을 목적으로 하는 교육을 말한다.

이상에서 살펴본 바와 같이 인성이라는 개념은 학자에 따라 다양하게 정의되고 있지만 일반적으로 인성교육은 인간성을 기르는 교육 또는 인격을 함양하는 교육으로서 인간다운 성품을 기르는 교육이라 할 수 있다. 인성교육이나 인간교육, 가치교육, 도덕교육은 모두 인간다운 인간을 기르는 교육을 포함하는 개념이라고 할 수 있다. 따라서 인성교육은 유아기 때부터 가정과 교육기관 그리고 사회가 연계하여 수행할 때 더욱 효과적이라고 할 수 있다.

📖 제3절 인성교육의 내용

인성교육이 인간성을 기르고 인격을 함양하여 사람다운 사람을 키워 내는 것이라면 인성교육에 어떤 내용이 포함되어야 하느냐가 중요한 과제일 것이다. 즉, 어떤 내용을 학생들에게 가르쳐야 인간다운 인간을 길러 낼 수 있고 공동선을 추구하면서 살아갈 수 있을까?

뒤르켐(Durkheim)은 사회가 아무리 변하더라도 언제, 어디서나 그리고 누구에게나 요구되는 인성교육의 내용을 세 가지로 구분했다.

① 규율 정신
② 사회 집단에 대한 애착
③ 자율성

또한, 레스트(Rest)는 다음과 같이 말했다(남궁달화, 1999).

① 상황에 대한 해석
② 도덕적 사고
③ 도덕적 결정
④ 도덕적 행동

그리고 윌슨(Wilson, 1970)은 인성교육의 내용을 다음과 같이 네 가지 영역으로 주장했다.

① 다른 사람을 나와 동등하게 생각하기
② 다른 사람들의 정서감정을 이해하기
③ 사실적 지식과 사회적 기술을 습득하기
④ 도덕적 문제를 인식하고 사고하고 판단하여 행동하기

한국교육학회(1998)는 인성교육을 전인적인 인간교육의 필수적인 과정으로 인식함으로써, 인성교육이 다루어야 할 구체적 내용을 다음과 같이 정리하고 있다.

① 자신의 본성이나 본질에 대한 정확한 탐색과 인식
② 자기 이해
③ 자기 수용
④ 자기 개방
⑤ 인간관계
⑥ 도덕성 함양
⑦ 가치관 확립
⑧ 사회성 함양

이러한 내용들은 결국 자기를 바로 알기, 바르고 좋은 자기가 되기, 다른 이들과 잘 더불어 살기, 즉 자기 인식, 도덕성 실현, 사회성 함양으로 요약될 수 있다.

「인성교육진흥법」(2015)에서는 인성교육의 내용을 다음과 같이 제시하고 있다.

① 예(禮)
② 효(孝)
③ 정직
④ 책임
⑤ 존중
⑥ 배려
⑦ 소통
⑧ 협동

📖 제4절 인성교육의 목적

인성교육은 궁극적으로 인간다운 인간을 기르고 가르치는 일을 목적으로 삼을 수밖에 없다. 이상노(1982)는 인성교육의 목적을 다음과 같이 제시했다.

① 인성교육은 인성의 제반 특성을 조화롭게 발달시킨다.
② 사회성, 지도성 그리고 추종성 등을 신장시켜 원활한 인간관계를 가질 수 있게 도와준다.
③ 건설적이고 발전적인 가치관의 형성을 돕는다.

④ 개성을 신장시키고 적성에 맞는 활동을 통하여 자기실현의 욕구를 충족하도록 돕는다.

⑤ 긍정적인 자아개념을 통하여 항상 능동적이고 적극적이며 충족하는 자세를 가지게 한다.

⑥ 욕구 불만의 해소와 좌절에 대한 내성을 배양하여 정신건강의 강화를 돕는다.

한국교육학회(1998)는 인성교육의 목적을 다음과 같이 정리하였다.

① 무엇보다도 자기 자신을 바르고 정확하게 이해하도록 하는 일이다. 자기 자신을 올바르게 이해하는 사람은 가장 합리적이고 현실적인 행동을 선택하고 실행할 수 있기 때문이다.

② 자기 자신을 존중하고 수용하게 하는 일이다. 이는 이기적인 품성과는 전혀 다른 성질의 것이다. 자기 존중이 없으면 자기를 비하하거나 학대하게 되고 반사회적인 행동을 나타내기도 한다.

③ 자기 자신의 일시적인 감정이나 행동을 통제하고 조절할 수 있는 능력을 함양시키는 일이다. 바람직한 인성의 소유자는 자신의 본능적인 행동이나 감정을 생산적이고 창조적인 방식으로 승화시켜 표현할 줄 안다.

④ 올바른 현실 감각을 길러 주는 일이다. 이상이나 기대를 지나치게 앞세운 나머지 현실을 무시하고 행동하는 것은 타인과의 원만한 인간관계를 방해하나 자신의 환경을 정확히 이해하는 현실에 기초한 사고는 건전한 인성의 필수적인 요소가 된다.

⑤ 자기 자신뿐만 아니라 타인에 대한 공감적 이해와 존중의 자세를 함양하는 일이다. 공감이란 타인의 감정을 공유하는 것으로 상대방의 입장을 이해하면서도 결코 자신을 잃지 않는 것을 말한다.

「인성교육진흥법」(2015)은 인성교육의 목적을 「대한민국헌법」에 따른 인간으로서의 존엄과 가치를 보장하고 「교육기본법」에 따른 교육이념을 바탕으로 건전하고 올바른 인성을 갖춘 국민을 육성하여 국가사회의 발전에 이바지함을 목적으로 한다.

이와 같이 인성교육의 목적은 우리 공동체 안에서 인간다운 인간, 인간다움의 향기를 가진 인간을 길러 내는 데 있다. 즉, 인간다운 인간은 결국 부드럽고 따스한 감성을 지니고 부끄러워하며, 고마워하고, 너그러운 성품의 바탕 위에서 마음 안의 세계이든 마음 밖의 사실이든 하나하나 차분히 따져서 진리에 이르고자 하며, 가능한 한 아름다운 생각과 말 그리고 행위를 하고, 나아가 전체 속에 자기가 있고 자기 속에 전체가 있음을 확연히 보고 깨닫는 사람이다. 인성교육의 목적은 위에서 설명한 사람들을 보다 많이 존재하게 하는 데 있다.

📖 제5절 인성교육의 방법

그렇다면 어떻게 인성교육을 행할 것인가? 우선, 우리가 지적할 수 있는 것은 모방이다. 모방이라는 것은 높은 인격을 실현한 사람의 모습을 닮아 가는 일이다. 그 인간다운 인간이 지금 우리 곁에 살아 있으며 우리가 직접 만나고 볼 수 있는 부모나 이웃의 어른, 나라의 지도자, 학교의 스승이라면 더욱 좋은 일이다. 만약 그렇지 못하다면 부모나 스승, 우리 사회의 어른들이 우리의 역사와 다른 나라의 역사 속에서 살다 간 위인들의 자서전이나 전기(autobiography)를 책이나 비디오와 같은 영상매체를 통하여 인성교육의 대상자에게 보게 하고 읽게 하여 스스로 그 분들을 닮아 가도록 여건을 마련하고 도와주는 일이 필요하다.

그다음에는 가정이나 교실 안에서 지도자나 교사가 인성교육의 모범으로서 표현되는 삶의 개념과 이론을 교육 대상자들에게 이해시키고 그들로 하여금 인간다운 인간이 누구이며 무엇이 인간다운 인간을 만드는가에 대하며 스스로 판단하게 하며, 서로 토론하게 하고 그것을 자기 삶을 통하여 실천하도록 돕는 일이다. 이것은 유치원, 초등학교, 중학교, 고등학교, 대학교 등의 교실에서 수행되어야 할 것이다.

클라스마이어(Klasmeier)는 인성교육의 방법을 다음과 같이 제시하고 있다.

① 교사 개인의 느낌과 가치를 표현한다.
② 정서적으로 안정된 환경을 제공해야 한다.
③ 자기 이해와 자기 수용을 촉진시킨다.
④ 현실적인 목표를 수립하도록 돕는다.
⑤ 갈등 사태를 해소할 수 있는 합리적인 방법을 제공해 준다.
⑥ 인성의 문제를 자신이 해결하고 또 그 해결을 확인할 수 있는 적절한 상황을 마련해 준다.

즉, 인성교육은 이론적인 것이 아니라 실천 위주의 방법을 모색해야 한다는 것이다. 이와 같이 인성교육의 방법은 다양하지만 스토리텔링, 학생 스스로가 교실에서 지켜야 할 규칙 정하기, 봉사활동 그리고 오늘의 명언을 각각 활용하는 모형으로 나눌 수 있다.

1. 스토리텔링

교수−학습방법으로서의 스토리텔링(storytelling)은 인간이 의사소통 수단으로서 언어에 의존하는 한, 가장 자연스럽고 보편적인 방법인 것이다. 스토리텔링의 소재를 살펴보면 긍정적 사례와 부정적 사례가 있으며 스토리텔링의 주체 면에서 보면 학생주도와 교사주도 그리고 이것의 조합 형태로 실시되고 있다. 워커(Walker)는 도덕적으로 훌륭한 실제 인물을 활용하는 것이 인성교육에 훨씬 효과적이라고 주장했는데 그는 이 접근방법을 모범인물 제시법이라고 했다(김태훈 역, 2008).

또한 구체적 교수–학습 원리에는 개인의 도덕적 경험 이야기하기, 전통적인 도덕적 소재 이야기하기, 도덕적 대화, 유도된 참여로서의 이야기하기 등 다양하게 활용되고 있다.

이와 같은 스토리텔링은 학생들에게 상상력을 불러일으키고 가슴을 울리게 한다. 이것이 바로 학생들의 인격의 정서적인 측면에 관여하고 발달시키는 자연스러운 방법이 되는 것이다.

스토리텔링의 인성교육 방법 모형을 [그림 11–1]과 같이 제시할 수 있다.

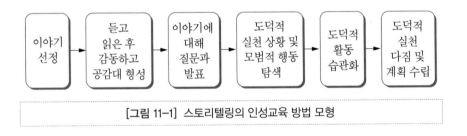

[그림 11–1] 스토리텔링의 인성교육 방법 모형

2. 학생 스스로가 교실에서 지켜야 할 규칙 정하기

학생들이 좋은 교실 규율을 위해 필요한 책임을 공유하도록 만드는 첫 번째 방법은 바로 협동적인 규칙 제정이다. 교사와 학생들이 함께 규칙을 정할 때 그것은 학생들의 도덕 공동체 발전에 있어 최초의 협력과 상호 존중 행위가 되는 것이다.

피아제도 "외부에 의해서 강제적으로 만들어진 규칙은 아이들의 정신에 외재적인 것이다. 상호 존중과 협력에 의한 규칙은 아이들의 마음 내부에 뿌리를 내리게 된다."고 했다(Piaget, 1965).

이러한 아이들의 학급 규칙 정하기는 다음과 같은 이로운 점을 가져다준다.

① 학급의 아이들에게 교실 공동체의 선에 기여하는 규칙들을 함께 정해 가는 협조체제를 형성하도록 해 준다.

② 아이들에게 교실의 규칙들이 바로 내가 정한 것이라는 소유의식을 갖게 하고, 그러한 규칙들을 따르고자 하는 도덕적 의무감을 촉진시켜 준다.

③ 아동들을 도덕적 사고가로 간주하여, 아이들이 보다 나은 도덕적 추론을 할 수 있도록 돕는 일에 시간을 투자하는 일이다.

④ 아이들로 하여금 규칙들의 이면에 있는 가치들을 파악하고, 교실을 넘어서서 책임감 있는 규칙 준수를 일반화할 수 있도록 도와준다.

⑤ 아이들로 하여금 규칙에 대하여 비판적으로 생각해 보고, 좋은 규칙 그 자체를 정할 수 있는 능력을 발달시켜 준다.

⑥ 외적 통제보다는 내적 통제를 강조하고, 규칙과 법에 대한 자발적 순응을 조장해 준다.

따라서 학생 스스로가 교실에서 지켜야 할 규칙 정하기의 인성교육 방법 모형을 [그림 11-2]와 같이 제시할 수 있다.

[그림 11-2] 학생 스스로가 교실에서 지켜야 할 규칙 정하기의 인성교육 방법 모형

3. 봉사활동

책임감을 길러 주기 위해서 책임을 지우는 것이 아이들에게 필요하듯이 보살핌을 배우기 위해서는 보살피는 행동을 하게 하는 것이 필요하다. 단순하게 보살피는 것이 무엇인가에 대해서 배우는 것은 학생의 도덕적 지식을 높일 수는 있지만 그 지식이 곧 그 가치에 대한 학생의 헌신, 자신감 혹은 효과적으로 남을 도울 때 필요한 기능을 계발시켜 주는 것은 아니다. 다른 도덕적 특성들의 경우도 마찬가지겠지만 보살핌을 개발하기 위해서는 인성의 세 측면, 즉 인지, 감정, 행동 모두를 계발시키는 실행을 통한 학습이 요구되는 것이다. 특별히 타인에 대한 봉사가 도덕적 · 개인적 의미에 대한 반성적 사고와 결합할 때 공동체 봉사 프로그램은 도덕적 성장의 강력한 유인자라고 하는 연구결과들이 있다(Yates & Youniss, 1997).

학생들이 실천할 수 있는 봉사활동의 예를 들면, 도서관, 공원, 병원, 시청, 저소득계층 아이들의 숙제지도, 유치원, 어린이집, 사회단체 혹은 장애아와 지체아 교육 프로그램의 자원봉사, 다문화 가정과 독거노인 등을 보살피는 봉사활동 등도 추천할 만하다. 이런 다양한 봉사활동을 통하여 학생들은 우리 사회의 공동선에 이바지하는 방법들을 배우게 되는 것이다.

이러한 봉사활동을 통한 인성교육 방법 모형을 [그림 11-3]과 같이 제시할 수 있다.

[그림 11-3] 봉사활동을 통한 인성교육 방법 모형

4. 오늘의 명언

동서양의 위대한 저서들 속에 나오는 위인들과 철학자 그리고 교육학자들의 명언들과 성경, 불교서적 등 다양한 종교의 가르침 속에 나오는 위대한 대화들을 학생들에게 기록하고 음미하도록 하는 것이다. 학교 수업시간에 교사가 교과서 내용과 관계되는 명언이나 그해, 그 달, 그 시간에 맞는 명언들 그리고 우리 사회의 정치, 경제, 사회, 문화, 교육 등에서 일어나는 사건들과 관련된 명언들을 분석하여 칠판에 적으면서 교육적 의미는 물론 인생의 의미를 설명해 주는 방법이다. 명언을 통한 인성교육의 방법에 대해서 허시(Hirsch, 1988)는 "모든 미국인이 알아야 할 명언과 격언들이 존재한다."고 했다. 즉, 교사들은 그들의 학생들에게 명언과 격언의 개인적 의미를 부여하고 동기화하여 도덕적 실천의지를 가지고 살아가도록 격려해야 한다는 것이다.

이를 통해 학생들은 명언이 주는 교육적 시사점이나 인생에 주는 의미를 재해석하고 음미하여 자기 인생의 좌우명으로 삼고 실천하면서 살아가게 되는 것이다. 학생들은 그날의 명언을 노트에 적고 음미할 수 있는 시간을 갖는다. 저학년일 경우는 명언의 의미에 걸맞은 그림을 그리게 하고 고학년일 경우는 자기 생활과 관련해 명언의 의미와 의의에 대해서 글을 쓰도록 하면 인성교육의 효과가 훨씬 높아지게 될 것이다.

오늘의 명언의 예를 들면 다음과 같다.

오늘의 명언

1. 사랑으로 공격하면 이길 것이오, 사랑으로 방어하면 지지 않을 것이다.   -도덕경-
2. 모든 행동의 근본은 참는 것이 그 으뜸이 되느니라.   -공자-
3. 아들이 효도하면 두 어버이가 즐겁고 집안이 화목하면 만사가 이루어진다.

    -명심보감-
4. 죽고 사는 것이 혀끝에 달렸으니 혀를 잘 놀려야 잘 먹을 수 있다.   -성경-
5. 도덕을 지키며 살아가는 사람은 한때 쓸쓸하고 외로우나 권세에 빌붙어 아부하는 사
    람은 영원히 불쌍하고 처량하다.   -채근담-
6. 아버지는 아들의 덕을 말하지 않으며 아들은 아버지의 허물을 말하지 아니한다.

    -명심보감-
7. 네가 실패했을 때 고통을 함께 나눌 사람과 가까이 지내지 마라.   -성경-
8. 달팽이 뿔 끄트머리만한 세상에서 서로 잘났다고 겨룬들 그 세상이 얼마나 되겠는가?

    -채근담-
9. 착한 사람과 함께 있다면 마치 난초가 있는 방에 든 것 같다.   -명심보감-
10. 배부를 때에는 배고플 때를 생각하고 돈이 많을 때는 가난한 궁핍을 생각하라.

    -성경-

이러한 명언을 통한 인성교육 방법 모형을 [그림 11-4]와 같이 제시할 수 있다.

[그림 11-4] 명언을 통한 인성교육 방법 모형

5. 서로를 알 수 있도록 도와주기

학생들이 서로를 알 수 있도록 도와주는 것은 도덕 공동체를 만드는 데 있어서 교사가 첫 번째로 해야 할 일이다. 왜냐하면 서로에 대해서 무엇인가를 알게 될 때 상대방을 소중히 여기고 애정을 느끼기 때문이다. 유대감을 형성하는 일은 교실 내에서 친밀감을 형성하기에 가장 중요한 시기인 새 학년 새 학기의 첫날부터 시작하는 것이 효과적이다.

유대감을 형성하는 방법 가운데 가장 손쉬운 한 가지 방법은 학생들로 하여금 두 사람 혹은 그 이상씩 짝을 이루어 함께 활동할 수 있게 하는 것이다. 예를 들면, 다음과 같은 질문지를 상호 교환하고 서로를 알 수 있는 기회를 주는 것이다.

<나의 짝꿍>

이름: 이름:

우리가 서로 비슷한 점	우리가 서로 다른 점
1. 형제자매는 있는가?	6. 가장 좋아하는 과목은?
2. 가장 좋아하는 음식은?	7. 학교 등교 방법은?
3. 가장 좋아하는 색깔은?	8. 취미와 특기는?
4. 가장 좋아하는 가수는?	9. 장래 희망은?
5. 가장 좋아하는 TV프로그램은?	10. 종교는?

앞의 질문지를 통해서 서로를 알 수 있도록 도와주기의 교수–학습 모형 과정을 다음과 같이 제시할 수 있다.

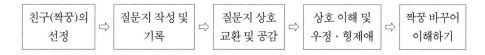

친구(짝꿍)의 선정 ⇨ 질문지 작성 및 기록 ⇨ 질문지 상호 교환 및 공감 ⇨ 상호 이해 및 우정 · 형제애 ⇨ 짝꿍 바꾸어 이해하기

6. 역할놀이

역할놀이는 모든 나이의 학생들이 유쾌하게 참여해 볼 수 있는 것이며, 특히 입장 채택의 능력을 함양하는 데 유익한 활동이다. 우리가 도덕적인 상황에서 어떤 역할을 수행해야만 할 때 우리는 직접 그 상황에 관계된 다른 사람의 관점에서 실제로 그 사람이 생각하는 바를 생각하고 그 사람이 느끼는 바를 느끼게 된다.

역할놀이는 학급 전체의 학생들이 서로 어떤 문제 상황에 대해 토론하고 주어진 상황 속의 인물들이 다음에 어떤 행동을 할 것인가를 시행해 보며, 이 같은 행동 과정과 결과에 대해서 평가해 보고 주어진 문제 상황에 대해 해결책을 제시한다. 이러한 과정을 통해 학생들은 일의 결과가 자신의 행동뿐만 아니라 자신이 어떻게 할 도리가 없는 타인의 의견이나 행동에 의해서 영향을 받는다는 것을 깨닫게 된다. 역할놀이는 학생들이 반성적인 의사결정을 통해서 발달된 해결책을 실행하는 데 필요한 구체적인 행동들을 실행하도록 도와준다.

학교에서 아이들이 갈등을 일으키는 실제 상황 열 가지를 써보도록 하고 이 목록을 분석하여 학생들이 직접 역할놀이를 통해 갈등을 해결해 보도록 하는 것도 좋은 방법이 될 것이다.

이러한 역할놀이를 통한 교수—학습 모형 과정을 다음과 같이 제시할 수 있다.

역할놀이 상황의 설정 및 준비 ⇨ 역할놀이 참가자 선정 및 역할 배분 ⇨ 역할놀이 시연 ⇨ 자신과 상대방 감정의 이해 ⇨ 타인의 입장에서 실천

요약 및 정리

- 오늘날 세계화, 정보화, 개방화 등에 따른 급격한 사회구조의 변화와 가치관의 혼란으로 여러 가지 사회 병리현상이 나타남에 따라 인성교육의 필요성이 더욱 강조되고 있다.

- 리코나는 미국의 저명한 도덕교육학자로 특히 존중과 책임에 대해서 관심을 가지고 연구하고 있으며, 인성교육의 필요성에 대하여 "한 인간을 도덕이 아닌 머리로만 교육하는 것은 사회에 대하여 위험한 인물을 길러 내는 것과 다를 바 없다."라고 했다.

- 인성교육의 개념은 일반적으로 인간성을 기르는 교육 또는 인격을 함양하는 교육으로서 인간다운 성품을 기르는 교육이라고 할 수 있다. 따라서 인성교육은 유아기 때부터 가정과 교육기관 그리고 사회가 연계하여 수행할 때 더욱 효과적이라고 할 수 있다.

- 인성교육의 내용에는 자신의 본성이나 본질에 대해서 정확하게 인식함은 물론 자기 자신을 이해하고 수용 또는 개방하여 원만한 대인관계를 형성하는 것이 포함될 수 있다.

- 인성교육의 목적은 자기를 이해하고 존중하며 자신의 감정을 통제하고 조정하는 능력은 물론 타인에 대한 공감적 이해와 존중의 자세를 함양하는 것이다.

- 인성교육의 방법은 스토리텔링, 학생 스스로가 교실에서 지켜야 할 규정 정하기, 봉사활동 그리고 오늘의 명언을 각각 활용하는 모형으로 나눌 수 있다. 인성교육의 방법 중 가장 좋은 것은 실천하는 모델을 보고 모방하며 닮아 가는 것이다.

교육받은 사람의 지식은 어떤 사고(思考)의 형식 안에 들어와 있다는 데서 당연히 따라오는 그러한 헌신(獻身)을 내포하고 있어야 한다. 과학적으로 사고하는 것이 어떤 것인가를 참으로 아는 사람이 되기 위해서는 가정을 뒷받침하는 증거가 있어야 한다는 것을 알 뿐만 아니라 어떤 것이 올바른 증거가 되는가를 알아야 하고 또 그 증거를 찾는 일이 중요한 일이라는 것을 믿어야 한다.

R. S. 피터스, 『윤리학과 교육(Ethics and Education)』

제 **12**장

교사론

탐구주제

▶ 교사가 중요한 까닭은 무엇인가?

▶ 교직은 과연 전문직인가?

▶ 교사의 역할과 자질은 무엇인가?

▶ 이상적 교사란 어떤 사람인가?

▶ 교사가 지켜야 할 교원 윤리는 무엇인가?

📚 제1절 교사의 중요성

　유치원, 초등학교, 중·고등학교와 같은 교육기관의 평가기준은 화려한 건물이나 최신의 교육기자재가 아니다. 각 교육기관에서 얼마나 우수한 교사를 확보하고 있는가에 따라서 교육의 질이 달라진다. 즉, 교육의 질은 교사의 질 이상도 이하도 아니라는 말이다. 한 국가의 교육수준을 판단하는 기준도 마찬가지다. 교사들이 사명감을 가지고 한평생 연구하는 자세로 학생들에게 헌신하는 모습을 보여야 국가의 교육수준이 높게 평가되는 것이다.

　오늘날 컴퓨터를 활용하는 교육환경이 아무리 급속하게 변화해도 교육의 핵심은 교사다. 교사의 역할은 학생들에게 기술, 정보, 지식만 기계적으로 전달하는 것이 아니다. 한 인간의 전인교육을 책임지고 있는 것이 교사이기 때문에 더욱더 교사의 중요성을 실감하게 되는 것이다. 아동과 학생이 학교 시절에 어떠한 유형의 교사를 만나느냐에 따라서 한 인간의 삶이 전적으로 달라진 예를 많이 볼 수 있다. 따라서 교사는 아동과 학생들이 모든 영역에서 거울과 같은 존재임을 명심해야 한다.

　피히테(J. G. Fichte)는 독일이 프랑스에 패배한 원인을 개인들이 이기주의와 개인주의에 빠졌고 최소한 지켜야 할 개인적·사회적 도덕성마저 무시했기 때문이라고 하면서 조국을 근본적으로 중흥시키는 길은 오직 교육의 개혁에 있다고 보았다. 즉, 피히테는 '독일 국민에게 고함'이라는 강연에서 조국의 운명은 교사들의 총명과 정열과 실천에 달렸다고 강조했다. 오천석(1969)도 교사를 민족을 중흥시키는 핵심 요소로 생각하고 다음과 같이 말했다.

　새 시대의 교육자는 사회개조의 좋은 일꾼이 되어야 한다고 생각한다. 이미 만들어진 사회에 만족하여 그를 옹호하고 그 유지를 위하여 일하는 사람이 아니라 보다 나은 사회의 건설을 위하여 앞장서는 사람이 되어야 한다고 믿는다. 교사가 과거의 문화를 전수하는 것도 그를 유지하기 위해서가 아니라 그를 토대로 하여 새로운 전진을 기약하여서가 아니면 안 된다(오천석, 1969).

이와 같이 어느 국가이든지 교사들이 그 국가 발전의 원동력이며 어떠한 자원보다도 중요하고 으뜸가는 자원임을 인식해야 한다.

여기서 교사의 중요성을 인식하고 그들의 위대함을 노래한 미국의 청교도 시인 헨리 반 다이크(H. V. Dyke)의 '무명 교사에게'라는 교사 예찬사를 소개하면 다음과 같다.

나는 무명 교사를 예찬하는 노래를 부르노라. 전투에서 이기는 것은 위대한 장군이로되, 전쟁에 승리를 가져오는 것은 무명의 병사로다. 새로운 교육제도를 만드는 것은 이름 높은 교육자로되, 젊은이를 올바르게 이끄는 것은 무명의 교사로다. 그가 사는 곳은 어두운 그늘, 역경을 당하되 달게 받도다. 그를 위하여 부는 나팔 없고, 그를 태우고자 기다리는 황금마차 없으며, 금빛 찬란한 훈장이 그 가슴을 장식하지 않도다. 묵묵히 어둠의 전선을 지키며 그 무지와 우매의 참호를 향하여 돌진하는 그이거니, 날마다 쉴 줄도 모르고 젊은이의 적인 악의 세력을 정복하고자 싸우며, 잠자고 있는 영혼을 일깨우도다. 게으른 자에게 생기를 불어넣어 주고, 하고자 하는 자를 고무하며 방황하는 자에게 안정을 주도다. 그는 스스로 학문하는 즐거움을 젊은이에게 전해 주며, 지극히 값진 정신적 보물을 젊은이들과 더불어 나누도다. 그가 켜는 수많은 촛불, 그 빛은 후일 그에게 되돌아와 그를 기쁘게 하나니, 이것이야말로 그가 받는 보상이로다. 지식은 책에서 배울 수 있으나 지식을 사랑하는 마음은 오직 따뜻한 인간적 접촉으로써만 얻을 수 있는 것이로다. 공화국을 두루 살피되 무명의 교사보다 예찬을 받아 마땅할 사람이 어디 있으랴. 민주사회의 귀족적 반열에 오른 자 그 밖에 누구일 것인고. '자신의 임금이요, 인류의 종복(從僕)인저!'(Scharp, 1957: iii).

반 다이크는 무명의 교사를 예찬하면서 교사를 전쟁에 참여하는 무명용사에, 유명한 교육학자는 장군에 비유하고 있다. 예를 들면, 역사 속에서 전쟁을 승리로 이끈 위대한 장군의 이름은 기억하지만 그 전쟁에 직접 참여하여 목숨을 잃은 무명의 병사들은 기억하지 않는다는 것이다. 즉, 전쟁을 승리로 이끈 장군에게 모든 영광이 돌아간다는 것이다. 그럼에도 불구하고 무명의 교사들은 젊은이들이 도덕적으로 타락하지 않도록 격려하고 용기를 주며 제자들의 앞날을 위해서 헌신하고 봉사하는 고귀한 삶을 살아가고 있다는 것이다. 반 다이크는 그 누구도 무명의 교사보다 국가에서 더 높이 칭송받아야 할 사람은 없다고 말하면서 교사들의 손에 국가의 운명이 달려 있다는 것을 강조하고 있는 것이다.

📖 제2절 교직관

교직을 바라보는 관점은 사회 문화적 환경과 시대적 흐름에 따라 변화되는 과정을 거치면서 형성되어 왔다. 대표적인 교직관은 성직관과 전문직관 그리고 노동직관과 공직관이다.

1. 성직관

성직관(聖職觀)은 전통적인 교직관으로 성직자가 교사였다는 서양교육사에 근거를 두고 있는 것이다. 즉, 교직을 종교적인 관점으로 접근하여 특별한 소명의식을 가진 사람들이 종사하는 직업으로 보는 것이다.

예를 들면, 교사는 목사나 신부 또는 스님들과 같이 인간의 육체보다도 정신과 영혼을 인도하기 때문에 세속적인 직업과는 다른 자세로 교직에 종사해야 한다는 것을 강조하는 것이다. 성직관의 교육활동은 높은 정신적 봉사활동으로 생각하기 때문에 세속적인 돈, 명예, 권력 등과는 거리가 멀다는 직업의식이라고 할 수 있다. 최근 우리 교직사회에서 일어나고 있는 일부 교사와 학생 사이의 불미스러운 사건들을 보면서 교육의 본질인 스승과 제자 간의 인격적 만남을 강조하는 성직관을 다시 음미해 볼 필요가 있다고 생각한다.

2. 전문직관

전문직관(專門職觀)은 교사라는 직업을 단순한 노동직으로 보지 않고, 지적이고 정신적인 활동을 통하여 자율과 봉사를 행하고 고도의 윤리성을 갖춘 특수한 직종으로 보는 것이다. 따라서 전문직으로서의 교직은 교사의 자질함양은 물론 사회경제적인 지위와 권위 회복을 위하여 교직단체를 적극적으로 구성할 것을 강조한다.

리버만(Liberman, 1960)은 교직을 전문직으로 분류하고 전문직의 조건을 다음과 같이 제시하고 있다.

① 유일하고 독특한 사회봉사적 책임의 기능
② 직무수행에 있어서 고도의 지적 기술 필요
③ 직무수행을 하기 위한 장기간의 준비교육 필요
④ 개인적 · 집단적 광범위한 자율권의 행사
⑤ 자율권의 범위 안에서 행사한 행동과 판단에 대해 구성원의 광범위한

　　책임을 물음

⑥ 자치조직을 둠

⑦ 경제적 보수는 사회봉사보다 우선되지 않음

⑧ 자체의 직능수행을 위한 직업윤리를 둠

　이상의 기준에서 볼 때 전문직은 고도의 지적 능력이 필요하며 장기간의 준비교육은 물론 계속적인 연구가 요청된다. 그리고 자율성의 보장과 단체 조직활동을 통한 투철한 봉사정신이 필수적이다.

3. 노동직관

　노동직관(勞動職觀)은 교사도 일종의 정신적 노동을 주로 하는 노동자이기 때문에 본질적으로 다른 직업과 차이가 없다고 보는 교직관이라고 할 수 있다.

　교사도 노동의 대가로 보수를 받고 각종 처우개선과 근무환경을 개선하기 위해서 노동삼권을 행사할 필요가 있으며, 집단행동을 통해서 정부나 경영자와 투쟁해야 한다고 보는 것이다.

　즉, 노동자로서의 권리와 의무를 이행함으로써 교사의 지위 향상을 도모할 수 있다고 보고 실리적인 주장을 행동화할 필요가 있다고 주장하는 것이다. 우리나라에서는 교원노조 결성과정에서 전문직관과 갈등하면서 부각된 교직관이라고 할 수 있다.

4. 공직관

　공직관(公職觀)은 교직을 사적인 활동으로 보지 않고 공적인 활동으로 보는 관점으로 학교교육의 목적과 내용 그리고 방법들이 공공성에 기초하고 있다는 것이다. 즉, 교사는 공직자의 신분을 가지며 학교는 공공의 이익과 사회 발전에 기여하는 기관임을 의미하는 것이다.

교직이 공직이라 하는 법적 근거는 교사의 주된 신분이 공무원이며, 교육활동을 국가가 주관하는 공적인 임무로 규정하는 데 있다고 볼 수 있다. 다시 말하면 교사는 헌법체제하에 있는 공직자의 위치에 있다는 것이다.

따라서 공직관에서는 교직을 한 국가의 공동선을 추구하며, 모든 국민의 교육기본권을 보장하기 위한 제도로 보는 것이다.

제3절 교사의 자질

1. 전공영역의 수월성

교사는 자기가 전공한 영역에 대한 전문가적인 지식과 기술을 가지고 있어야 한다. 즉, 교사는 자기 전공과목에서 세계 최고의 수준에 이르는 학문적 권위를 가지고 있어야 한다. 예를 들어, 자기의 전공영역에서 최고 수준의 자리를 확보하지 못하면 교사로서 존재 의미가 없어지게 되는 것이다. 전공영역의 수월성을 확보한 사람은 어떤 내용이 핵심적이며 주변적인 내용인지를 파악하고 있는 교사다. 따라서 교사는 한평생 연구하는 자세가 필요하다.

2. 교수방법에 대한 지식의 획득

교사는 교과내용을 학생들에게 쉽게 예를 들어서 전달해야 한다. 즉, 교과내용을 실제 생활과 접목시켜서 이해하게 하고 활용할 수 있도록 해야 한다. 우리 주위에는 너무 어렵게 가르치는 교사를 가끔 볼 수 있으며 책을 그냥 읽거나 쉬운 예를 들어 설명하지 못하는 경우도 있다. 가르치는 방법에 대한 지식을 획득하는 방법은 항상 노력하고 자기의 교수방법을 개선하기 위한 반성의 시간을 갖는 태도라고 할 수 있다. 교사는 종합예술가로서 자기 스스로 강의의 목적과 내용, 방법, 평가에 대한 책임을 져야 하는 사람이다. 또한 교육학 전반에 걸친 인간행동의 다양한 심리적 발달 특징들도 알고 있어야 효과적으로 교과내용을 가르칠 수 있는 것이다.

3. 소명의식

성직자들이 하나님께 부름을 받았다는 소명의식을 갖는 것과 같이 교사는 교직으로부터 부름을 받았다는 소명의식을 가져야 한다. 따라서 교사는 성직자와 같은 자세로 사랑과 봉사 그리고 희생을 통하여 교육활동에 전념해야 한다.

오천석(1969)은 교사들이 소명의식을 가져야 함을 다음과 같이 말하고 있다. "교사의 임무는 단순한 직업이나 노동이 아니다. 그에게 소명감을 주는 비전과 헌신에 의하여 인식되어야 한다. 비전과 헌신을 속성으로 하는 소명감이 있으면 교사는 산 스승이 될 수 있고 어린이의 영적 성장을 돕는 참된 교육자가 될 수 있는 것이다." 이 글은 교사들이 소명의식을 가지고 있어야 미래에 대한 비전을 가지고 학생들을 지도할 수 있다는 것을 강조하고 있는 것이다.

4. 학생에 대한 사랑과 봉사정신

얼마 전 초등학교에서 실시한 학력평가에서 자기 반 평균을 떨어지게 한다는 이유로 공부 못하는 학생을 학교에 나오지 못하게 한 교사가 물의를 일으켜 교육관계자들을 안타깝게 한 일이 있었다.

교사는 자기 자신을 사랑하는 사람인 동시에 학생들을 사랑하고 이해하는 사람으로서 모든 학생들을 똑같이 사랑하고 칭찬하며 격려해야 한다. 소위 공부 잘하는 아이들은 칭찬하고 그렇지 못한 아이들을 미워해서는 안 된다. 오히려 이런 학생들에 대한 사랑과 책임감을 더욱더 느껴야 한다.

5. 실천하는 교사

교사는 자신이 가르친 것들을 실천해야 한다. 교육학에서 제시된 어떠한 교수이론보다 실천하는 모범을 보이는 것이 가장 좋은 교수방법인 것이다. 예를 들어, '인간을 존중하라.'고 가르쳤다면 자기 자신이 먼저 모든 학생들을 존중하는 삶을 살아야 한다. 즉, 인간 존중의 원리에 따라 살아가는 교사는 학생들의 능력, 환경, 삶의 목적을 존중해야 하며 동시에 그들 스스로 결정하고 판단할 수 있는 존재로 인정해야 한다(이병승, 우영효, 2001: 58). 또한 '정직하게 살아가라.'고 가르쳤으면 교사 자신이 한평생 정직하게 살아가는 모습을 보여야 하는 것이다.

📖 제4절 교사의 역할

역할이란 주어진 사회적 지위나 위치에 따라서 개인에게 기대되는 행동을 의미한다. 예를 들어, 교사는 교사로서 기대되는 역할이 있고, 학생은 학생으로서의 기대되는 역할이 있는 것이다.

교사의 역할에 대한 연구는 다양하지만 여기서는 페스탈로치 그리고 리들(E. Reedle)과 바텐버그(W. Wattenberg)가 제시한 교사의 역할을 간략하게 소개하고자 한다.

1. 페스탈로치의 교사 역할론

① 학생들에게 진리와 개성과 장래의 꿈을 위해 격려를 해 주는 교사
② 정신적 문화유산을 체계화시켜 학생들에게 계승시키는 교사
③ 미래의 이상사회의 설계도를 그리는 교사
④ 문화에 대한 애착심이 강한 교사
⑤ 학생들의 꿈을 가꾸는 교사
⑥ 학생과 공생공존하며 사제동행의 사랑을 실천하는 교사

2. 리들과 바텐버그의 교사 역할론

1) 사회 대표자로서의 역할

교사는 학생들이 그 사회에서 요구하는 바람직한 가치관, 신념, 태도, 규범 등을 내재화시켜 가는 사회화 과정에서 그들의 삶의 양식을 대표하는 위치에 서게 된다. 특히, 교사의 언행은 학생들의 사회화에 모델이 될 수 있기 때문에 스스로 삶의 태도를 반성하며 살아가야 한다. 잠재적 교육과정의 중요성이 바로 여기에 있는 것이다.

2) 평가자로서의 역할

교사들이 학교 상황 속에서 수행하는 학생들의 성적평가, 행동평가, 수상 대상자의 결정, 처벌의 결정과 같은 일에는 교사의 객관적인 평가가 요구된다. 교사의 판단과 평가 자체는 학생들의 긍정적 자아개념의 형성은 물론 강화체제에도 중요한 작용을 한다. 또한 교수-학습 상황에도 직접적인 영향을 미치게 된다.

3) 지식 자원으로서의 역할

교사들의 첫째 임무는 학생들에게 필요한 지식을 제공하는 것이다. 훌륭한 교사는 학생들의 수준에 맞게 교수내용을 조직해서 전달함으로써 학생의 지적 호기심을 충족시킨다. 학생들은 지적 호기심에 불을 붙여 주는 살아 있는 교과서로서의 교사를 요구하고 있다.

4) 학습과정의 조력자로서의 역할

교사는 학생들이 주어진 과제를 학습하는 과정에서 어려운 문제에 직면하게 될 때 학생들 스스로 중요한 지식을 이해하고 새로운 지식을 찾아내며, 배운 지식을 적용하여 새로운 문제를 해결할 수 있도록 조력자의 역할을 해야 한다.

5) 판단자로서의 역할

교사는 학급 내에서 학생들의 의견이 일치하지 않거나 갈등·대립하는 현상이 있을 때 가장 만족스럽고 합리적인 방법으로 문제를 해결해 주어야 한다. 이때의 교사의 공정성 여부가 교사의 권위에 영향을 줄 수 있다.

6) 훈육자로서의 역할

학생들 중에는 학습활동에 방해가 되고 학급집단의 공동목표 달성에 지장을 초래하는 학생이 있다. 이때 교사는 학생들의 질서를 유지하기 위해 민주적인 훈육을 통하여 학생들의 잘못된 행동을 수정해 주어야 한다.

7) 동일시 대상으로서의 역할

동일시는 학생들의 인성 발달뿐만 아니라 학업성취에도 영향을 준다. 학교에서 학생들의 중요한 동일시 대상은 교사다. 따라서 교사의 여러 가지 행동 특성은 학생들에 의해서 잘 모방된다. 예를 들면, 존경하는 교사의 말

투, 필체, 인생관, 가치관 등이 동일시의 대상이 될 수 있다.

8) 불안 제거자로서의 역할

다양한 발달과정에서 학생들은 여러 가지 불안을 경험하게 된다. 학생들은 아직도 무력하기 때문에 발달과업을 달성하는 데 여러 가지 불안이 있다. 교사는 일관성 있는 태도로 학생들의 불안을 제거해 주는 역할을 수행해야 한다.

9) 자아 옹호자로서의 역할

성장과정에 있는 학생들은 흔히 자신감을 상실하여 스스로 열등의식에 빠져 자포자기하는 경우가 있다. 이때 교사는 학생들에게 성취감을 맛보게 하고 적절한 강화를 통하여 긍정적인 자아개념을 형성할 수 있도록 도와주어야 한다. 긍정적인 자아개념의 형성은 자기 스스로를 존중하는 삶의 태도를 가지게 하여 자신감을 회복하도록 해 준다.

10) 집단 지도자로서의 역할

교사는 담당하고 있는 학급의 지도자로서 민주적 지도성을 발휘하여 학생들의 사기를 높이고 학급 응집력을 길러 줄 필요성이 있다.

11) 부모 대행인으로서의 역할

교사는 부모 대신의 역할을 할 때도 있다. 특히, 초등학교 저학년인 경우 교사를 가정의 부모처럼 생각한다. 그러므로 교사들은 친자식과 같은 양육 태도를 가지고 교육해야 한다.

12) 적대감정의 표적으로서의 역할

성장과정에 있는 학생들이 사춘기 또는 청년기를 지날 때 기성사회의 문화와 권위에 도전하면서 적대감을 표출한다. 학생들에 의한 적대감정의 표출 대상자는 교사다. 이들의 표적이 되어 주는 것은 학생들의 스트레스 해소와 정신건강에도 도움이 된다.

13) 친구로서의 역할

학생들이 가장 좋아하는 유형 중 하나가 바로 친구 같은 교사다. 학생들은 친한 친구처럼 대화하고 싶고 자기의 마음을 털어놓고 싶은 교사를 원한다.

14) 애정 상대자로서의 역할

성장과정에서 학생들은 이성의 교사를 사랑하는 감정을 가질 수 있다. 이러한 학생들의 마음은 자연스러운 것으로 교사는 학생들의 이러한 감정을 잘 조정하고 처리해 줄 책임도 있다.

교사의 역할에 대한 시는 다음과 같다.

선생님은

케빈 윌리엄 허프

선생님은
학생들 마음에 색깔을 칠하고
생각의 길잡이가 되고
학생들과 함께 성취하고
실수를 바로잡아 주고
길을 밝혀 젊은이들을 인도하며
지식과 진리에 대한 사랑을 일깨웁니다.
당신이 가르치고 미소 지을 때마다
우리의 미래는 밝아집니다.

시인, 철학자, 왕의 탄생은 선생님과

그가 가르치는 지혜로부터 시작하니까요.

교사

마바 콜린스

나는 교사다.

교사는 누군가를

이끌어 주는 사람이다.

여기엔 마법이 있을 수 없다.

나는 물 위를 걸을 수 없으며

바다를 가를 수도 없다.

다만 아이들을 사랑할 뿐이다.

제5절 바람직한 교사상

바람직한 교사상에 대한 연구는 여러 가지가 있지만 여기서는 쿠인틸리아누스와 하트(Hart) 그리고 필자가 설문조사한 교사상을 소개하고자 한다.

1. 쿠인틸리아누스의 이상적 교사상

① 교사는 아동에게 친자녀와 같은 마음으로 임해야 한다.

② 교사는 자신의 악덕은 물론 다른 사람의 악덕도 용서해서는 안 된다.

③ 교사의 태도가 너무 엄격해서는 안 된다.

④ 교사는 분노의 정을 갖지 않아야 한다.

⑤ 교사법은 쉬워야 하고 일을 할 때는 참을성이 있어야 한다.

⑥ 질문을 받았을 때는 신속하게 응답해야 하고 질문이 없을 때는 물어보아야 한다.

⑦ 아동의 성적에 대해서는 칭찬을 해 주어야 한다. 그리고 너무 과도해서는 안 된다.

⑧ 교정을 해 줄 때는 비난을 해서는 안 된다.

⑨ 교사는 아동에게 오래 간직할 것만을 이야기해 주어야 한다.

⑩ 교사는 가끔 선하고 존경받을 만한 것들에 대해 물어보아야 한다.

2. 하트의 이상적 교사상

① 교과를 분명하고 철저하게 설명하며 실례를 잘 들어 주는 교사

② 명랑하며 온후하고 유머 감각이 있으며 농담을 할 줄 아는 교사

③ 학습 집단의 일원으로서 인간적이고 친절하며 동료의식을 가진 교사

④ 학습자에게 관심을 가지고 이해하려는 교사

⑤ 학습을 재미있게 이끌고 학습의욕을 북돋아 주어 학습활동을 즐겁게 하도록 하는 교사

⑥ 엄정하고 존경심이 드는 교사

⑦ 공평하고 편애가 없으며 신용이 있는 교사

⑧ 무뚝뚝하지 않고 괴팍하지 않으며 잔소리, 빈정거림, 비꼬는 일이 없는 교사

⑨ 사람을 좋아하고 인간적 친화성이 있는 교사

3. 학생들이 좋아하는 교사상

① 학생들에게 관심을 가지고 칭찬해 주는 교사

② 쉽고 재미있게 가르치는 교사

③ 유머가 풍부한 교사

④ 친구 같은 교사

⑤ 학생들을 편애하지 않는 교사

⑥ 성적순으로 모든 것을 판단하지 않는 교사

⑦ 인격적 감동을 주는 교사

4. 동료교사들이 좋아하는 교사상

① 동료교사의 부족한 점을 보완해 주는 교사

② 동료교사의 허물을 덮어 주는 교사

③ 똑똑한 교사보다 마음이 따뜻한 교사

④ 동료와 선후배 교사에게 예의를 갖추는 교사

⑤ 민주적 의사결정 과정을 존중하는 교사

⑥ 학교의 화목한 분위기 조성에 도움이 되는 교사

⑦ 교양이 풍부한 교사

5. 학부모가 좋아하는 교사상

① 전문 지식을 가지고 잘 가르치는 교사

② 자기 아이를 잘 이해하는 교사

③ 학급경영과 진로지도를 잘하는 교사

④ 편애하지 않고 공정하게 업무를 처리하는 교사

⑤ 학생들에게 용기와 희망을 주는 교사

⑥ 대인관계가 원만한 교사

⑦ 금전적 투명성을 갖추고 철저하게 자기관리를 하는 교사

📖 제6절 교원의 윤리

교직자의 윤리를 확립하기 위하여 대한교육연합회(현재의 한국교원단체 총연합회의 전신)에서 교사의 윤리에 관련되는 강령을 두 차례에 걸쳐서 제정했다. 첫 번째는 1958년에 제정된 교원 윤리강령이며, 두 번째는 1982년 5월 15일 스승의 날에 선포한 사도헌장과 사도강령이다.

이러한 교사의 윤리강령에서 가장 강조하고 있는 것은 스승으로서 제자를 사랑하는 것이라고 하겠다. 사도헌장과 사도강령을 소개하면 다음과 같다.

1. 사도헌장

오늘의 교육은 개인의 성장과 사회의 발전과 내일의 국운을 좌우한다. 우리는 국민교육의 수임자로서 존경받는 스승이요, 신뢰받는 선도자임을 자각한다. 이에 긍지와 사명을 새로이 명심하고 스승의 길을 밝힌다.

① 우리는 제자를 사랑하고 개성을 존중하며 한마음 한뜻으로 명랑한 학풍을 조성한다.
② 우리는 폭넓은 교양과 부단한 연찬으로 교직의 전문성을 높여 국민의 사표가 된다.
③ 우리는 원대하고 치밀한 교육계획의 수립과 성실한 실천으로 맡은 바 책임을 완수한다.
④ 우리는 서로 협동하여 교육의 자주혁신과 교육자의 지위 향상에 적극 노력한다.
⑤ 우리는 가정교육, 사회교육과의 유대를 강화하여 복지국가 건설에 공헌한다.

2. 사도강령

민주국가의 주인은 국민이므로 나라의 주인을 주인답게 길러 내는 교육은 가장 중대한 국가적 과업이다.

우리 겨레가 오랜 역사와 찬란한 문화를 계승·발전시키며, 선진제국과 어깨를 나란히 하여 인류복지 증진에 주도적으로 기여하려면, 무엇보다도 문화국민으로서의 의식 개혁과 미래 사회에 대비한 창의적이고 민주적인 인간 육성에 온 힘을 기울여야 한다.

그러기 위하여 우리 교육자는 국가 발전과 민족중흥의 선도자로서의 사명과 긍지를 지니고, 교육을 통하여 각자의 능력을 최대한으로 개발하여 개인의 자아실현과 국력의 신장 그리고 민족의 번영에 열과 성을 다해야 한다.

또한 교육자의 품성과 언행이 학생의 성장 발달을 좌우할 뿐만 아니라 국민윤리 재건의 관건이 된다는 사실을 명심하고 사랑과 봉사, 정직과 성실, 청렴과 품위, 준법과 질서에 바탕을 둔 사도확립에 우리 스스로 헌신해야 한다.

이러한 우리의 뜻은 교직에 종사하는 모든 교육자가 공동체의식을 가지고 노력하여야만 이루어질 수 있다는 것을 인식하고, 사도헌장 제정에 때를 맞추어 우리의 행동지표인 현행 교원 윤리강령으로 개정하여 이를 실천함으로써 국민의 사표가 될 것을 다짐한다.

제1장 스승과 제자

스승의 주된 임무는 제자로 하여금 고매한 인격과 자주정신을 가지고 국가사회에 봉사할 수 있는 유능한 국민을 육성하는 데 있다. 그러므로

① 우리는 제자를 사랑하고 그 인격을 존중한다.
② 우리는 제자의 심신 발달이나 가정의 환경에 따라 차별을 두지 아니하고

공정하게 지도한다.

③ 우리는 제자의 개성을 존중하며, 그들의 개인차와 욕구에 맞도록 지도한다.

④ 우리는 제자에게 직업의 존귀함을 깨닫게 하고, 그들의 능력에 알맞은 직업을 선택하도록 지도한다.

⑤ 우리는 제자 스스로가 원대한 이상을 세우고, 그 실현을 위하여 정진하도록 사제동행(師弟同行)한다.

제2장 스승의 자질

스승은 스승다워야 하며 제자의 거울이 되고 국민의 사표가 되어야 한다. 그러므로

① 우리는 확고한 교직관과 긍지를 가지고 교직에 종사한다.

② 우리는 언행이 건전하고 생활이 청렴하여 제자와 사회의 존경을 받도록 한다.

③ 우리는 단란한 가정을 이룩하고 국법을 준수하여 사회의 모범이 된다.

④ 우리는 학부모의 경제적 · 사회적 지위를 이용하지 아니하며 이에 좌우되지 아니한다.

⑤ 우리는 자기 향상을 위하여 전문적인 지식과 전문화된 기술을 계속 연마하는 데 주력한다.

제3장 스승의 책임

스승은 제자 교육에 열과 성을 다하여 맡은 바 책임을 다하여야 한다. 그러므로

① 우리는 사회의 일원으로서 모든 책임과 의무를 다한다.

② 우리는 교재연구와 교육자료 개발에 만전을 기하여 수업에 최선을 다한다.

③ 우리는 생활지도의 중요성을 인식하여 제자들이 올바른 사람이 될 수 있도록 지도의 철저를 기한다.

④ 우리는 교육의 성과를 공정하게 평가하고 이를 교육에 충분히 활용한다.

⑤ 우리는 제자와 성인들을 위한 정규교과 외의 활동에 적극 참여한다.

제4장 교육자와 단체

교육자는 그 지위의 향상과 복지의 증진을 위하여 교직단체를 조직하고 적극 참여함으로써 단결된 힘을 발휘할 수 있다. 그러므로

① 우리는 교직단체활동을 통하여 교육자의 처우와 근무조건의 개선을 꾸준히 추진한다.

② 우리는 교직단체의 활동을 통하여 교육자의 자질 향상과 교권의 확립에 박차를 가한다.

③ 우리는 편당적 · 편파적 활동에 참가하지 아니하고 교육을 방편으로 삼지 아니한다.

④ 교직단체는 국가의 주요 교육정책 결정에 참여하여 교육자의 여망과 주장을 충분히 반영시킨다.

⑤ 교직단체는 교육의 혁신과 국가의 발전을 위하여 다른 직능 단체나 사회단체와 연대 · 협동한다.

제5장 스승과 사회

스승은 제자의 성장 발달을 돕기 위하여 학부모와 협력하여 학교와 사회와의 상호작용의 원동력이 되고 국가 발전의 선도자가 된다. 그러므로

① 우리는 학교의 방침과 제자의 발달 상황을 가정에 알리고, 학부모의 정당한 의견을 학교교육에 반영시킨다.

② 우리는 사회의 실정을 정확히 파악하고 지역사회의 생활과 문화의 향상을 위하여 봉사한다.

③ 우리는 사회의 요구를 교육계획에 반영하며 학교의 교육활동을 사회에 널리 알린다.

④ 우리는 국민의 평생교육을 위하여 광범위하게 협조하고 핵심이 된다.

⑤ 우리는 확고한 국가관과 건전한 가치관을 가지고 국민의식 개혁에 솔선수범하며, 국가 발전의 선도자가 된다.

요약 및 정리

- 교사의 역할은 학생들에게 기술, 정보, 지식만 기계적으로 전달하는 것이 아니다. 한 인간의 전인교육을 책임지고 있는 것이 교사이기 때문에 더욱더 교사의 중요성을 실감하게 되는 것이다.

- 전문직으로서의 교직은 교사의 자질 함양은 물론 사회경제적인 지위와 권위 회복을 위하여 교직단체를 적극적으로 구성할 것을 강조한다.

- 훌륭한 교사가 되기 위해서는 전공영역에 대해 해박한 지식과 기술을 가지고 있어야 하고, 교과내용을 학생들에게 쉽게 전달할 수 있어야 하며, 성직자들이 하나님께 부름을 받았다는 소명의식을 가지고 있는 것과 같이 교직으로부터 부름을 받았다는 소명의식을 가져야 하며, 자신이 가르친 것들을 실천해야 한다.

- 교사의 역할은 다양하다. 즉, 사회 대표자로서, 평가자로서, 지식 자원으로서, 학습 과정의 조력자로서, 판단자로서, 훈육자로서, 동일시 대상으로서, 불안 제거자로서, 자아 옹호자로서, 집단 지도자로서, 부모 대행인으로서, 적대감정의 표적으로서, 친구로서, 애정 상대자로서의 역할을 담당하고 있다.

우리는 어리석고 감상적이라는 말을 듣거나 반과학까지는 아니지만 비과학적이라는 말을 듣기를 두려워하지 말고 용감하게 사랑을 이야기해야 합니다. 우리는 온몸으로 공부하고, 배우고, 가르치고, 알게 된다는 것을 단순히 허튼소리가 아니라 과학적으로 말해야 합니다. 결코 비판적 이성만으로 공부하고, 배우고, 가르치고, 알 수는 없습니다.

P. 프레이리, 『프레이리의 교사론(*Teachers as Cultural Workers: Letters To Those Who Dare Teach*)』

참고문헌

강기수(1998). 교육사상사. 서울: 세종출판사.

고영희(1980). 수업기술. 서울: 교육과학사.

공석영(2000). 생활지도와 상담. 서울: 동문사.

곽병선(1997). 인성교육의 실제. 교육부.

곽영우(1996). 교사론. 서울: 교육과학사.

교육부(2000a). 교과서 백서. 교육부.

교육부(2000b). 교육정보화백서. 교육부.

교육인적자원부(1999). 평생교육원서 2000. 교육인적자원부.

권건일(2000). 교육학개론: 인간과 교육의 만남. 서울: 양서원.

권대봉(1996). 평생학습 사회교육. 서울: 학지사.

김경희, 안영후, 손영환, 정태근(1999). 교육학. 서울: 학지사.

김계현, 김동일, 김봉환, 김창대, 김혜숙, 남상인, 천성문(2016). 학교상담과 생활지도(2판).
    서울: 학지사.

김귀성, 노상우(2001). 현대교육사상. 서울: 학지사.

김나영, 김미해, 송규운, 이주하, 윤호열(1998). 신교육학개론. 서울: 도서출판 정일.

김대현, 김석우(2011). 교육과정 및 교육평가(4판). 서울: 학지사.

김민남, 김봉소, 진미숙 역(2000). L. Kohlberg 지음. 도덕발달의 철학. 서울: 교육과학사.

김병성(1998). 교육과 사회. 서울: 학지사.

김병숙(1999). 직업상담사 되는 길. 서울: 한언.

김석원 역(1995). E. Reimer 지음. 학교는 죽었다. 서울: 한마당.

김세곤(2000). 인간행동의 이해를 위한 심리학 탐구. 서울: 양서원.

김신일(2000). 대학평생교육발전. 서울: 인간사랑.

김종서, 이영덕, 황정규, 이홍우(1988). 교육과정과 교육평가. 서울: 교육과학사.

김종한(1988). 현대의 비판적 교육이론. 서울: 박영사.

김종화, 김봉진(1999). 교육과정 및 교육평가. 서울: 형설출판사.

김진화, 고영화, 박선영(2009). 평생교육프로그램 분류체계 연구. 서울: 평생교육진흥원.

김충기, 신현숙, 장선철(2001). 교육학개론. 서울: 동문사.

김태훈 역(2008). 새로운 시대의 인격교육. 서울: 인간사랑.

남궁달화(1999). 인성교육론. 서울: 문음사.

문종철, 김도진, 박현숙(2018). 교육학개론. 경기: 양서원.

박봉목(1983). 교육과 철학: 한국 교육철학의 학사적 정리. 서울: 문음사.

박성익, 임철일, 이재경, 최정임(2001). 교육방법의 교육공학적 이해. 서울: 교육과학사.

박이문(1983). 현상학과 분석철학. 서울: 학문사.

배제현(2000). 실기교육의 이론과 실제. 경남: 창신대학교 출판부.

백영균, 한승록, 박주성, 김정겸, 최명숙, 변호승, 박정환, 강신천, 윤성철(2018). 스마트 시대의 교육방법 및 교육공학(4판). 서울: 학지사.

백영균, 박주성, 한승록, 김정겸, 최명숙, 변호승, 박정환, 강신천(2006). 유비쿼터스 시대의 교육방법 및 교육공학. 서울: 학지사.

성기산 역(1992). M. A. B. Degenhardt 지음. 교육과 지식의 가치. 서울: 문음사.

성찬성 역(1995). P. Freire 지음. 페다고지: 억눌린 자를 위한 교육. 서울: 한마당.

성태제(2017). 교육평가의 기초(2판). 서울: 학지사.

손인수, 정건영(1989). 교육철학 및 교육사. 서울: 교육출판사.

신득렬(1990). 허친스의 교육사상. 대구: 계명대학교 출판부.

신득렬(2000). 교육사상사. 서울: 학지사.

신득렬(2007). 쉽게 풀어 쓴 교육철학 및 교육사(개정판). 서울: 양서원.

신명희, 박명순, 권영심, 강소연(1999). 교육심리학의 이해. 서울: 학지사.

신용국(1993). 교육사상사. 서울: 양서원.

신용일(1998). 교육학개론신강. 서울: 동문사.

오인탁(1990). 현대교육철학. 서울: 서광사.

오천석(1969). 교육철학신강. 서울: 광명출판사.

우영효(1995). 정치교육 이론의 연구. 계명대학교 대학원 박사학위논문.

우영효(2003). 영유아 인성교육의 이론과 실제. 서울: 양서원.

유현옥(2004). 페미니즘 교육사상. 서울: 학지사.

윤정일, 신득렬, 이성호, 이용남, 허형(1997). 교육의 이해. 서울: 학지사.

윤형한(2009). 직업상담사의 전문성 발달과정과 영향요인. 홍익대학교 대학원 박사
학위논문.

이계학(1991). 인격교육론. 서울: 성원사.

이규호(1979). 교육과 사상. 서울: 배영사.

이규환(1980). 선진국의 교육제도. 서울: 배영사.

이돈희(1981). 교육철학개론. 서울: 박영사.

이돈희(1997). 교육사상사(동양편). 서울: 학지사.

이병승, 우영효(2001). 테마로 읽는 교육학. 서울: 양서원.

이병헌, 노은호, 민경일(1998). 실기교육의 이론과 실제. 서울: 동문사.

이상노(1982). 성격의 이론. 서울: 중앙적성출판부.

이소영 역(2000). R. P. Tong 지음. 페미니즘 사상: 종합적 접근. 서울: 한신문화사.

이옥형, 이종숙, 임선빈(1992). 교육심리학. 서울: 집문당.

이옥형, 이종숙, 임선빈(2005). 교육심리학(개정판). 서울: 집문당.

이원호(1998). 교육사상사. 서울: 문음사.

이장호, 정남운, 조성호(2005). 상담심리학의 기초. 서울: 학지사.

이재창(1997). 한국 청소년 진로상담의 문제점과 개선방안. 청소년 진로상담모형 기본구
상, 1-28. 서울: 청소년대화의 광장.

이종숙, 이옥형, 강태훈(2000). 교육학의 이해. 서울: 학이당.

이형행(1988). 교육학개론. 서울: 양서원.

이홍우 역(1973). J. S. Bruner 지음. 브루너의 교육의 과정. 서울: 배영사.

이홍우(1981). 교육과정탐구. 서울: 박영사.

이홍우(1992). 교육의 개념. 서울: 문음사.

이화여자대학교 교육공학과(2001). 21세기 교육방법 및 교육공학. 서울: 교육과학사.

임규혁, 임웅(2007). 교육심리학(2판). 서울: 학지사.

임승권(1999). 교육의 심리학적 이해. 서울: 학지사.

임은미(2006). 사이버 상담: 이론과 실제. 서울: 학지사.

임창재(1999). 교육심리학. 서울: 학지사.

정건영(1989). 교육철학 및 교육사. 서울: 교육출판사.

정범모(1968). 교육과 교육학. 서울: 배영사.

정영근(1999). 교육학적 사유를 여는 교육의 철학과 역사. 서울: 문음사.

정영홍 역(1985). T. W. Moore 지음. 교육철학입문. 서울: 문음사.

정영홍, 정혜영, 이원재, 김창환(1999). 교육의 철학과 역사. 서울: 문음사.

정재철(1982). 한국교육사연구의 제 영역: 한국교육사연구의 새 방향. 서울: 집문당.

조용일(2000). 교육학개론. 서울: 형설출판사.

조우현 역(1982). Platon 지음. 소크라테스의 변명/크리톤. 서울: 거암.

주영주(2005). 면대면과 e-러닝이 만나 효과 극대화. 특별기획, 에듀넷 가을호, 한국
    교육학술정보원, 12-13.

차경수(1999). 교육사회학의 이해. 서울: 양서원.

차석기 역(1984). R. Ulich 지음. 교육철학. 서울: 집문당.

최금진, 강상희, 박선희(2017). 교육학개론. 경기: 양서원.

최원형, 성기산, 이장용, 한관일, 정학주 편역(1988). P. H. Hirst 지음. 교육이론과 그 기
    초학문들. 서울: 문음사.

최정웅(1987). 교육사상사. 서울: 학문사.

최태경(1998). 인성교육에 대한 초등학교 교사의 인식. 단국대학교 교육대학원 석사
    학위논문.

최현 역(1999). Platon 지음. 플라톤의 국가론. 서울: 집문당.

팽영일(2000). 유아교육의 역사와 사상. 서울: 양서원.

한국교육개발원(1976). 새 교육체제 개발을 위한 제1차 종합시험연구보고서. 서울: 동원.

한국교육사연구회 편(1980). 한국교육사. 서울: 교육출판사.

한국교육심리학회(1999). 교육심리학용어사전. 서울: 학지사.

한국교육학회 편(1983). 교육의 철학적 이해. 서울: 교육과학사.

한국교육학회 편(1998). 인성교육. 서울: 문음사.

한국산업인력공단(2006). 직업상담 직종 직무분석.

한국정신문화연구원(1985). 교직의 사명과 교직의 보람. 서울: 고려원.

한기언(1978). 교육사(5판). 서울: 법문사.

한승호, 한성열 역(2001). C. R. Rogers 지음. 칼 로저스의 카운슬링의 이론과 실제. 서울: 학지사.

함종규(1984). 학습지도의 이론과 실제. 숙명여자대학교 출판부.

허승희, 이영만, 김정섭(2018). 교육심리학. 서울: 학지사.

허혜경, 박성렬, 구병두(2007). 평생교육학개론. 서울: 창지사.

홍성윤, 진위교(1983). 교수학습의 과정. 서울: 교육출판사.

황성모 역(1978). I. Illich 지음. 탈학교의 사회(삼성문화문고 115). 서울: 삼성미술문화재단.

황정규(1984). 인간의 지능. 서울: 민음사.

황정규(1988). 학교학습과 교육평가. 서울: 교육과학사.

황필호 역(1981). K. Jaspers 지음. 소크라테스, 불타, 공자, 예수. 서울: 종로서적.

Adler, M. J. (1984). *The Paideia Program*. N.Y.: Macmillan.

Archambault, R. D. (Ed.) (1965). *Philosophical Analysis and Education*. London: RKP.

Bestor, A. (1956). *The Restoration of Learning*. N.Y.: Alfred A. Knopf. Inco.

Bjorklund, D. F. (1989). *Children's Thinking: Developmental Function and Individual* Differences. Pacific Grove. CA: Brooks/Cole.

Blais, J. (2000). Book Expo talks technology. (http://www.usatoday.com/life/cyber/tech/cti019.htm, Accessed: April 27, 2001)

Brameld, T. (1955). *Philosophy of Education in Cultural Perspective*. N.Y.: The Dryden Press.

Brameld, T. (1956). *Toward a Reconstructed Philosophy of Education*. N.Y.: Holt. Rinehart and Winston.

Bruner, J. S. (1960). *The Process of Education*. Mass.: Harvard University Press.

Cronbach, L. J. (1977). *Essentials of Psychological Testing* (3rd ed.). N.Y.: Irington Publishers.

Dembo, M. H. (1991). *Applying Educational Psychology in the Classroom* (4th ed.). London: Longman Publishing Group.

Dewey, J. (1944). *Democracy and Education*. N.Y.: The Free Press.

Doyle, J. F. (Ed.) (1973). *Educational Judgements: Papers in the Philosophy of Education*. London and Boston: RKP.

Dunn, R., & Dunn, K. (1993). *Teaching Secondary Students through Their Individual Learning Styles-Practical Approaches for Grades, 7–12*. Boston: Allyn and Bacon, Inc.

Erikson, E. H. (1963). *Childhood and Society*. New York: Norton.

Finch, C. (1999). *Curriculum Development in Vocational and Technical Education*. Boston: Allyn and Bacon, Inc.

Gronlund, N. E. (1981). *Measurement and Evaluation in Teaching* (4th ed.). N.Y.: Macmillan Publishing Co., Inc.

Hirsch, E. D., & Kett, J. (1988). *The Dictionary of cultural Literacy, What Every American Need to Know*. New York: Dell Publishing.

Hutchins, R. M. (1936). *The Higher Learning in America*. Conn.: Yale University Press.

Kagan, J., & Haveman, E. (1968). *Psychology: An Introduction*. N.Y.: Harcourt, Brace and World.

Kahl, J. A. (1963). Education and Occupational Aspiration of Common Man and Boys. *Harvard Educational Review, 23*, 186–203.

Kneller, G. F. (1971). *Introduction to the Philosophy of Education* (2nd ed.). N. Y.: John Wiley & Sons.

Kohlberg, L. (1963). The development of children's orientations toward moral order. *Vita Humane, 6*, 11–33.

Langford, G., & O'Connor. D. J. (Eds.) (1973). New Essays in the Philosophy of Education. London: RKP.

Langton, K. P. (1969). *Political Socialization*. N.Y.: Oxford University Press.

Liberman, M. (1960). *Education as Profession*. N. J.: Englewood Cliff. Prentice-Hall.

Lickona, T. (1991). *Educating for character: How our Schools can teach respect and responsibility*. N.Y.: Bantam Books.

Locke, J. (1968). *The Educational Writings of John Locke*. James L. Axtell (ed.). Cambridge: Cambridge University Press.

Lucas, C. J. (Ed.) (1969). *What is Philosophy of Education*. N.Y.: Macmillan.

MacKinnon, D. W. (1962). The Nature and Nurture of Creative Talent. *American Psychologist, 17*, 484-494.

Oakeshott, M. (1962). *Rationalism in Politics and Other Essays*. London: Methuen.

Osborn, A. F. (1963). *Applied Imagination: Principles and Procedures of Creative Problem Solving* (3rd ed.). N.Y.: Scriber.

Peters, R. S. (1966). *Ethics and Education*. London: George Allen and Unwin.

Peters, R. S. (Ed.) (1973). *The Philosophy of Education*. Oxford: Oxford University Press.

Piaget, J. (1969). *The Moral Judgment of the Child*. New York: The Free Press.

Rogers, C. R. (1942). *Counseling and psychotherapy: Newer concepts in practice*. Boston: Houghton Mifflin.

Rousseau, J. J. (1952). The Social Contract. *Great Books of the Western World, Vol. 38*. Chicago: Encyclopedia Britannica.

Russell, B. (1926). *On Education*. London: GAU.

Saettler, P. (1990). *The Evolution of American Educational Technology*. Englewood, CO: Libraries Unlimited.

Scharp, L. (Ed.) (1957). *Why We Teach*. N.Y.: Henry Holt & Co.

Seels, B. B., & Richey, R. C. (1994). *Instructional Technology: The definition and domains of the field*. Washington, D.C.: Association for Educational Communications and Technology.

Silberman, C. E. (1970). *Crisis in the Class*. N.Y.: Random House.

Taba, H. (1962). *Curriculum Development: Theory and Practice*. N.Y.: Harcourt and World.

Tapper, T. (1976). *Political Education and Stability*. N.Y.: John Wiley and Sons.

Torrance, E. P. (1988). Creativity as Manifest in Testing. In R. J. Sternberg (Ed.), *The Nature of Creativity: Contemporary Psychological Perspectives*, 43-95. N.Y.: Cambridge University Press.

Tyler, R. (1949). *Basic Principles of Curriculum and Instruction*. Chicago: University of Chicago Press.

Ulich, R. (1968). *History of Educational Thought*. N.Y.: American Book Co.

White, P. (1983). *Beyond Domination: An Essay in the Political Philosophy of Education*. London: RKP.

Wild, E. H. (1942). *Foundation of Modern Education*. Washington D.C.: Rarrar and Reinhart.

Wilson, J. (1970). *Moral Thinking: A Guide For Students*. London: Heinemann Education.

Witkin, H. A., Moore, C. A., Goodenough, D. R., & Cox, R. W. (1977). Field-Dependent Field-Independent. Cognitive Styles and their Educational Implications. *Review of Educational Research, 47*, 1-64.

Wringe, C. (1984). *Democracy, Schooling and Political Education*. London: GAU.

Yates, M., & Youniss, J. (1997). *The Roots of Civic Identity*. New York: Cambridge University Press.

국가평생교육진흥원 홈페이지 http://www.nile.or.kr

에듀넷 홈페이지 http://www.edunet.net

찾아보기

내용

저자 소개

이병승(Lee Byeung Seung)
계명대학교 교육학과(문학사)
충남대학교 대학원 교육학과(교육학석사)
계명대학교 대학원 교육학과(교육학박사)
신명고등학교 교사
현 공주대학교 교육학과 교수

〈주요 저서〉
『교육철학담론』(박영스토리, 2014)

〈주요 논문〉
「R. S. Peters의 학교교육관 비판」
「John Dewey의 의지개념과 그 교육적 의미」
「몸에 관한 철학적 담론과 그 교육학적 시사」 등 다수

우영효(Woo Young Hyo)
계명대학교 교육학과(문학사)
계명대학교 대학원 교육학과(교육학석사)
계명대학교 대학원 교육학과(교육학박사)
현 선린대학교 유아교육학과 교수

〈주요 저서〉
『유아교사와 인성교육』(양서원, 2017)

〈주요 논문〉
「유아교사의 인성교육 모델」
「소학을 통한 인성교육의 현대적 의미」
「문학작품을 통한 인성교육」 등 다수

배제현(Bae Je Hyun)
계명대학교 교육학과(문학사)
계명대학교 대학원 교육학과(문학석사)
계명대학교 대학원 교육학과(교육학박사)
현 창신대학교 유아교육과 교수

〈주요 저서〉
『행복연습을 위한 긍정심리 워크북』(동문사, 2019)

〈주요 논문〉
「청소년기의 분리개체화」
「창의·인성 강화 프로그램의 개발과 운영」 등 다수

쉽게 풀어 쓴 교육학 (4판)
Pedagogy for Clear Understanding

2002년 3월 10일 1판 1쇄 발행
2007년 4월 15일 1판 8쇄 발행
2008년 2월 20일 2판 1쇄 발행
2012년 1월 20일 2판 7쇄 발행
2013년 2월 15일 3판 1쇄 발행
2019년 3월 21일 3판 7쇄 발행
2019년 4월 15일 4판 1쇄 발행
2023년 6월 20일 4판 4쇄 발행

지은이 • 이병승 · 우영효 · 배제현
펴낸이 • 김 진 환
펴낸곳 • (주) **학지사**
　　　　　04031 서울특별시 마포구 양화로 15길 20 마인드월드빌딩 5층
대표전화 • 02) 330-5114　　팩스 • 02) 324-2345
등록번호 • 제313-2006-000265호
홈페이지 • http://www.hakjisa.co.kr
페이스북 • https://www.facebook.com/hakjisabook
ISBN 978-89-997-1908-0 93370

정가 **19,000원**

│ 출판미디어기업 학지사

간호보건의학출판 **학지사메디컬** www.hakjisamd.co.kr
심리검사연구소 **인싸이트** www.inpsyt.co.kr
학술논문서비스 **뉴논문** www.newnonmun.com
원격교육연수원 **카운피아** www.counpia.com